Arthur Schult

ZEIT UND EWIGKEIT IM JAHRESKREIS

Das Titelbild ist mit freundlicher Genehmigung des Otto Müller Verlags, Salzburg dem Werk der heiligen Hildegard von Bingen „Welt und Mensch – Das Buch ‚De operatione dei'" (1965, Seite 80) entnommen, in welchem ihre großen Visionen geschildert und als Bildtafeln dargestellt sind.
Die vorliegende Darstellung umfaßt die vierte Schau „Der Lebenskreis". Wir sehen hier, wie inmitten der Kräftewirkungen von Kosmoskreisen, welche die Erde umgeben, der Mensch im Jahreslauf der Natur sein Leben gestaltet. Der äußerste Kreis, die Schicht des sogenannten roten Feuers, ist in der zweiten Vision Teil einer weiblichen Gestalt, der Weltenmutter Sophia, die in göttlicher Liebe den Kosmos umfängt. Im ganzen betrachtet ist die vorliegende Miniatur ein Bild für das Eingehen der Ewigkeit in die Zeit.

Arthur Schult

ARTHUR SCHULT

ZEIT UND EWIGKEIT IM JAHRESKREIS

SONNTAGS – ANDACHTEN

TURM VERLAG

Unter Mitwirkung von Eva Becker aus dem Nachlaß herausgegeben von Edzard Storck

ISBN 3-7999-0219-8

Titel-Reinzeichnung: Heinz Radloff
Gesamtherstellung: Verlagsdruckerei Otto W. Zluhan, 7120 Bietigheim

Wem Zeit ist wie Ewigkeit
und Ewigkeit wie die Zeit,
der ist befreit
von allem Streit.

Jakob Böhme

Vorwort

Mit den unter dem Titel „Zeit und Ewigkeit im Jahreskreis" zusammengefaßten Sonntags-Andachten wird das persönlichste unter den nachgelassenen Werken Arthur Schults vorgelegt.

Im Rahmen seiner langjährigen pädagogischen Wirksamkeit, die er gemeinsam mit seiner frühzeitig verstorbenen Gattin Marie Schult, geb. Zimmermann, in dem von ihnen in Oberstdorf gegründeten und geleiteten Erziehungs- und Erholungsheim für Kinder ausübte, hat Arthur Schult diese Andachten in kleinen Kreisen — Mitarbeiter, Gäste und Kinder — fast jeden Sonntag gehalten; vom Beginn der gemeinsamen Arbeit, Anfang der zwanziger Jahre, bis zu seiner letzten Andacht am 17. August 1969, als er schon von schwerer Krankheit gezeichnet war.

Das Leben in der Allgäuer Gebirgsnatur mit ihrem ausgeprägten Wechsel der Jahreszeiten sowie unzählige Menschenbegegnungen bildeten den Hintergrund dieser Betrachtungen. Jahrzehntelanger meditativer Umgang besonders mit den Inhalten des Neuen Testaments und beständiges Studium und Vertiefung in die Heiligen Schriften der Menschheit schufen ihre Grundlage. Die Vielseitigkeit solcher Erlebnisse und Blickrichtungen mochte Hilfe sein, die urbildenden Kräfte des Jahreszeitengeschehens von Jahr zu Jahr geistesgegenwärtiger darstellen zu können.

Aus dem unmittelbaren Erleben heraus gesprochen, wurden diese Inhalte zunächst nicht niedergeschrieben. Erst auf Anregung und Drängen von Otto Hummel, dem Freund und Mitarbeiter, dem an dieser Stelle noch einmal in besonderer Weise gedankt sei, hat Arthur Schult schließlich zugestimmt, die Andachten auf Tonband festzuhalten. Diese im Kirchenjahr 1960/61 erfolgte Aufzeichnung wurde nach dem Tod des Vortragenden — am 9. September 1969 — während der siebziger Jahre zur Herausgabe vorbereitet.

Dabei wurde angestrebt, den Redestil mit seinen Stärken und Schwächen in diesem von der Eigenart des gesprochenen Wortes geprägten Werk weitgehend beizubehalten. Zum besseren Verständnis der Inhalte waren jedoch hin und wieder Korrekturen und Umstellungen sowie die Streichung von Wiederholungen notwendig; zugleich mußten undeutliche und unklare Stellen des Tonbandes berichtigt oder ergänzt werden. Es wird deshalb um Nachsicht gebeten, wenn aufgrund der Übertragung nach dem Gehör Fehlschreibungen, vor allem bei Namen, aufgetreten sind. Einige Gedichte waren mehrfach zitiert; sie wurden durch solche ersetzt, die mit den Gedanken des Verfassers beziehungsweise der Interpretation des jeweiligen Themas in Einklang stehen. Der Inhalt einiger Andachten konnte auf Grundlage vorliegender späterer Tonbandaufnahmen erweitert und vertieft werden, bei gleichzeitiger Berichtigung von Unklarheiten. Das trifft im besonderen für die Andacht zum Epiphaniasgeschehen zu, von welchem eine zweite Betrachtung als Anhang des Werkes aufgeführt ist. Die einzige nicht frei gesprochene Andacht ist die zu Michaeli. Sie wurde in Form eines Vortrages anläßlich einer Tagung verlesen, die Arthur Schult und Otto Hummel im Kreis der „Freunde vertieften Christentums" im September 1961 veranstalteten.

Bei einer Anzahl von Zitaten und Gedichten konnten die Verfasser nicht ermittelt beziehungsweise die Texte nicht verglichen werden. Diese Stellen sind mit einem * versehen.

Die den Andachten vorangestellten Evangelientexte und deren Überschriften hat Arthur Schult, sofern nicht gesondert angegeben, dem Werk „Neues Testament", übersetzt und erklärt von Otto Karrer (München 1950), entnommen, wobei eine Reihe von Stellen zufolge eigener Übersetzung des Autors abweichen. Aus dem Alten Testament wurde nach der Übersetzung von Hermann Menge (Stuttgart 1963) zitiert.

Das Bemühen, die Urbilder der Jahreszeiten-Geschehnisse möglichst unmittelbar und vielseitig zu veranschaulichen, tritt auch aus den Deutungen gleicher Evangelien-Inhalte unter verschiedenen Aspekten hervor; so wird „Die Verklärung" nach Matthäus als vorösterliches Mysterium und nach Lukas als ein vom Sonnenzeichen Löwe geprägtes Ereignis, das Schlußbild des Johannes-Evangeliums einmal im Licht des Weihnachtsgeschehens und dann im Rahmen des Jubilate-Sonntags interpretiert.

Im umfassenden Sinn mag man die vorliegenden Andachten wie ein Instrument betrachten, das die Einstimmung in immer tiefere geistige Zusammenhänge möglich machen kann. Dabei wird zugleich die Vielschichtigkeit Schult'schen Denkens offenkundig. Der Schriftsteller Arthur Maximilian Miller sagt von ihm: „Die Landschaft seines Innern, durch und durch geistig, war ein Hochgebirge. In sich ein einziges Massiv drang sie in vielfachen, einander übersteigenden Zügen und Graten zum Kristall der höchsten Gipfel empor ... und langte schließlich auf den Höhen jenes geistigen Gipfelstocks an, der mit dem Namen des Evangelisten Johannes bezeichnet wird."

Es sei erlaubt, hier, am Ausgang des schriftstellerischen Lebenswerkes von Arthur Schult, ein Wort seines Freundes Hans Hasso von Veltheim-Ostrau anzuführen: „Der wahre Weise ist wie ein religionsfreier Priester echter Toleranz. Weil er religionsfrei ist, darum ist er religiös auf oberster Stufe. Dieser Stufenweg geht durch die Liebe zur Wahrheit und Klarheit" („Aphorismen").

Der Herausgeber.

Inhaltsverzeichnis

EPIPHANIAS

VOROSTERN

OSTERN

HIMMELFAHRT

PFINGSTEN

TRINITATIS

ADVENT

Erster Advent

Matthäus 25, 1—13 — Gleichnis von den zehn Jungfrauen

Dann wird es mit dem Himmelreich sein wie mit zehn Jungfrauen, die ihre Lampen nahmen und dem Bräutigam entgegengingen; fünf von ihnen waren töricht und fünf waren klug. Die törichten nahmen ihre Lampen, ohne Öl mit sich zu nehmen. Die klugen aber nahmen mit ihren Lampen auch Öl in den Gefäßen mit. Da nun der Bräutigam auf sich warten ließ, nickten sie alle ein und schliefen. Mitten in der Nacht aber erscholl der laute Ruf: Der Bräutigam ist da; machet euch auf, ihm entgegen!

Da erwachten alle jene Jungfrauen und machten ihre Lampen zurecht. Die törichten sagten zu den klugen: Gebt uns von eurem Öl, weil unsere Lampen sonst erlöschen! Die klugen aber erwiderten: Aber würde es dann für uns und für euch reichen? Geht lieber zu den Krämern und kaufet es euch!

Während nun jene zum Einkaufen gingen, kam der Bräutigam, und die bereit waren, zogen mit ihm zur Hochzeitsfeier ein, und die Tür ward geschlossen.

Endlich kamen auch die übrigen Jungfrauen und riefen: Herr, Herr, tu uns auf!

Er aber erwiderte: Wahrlich, ich sage euch, ich kenne euch nicht! Darum wachet, denn ihr wißt nicht den Tag noch die Stunde!

Heute beginnen wir ein neues Christusjahr, wir feiern den ersten Advent. Advent heißt Ankunft. Wir gedenken der Ankunft Christi auf der Erdc. Die Adventszeit ist die Vorbereitungszeit für das Weihnachtsfest, das wir in der Mitternachtsstunde des Jahres, zur Zeit der Wintersonnenwende feiern. Die Adventszeit könnte man im Tagesrhythmus der Sonne vergleichen mit der Zeit nach Sonnenuntergang. Zuerst wird der Himmel grau, allmählich leuchtet hier ein Stern auf, dort ein zweiter, dritter, hunderttausend: die Ahnung einer reichen, gotterfüllten Nacht.

Jetzt, in der Adventszeit, steigen abends am Osthimmel die hellsten Fixsterne auf: Orion, Sirius, Aldebaran, Kastor und Pollux. Diese strahlendsten Sterne des Fixsternhimmels — der Abendhimmel des Advents — leuchten im hellsten Glanz zur Mitternachtszeit, wenn das Christkind geboren wird.

Das Evangelium, das wir eben hörten, spricht von fünf törichten und fünf klugen Jungfrauen, die mit ihren Lampen dem Bräutigam entgegenziehen. Wenn wir das Weihnachtsfest recht feiern wollen, müssen wir unsere Herzenslampen entzünden, müssen wir Öl auf den Herzenslampen haben, damit sie leuchten und wir Christus entgegenschreiten können.

Die erste Vorbereitung für das Fest wäre also, in der Sprache des Gleichnisses, daß wir für Öl auf unseren Herzenslampen sorgen. Öl lindert die Reibung, es besänftigt die aufgewühlten Wogen des Meeres. Öl sich beschaffen, das heißt, die linden und lindernden, die liebevollen Kräfte in uns erwecken. Nur wenn wir in dieser Weise den Weg der Läuterung und Reinigung unseres Seelenlebens beschreiten, wenn wir die Kräfte der Liebe in uns pflegen, dann haben wir Öl auf den Herzenslampen. Die Liebes- und Weisheitskräfte im Menschen wärmen und leuchten, wie auch das Öl wärmt und leuchtet. Öl beschaffen, das ist die erste Stufe; das Anzünden der Lampen, das Erleuchtet-Werden, ist die zweite Stufe auf dem Weg, der uns zu Gott führen soll.

Wenn der Bräutigam kommt, dann ziehen ihm die Jungfrauen mit ihren brennenden Lampen entgegen. Aber nicht alle Jungfrauen sind zur Stelle; die fünf törichten haben kein Öl, sie sind nicht vorbereitet, sie können ihre Lampen nicht entzünden und mit dem Bräutigam eingehen in das himmlische Reich. Auf die Stufe der Vorbereitung, der Ölbeschaffung, auf die Stufe der Erleuchtung, dem Anzünden der Lampen, folgt zuletzt die Stufe der Gotteinigung. Da gehen die Jungfrauen ein mit dem himmlischen Bräutigam in das göttliche Licht. Diese Stufe der Gotteinigung ist die eigentliche Erfüllung: Der Mensch fühlt sich eins mit seinem Schicksal, fühlt sich eins mit der ganzen Welt und mit Gott; es geht ihm auf, daß Innen- und Außenwelt zusammengehören. Mit dem irdischen Verstand können wir das nicht fassen, aber mit dem Licht der göttlichen Erleuchtung können wir ahnend erfassen und verstehen, wie Innen- und Außenwelt zusammengehören. Da können wir spüren, daß das Licht in uns das gleiche ist wie das Licht, das draußen am Himmel leuchtet, daß das, was von außen auf uns zukommt im Leben, zutiefst verbunden ist mit dem, was wir innerlich in uns tragen. Da fühlen wir uns und die Welt geborgen in Gott. Das ist die höchste, die letzte Stufe, die Stufe der Gotteinigung. Zu diesem Ziel der Gotteinigung will Christus die Menschen führen.

Warum spricht das Gleichnis von fünf törichten und fünf klugen Jungfrauen? Die Menschen der alten Zeit hatten zu den Zahlen nicht nur eine quantitative, sondern gleichzeitig eine qualitative Beziehung. Sie bedeuteten ihnen etwas. Fünf Lebensreiche gibt es auf der Erde: das Steinreich, das Pflanzenreich, das Tierreich, das Menschenreich und als fünftes das Geistreich. Im Raum unterschieden die Alten fünf Richtungen: vier Richtungen in der Horizontalen, Osten, Westen, Süden und Norden. Aber die fünfte Richtung liegt in der Senkrechten, in der Vertikalen; sie weist nach oben, zum Zenit, sie weist in die übersinnliche Welt. Auch in den Stoffeszuständen unterschieden die Alten vier Elementarzustände: den festen, den flüssig-wäßrigen, den gasförmig-luftigen und den strahlungsförmigen Zustand der Materie; und endlich den rein geistigen Zustand der sogenannten Quintessenz, der quinta essentia, als fünften Elementarzustand der Materie. Schließlich haben wir Menschen auch fünf Sinne: Sehen, Hören, Riechen, Schmecken, Tasten. Die Fünfzahl hatte so für die Alten eine umfassende Bedeutung.

Aber das Gleichnis spricht von zweimal fünf Jungfrauen, das will heißen, alle Ebenen des Seins, alle Lebensreiche und Raumesrichtungen, alle Sinnesqualitäten werden hineingestellt in den Gegensatz von Licht und Finsternis. Die Menschen sind berufen, Lichtträger zu werden. Aber nicht alle machen sich zu Trägern des göttlichen Lichtes. Der Bräutigam zieht den Menschen entgegen, aber nicht alle Menschen haben Öl auf ihren Herzenslampen, so daß sie ihn mit brennendem Licht empfangen können.

Jetzt, in der Adventszeit, wollen wir uns darum mühen, diese lebendigen Liebes- und Weisheitskräfte in uns zu entfalten, damit wir mit brennenden Lampen dem Bräutigam entgegenziehen können, um dann das Weihnachtsfest in der Mitternachtsstunde des Jahres in rechter Weise miteinander feiern zu können.

„Die Firnelichter glänzen,
Die Berge warten still,
Die Lieb' kennt keine Grenzen,
Die's Christkind schicken will,

Empfanget Ihn, ihr Wälder,
Ihr Berg' und stolzen Höhn,
Ihr rauhen Klüft' und Felder,
Ihr stillen Alpenseen!

Empfang' Ihn du, o Menschenkind."

(Walter Erdmann)

Zweiter Advent

Wielandsage – Egils Meisterschuß

„Oh, deiner Sehnsucht dämmervolles Land
Fühlt meine Seele innig sich verwandt!
Du sinkst hinab in odemloses Schweigen
Und wartest auf der Sterne hohen Reigen.
O kämen sie, o stiegen sie hervor!
Weit aufgetan ist meiner Augen Tor,
Und wie der Bogen hoch empor gespannt,
Ziel ich nach dir, o heiliger Feuerbrand!"

(Arthur Maximilian Miller)

Wieland hatte heimlich Botschaft an seinen Bruder Egil geschickt. Es dauerte nicht lange, da kam er an Neidings Hof. Er war der beste Bogenschütze in Seeland und wegen seiner Kunst weit und breit geschätzt. Der König freute sich, den berühmten Mann an seinem Hofe zu wissen, und nahm ihn freundlich auf. Sobald er aber hörte, daß Egil einen blühenden Sohn habe, wurde er neidisch auf ihn und stellte ihm in seiner Bosheit folgendes Ansinnen: Er ließ Egils Knaben zu sich kommen, legte ihm einen Apfel aufs Haupt und sprach zu Egil: „Nimm einen Pfeil auf die Sehne und schieße so, daß du den Apfel triffst! Der Pfeil darf aber weder nach rechts noch nach links vorübergehen; auch darf er nicht über das Haupt deines Sohnes hinwegfliegen. Der Apfel ist dein Ziel. Doch ist es dir nicht untersagt, deinen Sohn zu treffen. Doch wisse, nur ein Schuß ist dir erlaubt!"

Egil bat den König, von dem grausamen Ansinnen abzulassen. Aber wie sehr er auch flehte, es war vergeblich. Der König beharrte bei seiner Bosheit und sagte zu Egil: „Wenn du dich weigerst, den Pfeil auf den Apfel abzuschießen, so ist dein Haupt mir verfallen; aber nicht nur du, auch dein Sohn wird getötet werden." Da nahm der unglückliche Egil drei Pfeile hervor, legte den einen auf den Bogen und schoß mitten durch den Apfel. Da fragte Neiding: „Sage, Egil, warum hast du denn drei Pfeile zu dir genommen?" Egil erwiderte: „Herr, ich will euch die Wahrheit sagen: Hätte ich mit dem ersten Pfeil den Knaben getroffen, so wäre ein zweiter in euer Herz gegangen." Der König war nicht erzürnt über diese Worte, sondern lobte Egil ob seiner Freimütigkeit.*

Diese altgermanische Sage vom Schützen Egil birgt ein adventliches Mysterium in sich. Egil kommt in das dunkle Land, wo der böse König Neiding herrscht. Er zwingt ihn, einen Apfel vom Haupte des eigenen Sohnes zu schießen, und Egil, dem besten Schützen in

Seeland — wie die Sage sagt —, gelingt dies. Der Apfel ist Sinnbild der Erde. Wer den Apfel vom Haupte des Menschensohnes schießt, der befreit den Menschen von der Erdenschwere, erweckt in ihm das göttliche Geistlicht.

Dasselbe Motiv kennen wir auch als Tell-Sage in der Überlieferung der Schweizer. Auch Tell schießt den Apfel vom Haupte des Sohnes, gezwungen dazu durch den finsteren Landvogt. Und die Schweizer feiern den Tag des Tell-Schusses am 15. Dezember, also jetzt in dieser Zeit, wo die Sonne im Zeichen des Schützen steht. Der himmlische Schütze ist das eigentliche Urbild dieser alten Sagen-Tradition. Schauen wir einmal auf zum himmlischen Sternenkreis! Es ist gewissermaßen der Sternenkreis ein ewiges Evangelium. Auch der Seher Johannes spricht in der geheimen Offenbarung von dem ewigen Evangelium, das der Engel der Menschheit bringt.

Der himmlische Tierkreis stellt den großen, den kosmischen Einweihungsweg der Menschheit dar, dessen Abbild alle irdischen Einweihungswege, irdischen Mysterien, irdischen Evangelien sind. Nach der Anschauung der altgermanischen Edda stellte jedes der zwölf himmlischen Sternzeichen das Wohnhaus einer Gottheit dar; und im himmlischen Sternzeichen Schütze wohnte Widar. Die Germanen begannen, wie wir es heute noch tun, das neue Jahr im Zeichen der Winter-Sonnenwende, im Zeichen Steinbock. In der Mitternachtsstunde des Jahres fängt das neue an, wenn die Sonne wieder zu steigen beginnt. Das Zeichen des himmlischen Schützen, das Zeichen der Adventszeit, das Wohnhaus des Gottes Widar, ist das letzte der sinkenden Sonnenbahn. Widar nennt die Edda den schweigenden Asen; er redet nicht, er sammelt und konzentriert seine Kraft im Schweigen. Und bei der Götter-Dämmerung, wenn die alte Welt untergeht, der alte Äon zu Ende geht, dann tritt Widar hervor.

Jetzt, in der adventlichen Vorweihnachtszeit, wo die Nächte immer länger werden, wo die Stille im Weltall wächst, sollen wir uns den schweigenden Asen zum Vorbild nehmen, sollen auch wir das Schweigen lernen, Sammlung und Konzentration üben, damit wir dann mit Widar am Ende des Kreislaufs hervortreten können, wenn das alte Jahr zu Ende geht und das neue beginnt; damit auch in uns die göttlich-schöpferische Kraft lebendig werden kann, wie sie in Widar lebte. Denn Widar erwies sich beim Sterben der Götter als der einzig überlebende Gott. Der Götterkönig Odin wurde vom Fenriswolf, von der Finsternismacht, verschlungen. Aber Widar tötete den Fenriswolf und leitete damit den neuen Welt-Äon ein, die Wiederkunft der Götter nach dem Durchgang durch den Tod.

Von Widars Tat spricht Wala, die Seherin der Edda, im Hyndla-Lied und in der Völuspa. Da heißt es: Widar, der schweigende Ase sei allen Völkern gesippt. Er ist eine Wesenheit, die nicht mehr gebunden ist an irgendein Volkstum, an irgendeine bestimmte Kulturtradition; in ihm lebt das universal-menschheitliche Wesen. Widar als der Gott des letzten Zeichens der sinkenden Sonnenbahn, der an der Grenze wohnt, wo das alte Jahr zu Ende geht und das neue beginnt, er ist über den Zeiten, über den Völkern, er hat im gesammelten Schweigen die Kraft des überkosmischen Geistes in sich lebendig gemacht, und er wird dadurch zum Wegbereiter des neuen Äons.

Auch von dem Führenden des neuen Welt-Äons spricht die germanische Edda. Freilich wagt sie ihn noch nicht mit Namen zu nennen. Wenige sehen weiter, als bis Widar den Wolf bezwingt, sagt sie. Aber hindeutend spricht sie vom kommenden Welterlöser als dem „Starken von oben", der alle Zwiste beendet, der durch alle Kreisläufe der Zeit hindurchwirkt und selber als Mittelpunktskraft aller Zeitenkreise die Ewigkeitskraft Gottes im Menschen erweckt.

Wie Widar Schütze ist, so sind es auch Egil und Tell. Der Schütze ist ein uraltes Bild für den Menschen, der das wahre Ziel in sich und den wahren Mittelpunkt im All zu treffen weiß. Wie auf der Zielscheibe des Schützen Kreis sich um Kreis legt und alle Kreise im Zentrum ihren Mittelpunkt haben, so legt sich auch in der Entwicklung der Menschheit Zeitenkreis um Zeitenkreis. Aber alle Zeitenkreise haben ihren Mittelpunkt im Göttlich-Ewigen und im Gottesfunken, durch den der Mensch sich dem ewigen Gotte zu einen vermag.

Im Zen-Buddhismus in Japan hat man darum die Kunst des Bogenschießens zu einer kultischen Zeremonie erhoben. Der echte Schütze ringt darum, von allen Bindungen des niederen klein-menschlichen Ich frei zu werden und sich Gott aufzutun.

In den folgenden Strophen spricht die Edda von Widar und seinem Sieg über die Finsternismacht und vom Auftreten des göttlichen Welterlösers:

„Da reitet der Mächtige zum Rat der Götter,
Der Starke von oben, der alles steuert.
Den Streit entscheidet er, schlichtet Zwiste
Und ordnet ewige Satzungen an."
.....
„Allen überher ward Einer geboren;
Dem Sohn mehrte die Erde die Macht.
Ihn rühmt man der Herrscher reichsten und größten,
Durch Sippe gesippt, den Völkern gesamt.

Einst kommt ein Andrer, mächtiger als Er;
Doch noch ihn zu nennen, wag' ich nicht.
Wenige werden weiterblicken,
Als bis Odin den Wolf angreift."

Dritter Advent

Lukas 1, 5—25 — Wie der Vorläufer angekündigt wurde
26—38 — Mariä Verkündigung
39—56 — Mariä Heimsuchung

Russische Legende — Verkündigung an Maria

Es war in den Tagen Herodes, des Königs des Judenlandes, da lebte ein Priester namens Zacharias aus der Klasse des Abias. Sein Weib stammt aus Aarons Geschlecht und hieß Elisabeth. Die beiden waren frommen Sinnes vor Gott und wandelten untadelig in allen Geboten und Satzungen des Herrn; doch waren sie kinderlos, da Elisabeth unfruchtbar und beide schon vorgerückten Alters waren.

Einst, da er wieder an der Reihe war, den heiligen Dienst vor Gott zu versehen, traf ihn das Los nach der Sitte des Priestertums, in den Tempel des Herrn zu treten, um das Rauchopfer darzubieten. Die ganze Volksmenge verharrte während des Opfers draußen im Gebete. Da erschien ihm zur Rechten des Opferaltares ein Engel des Herrn.

Bei seinem Anblick erschrak Zacharias, und Furcht befiel ihn. Der Engel aber sprach zu ihm:

Fürchte dich nicht, Zacharias! Denn dein Geist ist erhört: Elisabeth, dein Weib, wird dir einen Sohn gebären; dem sollst du den Namen Johannes geben. Du wirst jubeln vor Freude, und viele werden sich mitfreuen über seine Geburt. Denn er wird groß sein vor dem Herrn; Wein und geistige Getränke wird er nicht trinken; schon im Mutterschoße wird er voll des Heiligen Geistes sein, und viele von den Söhnen Israels wird er zum Herrn, ihrem Gott, zurückführen. Er wird vor ihm hergehen im Geiste und in der Kraft des Elias, um die Herzen der Väter wieder zu den Kindern, Ungehorsame zu frommer Gesinnung zu wenden und dem Herrn ein williges Volk zu bereiten.

Da sprach Zacharias zum Engel: Woran soll ich dies erkennen können? Denn ich bin schon alt, und mein Weib steht in vorgerückten Tagen.

Der Engel gab ihm zur Antwort: Ich bin Gabriel, der vor Gott steht, und bin gesandt, zu dir zu reden und dir diese frohe Botschaft zu bringen. Du aber sollst stumm sein und nicht reden können bis zu dem Tage, da dies geschieht: weil du meinen Worten nicht geglaubt hast, die zu ihrer Zeit in Erfüllung gehen werden.

Das Volk wartete unterdessen auf Zacharias und war verwundert, daß er so lange im Tempel blieb. Als er herauskam, konnte er nicht zu ihnen reden, und sie merkten, daß er im Tempel eine Erscheinung gehabt hatte. Er winkte ihnen nur zu, da er stumm war; und als die Tage seines Dienstes zu Ende waren, kehrte er nach Hause zurück.

Danach empfing Elisabeth, sein Weib. Fünf Monate hielt sie sich verborgen. Das hat der Herr an mir getan, sagte sie, er hat mich gnädig angesehen zur rechten Zeit, um mir die Schmach vor den Menschen wegzunehmen.

Im sechsten Monat ward der Engel Gabriel von Gott in eine Stadt Galiläas namens Nazareth gesandt, zu einer Jungfrau, die verlobt war mit einem Manne namens Joseph aus dem Hause Davids. Der Name der Jungfrau war Maria.

Er trat bei ihr ein und sprach: Freue dich, Holdselige, du Gnadenvolle! Der Herr ist mit dir!

Ob dieser Anrede ward sie bestürzt und sann nach, was dieser Gruß bedeute. Der Engel aber sprach zu ihr:

Fürchte dich nicht, Maria! Denn du hast Gnade bei Gott gefunden. Du sollst empfangen und einen Sohn gebären, dem sollst du den Namen Jesus geben. Er wird groß sein und Sohn des Höchsten heißen. Gott der Herr wird ihm den Thron seines Vaters David geben; er wird herrschen über Jakobs Haus in Ewigkeit, und seiner Herrschaft wird kein Ende sein.

Da sprach Maria: Siehe, ich bin des Herrn Magd. Mir geschehe nach deinem Worte!

Danach schied der Engel von ihr.

In jenen Tagen machte sich Maria auf, und in freudiger Eile zog sie ins Bergland hinauf nach einer Stadt in Judäa, wo sie in Zacharias' Haus eintrat und Elisabeth grüßte.

Als Elisabeth Marias Gruß vernahm, da hüpfte das Kind in ihrem Schoße; und Elisabeth ward vom Heiligen Geiste erfüllt und rief mit lauter Stimme:

Gesegnet bist du unter den Frauen! Und gesegnet ist die Frucht deines Leibes! Woher wird mit die Gunst, daß die Mutter meines Herrn zu mir kommt? Als der Klang deines Grußes mir zu Ohren drang, da hüpfte das Kind in meinem Schoße vor Jubel auf. Selig ist die, welche geglaubt hat, daß sich erfüllen werde, was vom Herrn zu ihr geredet worden ist.

Maria sprach: Hoch preist den Herrn meine Seele, und es jubelt mein Geist über Gott, der mir Heil bringt. Denn auf die Kleinheit seiner Magd sah er in Gnaden nieder. Von nun an werden mich selig preisen alle Geschlechter. Ja, Großes tat mir der Mächtige, heilig ist sein Name. Sein Erbarmen währet von Geschlecht zu Geschlecht über die, die ihn fürchten. Machtvoll wirkt er mit seinem Arme: Die es hoffärtig meinen, wirft er nieder. Gewaltige stürzt er vom Throne und erhebt die Geringen. Hungrigen spendet er Gutes in Fülle, Reiche läßt er leer ausgehen. Israels, seines Knechtes, nimmt er sich an, eingedenk seines Erbarmens, wie er zu unsern Vätern gesprochen, Abraham und seinen Nachkommen für ewig.

Etwa drei Monate blieb Maria bei ihr; dann kehrte sie nach Hause zurück.

Diese Berichte aus dem Lukas-Evangelium haben adventliche Stimmung in sich. Aber die Stimmung in der Johannes- und der Jesusgeschichte ist sehr verschieden. Beide deuten hin auf die Ankunft des Herrn, auf den Advent Christi. Die Stimmung der Johannes-Verkündigung, so könnte man sagen, trägt alttestamentlichen Charakter, die Stimmung der Jesus-Verkündigung dagegen neutestamentlichen Charakter. Johannes wird geboren als Kind alter Eltern, Jesus wird geboren als Kind einer ganz jungen Mutter. Die Überlieferung sagt, daß Maria wenig mehr als zwölf Jahre alt gewesen sei, als Joseph sie heiratete.

Bei der Geburt des Johannes vollzieht sich ein kleines Wunder. Das Kind wird schon im Mutterleib mit dem heiligen Geist der Propheten erfüllt. Bei der Geburt Jesu vollzieht sich ein großes Wunder; denn Maria gebiert den, der genannt wird der Sohn des Höchsten. Johannes bereitet Christus den Weg, geht vor ihm her. „Er wird groß sein vor dem Herrn", heißt es im Evangelium. Christus aber wird der Sohn des Höchsten selber, der Gottes-Sohn, sein.

Als Wegbereiter für das Kommen Christi wird uns Johannes geschildert. Johannes lebt zurückgezogen in der Wüste, er lebt enthaltsam, er trinkt keinen Wein; er will die Herzen der Väter den Kindern wieder zuwenden, das heißt, er will die Religion wieder zu einer Männersache machen, er will bewirken, daß die Männer wieder ernst nehmen, was die Herzen frommer Kinder erfüllt. Johannes wendet sich gleichsam an den Paradiesrest im Menschen. In einer alt gewordenen Zeit will er neu in der Menschheit die paradiesischen Kräfte wecken.

Christus dagegen schaut nicht zurück aufs Paradies, er schaut vorwärts; er will die Menschen zur Vollendung führen. Er will ihnen etwas bringen, was sie aus ihren menschlichen Kräften heraus allein sich nie erwerben können.

Johannes ist ein Mensch, der die Menschen den Weg der Läuterung, der Reinigung führen will. Durch hohes, sittliches Streben können die Menschen gleichsam ihr irdisches Gewand reinigen, säubern.

Christus dagegen will etwas viel Größeres den Menschen bringen; Christus verwandelt auf der Hochzeit zu Kana das Wasser in den Krügen für die Reinigung in den Wein der Freude. Christus bejaht das ganze menschliche Leben; er zieht sich nicht zurück in die Wüste wie Johannes. Indem Christus das Leben bejaht, verklärt und verwandelt er das irdische Leben. Christus trinkt Wein, Christus sagt zum ganzen Menschenleben voll Ja. Aber indem er das irdische Leben so bejaht, will er es durchlichten und verklären mit dem Himmelslicht, das er auf die Erde herabträgt.

Christus reinigt nicht das menschlich-irdische Gewand, sondern er bringt gleichsam den Menschen ein neues, himmlisches Kleid. Ein Gewand, das kein Mensch von sich aus selbst erwerben könnte. Er will mit seinem göttlichen Sein und Wesen den Erdenmenschen zu einem Himmelsmenschen machen. Kein Mensch könnte sich dieses himmlische Kleid durch eigenes Verdienst erwerben. Alles menschliche Streben bleibt unvollkommen. Das Göttliche kann vom Menschen aus nie vollkommen gefaßt und verstanden werden.

So sehen wir auch hier, wie Zacharias, der Vater des Johannes, an der Botschaft des Engels zweifelt, weil er die himmlische Botschaft mit seinem irdischen Verstand nicht fassen kann. Und darum, so sagt die Geschichte, verliert er nachher die Sprache.

Maria dagegen zweifelt nicht an der Botschaft des Engels. Sie nimmt gläubig hin, was der Engel ihr sagt, auch wenn ihr Verstand es nicht fassen kann. Sie läßt die Stimme, die in ihrem Herzen spricht, nicht übertönen von den Zweifeln des Verstandes. Sie ist ganz gläubige Hingabe und darum offen für das Göttliche.

Glauben heißt im Mittel-Hochdeutschen „geloben" und ist eine Parallelbildung zu „Gewissen". Die Silbe „ge" bedeutet im Mittel-Hochdeutschen „Verinnerlichung". So wie Gewissen verinnerlichtes Wissen ist, so ist geloben „verinnerlichtes Loben, Leben, Lieben".

Aus einem verinnerlichten Leben heraus entwickelt Maria jene Hingabekraft an das Göttliche, die sie der Botschaft des Engels vertrauen läßt. Maria ist auch demütig: „Mir geschehe nach deinem Worte! Siehe, ich bin des Herrn Magd." Und weil Maria in dieser Weise gläubig, hingebend, demütig ist, darum wird sie überschattet von dem Heiligen Geiste Gottes, darum wird die irdische Jungfrau Maria durchdrungen von der göttlichen Weisheit, der himmlischen Sophia, wie das Urchristentum sagte.

Sie, die große Weltenmutter, war den Alten Sinnbild der hehren, reinen, göttlichen Lichtwelt, aus der heraus der ganze Kosmos geboren worden ist, und zugleich Sinnbild der verklärten Erde, des verklärten Kosmos am Ende der Tage, in der Zeit der Weltvollendung. Als Sternenjungfrau war sie erhaben über den Gang der Zeit, symbolisierte sie zugleich Anfang und Ende der Weltentwicklung. Die Germanen nannten die Weltenmutter Frigga, wenn sie dachten an die Sternenkönigin des Himmels, sie nannten die Weltenmutter Hel, wenn sie dachten an die Mutter der Toten im unterirdischen Reiche, und sie nannten die Weltenmutter Berchta, wenn sie dachten an die verklärte Erde, an die sonnenhaft gewordene Erde am Ende der Zeiten. Die Weltenmutter war auch erhaben über alle Weiten des Raumes; überzeitlich, überräumlich wurde die große Weltenmutter von den alten Völkern des Nordens erlebt. Sie gebiert den Schöpfer-Logos, die göttliche Schöpferkraft. Aber diese Schöpferkraft im Urbeginne ist zugleich der Erlöser der gefallenen Welt. Die Schöpferkraft Gottes läßt die Welt nicht versinken, sie verbindet sich mit der gefallenen Welt. Gott wird Welt und Gott wird Mensch.

Von diesen großen, kosmischen Zusammenhängen der Verkündigung des göttlichen Weltenlogos spricht in überzeugenden Bildern eine russische Legende, die ich Ihnen vorlesen möchte:

An der Handarbeit, vor kunstvollem Werk saß die reine Jungfrau am Fenster, säumte das vierfach gefaltete Tuch, nähte mit weißen Perlen Kreise, Quadrate, den Vogel Phönix, den Regenbogen, die Schlange und die Taube — Zeichen der Ewigkeit, der Welt, der Auferstehung, der Weisheit und Unbeflecktheit. Und in die Ecken unter dem Kreuz setzte sie einen Basilisken mit Hahnenkopf und Schlangenschwanz, alle Geschöpfe gleich begnadigend, die irdischen Wunder und die unterirdischen, mit dem Herzen in göttliches Geschick verwoben, zu den Geheimnissen der Welt den geistigen Blick gewendet, die unverwelkliche Blume der Reinheit, die heiligste reine Jungfrau, hehrer als Cherubim und in Wahrheit herrlicher als Seraphim. In stiller Stunde, im trauten, jungfräulichen Gemach bewegte sich das Lämpchen der Ampel, und die weißen Perlen flammten rot auf in der Seide. Mit dem Geräusch des Sturmes erstand in der Ecke vor dem Heiligenbild aus göttlichen Sphären ein Engel. Seine Flügel waren wie zwei Blitze um Mitternacht, und das Antlitz unfaßbar den Menschen. Und es fiel zur Erde nieder auf ihr Angesicht die heilige Jungfrau Maria. „Freue dich, Holdselige, der Herr ist mit dir!“ Und sie erhob die Augen gen Himmel, und eine tauige Wolke senkte sich auf ihr Gesicht und benetzte sie vom Kopf bis zu den Füßen. „Fürchte dich nicht, Maria!“ näherte sich ihr der Engel, trocknete sie mit seinem roten Gewand. „Du wirst einen Sohn empfangen, und es wird die Welt gerettet, du wirst die Rettung der Welt. Friede sei mit dir!“ Und eine Flamme ging aus seinem Munde.

Leuchtend wie eine Sonne winkte der Engel mit der rechten Hand. Da ward ein Brot, und er nahm das Brot, aß selbst und gab auch ihr. Der Engel winkte mit der linken Hand, da erschien eine Schale voll Wein, und er trank und gab auch ihr zu trinken. Und aufschauend sah die heilige Jungfrau: Die Erde ist gesegnet, heil ist das Brot und die Schale voll Wein. „Freue dich, Holdselige, der Herr ist mit dir.“*

Die Bilder der Legende deuten hin auf diese große, allumfassende Weltenmutter. Es heißt in der Legende: Die reine Jungfrau stickt ein vierfach gefaltetes Tuch. Dieses vierfach gefaltete Tuch ist Sinnbild des ganzen Kosmos; es ist gleichsam der Weltenschleier, der uns die höchsten Regionen der göttlichen Welt verschleiert und verbirgt. Vierfach gefaltet ist der Schleier, das Tuch, weil der Kosmos gewoben ist aus vier Elementen, aus Erde, Wasser, Luft und Feuer.

In dieses vierfach gefaltete Tuch stickt die reine Jungfrau symbolische Zeichen mit weißen Perlen: Kreise, Zeichen der Ewigkeit; Quadrate, Zeichen der Welt; den Vogel Phönix und den Regenbogen, Zeichen der Auferstehung; die Schlange, Zeichen der Weisheit; die Taube, Zeichen der Reinheit und Unbeflecktheit. Sie stickt hinein das Kreuz, das Zeichen des irdischen Kosmos, der stofflichen Erde, und unter das Kreuz setzt sie einen Basilisken mit Hahnenkopf und Schlangenschwanz. Der Basilisk ist Sinnbild der Hölle, Sinnbild des Teufels; der Hahnenkopf zeigt uns das Gesicht des Bösen, das gewissermaßen vogelhaft den Menschen wegreißen will von der Erde in die Höhe; der Schlangenschwanz deutet auf die Schlange, die den Menschen herunterziehen will ins Irdische, die ihn fesseln will an den Staub der Erde. Die Zeichen, die die reine Jungfrau in den vierfach gefalteten Schleier stickt, umfassen also alle Reiche: die Lichtwelt, die Erdenwelt und selbst die Dunkelwelt des Unterirdischen und der Hölle. Alle Reiche werden von der reinen Jungfrau begnadet, das soll heißen, alle Reiche, auch das Tiefstgefallene, die Hölle, wird von der Erlösermacht des himmlischen Logos einmal gesegnet und befreit werden.

Den Logos, die göttliche Schöpferkraft, sahen die Alten im Bilde der Sonne. Die Sonne deutet auf das Männliche, auf das zeugend Geistige hin in Gott, Kosmos und Mensch. Der Sternenkreis war den Alten Abbild des Mütterlichen, der weiblichen Elementes in Gott. Die Welt der Sterne ist aufs engste verbunden mit den Triebkräften der menschlichen Seele. So war die Weltenmutter auch Bild des Seelischen in Gott, Mensch und Kosmos. Gott selbst ist männlich und weiblich, so wie auch der Urmensch, einst nach dem Bilde Gottes gestaltet, ein männlich-weibliches Wesen war. Dieses ganzheitliche, mann-weibliche Wesen soll auch im gefallenen Erdenmenschen wieder belebt werden. Gott will, daß auch der gefallene Erdenmensch wieder der ganze Mensch werde. Und wenn es heißt: Gott wird Mensch, so wird damit ausgedrückt, daß Gottesgeist und Gottesseele, das männliche und das weibliche Element in Gott, im leibhaften Erdenmenschen sich verkörpern, daß der Mensch mit Geist, Seele und Leib ganz durchstrahlt werden soll von den Lichtkräften Gottes.

„Freue dich, Holdselige", sagt der Engel in der Legende zu Maria. Aber dieses „Freue dich, Holdselige" ist nicht nur gesprochen zu Maria, die einst das Christkind geboren hat, es ist gesprochen zu jeder Menschenseele; denn in allen Menschen soll die Christuskraft lebendig werden, in allen Menschen soll der mann-weibliche Gottmensch geboren werden. Dieses „Freue dich, Holdselige" ist zugleich gesprochen zur Erde und zum Kosmos; denn der Kosmos und die Erde sollen vom Gotteslicht durchleuchtet und verklärt werden. Alle Elemente des Seins werden vom göttlichen Licht durchdrungen. Darum senkt sich in der Legende die tauige Wolke, die das Luftelement darstellt, herab auf Maria und umfängt sie; darum schlägt die Flamme aus dem Mund des Engels hervor, als er zu Maria spricht, das Feuerelement offenbart sich darin; darum reicht der Engel Maria Wein und Brot, das flüssige und das feste Erdelement. Alle Elemente Luft, Feuer, Wasser und Erde werden von der Gotteskraft durchdrungen. Der Mensch und der Kosmos als Ganzes, sie werden erlöst.

> „Berührt dich Gottes Geist mit seiner Wesenheit,
> So wird in dir gebor'n das Kind der Ewigkeit."
>
> „Ich muß Maria sein und Gott aus mit gebären,
> Soll er mich ewiglich der Seligkeit gewähren."
>
> „Bist du demütiglich wie eine Jungfrau rein,
> So wird Gott bald dein Kind, du seine Mutter sein."
>
> (Angelus Silesius)

Vierter Advent

Marien-Legende — Mariens Sternenfahrt

Die Mutter Maria wandert im Jahreskreislauf durch den Reigen der Sterne. Sie geht von einem Stern zum andern, um Gaben für ihr Kindlein zu erbitten. So gern möchte sie ein Hemdlein für das Christuskind bereiten, damit es sich darin einhüllen soll, wenn es zur Erde kommt. Darum gibt ihr jeder Stern des großen Zwölferreigens am Himmel goldene Fäden aus seinem Strahlenschatz. Alle hehren Kräfte des Himmels, die Sonne und die wandernden Sterne, begrüßen sie und senden ihre Hilfe. Während die Erde im Laufe eines Jahres ihren Weg um die Sonne herum macht, führt Mariens

Weg von Stern zu Stern. An den großen Festen, welche die Menschen auf der Erde feiern, zu Ostern, zu Pfingsten, zu Johanni, zu Michaeli, da regen sich ihre Hände in fleißiger Arbeit. Faden legt sie auf Faden, immer wieder und wieder. Sie webt ein zartes, schimmerndes Gewebe; es glänzt hell. Sie eilt mit ihrer Arbeit. Zur Weihnacht muß das Hemdlein fertig sein. Immer bangt sie darum, ob es ihr wohl gelingen wird; denn das Gold der Sterne will allein nicht zusammenhalten. Immer wieder strahlen die schön gelegten Sternengoldfäden auseinander. Da finden sich aber die Engel der Kinder, die hier auf Erden wohnen, als treue Mithelfer bei ihr ein. Sie bringen hinauf auf ihren reinen Händen die guten Taten, Gedanken und Worte der Kinder. Oben verwandelt sich all dies in Gold. Das ist das Erdenseelengold der Kinder. Sanft glimmert es in den zitternden Fäden. Doch mit diesen goldenen Erdenfäden fügt und webt Maria die Himmelsgoldfäden zusammen und bereitet dem Christuskinde das Hemdlein für die Weihenacht.*

„Über Sterne, über Sonnen
Leise geht Mariens Schritt.
Lauter Gold und lichte Wonnen
Nimmt sie für ihr Kindlein mit.

Wenn Maria heilig schreitet,
Von der Sterne Chor geschaut,
Wird von ihrer Hand bereitet,
Was zur Weihnacht niedertaut."

(Karl Schubert)

Vier Kerzen brennen heute an unserem Adventskranz und zeichnen das Kreuz der Erde in den Sternenkreis des Himmels ein. Himmel und Erde müssen zusammenwirken, wenn es Weihnacht werden soll. Die Erde und das Mensch-Ich müssen licht und rein werden, wenn das Himmelslicht auf die Erde herabkommen und in das Menschen-Ich einziehen soll. In der Legende, die wir eben hörten, wandert die Mutter Maria im Jahreskreislauf durch den Sternenreigen, und alle Sterne geben ihr Himmelsgoldfäden, aus denen sie dem Christkind für die Weihnacht ein Hemdlein weben will. Aber diese Sternengoldfäden halten nicht zusammen, es müssen andere Fäden, Goldfäden von der Erde, noch dazukommen, damit das Gewebe hält: Die Engel müssen die guten Taten, Worte, Gedanken der Menschen emportragen zum Himmel. Erst wenn Erde und Himmel zusammenwirken, dann hält das Hemdlein, das Maria für das Christkind webt. Und ganz besonders wächst dieses Gewebe an den großen Festtagen des Jahres, zu Ostern, zu Pfingsten, zu Johanni, zu Michaeli. Die Feste des Jahres sind Offenbarungstage für das Ewige im Zeitenstrom. Die Feste sind nicht nur Erinnerungstage an ein heiliges Geschehen, das sich einstmals auf der Erde zugetragen hat, sondern die Festtage sind gegenwärtige kosmische Offenbarungen des Ewigen in der Zeit.

Wenn der Mensch sich in der rechten Weise vorbereitet auf die Feste, dann spiegelt sich in der Menschenseele das große, kosmische Geschehen wider. Denn der Mensch ist selbst Abbild des großen Kosmos: ein Mikrokosmos, ein kleiner Kosmos, eine kleine Welt. Schauen wir einmal hinaus in den großen Kosmos! Da sehen wir das Erdelement, das Wasserelement, das Luftelement und darüber das Lichtelement der Sterne. Aus dem Licht herausgeboren ist alles Irdische. Je weiter wir aufsteigen von der Erde, um so feiner, um so unirdischer werden die Elemente. Selbst der feste Erdenstoff ist eigentlich nur verdichtetes, gefrorenes Licht. Darum heißt das erste Schöpfungswort Gottes in der biblischen Schöpfungsgeschichte: „Es werde Licht!" Aus dem Licht heraus ist alles Irdische entstanden. Und das Licht selbst ist wiederum herausgeboren aus noch höherem, überkosmisch-göttlichen Licht.

Wir wissen aus der modernen Physik, wenn es uns Menschen gelänge, die Schwerkraft zu überwinden, dann könnten wir nahezu Lichtgeschwindigkeit erreichen. Das gilt auch im Geistigen. Wenn es uns gelänge, die Schwerkraft unseres Egoismus zu überwinden, dann würden wir geistig auch Lichtgeschwindigkeit erreichen und könnten uns einen mit den fernsten Gestirnen der göttlichen Geistwelt.

Schauen wir einmal hin auf unsere Menschengestalt! Der Knochenmensch in uns entspricht dem festen Erdelement, der Säftekreislauf dem Wasserelement, der Atem dem Luftelement, unser Geist dem Feuerelement und endlich der zutiefst in uns verborgene Gottesfunke, der entspricht dem göttlichen Licht. Schauen wir in unser Inneres herein! Alltägliche Gedanken, Begriffe, Ziele entsprechen unserem körperlichen Wesen; unsere Wünsche, Sehnsüchte entsprechen dem wäßrig-luftigen Element, sie bilden in uns das Seelenhafte; unsere geistigen Intuitionen entsprechen dem Feuerelement, und erst die Stimme der Stille, die in unserem Herzen spricht, die Stimme des Gewissens, sie offenbaren den Gottesfunken in uns. Dieses Gotteslicht, dieser Gottesfunke, er soll in uns zur Flamme entfacht werden, soll unser ganzes Leben bestimmen. Wenn aber dieses Gotteslicht in uns eindringen soll, dann müssen wir loslassen von all unseren irdischen Gedanken, Begriffen, Zielen, von unseren seelisch gebundenen Hoffnungen, Wünschen, Sehnsüchten, dann müssen wir immer mehr lernen zu sprechen: Nicht mein Wille geschehe, sondern dein Wille, o Gott, geschehe in unserem Leben.

Je mehr wir nach innen dringen, je mehr wir in uns Erde-, Wasser-, Luft- und Feuerelement überwinden, je mehr wir loslassen von unseren äußeren Hüllen und von unserem kleinen, persönlichen Ich, um so höher steigen wir. Dann bringen die Engel die Goldfäden der guten Gedanken, Worte und Taten zum Himmel empor, dann helfen wir, daß das Gewebe zustande kommt für das Hemdlein des Christkindes. Es heißt in der Legende, diese Erden-Goldfäden geben dem himmlischen Gewebe erst den richtigen Halt. Diese Erden-Goldfäden stammen aus dem Geistfunken, dem Gottesfunken, der in den Menschen wirksam geworden ist. Und dieser Gottesfunke, das Gotteslicht im Menschen kommt aus höheren Sphären als das Sternenlicht; es kommt aus der reinen, göttlichen Welt in den Menschen und hält, weil es überkosmischer Art ist, das Sternengewebe zusammen.

In der Vorweihnachtszeit sollten wir anstreben, uns diesem göttlichen Licht in besonderer Weise zu verbinden; denn zur Weihenacht will in uns selbst das Christkind geboren werden. Jede Menschenseele soll Maria werden.

„Singet es im Harren der Frühe,
Singet es leise, leise ins finstere Ohr der Welt,
Singet es auf den Knien,
Singet es wie unter Schleiern,
Singet es, wie Frauen in der Hoffnung singen!“

„Denn zart ward, der da stark ist,
Klein ward der Unendliche,
Hold ward der Gewaltige,
Demütig ward der Erhabene.
Raum hat er in der Kammer einer Jungfrau;
Auf ihrem Schoß wird sein Thron sein.
Lob genug ist ihm ein Wiegenlied.“

„Siehe, die Tage wollen nicht mehr aufstehen vor Andacht,
Und die Nächte der Erde sind dunkel geworden vor tiefer Ehrfurcht.
Ich will Lichter anzünden, o Seele,
Ich will Freude anzünden an allen Enden deiner Menschheit.
Sei gegrüßet, die da trägt den Herrn.“*

WEIHNACHTEN

Erster Weihnachtsfeiertag

Johannes 1, 1—18 — Hymnus auf das göttliche WORT

Im Urbeginne war der Logos, und der Logos war zu Gott hingewendet, und Gott war der Logos. Dieser war im Urbeginne zu Gott hingewendet. Alles ist durch denselben geworden und ohne diesen ward auch nicht eines, was es geworden ist. In ihm war das Leben, und das Leben war das Licht der Menschen; und das Licht scheint in der Finsternis; und die Finsternis hat es nicht aufgenommen.

Es entstand ein Mensch, abgesandt von Gott, sein Name Johannes. Dieser kam zum Zeugnis, damit er Zeuge sei für das Licht, damit alle durch dasselbe glauben sollten. Jener war nicht das Licht, sondern damit er Zeugnis ablege für das Licht.

Das wahrhafte Licht, das einen jeden Menschen erleuchtet, war kommend in den Kosmos. Es war im Kosmos und der Kosmos ist durch es geworden und der Kosmos hat es nicht erkannt. Es kam in sein Eigentum, und die Eigenen (die Ich-Menschen) nahmen es nicht auf. Allen aber, die es aufnahmen, gab es die Vollmacht, Kinder Gottes zu werden. Das sind die, welche an seinen Namen glauben, die nicht aus dem Blute und nicht aus dem Willen des Fleisches und nicht aus dem Willen des Mannes, sondern aus Gott geboren sind.

Und der Logos ist Fleisch geworden und hat in uns wie in seinem heiligen Zelte Wohnung genommen, und wir haben seine Gottesglorie geschaut, eine Gottesglorie als des Eingeborenen vom Vater, voller Gnade und Wahrheit.

Johannes legte Zeugnis für ihn ab und verkündete deutlich: Dieser war es, von dem ich sagte: Der nach mir kommt, ist vor mir gewesen. Denn er war eher als ich. Aus seiner Fülle haben wir alle genommen Gnade über Gnade. Denn das Gesetz ist durch Moses gegeben, die Gnade und die Wahrheit ist durch Jesus Christus entstanden. Gott hat niemand jemals gesehen. Der Eingeborene, Gott von Art, der an der Brust des Vaters ruht, hat Gott aus der Verborgenheit herausgeführt.

So kündet Johannes vom schöpferischen Urlicht, aus dem einst die ganze Welt entstanden ist. Finsternis lag im Urbeginn über den brausenden Urwassern. Da teilte das göttliche Licht, der göttliche Geist, das Wort Gottes, die Finsternis vom Licht. Aus dem Licht gingen hervor alle Lebensreiche, Steinreich, Pflanzenreich, Tierreich, Menschenreich, und im Menschen sollte die Schöpfung erst zu ihrer Vollendung kommen. Im Menschen sollte die Finsternismacht endgültig überwunden werden; in ihm leuchtete die Uridee der ganzen Schöpfung auf. Aber die Finsternismächte wußten schon im Urbeginn die

Schöpfung zu trüben. Sie trübten das reine, göttliche Urbild; sie trieben den Menschen in die Sonderung, die Gottferne, die Sünde und verwandelten die lichte Schöpfung schon im Anfang in ein Chaos.

Da verlor der Mensch die Verbindung mit diesem göttlich-schöpferischen Licht; sinnengebunden ward sein Wesen. Nur von außen her vermochte der sinnlich gebundene Mensch noch zu tasten nach diesem göttlichen Urlicht, dem göttlichen Weltenkern. Aber das Urlicht ging in die gefallene Welt ein, verband sich mit ihr, und dadurch gingen aus der Natur hervor die Rhythmen der Weltgeschichte. Immer tiefer verband sich das göttliche Urlicht mit der gefallenen Welt, durchdrang sie immer inniger, bis schließlich in einem Menschen, in Jesus von Nazareth, wieder das göttliche Urlicht rein erstrahlte in unserem Kosmos. Es ist wahr, wie es in einem alten Weihnachtsspiel vom Urmenschen, von Adam, heißt: „Und als er aßet zu der Stund', da ward die ganze Welt verwundt." Wahr ist auch jenes andere Wort aus unserem Weihnachtslied:

„Heut' schleußt er wieder auf die Tür
Zum schönen Paradeis;
Der Cherub steht nicht mehr dafür,
Gott sei Lob, Ehr und Preis."

Dadurch, daß das göttliche Urlicht die gefallene Welt durchdrang und im Menschen wieder neu aufleuchtete, können wir alle teilhaben an diesem göttlichen Quell des Lichtes in unserem Inneren.

Unser innerer Mensch ruht im Dunkel verborgen, bis sich der veräußerlichte Mensch dem inneren Urlicht zukehrt, das in die Welt eingegangen ist, bis sich ein Strahl von diesem Urlicht auf unserem Haupte, in unserem Herzen, in unseren Händen bricht. Dann kann der Mensch durch dieses Urlicht, das in ihm neu aufleuchtet, zum Erlöser, zum Heiland, zum Messias der ganzen Natur werden. Das etwa ist im kurzen der Sinn dieser großartigen Worte aus dem Prolog. Man kann ihn als das Weihnachts-Evangelium des Johannes bezeichnen. Johannes schaut nicht hin auf den Erdenmenschen allein, auf Jesus, der vor zweitausend Jahren gelebt hat, er schaut hin auf die Menschheit als Ganzes, auf die große kosmische Weltentwicklung, auf den Ursprung der Welt im Licht, auf die Trübung jener reinen Urwelt durch die Finsternismacht und auf die Erlösung der gefallenen Welt durch das göttliche Urlicht. Christus, der Logos, ist eine Kraft, die die Welt geschaffen hat, die Gotteskraft, aus der die Welt hervorgegangen ist, eine Kraft, an der wir Menschen alle teilhaben.

„Heil dem göttlichen Urlicht, dem göttlichen Wort,
Heil dem göttlichen Licht, aus dem die Welt hervorging
Und durch das die göttliche Welt noch zu uns spricht.“*

„Heil der Weihnacht, heil der Weihnacht!
Heil der Weihnacht, Lebensbrunnen,
Kündet uns die Geburt des Krist,
Herr der Herren, Weltenheil!

Sohn des Aufgangs, Sohn der Wolken,
Sohn der Sterne, der Planeten,
Sohn der Fluten, Sohn des Taues,
Sohn der Welten, Himmelssohn!
Sohn des weiten Weltenrundes,
Sohn der Sphären, der Elemente,
Sohn der Flammen, Sohn des Lichtes,
Sohn des Mondes, Sonnensohn!

Heil der Weihnacht, die uns kündet,
Wie zu Bethlehem gebor'n,
Sohn der gottgeliebten Jungfrau,
Jesus Christus, Gottessohn.“

(Altkeltischer Weihnachtsgesang)

Zweiter Weihnachtsfeiertag

Johannes 21, 15—19 — Wie Petrus das Hirtenamt und die Weissagung über seinen Tod erhielt
20—23 — Was Jesus von Johannes dem Evangelisten sagte
24—25 — Nachschrift der Johannesjünger

Als sie das Frühmal genommen hatten, sprach Jesus zu Simon Petrus: Simon, Sohn des Johannes, liebst du mich mehr als diese? — worauf dieser ihm sagte: Ja, Herr, du weißt, daß ich dich liebe.

Darauf sprach Jesus zu ihm: Weide meine Lämmer!

Wiederum fragte er ihn: Simon, Sohn des Johannes, liebst du mich? Und wieder sagte ihm dieser: Ja, Herr, du weißt, daß ich dich liebe.

Darauf sprach Jesus zu ihm: Hüte meine Schafe!

Zum dritten Male fragte er ihn: Simon, Sohn des Johannes, hast du mich lieb? — Da wurde Petrus traurig, weil er zum dritten Mal fragte: Hast du mich lieb? und sagte zu ihn: Herr, du weißt alles — du weißt ja, daß ich dich liebe.

Darauf sprach Jesus zu ihm: Weide meine Schafe!

Wahrlich, wahrlich, ich sage dir: als du noch jung warst, gürtetest du dich selbst und gingst, wohin du wolltest: bist du aber einmal alt geworden, wirst du deine Hände ausstrecken, und ein anderer wird dich gürten und dich hinführen, wohin du nicht willst. — Damit wollte er ihm andeuten, durch welchen Tod er Gott verherrlichen werde. Und als er dies gesprochen, sagte er zu ihm: Folge mir nach!

Als Petrus sich umwandte, sah er hinter sich den Jünger, den Jesus liebte und der beim Mahle an seiner Brust geruht und ihn gefragt hatte: Herr, wer ist es, der dich verrät? — und als nun Petrus ihn erblickte, fragte er Jesus: Herr, und was wird mit diesem sein? Jesus sprach zu ihm: Wenn ich will, daß er bleibe, bis ich komme — was kümmert es dich? Du folge mir nach!

Daher verbreitete sich unter den Brüdern die Meinung, jener Jünger werde nicht sterben. Aber Jesus hatte zu ihm nicht gesagt, er werde nicht sterben, sondern: wenn ich will, daß er bleibe, bis ich komme — was kümmert es dich?

Das ist der Jünger, der all dies bezeugt und geschrieben hat, und wir wissen, daß sein Zeugnis wahr ist. Es gibt noch vieles andere, was Jesus getan hat, und wollte man es im einzelnen niederschreiben, so würde wohl der Kosmos die Bücher nicht fassen, die dann zu schreiben wären.

Gestern, am ersten Weihnachtstag, hörten wir den Anfang des Johannes-Evangeliums, der da kündet vom Ursprung der Welt aus dem Licht, von der Kraft des Gotteslichtes, aus der die Welt hervorgegangen ist und die erlösend und schöpferisch wirkt in der ganzen Menschheit. Heute, am zweiten Weihnachtstag, hörten wir das Ende des Johannes-Evangeliums. Und dieses Ende des Evangeliums kündet von der Wirksamkeit des göttlichen Schöpferlichtes zur Zeit der Weltvollendung. In alten Zeiten hat man den zweiten Weihnachtstag der göttlichen Sophia, der göttlichen Weltenmutter, geweiht. Die göttliche Sophia ist der weibliche Aspekt der Gottheit. Sie stellt die Weltenmutter dar, aus der die ganze Welt herausgeboren ist, und ist zugleich die Bildgestalt für die verklärte Welt am Ende der Tage, für die Welt, die gleichsam zur Braut Gottes geworden ist. Von der Verklärung der Welt am Ende der Tage spricht auch das Ende des Johannes-Evangeliums.

Christus wendet sich zuerst an Petrus und erteilt ihm seinen priesterlichen Auftrag. Wenn der Mensch als Seelenhirte, als priesterlicher Führer wirken will, dann muß er zuerst in sich selbst die Kraft der Liebe entwickeln. Nur ein Mensch, in dem die rechte Liebe lebendig ist zu allen Menschen und zu Gott, kann anderen Menschen priesterlich als Seelenhirte helfen. Es ist nicht damit getan, daß gepredigt wird, sondern es muß vor allen Dingen das rechte Leben gelebt werden. Nur das, was der Mensch selbst lebt, kann er auch anderen vermitteln. Darum fragt Christus so bedeutsam dreimal Petrus: „Liebst du mich?" Mit dieser Liebe ist mehr gemeint als das, was wir so gewöhnlich Liebe nennen; es ist die göttliche Liebe gemeint, die in jedem Menschen den Gottesfunken spürt, die Liebe, die das göttliche Licht in ihm erwecken und entfachen will. Aus dieser Kraft des Gottesfunkens, aus dieser Kraft der göttlichen Liebe heraus wird dann der Mensch erst wahrhaft Mensch. Das ist der Sinn des echten, priesterlichen Wirkens: Erweckung des Gottesfunkens im Menschen durch Liebe.

Dann spricht Christus über Johannes. Johannes ist hier im Evangelium Repräsentant des geistig-schauenden, des prophetischen Menschen. Höher noch als der priesterliche steht der geistig-schauende, der prophetische Mensch. Darum heißt es: Johannes wird nicht sterben. Sein Geist wird weiterwirken bis ans Ende der Tage. Petrus dagegen wird einmal sterben. Diese Worte sind bildlich, geistig zu verstehen. Johannes als Repräsentant des prophetisch-geistig-schauenden Menschen wirkt durch alle Zeiten. Dagegen wird der priesterlich wirkende Mensch, Petrus, einmal sterben. Das soll heißen: Es wird einmal eine Zeit in der Entwicklung der Menschheit kommen, in der in allen Menschen die Kraft des geistigen Schauens geweckt wird, in der die Menschen den Priester als Seelenhirten und Führer nicht mehr brauchen werden, in der in ihnen selbst das göttliche Licht so stark lebendig sein wird, daß sie aus eigenem Schauen, eigenem geistigen Erfahren zuinnerlichst mit Gott verbunden sein werden. Der Repräsentant dieser schauenden Menschheit ist hier Johannes. Er steht da vor uns als der aufs tiefste Gott verbundene Mensch, der geistig schauende, in der persönlichen Erfahrung Gott erlebende, mit Gott geeinte Mensch, der nach Geist, Seele und Leib in seinem Denken, Fühlen und Wollen aufs innigste vom Gotteslicht durchdrungen und darum auch dem Tod überlegen ist.

Die Weltgeschichte ist ein fortschreitender Kampf des Lichts mit der Finsternis. Aber Christus weist darauf hin, daß einmal die Zeit kommen wird, wo die Finsternis vom Licht überwunden wird. Das

Licht wird einmal alle Finsternis der Welt besiegen. Auch die Zeichen, die an unserem Weihnachtsbaum hängen, deuten auf diesen Siegeszug des Lichtes in der Welt, auf die kommende Weltverklärung hin. Wir sehen da oben, auf der Spitze des Baumes, den goldenen Stern, und unter dem Stern hängt ein goldenes Kreuz, über dem ein Kreis schwebt. Kreis und Stern sind alte Sinnbilder des Göttlichen. Diese Zeichen weisen also darauf hin, daß das göttliche Licht sich herabsenkt in die irdische Welt; denn das Kreuz ist das Zeichen der Erdenwelt. Das Sternenlicht Gottes senkt sich herab auf die Erde, geht ein in die Erde, in das Kreuz.

Unter diesem Zeichen sehen wir dann noch ein goldenes Dreieck und ein goldenes Viereck. Das goldene Dreieck deutet darauf hin, daß das ganze dreifaltige Menschenwesen mit Geist, Seele und Leib, mit Denken, Fühlen und Wollen vom göttlichen Licht durchdrungen und verklärt werden soll. Das goldene Viereck aber weist darauf hin, daß nicht nur der Mensch, sondern die ganze Welt mit ihren vier Elementarzuständen, dem festen, dem flüssigen, dem luftförmigen und dem strahlungsförmigen Zustand, auch vom göttlichen Licht durchdrungen und verklärt werden soll.

Und endlich sehen wir am Baum noch ein Alpha und ein Omega. Alpha ist der erste Buchstabe des griechischen Alphabetes, Omega der letzte. Diese beiden Zeichen weisen also auf Anfang und Ende der Weltentwicklung. Diese goldenen Zeichen werden überschnitten von den farbigen Zeichen der Wandelsterne. Da sehen wir die Zeichen des Mondes, des Merkurs, der Venus, der Sonne, des Mars, des Jupiters und des Saturns. Die Wandelsterne stellen gleichsam die Himmelsleiter dar, auf der die irdische Welt aufsteigt in die Sternenwelt. Die Zeichen am Weihnachtsbaum sind also Sinnbild für den Sieg des göttlichen Lichtes in Mensch und Kosmos.

Was so das Evangelium kündet, findet sich als Prophezeiung auch bei fast allen außerchristlichen Völkern. Die alten Ägypter zum Beispiel sprachen von dieser Weltvollendung, von dem Sieg des Lichtes über die Finsternismacht in folgender schöner Mysterienüberlieferung:

> „Der Tropfen der Gottheit, das göttliche Wasser fließt herab auf die Erde, feuchtet die Erde, durchdringt die Erde und wird zur Quelle auf der Erde. Die Quelle aber wird zum Bächlein, das Bächlein schwillt an zum Fluß, zum Strom und mündet im Meer, und schließlich umwallt lösend und erlösend das Meer der Gottheit die ganze Erde."

Und auch der große, jüdische Prophet, Jesaias, kündet von dieser Weltvollendung der Menschheit, von dieser Lichtwerdung der Menschheit am Ende der Tage in folgenden eindrucksvollen Worten:

„Mache dich auf und werde licht! denn dein Licht ist gekommen, und die Herrlichkeit des Herrn ist über dir erstrahlt. Denn wohl bedecket Finsternis die Erde und Dunkel die Völker, aber über dir strahlt der Herr wie eine Sonne, und seine Herrlichkeit wird sichtbar über dir. Völker wallen zu deinem Licht hin und Könige zu dem Glanz, in dem du strahlst (60, 1—3).

Anstatt des Kupfers will ich Gold herbringen und anstatt des Eisens Silber herbeischaffen, statt des Holzes Kupfer und statt der Steine Eisen. Und ich will zu deiner Obrigkeit den Frieden machen und zu deiner Regierung die Gerechtigkeit. Nicht wird man künftig von Gewalttaten in deinem Lande hören, von Verheerung und Verwüstung innerhalb deiner Grenzen, sondern deine Mauern wirst du ‚Heil' nennen, und deine Tore als ‚Ruhm' bezeichnen.

Nicht mehr wird dir künftig am Tage die Sonne als Leuchte dienen, noch bei Nacht der Mond dir zur Erhellung scheinen; nein, der Herr wird dir zum ewigen Lichte dienen und dein Gott zu deiner herrlichen Zier. Nicht mehr wird künftig deine Sonne untergehen noch dein Mond den Schein verlieren; denn der Herr wird dir zum ewigen Lichte werden, und die Tage deiner Trauer sollen zu Ende sein. Dann wird dein Volk in seiner Gesamtheit aus Gerechten bestehen; ewiglich werden sie das Land besitzen als der Sproß der von mir angelegten Pflanzung, als das Werk meiner Hände zu meiner Verherrlichung (60, 17—21).

Ihr aber werdet ‚Priester des Herrn' heißen, und ‚Diener unseres Gottes' wird man euch nennen; den Reichtum der Heidenvölker werdet ihr genießen und in ihre Herrlichkeit eintreten" (61, 6).

Silvester

Zweiter Korinther-Brief 4, 6—11 — Gottes Kraft in mensch-
16—18 — licher Schwachheit

Gott, der da sprach: Aus der Finsternis strahle das Licht auf, hat auch in unseren Herzen das Licht aufgehen lassen, daß leuchtend wurde die Erkenntnis der Gottes-Glorie im Antlitz Christi.

Diesen Schatz tragen wir freilich in irdenen Gefäßen, damit wir erkennen:

auch der Überschwang unserer Kraft ist Gottes eigen und kommt nicht von uns. Allenthalben bedrängt, sind wir doch nicht erdrückt; ratlos sind wir, doch nicht mutlos, verfolgt, doch nicht verlassen, niedergeworfen, doch nicht verloren: wir tragen allzeit das Todesleiden Jesu an unserem Leibe, damit auch Jesu Leben an unserem Leibe in Erscheinung trete; beständig sind wir, wenn wir auch leben, dem Tode preisgegeben um Jesu willen, damit auch Jesu Leben offenbar werde an unserer sterblichen Natur.

Darum verzagen wir nicht; denn mag auch unser äußerer Mensch sich aufreiben, unser innerer wird von Tag zu Tag neu. Denn die augenblickliche, leichte Trübsal erwirkt uns in überschwenglicher Weise über alles Maß hinaus ein ewiges Vollgewicht von Herrlichkeit; wir sehen ja nicht auf das Sichtbare, sondern auf das Unsichtbare: das Sichtbare währt nur für Augenblicke, das Unsichtbare aber ist ewig.

So spricht der Apostel Paulus von der Christgeburt, vom Aufgehen des Lichtes in der Finsternis, von der Erleuchtung unserer Herzen. Dieser helle Schein, der zur Weihnacht aufstrahlt in unseren Herzen, ist der Goldschatz, den wir in irdenen Gefäßen tragen. Das ist der inwendige Mensch in uns, der den äußeren überstrahlt und erleuchtet. In keiner Zeit des Jahres wird das Licht, das da strahlt in die Finsternis, so innerlich lebendig in unserem Herzen wie in der Weihnachtszeit, in der Zeit der zwölf heiligen Nächte.

„In jenen ausgesparten Nächten,
Da sich das Jahr zum Ringe schließt,
Bricht quellend aus des Schlafes Schächten
Ein Strom, der sich aus Gott ergießt.

Da leuchtet wie in der Legende
Ein Stern an deinem Firmament,
Der bis zu deiner Wallfahrt Ende
Als Licht auf allen Wegen brennt."

(Alfred Schütze, „Die zwölf heiligen Nächte")

Wenn das Gottes-Ich, der Gottesfunke, aufleuchtet in unseren Herzen, wenn er unser kleines alltägliches Ich durchdringt, durchformt und neu gestaltet, da erleben wir in uns die göttliche Wiedergeburt. Wir dürfen erleben, wie uns unser wahres gottebenbildliches Wesen berührt, welches unser kleines menschliches, irdisch-sinnlich-sichtbares Wesen in das verwandelt, was wir wahrhaft sind. Wir erfahren auch, daß wir zutiefst verantwortlich sind, nicht nur für das, was wir denken, fühlen, wollen und tun, sondern für alles, was wir unserem innersten Wesen nach sind. Für unsere Grundveranlagung sind wir zutiefst verantwortlich; verantwortlich auch für alles, was scheinbar von außen als Schicksal an uns herankommt.

Uns trifft nichts im Schicksal, was nicht innerlich zu uns gehört. So wie unser Antlitz, unsere Hand zu uns gehören, so gehört auch das gesamte Schicksal, in das wir hineingestellt sind, zu uns. Schicksal heißt: geschicktes „sal", das heißt von Gott geschicktes Heil. Jeder Mensch hat einen eigenen Schicksalsleib, der zu ihm gehört, so wie er einen physischen Leib hat, der zu ihm gehört. Die Reifestufe seines Ich-Geistes wirkt sich gleichermaßen aus in seiner irdisch-physischen Gestalt, in seinem seelischen Charakter wie auch in seinem Schicksal als Ganzen. Das alles ist in uns gefügt vom Gottesfunken, vom Gottes-Ich, das in uns wirkt. Wenn wir uns dessen bewußt werden, dann können wir dem Schicksal gegenüber standhaft sein.

Wären wir so weise und so gütig gegen uns, wie Gott zu uns ist, dann würden wir all das, was uns das Schicksal bringt aus eigener Erkenntnis und eigenem Willen selbst erstreben, dann fühlten wir uns geborgen in Gott mit unserem Sein und unserem Schicksal, dann verstünden wir die Sprache unseres Engels, der uns leitet, dann wären wir im Zusammenklang mit den himmlischen Sphären, dann erfüllten wir in unserem ganzen Leben den Willen Gottes. Das ist die tiefste Bejahung von Sein und Leben, zu der wir durch die Erleuchtung des Gottes-Ich kommen können.

Dann spüren wir auch: wir tragen diesen Goldschatz der himmlischen Erleuchtung in irdenen Gefäßen. Diese sind zerbrechlich; aber ihr Zerbrechen bedrückt uns nicht mehr. Wir fühlen, wie unser äußerer Mensch stets überstrahlt wird von unserem inneren Menschen. Dann können wir mit dem Apostel Paulus sprechen:

> „Ratlos sind wir, doch nicht mutlos, verfolgt, doch nicht verlassen, niedergeworfen, doch nicht verloren: wir tragen allzeit das Todesleiden Jesu an unserem Leibe, damit auch Jesu Leben an unserem Leibe in Erscheinung trete" (2. Kor. 4, 9—10)!
> „Denn die augenblickliche, leichte Trübsal erwirkt uns in überschwenglicher Weise über alles Maß hinaus ein ewiges Vollgewicht von Herrlichkeit. Wir sehen ja nicht auf das Sichtbare, sondern auf das Unsichtbare: Das Sichtbare währt nur für Augenblicke, das Unsichtbare aber ist ewig" (2. Kor. 4, 17—18).

Wir sind dann in Harmonie mit dem Willen des göttlichen Vaters, in Harmonie mit den Klängen der himmlischen Sphären, in Harmonie mit dem Wirken aller Engelreiche, die herabfahren auf des Menschen Sohn, die den Menschensohn, den Menschen in Gott, in jedem offenbar machen. Mit der alten Weihnachtspräfation wollen wir Gott preisen und sprechen:

„Es ist in Wahrheit würdig und recht, billig und heilsam, dir immer und überall Dank zu sagen, heiliger Herr, allmächtiger Vater, ewiger Gott. Durch das Geheimnis des fleischgewordenen Wortes ist den Augen unseres Geistes das neue Licht deiner Klarheit aufgeleuchtet, damit wir, während wir Gott sichtbarlich erkennen, durch ihn zur Liebe zu dem, was unsichtbar ist, hingerissen werden. Darum singen wir mit den Engeln, Erzengeln, Urkräften, mit den Offenbarern, Weltenkräften, Weltenlenkern, mit den Thronen, Cherubim und Seraphim den Hochgesang deiner Herrlichkeit und rufen ohne Unterlaß: Heilig, heilig, heilig, Herrgott der Sternenheere. Himmel und Erde sind erfüllt von deiner Herrlichkeit. Hosianna in der Höhe! Hochgelobt sei der, der da kommt im Namen des Herrn! Hosianna in der Höhe!"*

Neujahr

Lukas 2, 18—20 — Verkündigung an die Hirten
21 — Namengebung

Alle, die es hörten, waren voll Staunen über die Dinge, die ihnen die Hirten erzählten. Maria behielt alle diese Geschehnisse und bewegte sie in ihrem Herzen.

Voll des Rühmens kehrten die Hirten zurück und lobten Gott für alles, was sie gemäß der Botschaft, die an sie ergangen, gehört und gesehen hatten.

Als acht Tage vergangen waren und das Kind beschnitten werden sollte, erhielt es den Namen Jesus, wie der Engel es genannt hatte, noch bevor es im Mutterschoße empfangen war.

„Wieder einmal hat die Windung der Zeiten
In der Spirale sich weiter gedreht,
Daß nun das Ende des Jahres im Gleiten
Über dem eigenen Anfang steht.
So auch geleite uns jegliche Wendung
Immer mehr aufwärts, zum Wesen hinan,
Bis uns des letzten Jahres Vollendung
Gibt die Erfüllung der irdischen Bahn."

(Godwin Rall)

Wir beginnen heute ein neues Jahr. Der Jahresanfang fällt mitten in die Zeit der zwölf heiligen Nächte, die Abbild der zwölf Monate des Jahres, der zwölf Sternbilder des Himmels sind, durch welche die Sonne im Jahreskreislauf hindurchschreitet. Sieben Tage sind seit Weihnachten vergangen, da hören wir im Evangelium, dem Christkind wird der Name Jesus, Jeschua, gegeben. Jeschua heißt so viel wie „Gott hilft". Den Namen „Gott hilft" wollen wir über den Eingang des heute beginnenden Jahres schreiben. Gott möge uns allen helfen in dem neuen Jahr. Ob es uns Schweres bringt, ob es uns Glückliches bringt, wir sollen wissen, es kommt von Gott, und Gott steht uns bei, hilft uns in allem, was wir erleben.

Geboren ist das Christkind, dem heute der Name gegeben wird, in Bethlehem, in der Stadt, in der auch David geboren war. Und Bethlehem heißt „Brothaus". Von altersher wurde die Stadt auch „Ephrata" genannt, und Ephrata heißt so viel wie „reich an Früchten". „Brothaus" sowie „reich an Früchten" deuten darauf hin, daß die kleine Stadt Bethlehem eine an Früchten und Brot reiche Oase auf dem Gebirge Juda war. Als ich im Jahre 1934 zum ersten Mal nach Bethelehem kam, hat es mich besonders beeindruckt zu sehen, wie auf den Höhen des Gebirges Juda, diese kleine Stadt in einer Wüsten-Gegend als fruchtbar-liebliche Oase liegt.

In der Winterszeit, die wir jetzt durchleben, durchschreitet die Sonne das Sternbild Steinbock; es wurde im Altertum auch die himmlische Wüste genannt. Wie in der Wüste alles Leben erstorben ist, so ist auch jetzt in der Winterszeit alles Leben in der Natur erstorben. Die Kräfte, die im Sommer das Pflanzenwachstum erstehen lassen auf der Erde, die wirken jetzt im Inneren der Erde verborgen; auf geheimnisvolle Weise durchkraften sie das tote Erdreich.

Unsere Gelehrten haben gefunden, daß die Metalle und die Kristalle in der Winterszeit eine besondere Strahlkraft haben. Daher rührt auch der alte Brauch, in der Neujahrsnacht Blei zu schmelzen und zu gießen, das tote, harte, schwere Blei zu verflüssigen, so daß es silbern aufglänzt, um es im Wasser abkühlen zu lassen, wo sich dann eigenartige, meist pflanzliche Formen bilden. Das war den Menschen in alten Zeiten ein Sinnbild dafür, daß dieselben Kräfte, die im Sommer auf der Erde das Pflanzenleben erstehen lassen, im Winter das Reich der Gesteine durchwirken. Dichter haben das von jeher gewußt:

„In den heiligen Nächten blüht das Gestein
Da geht aus den Grüften ein lieblicher Schein,
Da lächelt das Silber, da strahlet das Gold,
Da glänzen die Schlünde, lebendig und hold.

Auch ihr, ihr Gesteine, habt Wesen und Licht?
O Himmel, o Erde, du schönes Gesicht!
Sind's Lieder von oben, sind's Stimmen der Luft?
Ist's Dröhnen der Erde, Gesang aus der Kluft?"

(Arthur Maximilian Miller, „Das Erdwunder")

Weil die Alten noch wußten, daß die himmlischen Sternenkräfte in der Tiefwinterzeit das Reich der Gesteine durchwirken und durchstrahlen auf eine unsichtbare Weise, darum fühlten sie sich den Tiefen der Erde in dieser Zeit besonders verbunden. Die Sterne und die Steine, die Himmelshöhen und die Gräber, so spürten die Alten, haben einen inneren Zusammenhang; darum fühlten sie sich in dieser Zeit auch den Toten, besonders den Verstorbenen des letzten Jahres, verbunden. „Die Stimmen der Geister, die Stimmen der Meister", sie rufen von drüben, sie mahnen uns, die Kräfte des Guten zu üben auch im neuen, heute beginnenden Jahr.

Wenn es im Evangelium heißt, daß Maria alle Geschehnisse bewahrte, in ihrem Herzen bewegte, so kann uns das Ausdruck dafür sein, daß auch wir im neuen Jahr die Worte der göttlichen Geistwelt in unserem Herzen bewegen wollen, daß wir uns innerlich vertiefen und versenken und die Kräfte des Guten in uns wecken wollen. Dann wird aus der Wüste, die uns innerlich bedrängt, auch werden ein Bethlehem, ein Brothaus, eine Stadt, reich an Früchten; dann wird in uns die Himmelskraft auch das Geistige erwecken und stärken; dann können wir getrost in das neue Jahr schreiten und dürfen des Segens Gottes gewiß sein; dann lesen wir sinnvoll über dem neuen Jahr den Namen Jeschua: „Gott hilft".

„Die Zukunft decket
Schmerzen und Glücke
Schrittweis dem Blicke,
Doch ungeschrecket
Dringen wir vorwärts.

Und schwer und ferne
Hängt eine Hülle
Mit Ehrfurcht. Stille
Ruhn oben die Sterne
Und unten die Gräber.

Betracht' sie genauer!
Und siehe, so melden

Im Busen der Helden
Sich wandelnde Schauer
Und ernste Gefühle.

Doch rufen von drüben
Die Stimmen der Geister,
Die Stimmen der Meister:
Versäumt nicht, zu üben
Die Kräfte des Guten!

Hier flechten sich Kronen
In ewiger Stille,
Die sollen mit Fülle
Die Tätigen lohnen!
Wir heißen euch hoffen."

(Goethe, „Symbolum")

EPIPHANIAS

Epiphaniastag

Matthäus 2, 1—12 — Die morgenländischen Weisen huldigen dem Neugeborenen

Als Jesus zu Bethlehem in Judäa geboren war — in den Tagen des Königs Herodes —, da trafen Weise aus dem Morgenlande in Jerusalem ein und sagten: Wo ist der neugeborene König der Juden? Denn wir haben seine Gestirnung im Frühaufgang gesehen und sind gekommen, ihm zu huldigen.

Als König Herodes dies hörte, ward er bestürzt und ganz Jerusalem mit ihm. Er versammelte alle Hohenpriester und Schriftgelehrten des Volkes und wollte von ihnen erfahren, wo der Verheißene geboren werde. Sie sagten ihm: Zu Bethlehem in Judäa; denn so steht geschrieben durch den Propheten: Du Bethlehem im Lande Juda, zu gering, um mitzuzählen unter den Fürstenstädten Judas, einer bricht hervor aus dir, ein Herrscher zu sein in Israel.

Da berief Herodes heimlich die Weisen und erforschte von ihnen genau die Zeit, wann die Gestirnung erschienen sei; dann wies er sie nach Bethlehem und sprach: Gehet hin und erkundigt euch sorgsam nach dem Kinde, und wenn ihr's gefunden habt, gebt mir Nachricht, damit auch ich komme und ihm huldige!

Sie hörten den König an und zogen hin — da sieh, der Stern, den sie im Frühaufgang gesehen, zog vor ihnen her, bis er über dem Orte stehen blieb, wo das Kindlein war.

Beim Anblick der Gestirnung empfanden sie eine gar mächtige Freude, und als sie in das Haus getreten, sahen sie das Kind mit Maria, seiner Mutter, fielen nieder und huldigten ihm; auch taten sie ihre Schätze auf und brachten ihm Geschenke dar: Gold, Weihrauch und Myrrhe.

Im Traume erhielten sie Weisung, nicht zu Herodes zurückzukehren, und sie zogen auf anderem Wege in ihr Land zurück.

Seit Weihnachten sind zwölf Tage und zwölf Nächte vergangen, die Zeit der zwölf heiligen Nächte ist vorüber. Der 6. Januar ist der dreizehnte Tag nach Weihnachten. Wie die zwölf heiligen Nächte hindeuten auf die zwölf Monate, auf die zwölf Sternbilder des Tierkreises, so weist der dreizehnte Tag nach Weihnachten auf die Sonne, die die dreizehnte im Kreise der Sternbilder ist. Dieser Tag ist in alten Zeiten bei den verschiedenen Völkern von jeher gefeiert worden als ein Sonnentag. Im alten Ägypten lag auf dem 6. Januar der Wintersonnenwendtag; in der griechisch-römischen Zeit war der Wintersonnenwendtag der 25. Dezember. Beide Tage, der 25. Dezember und der 6. Januar, wurden gefeiert als der Geburtstag des Jahrgottes.

In Ägypten war es der Geburtstag des Osiris. Und ursprünglich haben auch die in Ägypten, in Alexandria lebenden Christen das Weihnachtsfest gefeiert an diesem sechsten Januar.

Auch bei den alten Germanen war dieser Tag ein besonderer Feiertag. Die Nacht vom fünften zum sechsten Januar war die „Berchtennacht". Berchta war ein Name der hohen Himmelsgöttin und heißt: die Strahlende. In der Berchtennacht, in der letzten der zwölf heiligen Nächte, dachten die alten Germanen auch daran, daß die Sonnenkraft des Jahrgottes in der Vollendung der Zeit einmal die ganze Erde durchstrahlen würde; die ganze Erde würde einmal werden, so wußten sie, zur Lichterde. Darum war dieser Abschluß der zwölf heiligen Nächte der leuchtend gewordenen Mutter Erde, der Berchta, heilig.

In christlicher Zeit hat man dem sechsten Januar den Namen Epiphanias gegeben; das heißt so viel wie „Tag der Erscheinung des Herrn". Es ist der Tag, an dem die Geisteskraft Christi der Welt offenbar wird. Am Epiphanias-Fest gedachte die alte Christenheit des Kommens der drei Priesterkönige, der Jordantaufe und der Hochzeit zu Kana. Diese drei Ereignisse waren symbolisch für das Offenbarwerden der Gottesglorie Christi.

Schon als die Priesterweisen aus dem Fernen Osten zu Jesu Geburt nach Bethlehem kamen, horchte die Welt auf. In der heutigen Evangelien-Lesung hörten wir, wie sie nach Jerusalem kommen, wie sie sich an König Herodes wenden, wie da auch die große Welt aufmerksam wird auf das, was in Bethlehem geschehen ist. Es ist gewissermaßen ein Vorglanz für das Offenbarwerden der Glorie des Christus, wenn die Priesterweisen als die Vertreter heidnischer Mysterien nach Bethlehem kommen, um den Kinde zu huldigen.

Zur Weihnacht, als das Kind in Bethlehem geboren wird, wissen nur ganz wenige Menschen um dieses Geschehen. Arme Hirten in der Umgebung haben die Geisterscheinung der Engel, die ihnen Frieden auf Erden verkünden; sie kommen als einfältige Menschen zum Christkind. Sie hatten keinen weiten Weg; sie kamen aus der unmittelbaren Umgebung von Bethlehem. Die Könige aber, die Priesterweisen, kommen von weit her, durch die arabische, durch die syrische Wüste, ehe sie hinfinden nach Bethlehem. Während die Hirten ganz einfältige, kindliche, schlichte Menschen sind, sind die Priesterweisen Menschen der großen Welt; es sind Weise, die in der Sternenschrift des Himmels die bevorstehende Geburt des Christkindes gelesen haben. „Wir haben seine Gestirnung im Frühaufgang gesehen und sind gekommen, diesem König der Juden zu huldigen."

Die Sternenweisen bringen dem Christkind ihre Gaben dar: Gold, Weihrauch und Myrrhe. Diese Gaben deuten hin auf die Verklärung des ganzen Menschenwesens. Gold ist das Metall der Sonne und deutet auf Licht und Geist hin. Weihrauch, der beim Gottesdienst angezündet wird, ist ein Sinnbild des aus dem reinen Herzen aufsteigenden Gebetes, ein Sinnbild für die Läuterung des Seelenwesens des Menschen. Und mit der Myrrhe balsamierte man im Altertum die Leichname der Menschen ein, um sie vor Verwesung zu bewahren. Myrrhe deutet also auf die Durchlichtung des irdischen Leibes. Gold, Weihrauch und Myrrhe sind Sinnbild für die Reinheit und Verklärung des ganzen Menschenwesens nach Geist, Seele und Leib.

Auch die Namen, die später die Legende diesen drei Priesterweisen gegeben hat, deuten auf dieses Mysterium hin. Der König, der das Gold bringt, hat den Namen Melchior; das heißt so viel wie „König des Lichtes", „König des Goldes". Der König, der den Weihrauch bringt, hat den Namen Balthasar — das ist babylonisch und heißt eigentlich Belsazar —; Balthasar hat die Bedeutung: „Gott schütze die Seele!" Und endlich der König, der die Myrrhe bringt, hat den Namen Caspar oder Canzpar; das ist persisch und heißt so viel wie „Schätze- oder Edelsteinhüter". Die Edelsteine, die lichtdurchlässig gewordenen Steine, sind Sinnbild des verklärten Leibes. Ob wir also hinschauen auf die Namen jener Könige oder auf ihre Gaben, alles weist uns hin darauf, daß in Christus der nach Geist, Seele und Leib vollverklärte Mensch geboren ist, der ganz lichte und himmelsreine Mensch.

Wie die Hirten Bild dafür sind, daß der Mensch, der die Christuskraft in sich aufnehmen will, einfältigen und warmen Herzens sein muß, daß er loslassen muß von allem irdischen Reichtum, so deuten die Könige darauf hin, daß der Mensch rein werden muß seinem ganzen Wesen nach, wenn er die Christuskraft in sich aufnehmen will. Einfalt und Reinheit, Herzenswärme und hohe Weisheit, sie gehören zusammen. Erst wo beides miteinander geeint wird, offenbart sich voll das Wesen des Menschen. Darauf deutet in sehr schönen Worten Thomas von Kempen hin, wenn er sagt:

> „Einfalt und Lauterkeit sind die beiden Schwingen, auf denen sich das Menschenherz über das Irdische erhebt. Einfalt soll unseren Willen erfüllen, Lauterkeit unser Empfinden. Die Einfalt sucht Gott, die Lauterkeit findet Ihn und nimmt Ihn in sich auf. ...
>
> Stünde es gut um dein Herz, dann wäre dir jedes Geschöpf ein Spiegel des Lebens und ein Buch heiliger Lehre. Kein Geschöpf ist so ge-

ring und so unbedeutend, daß es nicht ein Abbild von Gottes Güte wäre.
Wärest du in deinem Innern gut und rein, dann könntest du alles ohne Trübung sehen und klar erkennen. Ein reines Herz dringt durch Himmel und Hölle. – Wie einer in seinem Innern ist, so urteilt er von den Dingen um ihn.

Gibt es aber wirklich eine Freude in dieser Welt, dann fürwahr besitzt sie der Mensch, der lauteren Herzens ist. Und wenn es irgendwo Trübsal und Angst gibt, dann weiß ein böses Gewissen am besten darüber zu sprechen.

Wie das Eisen im Feuer den Rost verliert und gänzlich von der Glut durchdrungen wird, so löst sich der Mensch, der sich Gott ohne Vorbehalte hingibt, von aller stumpfen Regungslosigkeit und wandelt sich in einen neuen Menschen.

Sobald der Mensch lau zu werden anfängt, gerät er schon vor dem geringsten Ungemach in Angst und trägt Verlangen nach äußerlichem Trost; macht er aber wirklich Ernst mit der Selbstüberwindung und beginnt er, männlich Gottes Weg zu wandeln, dann verliert für ihn an Gewicht, was er ehedem als drückende Last empfand."

Diese Worte sind tiefwahr. Auf zwei Schwingen erhebt sich der Mensch über das Irdische: Einfalt und Lauterkeit. Und Einfalt und Lauterkeit sehen wir verkörpert, wenn zur Krippe des Christkindes kommen die einfältigen Hirten und die reinen, großen Sternenweisen.

„In der Zeiten Wende
Trat das Welten-Geistes-Licht
In den irdischen Wesensstrom;
Nacht-Dunkel
Hatte ausgewaltet;
Taghelles Licht
Erstrahlte in Menschenseelen;
Licht,
Das erwärmet
Die armen Hirtenherzen;
Licht,
Das erleuchtet
Die weisen Königshäupter –

Göttliches Licht,
Christus-Sonne,
Erwärme
Unsere Herzen;

Erleuchte
Unsere Häupter;
Daß gut werde,
Was wir
Aus Herzen gründen,
Was wir
Aus Häuptern
Zielvoll führen wollen."

(Rudolf Steiner, „Ur-Weihenacht")

Erster Sonntag nach Epiphanias

Lukas 2, 22—40 — Beschneidung und Darstellung Jesu im Tempel

Als auch die im mosaischen Gesetze für ihre Reinigung vorgeschriebenen Tage verstrichen waren, brachten Maria und Joseph das Kind hinauf nach Jerusalem, um es dem Herrn zu weihen, wie es im Gesetze des Herrn geschrieben steht: Jede männliche Erstgeburt soll als dem Herrn geheiligt gelten — und um das Opfer darzubringen, das im Gesetze des Herrn bezeichnet ist: ein Paar Turteltauben oder zwei junge Tauben.

In Jerusalem lebte ein Mann namens Simeon, der als frommer, gottesfürchtiger Mann auf Israels Tröstung wartete. Der Heilige Geist ruhte auf ihm, und es war ihm vom Heiligen Geiste Gewißheit geworden, er werde den Tod nicht schauen, bis er den Verheißenen des Herrn gesehen habe. Auf Anlaß des Geistes kam dieser zum Tempel, und als die Eltern gerade das Kind Jesus herbeitrugen, um an ihm den Gesetzesbrauch zu vollziehen, nahm er es auf seine Arme, pries Gott und sprach: Nun läßt Du Deinen Knecht im Frieden ziehen, o Herr, nach Deinem Wort; denn meine Augen haben Dein Heil gesehen, das Du heraufgeführt vor allen Völkern, das Licht zur Offenbarung den Weltvölkern und Israels, Deines Volkes Ruhm.

Staunend hörten Vater und Mutter des Kindes, was da von ihm gesagt wurde. Simeon pries sie glücklich, und zu Maria, seiner Mutter, sprach er: Dieser ist zum Falle und zur Auferstehung vieler in Israel bestimmt, zum Zeichen des Widerspruchs — auch deine eigene Seele wird ein Schwert durchdringen —, damit sich die Gesinnung vieler Herzen enthülle.

Auch eine Prophetin war da, Hanna, eine Tochter Phanuels aus dem Stamme Asser, die schon in hohem Alter stand. Nach ihrer Mädchenzeit hatte sie sieben Jahre mit ihrem Manne gelebt; nun war sie Witwe, gegen vierundachtzig Jahre alt. Sie wich nicht vom Tempel und diente Gott mit Fasten und Beten Tag und Nacht. Auch sie fand sich zur selben Stunde ein und lobte Gott; und sie redete von ihm zu allen, die auf Israels Erlösung harrten.

Als sie alles dem Gesetze des Herrn gemäß vollzogen hatten, kehrten sie nach Galiläa in ihre Stadt Nazareth zurück. Der Knabe wuchs heran und erstarkte in der Fülle der Weisheit, und Gottes Gnade ruhte auf ihm.

Es ist eine unscheinbare Szene, die uns das heutige Evangelium miterleben läßt. Das kleine Kind Jesus wird von seinen Eltern zum ersten Mal in den großen Tempel zu Jerusalem getragen. Der Tempel war gerade damals besonders prächtig neuaufgebaut von König Herodes. Der Name des Königs Herodes war in aller Leute Mund. Er hatte nicht nur den Salomonischen Tempel in Jerusalem groß und prächtig neuaufgebaut, er hatte auch in Bethlehem sein eigenes Grabmal gebaut, prächtig geschmückt; eine große Marmortreppe von über zweihundert Stufen führte aus dem Tal herauf zu diesem Grabmal über Bethlehem, welches das Herodium genannt wurde. Und in Cäsarea, der Hafenstadt Jerusalems, hatte er Kaiser Augustus einen Tempel gebaut, in dem der Kaiser als Gott verehrt wurde.

Herodes und erst recht Kaiser Augustus fühlten sich als Bringer einer neuen, großen Zeit. Alle Menschen schauten hin auf diesen Kaiser in Rom, der der Welt damals für einige Jahrzehnte wenigstens neu den Frieden schenkte. Der große römische Dichter Vergil pries Kaiser Augustus als den großen Heiland der Welt. Von dem Christuskind, das in den Tempel zu Jerusalem getragen wurde, wußten nur wenige. Es waren Menschen der kleinen Welt, nicht Menschen der großen Welt, die sich damals bei dem Christkind im Tempel einfanden: Simeon und Hanna, zwei fromme alte Menschen; auch sie waren Menschen der damals untergehenden, alten Zeit, aber sie hatten eine Empfindung, ein Gespür für das Neue, das kommen sollte.

Der Heilige Geist, so heißt es im Evangelium, hatte Simeon offenbart, daß dieses Kind einmal wirklich der große, neue Weltheiland werden würde. Damals ging eine alte Welt unter: die Welt der griechisch-römischen Kultur; sie lag im Sterben, und wenn Kaiser Augustus und König Herodes glaubten, sie könnten diese alte untergehende Welt noch einmal erneuern, so waren sie im Irrtum befangen. Herodes und Augustus, die von außen her mit ihren Machtorganisationen die Welt erneuern wollten, waren innerlich nicht geöffnet für den Geist der neuen Zeit. Diese schlichten Menschen aber im

Tempel zu Jerusalem, Simeon und Hanna, waren innerlich offen für das Neue, das da kommen sollte, aber sie sahen das Neue nicht in dem, was der römische Kaiser und der jüdische König anstrebten.

Das Neue, wenn es anbricht in der Menschheit, entsteht nicht da, wo die Menschen sich an das Alte halten, sich festklammern an alten Formen und Überlieferungen; es entsteht auch nicht da, wo die Menschen alte Formen stürzen, wo sie revolutionär mit Gewalt das Alte zerstören in der Meinung, sie könnten mit Gewalt das Neue herbeiführen. Nein, es ist von jeher so gewesen in der Menschengeschichte, daß das Neue da entsteht, wo der Weltdruck am schwersten auf den Menschen lastet, wo die Menschen zwar den Glauben der Alten verloren haben, wo aber eben darum auch in den Menschen die Sehnsucht nach dem Neuen am stärksten ist. Die Menschen, die spüren, wie im Sterben der alten Zeit das neue Licht hereinstrahlt, haften dann nicht vordergründig am äußeren Weltgeschehen; sie spüren im Hereinbrechen der Todesmächte sogleich die kommende lebendigwerdende Geistigkeit. Gerade in solchen Untergangszeiten, wo der Tod so mächtig hereinwirkt in das Leben, werden in vielen Menschen neue Sinne wach dafür, daß alles Sterben ein Auferstehen ist.

„So finde im Niedergang
Und in des Todes Nacht
Der Schöpfung neuen Anfang,
Des Morgens junge Macht."

(Rudolf Steiner)

So ist es auch mit Simeon und Hanna gewesen. Diese schlichten Menschen waren hellsichtig, hellhörig geworden für das, was nun als neuer Zeitgeist lebendig wurde in der untergehenden antiken Welt. Und als sie das Kind sahen, das Maria und Joseph in den Tempel brachten, schauten sie es überstrahlt von einem übersinnlichen Lichtschein; sie schauten den Strahlenglanz, sie schauten die Aura dieses kleinen Kindes und sahen, wie nicht nur die Augen dieses Kindes golden leuchteten, sondern wie es überstrahlt war von einem himmlischen Licht, und in diesem himmlischen Strahlenglanz sahen sie wirksam den hohen Christusgeist, den großen Genius der Menschheit, der in einem Erdenmenschen wirksam werden wollte als Erlöser der ganzen Menschheit. Sie sahen voraus, wie die alte Welt zusammenbricht und wie eine neue entsteht.

Siebzig Jahre später wurde das Reich des Herodes, das jüdische Reich, zerstört, wurden Jerusalem und der Tempel zerstört, in den das Kind gebracht wurde. Und wieder eine Zeitlang später brach das ganze römische Weltreich zusammen, da siegte der Geist des kleinen Kindleins über die untergehende alte Welt, da brach ein neues Geistes-Zeitalter in der Menschheit an.

Simeon und Hanna neigen sich demütig vor dem kleinen Kind, das in den Tempel gebracht wird. Zu dem Bilde, wie Simeon das kleine Kindlein auf seine Arme nimmt, könnten wir gleichsam sagen: Das Christkind, das neue Weltenjahr, wird getragen von den Armen des alten vergehenden Weltenjahres.

Jetzt, wo wir wiederum ein altes Jahr beschlossen haben und ein neues beginnen, sollten wir uns dessen bewußt sein, daß wir in unserer Zeit Ähnliches erleben, wie die Menschen es vor zweitausend Jahren erlebten. Auch in unserer Zeit geht ein großes Weltenjahr zu Ende; die abendländische Kultur liegt im Sterben, und ein neues Menschheitsjahr, ein neues Weltenjahr, beginnt. Und auch wir vermögen zu spüren, wie sich mitten in dem Sterben, in dem Untergang des Abendlandes ein neuer Geist ankündigt; auch für uns wird der Tod transparent für das übersinnlich Göttlich-Geistige, auch wir können im Schicksal — heute ganz besonders stark — das hintergründige, geistige Geschehen vernehmen, wenn wir nicht haften am Vordergründigen, an dem, was stirbt, sondern wenn unser Blick tiefer dringt. Dann singen wir: Wo Gräber sind, sind auch Auferstehungen; und wir spüren, wie alles Schicksal sowohl im Leben der einzelnen Menschen wie im Leben der Völker und der Menschheit geführt ist von geistigen Wesenheiten, wie die himmlischen Hierarchien die Kraft Gottes in das Sterben hineinwirken und durch den Tod hindurch die Welt zu einem neuen Leben führen wollen. Die Christgeburt in der untergehenden Antike kann uns ein lebendiges Sinnbild dafür sein, daß in allem Sterben immer wieder neu Gott selber sich den Menschen offenbart.

Zweiter Sonntag nach Epiphanias

Matthäus 2, 13—18 — Flucht nach Ägypten, der Kindermord von Bethlehem
19—23 — Heimkehr und Niederlassung in Nazareth

Als die Weisen fortgezogen waren, erschien Josef im Traume ein Engel des Herrn und sprach: Steh auf, nimm das Kind und seine Mutter und flieh nach Ägypten, um dort zu bleiben, bis ich's dir sage! Denn Herodes ist im Begriffe, nach dem Kinde zu fahnden, um es umzubringen.

Da stand er auf, nahm das Kind und seine Mutter bei Nacht und entwich nach Ägypten. Dort blieb er bis nach des Herodes Ende. So sollte das Wort in Erfüllung gehen, das der Herr durch den Propheten gesprochen: Aus Ägypten habe ich meinen Sohn gerufen.

Als Herodes erkannte, daß er von den Weisen getäuscht worden war, geriet er in wilden Zorn, schickte hin und ließ in Bethlehem und dessen ganzer Umgebung alle Knaben im Alter von zwei Jahren abwärts umbringen, entsprechend der Zeit, die er von den Weisen ermittelt hatte.

Damals erfüllte sich das Wort des Propheten Jeremias: Eine Stimme ertönt in Rama, Weinen und lautes Wehklagen; Rachel weint um ihre Kinder und will sich nicht trösten lassen, weil sie nicht mehr am Leben sind.

Als Herodes gestorben war, erschien Josef in Ägypten ein Engel des Herrn im Traume und sprach: Steh auf, nimm das Kind und seine Mutter und zieh in das Land Israel: denn sie sind tot, die dem Kinde nach dem Leben strebten.

Da stand er auf, nahm das Kind und seine Mutter und kam in das Land Israel. Als er jedoch hörte, daß Archelaus anstelle seines Vaters Herodes König von Judäa sei, fürchtete er sich, dorthin zu gehen. Im Traume erhielt er Bescheid und zog in das Gebiet von Galiläa, wo er sich in einer Stadt namens Nazareth niederließ. So sollte das Wort des Propheten in Erfüllung gehen, wonach er ein „Nazaräer" heißen werde.

Im heutigen Evangelium erscheint neben den drei lichten Königen der dunkle, der böse König als vierter, der dem Kind nach dem Leben trachtet. So pflegt es immer in der Menschheitsgeschichte zu sein. Wenn die lichten Kräfte offenbar werden auf der Erde, dann regen sich auch gleich die dunklen. Wo die Pforte des Himmels sich öffnet, da öffnet sich immer zugleich auch die Pforte der Hölle. Das ist etwas, was wir auch in heutiger Zeit ganz besonders stark erleben können. Die bösen Mächte, die zerstörenden Mächte sind heute besonders stark am Werk; die Pforten der Hölle, so können wir sagen, stehen offen; aber zugleich spüren wir auch, wie ein neues Himmelslicht in den Seelen der Menschen sich regt und lebendig werden will. Wenn das Christkind in uns geboren wird, wenn unser innerstes Wesen, der Gottesfunke in uns zur Flamme wird, dann erst erkennen wir wahrhaft, was wir Menschen sind. Dann spüren wir, daß wir nicht einzelne, verlorene Wesen hier auf der Erde sind, dann spüren wir, daß wir innerlich verbunden sind mit den Kräften des Himmels, dann fühlen wir, daß der Mensch ein sternenverbundenes Wesen ist und daß als innerste göttliche Kraft im Menschen das Christuslicht lebt.

Ein Bild für das Wesen des Menschen sind die drei Könige, die sich vor dem Christkind neigen. Das Christkind, das ist der Gottesfunke in uns, das wahrhaft göttliche Wesen. Unser Geist ist aus der Sonne, unsere Seele aus dem Monde, unser Körper aus der Erde herausgeboren. Der Mensch begreift in sich das ganze Sternenall und noch die höhere Kraft, die überkosmische Gotteskraft; sie lebt als innerstes Zentrum im Menschen. Der Name der Könige deutet — wie schon in der Epiphanias-Andacht gezeigt — darauf hin, daß sie Geist, Seele und Körper darstellen ebenso wie die Gaben, die sie dem Christkind bringen.

Geist, Seele und Leib sollen zur Hülle werden für das überkosmische, göttliche Christuslicht, für den Gottesfunken in uns. Wo der Mensch aber so sein wahres Wesen durch Christus erkennt, da wüten zugleich die dunklen, die bösen Mächte. Wir sehen, wie im Evangelium der dunkle, der böse König dem Kind nach dem Leben trachtet, wie er alle Knäblein in Bethlehem, die zwei Jahre alt sind und darunter, ums Leben bringen läßt.

Die bösen Kräfte, die dunklen Mächte der Hölle versuchen vor allem, das Kindeswesen im Menschen zu töten. Mit seinem kindlichen Wesen ist der Mensch, auch als Erwachsener, wenn er es sich bewahrt, dem Himmel nahe. „Wenn ihr nicht werdet wie die Kinder, so könnt ihr ins Himmelreich nicht eingehen", hat später einmal Christus gesagt. Und darum versuchen die dunklen Mächte vor allem das Kindeswesen im Menschen, das Unverdorbene, das mit den himmlischen Kräften noch in Berührung stehende Wesen, zu töten. In der heutigen Zeit sehen wir besonders deutlich, wie diese dunklen Mächte versuchen, das ursprüngliche, naturverbundene Lebendige, das Kindliche in den Menschen umzubringen. Wie viele Kinder sind heute schon, möchte man sagen, alte Leute. Unkindliche Kinder, das ist heute fast das Normale; gar nicht davon zu reden, daß die Mehrzahl der Erwachsenen ihre Verbindung zum Ursprünglichen verloren hat. Das ist eine Folge der Wirksamkeit der dunklen Mächte in der heutigen Zeit.

Uns wird nun im Evangelium berichtet, daß das Christuskind nach Ägyptenland flieht. Es ist kein Zufall, daß es dorthin flieht, in dieses Land uralter Sternenweisheit. Ägypten war das Land der ältesten Menschheitsmysterien. Noch zur Zeit, als Christus geboren wurde, standen groß und mächtig — wie selbst heute noch — die gewaltigen Zeugen der Mysterienweisheit Ägyptens am Nil. Diese großen, prächtigen Tempel waren gegliedert in Vorhof, Heiligtum und Allerheiligstes: ein Bild der dreigegliederten Menschenwesenheit nach Körper, Seele und Geist. Und wie in Körper, Seele und Geist als innerstes Zentrum der Gottesfunke lebt, so wurde im Allerheiligsten der ägyptischen Tempel die Sonnengottheit verehrt. Vor den Tempeln standen die Obelisken, die großen, ragenden Sonnensäulen, die bei Sonnenaufgang glühten wie flammende Kerzen; denn ihre Spitzen waren mit Goldblech beschlagen.

Vor den Tempeln standen oft Sphinxe, merkwürdige Mischwesen aus Stier, Löwe, Adler und Mensch: Sinnbild des himmlischen Sternenkreises, der Sonnenbahn und zugleich Sinnbild des Menschen; denn der Stier weist auf den Körper, der Löwe auf Herz und Seele, der Adler auf den Geist und der Engelmensch auf das göttliche, himmlische Wesen des Menschen. In Ägypten befinden sich auch die riesigen Pyramiden; auf einem Viereck erheben sich vier Dreiecke, die in der Spitze der Pyramide zusammenstoßen. Dadurch entsteht ein Körper mit fünf Ecken, vier an der Basis und oben die Spitze. Wir sehen hier, die Pyramide ist sowohl von den Zahlen Drei und Vier bestimmt, die zusammen die Sieben ergeben, als auch von der Zahl Fünf, dem Sinnbild des göttlichen Menschen. (Sieben ist die Planetenzahl, und Zwölf (7 + 5) weist auf das Allumfassende des Kosmos hin.)

In diesem Land der alten Sternenweisheit wußte man noch, daß der Mensch eigentlich ein kleiner Kosmos und das weite Weltall, der Kosmos, ein großer Mensch ist, daß Mensch und All zusammengehören und daß in Mensch und All die Gottheit selber sich offenbaren will. Nach der Legende hat das Christkind mit Maria und Joseph drei Jahre und sieben Monate in Ägypten geweilt.

Weil diese Kräfte des Herodes, die Kräfte des Bösen, auch heute noch in ihrer ganzen Gewalt wirksam sind, das Kindliche, Lebendige, Natürliche tötend, so muß im übertragenen Sinn immer wieder das Christkind in uns nach Ägypten fliehen, in das Land der alten Mysterienweisheit. Wenn die bösen Mächte dem Menschen vorgaukeln, daß er nur ein sterbliches Erdenwesen sei, dann soll er sich bewußt werden, daß er in Wahrheit ein sternenverbundenes, himmlisches Wesen ist, dann soll er wieder lebendig machen in sich die alte Sternenweisheit, die den Menschen zusammenschaut mit den Kräften des Himmels. Wenn der Mensch sich dieser kosmischen, göttlichen Kräfte in sich bewußt wird, dann vermögen ihm die niederen Kräfte nichts anzuhaben. Die dunklen Mächte können zwar den Leib des Menschen schädigen und töten und auch in sein geistiges, sein sternenverbundenes Wesen einwirken, sein göttliches Wesen dagegen vermögen sie nicht zu schädigen. Im übertragenen Sinne könnte man sagen, daß wir in der heutigen Zeit uns immer wieder in die Wirklichkeit der Sternen- und Mysterienweisheit vertiefen sollten: gleichsam nach Ägyptenland gehen, um gegen die Mächte des Bösen Schutz finden zu können.

Als die heilige Familie wieder ins Judenland zurückkehrt, weist der Engel Joseph im Taum nach Galiläa, und das Kind wird groß in der Stadt Nazareth. Er wird ein „Nazaräer" genannt werden. Mit diesen Worten schließt die heutige Evangelium-Lesung. Die Stadt Nazareth hat ihren Namen von dem alten Worte „nazer", und nazer heißt so viel wie „sprossendes Reis, sprossender Zweig". Das Kind ist ein neuaufsprossendes Reis, das zum großen Baume werden wird, zum Weltenbaum und Sternenbaum im Menschen, damit ihm der ganze Kosmos wieder ein lebendiger Baum werde und er sich als sternenverbundenes Wesen weiß, herausgeboren mit Geist, Seele und Leib aus Sonne, Mond und Erde, begnadet mit dem überkosmischen Gotteslicht. Sonne, Mond und Erde sind gleichsam die kosmischen Paten des Menschen.

„Aus des Morgenlandes blauer Ferne
Kommen sie, bestellt von deinem Sterne,
Deines Lebens königliche Paten:
Wollen Gutes dir zum Wachstum raten.

Spricht der Goldgekrönte: ‚In dein Denken
Will ich tief mein Weisheitsgold versenken.'
Spricht der Silberfürst: ‚In Herzensgründen
Soll zum Opfer sich der Weihrauch zünden.'

Spricht der Dunkle, der die Myrrhe spendet:
‚Nimm die Bittere, die das Siechtum wendet!'
Lasse diese ewigen Gestalten
Über allen deinen Pfaden walten!

Dir seit Vorzeittagen Urverwandte,
Dreier Welten hohe Abgesandte,
Sonne, Mond und Erde treuverbündet,
Sind's, die deine Menschenform gegründet:

Aus den Sonnenstrahlen ward gewoben
Dir der Geist in Götterhöhen droben;
Aus der Mondesflut, der silberlichten,
Mußtest du die Seele dann verdichten.

Aus des Erdengrundes bittren Säften
Wuchs dein Leib mit seinen edlen Kräften –
Sonne, Mond und Erde, die drei Paten,
Mahnen dich zu starken Lebenstaten!"

(Rudolf Meyer)

Dritter Sonntag nach Epiphanias

Lukas 2, 41–52 – Der Zwölfjährige im Tempel

Die Eltern Jesu pilgerten jedes Jahr zum Osterfeste nach Jerusalem; auch als er zwölf Jahre alt geworden war, zogen sie mit ihm gemäß der Festsitte hinauf. Als sie sich nach Vollendung der Tage auf den Heimweg machten, blieb der Knabe Jesus in Jerusalem zurück, ohne daß seine Eltern es wußten. In der Meinung, er befinde sich unter den Mitpilgern, zogen sie eine Tagesstrecke weit und suchten ihn unter den Verwandten und Bekannten; aber da sie ihn nicht fanden, kehrten sie nach Jerusalem zurück, um ihn dort zu suchen.

Nach drei Tagen endlich fanden sie ihn im Tempel, wie er mitten unter den Lehrern saß, ihnen zuhörte und Fragen an sie stellte. Alle, die ihn hörten, staunten über sein Verständnis und seine Antworten.

Bei seinem Anblick waren sie sehr betroffen; seine Mutter sprach zu ihm: Kind, warum hast du uns das getan? Dein Vater und ich haben dich mit Schmerzen gesucht!

Er aber sprach zu ihnen: Warum habt ihr mich gesucht? Wußtet ihr nicht, daß ich im Hause meines Vaters sein muß?

Doch sie verstanden das Wort nicht, das er ihnen sagte.

Er zog mit ihnen hinab und kam nach Nazareth, und er war ihnen untertan. Seine Mutter behielt all das in ihrem Herzen, und Jesus nahm zu an Weisheit, Alter und Gnade vor Gott und den Menschen.

Wir haben heute den letzten Epiphanias-Sonntag. In der Epiphanias-Zeit spüren wir, wie in der äußeren Natur allmählich das Licht über die Finsternis immer stärker siegt. Der Volksmund sagt, am Epiphanias-Tage, am Tage der heiligen drei Könige, hat der Tag um einen Hahnenschrei gelängt seit Weihnachten. Die heilige Nacht der Winter-Sonnenwendzeit geht allmählich über in den heiligen Tag. Den Zusammenklang von Tag und Nacht spüren wir in dieser Zeit besonders stark. Auch das alte und das neue Jahr gehen in dieser Zeit ineinander über. Die Festfarbe der Epiphanias-Zeit ist purpur. Der Farbenbogen beginnt mit dem Rot und endet mit dem Violett. Im Purpur werden auf höherer Stufe Rot und Violett, Anfang und Ende des Farbenbogens, miteinander geeint.

In dem Evangelium, das wir heute am letzten Epiphanias-Sonntag hörten, sehen wir den Jesus-Knaben vor den alten, weisen Lehrern im Tempel zu Jerusalem. Der künftige Gründer des neuen Tempels steht im alten Salomonischen Tempel vor den weisen Lehrern, und er antwortet ihnen so, daß sie staunen über dieses Kind. Es ist nicht nur Kind, sondern ist zugleich — indem die Weisheit des Alters schon aufbricht — ein Kind und ein Mann. Theodor Fontane hat einmal gesagt: „Das Beste, was wir sein können, ist zugleich ein Kind und ein Mann zu sein." Da offenbart sich in dem Jesus-Knaben gewissermaßen zum ersten Mal das volle Menschliche, das ganzheitlich Menschliche, der Mensch, in dem die kindlichen Herz- und Liebeskräfte in einer wunderbaren Weise harmonisch geeint sind mit den Weisheitskräften des Alters, in dem der Lebensbaum und der Erkenntnisbaum wieder zur Einheit geworden sind. Der Jesus-Knabe steht unter den alten Weisen im Tempel, und wir spüren, dieses Kind ist wirklich Ausdruck des vollmenschlichen Wesens.

Die Eltern haben den Jungen „mit Schmerzen gesucht", und als sie ihn im Tempel wiederfinden, bricht es aus der Mutter leidvoll hervor: „Kind, warum hast du uns das getan? Dein Vater und ich haben dich mit Schmerzen gesucht!' Der Jesus-Knabe aber antwortet nur: „Warum habt ihr mich gesucht? Wußtet ihr nicht, daß ich im Hause meines Vaters sein muß?" Und der Evangelist fügt hinzu: „Doch sie verstanden das Wort nicht, das er ihnen sagte." Die Eltern fassen nicht, daß dieses Kind schon deutlich spürt, daß es eine geistiggöttliche Berufung hat, eine Berufung, die es weit hinaushebt über den bloß eng menschlichen Kreis.

Der Jesus-Knabe gibt aber diese Antwort in liebevoller Weise, und das Evangelium fährt fort und sagt: „Er zog mit ihnen hinab und kam nach Nazareth, und er war ihnen untertan." Obschon das Kind sich offenbart als der ganzheitlich volle Mensch, als ein Mensch, den seine Eltern gar nicht mehr recht verstehen, ist er doch tief demütig. Die Berufung, die in ihm durchbricht, macht ihn nicht hochmütig.

Das Evangelium endet mit den Worten: „Jesus nahm zu an Weisheit, Alter und Gnade vor Gott und den Menschen." Das Zunehmen an Alter bezieht sich auf den Körper; ganz von selbst wächst der Körper, ganz von selbst wird der Mensch im Laufe des Lebens älter. Das Zunehmen an Weisheit bezieht sich auf das seelische Leben; in der Seele des Menschen entfaltet sich allmählich reifend die Weisheit. Das Zunehmen an Gnade aber bezieht sich auf den göttlichen Geist im Menschen; Gnade wird dem Menschen von oben her geschenkt, von Gott. Das Lebendig-Werden des Gottesfunkens, des göttlichen Lichtes im Menschen, dieses Wachsen des Göttlichen in uns, das ist immer Gnade.

Wir denken an diesem letzten Epiphanias-Sonntag noch einmal zurück an das Weihnachtsfest. In Bethlehem, an der Krippe des Christuskindes standen die kindlichen Hirten, und dahin kamen auch die priesterlichen Weisen, die Könige aus dem Osten. In den kindlichen Hirten waren vor allen Dingen die Herz- und Liebeskräfte entfaltet; in den priesterlichen Königen lebte die Weisheit. Wenn da Hirten und Könige zum Christkind kamen an Weihnachten, so ist das auch ein Bild dafür, was dieses Kind einmal werden soll: der vollkommene Mensch, in dem Körper, Seele und Geist verklärt sind.

In der späteren christlichen Überlieferung hat man dieses Wesen des Christusmenschen oft dargestellt im Bild der Vereinigung von Lilie und Rose. Rose, das ist die Blume des Herzens, die Blume der Liebe; Lilie, das ist die Blume der Weisheit, und Lilie und Rose, so sagt die christlich-mystische Überlieferung, sind im Christusmenschen eins geworden.

Ein Dichter der Gegenwart drückt das im Hinblick auf das Christkind so aus:

„O seht die Blume, die da blüht,
Die Blume weiß und rot;
Der Kelch ist von der Lilie,
Ein Herz darinnen loht.
Nun ist die ganze Erde licht,
Wir fürchten Schmerz und Trauer nicht
Und fürchten nicht den Tod.
Die Blüte leuchtet uns den Tag
Und es versank die Nacht,

Und aus der Blüte wird die Frucht,
Die alle fröhlich macht;
Die Frucht, die allen Nahrung gibt,
Der Mensch, der alle Menschen liebt,
Die Liebe ist erwacht."

(Otto Julius Bierbaum)

VOROSTERN

Septuagesima

Erster Korinther-Brief 7, 20—24 — Grundsätzliches über die verschiedenen Berufe
Galater-Brief 5, 13—18 — Werke des alten Menschen
22—26 — Früchte des Geistes

In dem Stande, in dem ein jeder berufen wurde, darin soll er bleiben. Bist du als Sklave berufen worden, so mache dir deswegen keinen Kummer, sondern selbst wenn du frei werden könntest, bleibe erst recht dabei! Denn der Sklave, der im Herrn berufen wurde, ist damit Freigelassener des Herrn, und gleichermaßen ist derjenige, der als Freier berufen wurde, nun Sklave Christi. Um einen hohen Preis seid ihr erkauft — so werdet nicht Sklaven von Menschen! Worin ein jeder berufen wurde, Brüder, darin bleibe er vor Gott.

Ihr seid zur Freiheit berufen, Brüder, nur macht aus der Freiheit keinen Anlaß für die menschliche Selbstsucht, sondern dienet einander in Liebe! Denn das ganze Gesetz findet seine Erfüllung in dem einen Worte: Du sollst deinen Nächsten lieben wie dich selbst! Aber wenn ihr einander beißt und verzehrt — sehet zu, daß ihr euch nicht vollends gegenseitig aufreibt!

Ich bitte euch, wandelt im Geiste, und ihr werdet nicht den Begierden der niedern Selbstsucht folgen. Denn das Gelüste der niederen Selbstsucht ist wider den Geist, wie das Verlangen des Geistes wider die Selbstsucht angeht: die liegen im Streit miteinander und lassen euch nicht tun, was ihr möchtet. Wenn ihr euch aber vom Geiste führen lasset, so steht ihr nicht unter dem Gesetze.

Die Frucht des Geistes hingegen ist: Liebe, Freude, Friede, Weite des Herzens, Freundlichkeit, Güte, Glaube, Milde, Selbstbeherrschung — und dagegen steht kein Gesetz. Die Christus Jesus angehören, haben ihr selbstsüchtiges Wesen mit seinen Leidenschaften und Lüsten gekreuzigt. Wenn wir im Geiste leben, so laßt uns auch im Geiste wandeln! Laßt uns nicht eitler Ehre nachjagen, einander nicht herausfordern, einander nicht neidisch sein!

Wir haben heute den Sonntag Septuagesima. Mit diesem Sonntag beginnt der Osterfestkreis. Das Weihnachtsfest feierten wir, als in dem mitternächtlichen Winter-Sonnenwendzeichen die Sonne ihren tiefsten Stand erreichte. In jenen Wochen ist die Sonne hinübergegangen aus dem Steinbockzeichen in das himmlische Sternzeichen des Wassermanns oder Engelmenschen. Geboren ist Christus „im Dunkel der Höhle"; aber das Licht, das zuerst verborgen „im Dunkel der Höhle" aufstrahlte, beginnt jetzt hineinzuleuchten in den neuen Tag, in das neue Jahr.

„Geboren bist du
Wie der Kristall geboren ist
Im Dunkel der Höhle,
Und siehe, es kommt der Tag,
Da der Kristall dem Lichte sich erschließt,
Und seine Weiße strahlt in sieben Farben ...

Mensch wurdest du
Und bliebest ganz in deiner Gottheit."

(Arthur Maximilian Miller)

Der Apostel spricht in den Worten, die wir eben gehört haben, von der wahren Geistesfreiheit. Wir verwechseln nur zu leicht die wahre geistige Freiheit mit unserem bloßen Handeln aus unseren Begierden und Wünschen heraus; wir meinen wohl, wenn wir tun könnten, was wir möchten, dann wären wir frei. In Wahrheit aber sind wir nur dann frei, wenn wir unsere innere, göttliche Bestimmung erfüllen. Der Mensch ist ein vielschichtiges Wesen. Der große griechische Philosoph Platon vergleicht das Menschenwesen mit einem Wagen. Der Wagen an uns ist der Körper; wie auf einem Wagen fahren wir auf unserem irdischen Körper durch die Welt. Der Wagen aber wird gezogen von Pferden, und die Pferde sind in uns die Lebenskräfte, die den stofflichen Körper beleben. Die Pferde wiederum werden gelenkt vom Kutscher, der auf dem Wagen steht. Der Kutscher entspricht unserer Triebseele, unserem Charakter. Der Kutscher aber muß den Wagen dahin fahren, wohin der Herr, dem der Wagen gehört, ihn fahren lassen will. Und dieser Herr in uns, das erst ist das wahre Geistes-Ich, das unser Leben bestimmt und lenkt. Von diesem wahren Geistes-Ich dringt allerdings nur allzuwenig in unser Bewußtsein. Es steht als lenkende, leitende Kraft hinter unserem Bewußtsein, wirkt aus den Hintergründen unserer Seele heraus, und meist erfassen wir es nur ahnungsweise. Wenn wir an einem Brunnen sitzen, dann sehen wir im Brunnen nur die Oberfläche des Wassers, aber bis in die dunklen Tiefen des Brunnengrundes dringt unser Blick nicht. Und wie aus einem dunklen Brunnengrunde herauf dringt erst zu uns die Stimme unseres wahren Geistes-Ich. Nur da, wo wir dieser Stimme folgen, sind wir wahrhaft frei.

Das wahre Geistes-Ich, es leitet unser ganzes Leben, es fügt unser

Schicksal. Auch das, was von außen an uns herankommt als scheinbar zufälliges Geschehnis, ist von diesem unserem wahren Geistes-Ich gefügt und bestimmt. Wenn wir so weise und so gütig wären, wie Gott gegen uns ist, dann würden wir aus innerem freien Entschluß all das wünschen und herbeisehnen, was uns im Leben trifft, ob es nun glückliche oder unglückliche Ereignisse sind. Darum spricht der Apostel Paulus in den Worten, die wir eben gehört haben, davon, daß jeder Mensch zuerst einmal sein Schicksal bejahen soll. Selbst ein Mensch, der als Sklave geboren ist, sagt der Apostel, soll nicht danach streben, frei zu werden im äußeren Sinne, er soll Ja sagen zu seinem Sklavenstand. Wenn man innerlich sein Schicksal und die Gegebenheiten bejaht, in die einen das Leben hingestellt hat, dann kann man von innen her allmählich auch die äußeren Verhältnisse wandeln. Wenn man aber äußerlich gegen die schicksalsmäßig gebotenen Gelegenheiten und Gesetzeszusammenhänge ankämpft, dann wird man nicht wahrhaft frei. Das können wir immer wieder im eigenen Leben erfahren. Rechte Annahme des Schicksals läßt den Engelmenschen in uns wachsen und begabt uns mit der wahren Geistesfreiheit, mit den neun Gaben des Heiligen Geistes, von denen der Apostel sagt:

„Die Frucht des Geistes hingegen ist: Liebe, Freude, Friede, Weite des Herzens, Freundlichkeit, Güte, Glaube, Milde, Selbstbeherrschung ..." Das sind die neun Gaben des Heiligen Geistes, gleichsam Geschenke der neun Engelhierarchien, die den Kosmos durchwalten und in uns den himmlischen Engelmenschen, den Wassermann, erwecken wollen.

„Das Wasser gibt den Bäumen Saft,
Befruchtend wirkt des Wassers Kraft
Auf alle Kreatur der Welt.
Des Wassers Tau das Aug' erhellt;
Das Wasser wäscht die Seele rein,
Kein Engel könnte reiner sein."

(Wolfram von Eschenbach, „Parzival", 817, 25—30)

Sexagesima

Johannes 2, 23—25 — Jesus in Jerusalem
3, 1—15 — Gespräch mit Nikodemus
16—21 — Anschließende Betrachtungen des Evangelisten

Während Jesus über Ostern in Jerusalem an dem Feste war, begannen viele an seinen Namen zu glauben, da sie die Zeichen sahen, die er tat. Er aber, Jesus, vertraute sich ihnen nicht an, da er alle kannte; denn er hatte es nicht nötig, daß ihn jemand über den Menschen belehre; wußte er doch selbst, was im Menschen war.

Da war ein Mensch unter den Phärisäern, Nikodemus mit Namen, ein Führer der Juden; er kam des Nachts zu ihm und sagte zu ihm: Meister, wir wissen, daß du als Lehrer von Gott gekommen bist; denn niemand kann diese Zeichen tun, die du tust, wenn nicht Gott mit ihm ist.

Jesus antwortete ihm: Wahrlich, wahrlich, ich sage dir, wenn jemand nicht von oben geboren wird, kann er das Reich Gottes nicht schauen.

Nikodemus sprach zu ihm: Wie kann ein Mensch noch geboren werden, wenn er schon alt ist? Kann er denn wieder in den Schoß seiner Mutter eingehen und geboren werden?

Jesus antwortete: Wahrlich, wahrlich, ich sage dir, wenn jemand nicht aus Wasser und Geist geboren wird, so kann er nicht in das Gottesreich eingehen. Was aus dem Fleische geboren ist, ist Fleisch — was aus dem Geiste geboren ist, ist Geist.

Wundere dich nicht, daß ich dir sagte, ihr müßtet von oben geboren werden: Der Wind weht, wo er will, und du hörst sein Brausen — aber du weißt nicht, woher er kommt und wohin er fährt. So ist es mit jedem, der aus dem Geiste geboren ist.

Nikodemus antwortete ihm: Wie kann das geschehen?

Jesus erwiderte ihm: Du bist der Lehrer Israels und weißt dies nicht? Wahrlich, wahrlich, ich sage dir: Was wir wissen, reden wir, und was wir gesehen haben, bezeugen wir, aber ihr nehmt unser Zeugnis nicht an. Wenn ich euch vom Irdischen rede und ihr glaubt nicht — wie werdet ihr glauben, wenn ich euch vom Himmlischen rede?

Es steigt niemand zum Himmel als derjenige, der vom Himmel herniederkam: des Menschen Sohn, der im Himmel ist. Und wie Moses die Schlange in der Wüste erhöhte, so muß des Menschen Sohn erhöht werden, damit jeder, der glaubt, in ihm ewiges Leben habe.

Denn so sehr hat Gott den Kosmos geliebt, daß er seinen Eingeborenen Sohn dahingab, damit jeder, der an ihn glaubt, nicht verlorengehe, sondern ewiges Leben habe. Gott hat ja seinen Sohn nicht in den Kosmos gesandt, daß er den Kosmos richte, sondern daß der Kosmos durch ihn gerettet werde.

Wer an ihn glaubt, wird nicht gerichtet; wer nicht glaubt, ist schon gerichtet; denn er erlangt keinen Anteil an Wesen und Kraft des Eingeborenen Sohnes Gottes.

Darin besteht das Gericht, daß das Licht in den Kosmos gekommen ist, aber die Menschen liebten die Finsternis mehr als das Licht; ihre Taten nämlich waren böse: Jeder, der Böses tut, haßt das Licht und kommt nicht an das Licht, damit seine Werke nicht aufgedeckt werden; wer aber die Wahrheit tut, kommt an das Licht, damit von seinen Taten offenbar wird, daß sie in Gott getan sind.

In diesem bedeutsamen Nachtgespräch spricht Christus zu Nikodemus über das Wesen des himmlischen Menschen, das Wesen des Engelmenschen. Durch das Zeichen des Engelmenschen, das Zeichen des Wassermanns, schreitet in diesen Wochen die Sonne. Aber was Christus zu Nikodemus spricht, das versteht eigentlich Nikodemus nicht. Nikodemus gehört dem alten, vom Propheten Esra gestifteten Pharisäer-Orden an. Er steht der Geistesrichtung Johannes des Täufers nahe und ist Mitglied des hohen Rates in Jerusalem, ein Eingeweihter des alten jüdischen Tempels. Darum ist Nikodemus auch auf das Tiefste erregt über die durch Jesus an Ostern vollzogene Tempelreinigung. Viele Menschen hatten sich bei diesem Anlaß ihm angeschlossen. Aber Jesus vertraut sich den Menschen — sagt der Evangelist — nicht an, die ihm nur auf Grund der Zeichen, die er in Jerusalem tut, folgen. Er weiß, was im Menschen ist.

Und dann fährt der Evangelist fort: „Da war ein Mensch ..., Nikodemus mit Namen ..." Nikodemus steht also vor uns nicht nur als Repräsentant des alten jüdischen Tempels, als der Lehrer in Israel, so nennt ihn Christus im Laufe des Gespräches, sondern zugleich als Repräsentant des Menschen überhaupt. Jesus sagt zu Nikodemus, „nur wer von oben her, wer aus Wasser und Geist geboren ist, der kann in das Reich Gottes eingehen". Damit knüpft Christus an die Mysteriensprache der Antike an. Das Wort, das im Griechischen Geist heißt, bedeutet zugleich Luft. Luft und Wasser sind die oberen Elemente. Der Leib gehört dem Erdelement an; was vom Fleische ist, das bleibt Fleisch, sagt Christus. Aber der Geist, das Luftelement, und die Seele, das Wasserelement, die müssen von oben her den Menschen ergreifen. Die Taufe aus Wasser und Geist bewirkt im Menschen, daß der Geist, der göttliche, die Seele des Menschen durchdringt und damit den Erdenmenschen wandelt, daß auf diese Weise der Erdenmensch aufgeschlossen wird für den göttlichen Geist. Die Seele muß durchgeistet, der Geist durchseelt werden, wenn der Mensch das Göttliche in sich aufnehmen will.

Wenn hier von Geist gesprochen wird, so meint Christus damit nicht unser denkendes Bewußtsein, sondern er meint mit dem Geist, der da weht, wo er will, dessen Brausen man wohl hört, aber von dem man nicht weiß, woher er kommt und wohin er fährt, den durch unser menschliches Bewußtsein unfaßbaren Gottesgeist, in dem Weisheit, Liebe und reines Wollen eins sind.

Nikodemus versteht die Worte Jesu nicht; er ist viel zu sehr gebunden an den Intellekt, an das jüdische Gesetz und an die jüdische Moral. Von einem Geist, der übergesetzlich ist, von einem Geist der schöpferischen Liebe im Menschen weiß Nikodemus nichts. Er meint als Gesetzesmensch, es komme vor allem darauf an, daß der Mensch das Gute tue und das Böse meide. Dieser schöpferische Gottesgeist, dieser Geist der Liebe, von dem Christus spricht, ist Nikodemus zunächst unfaßbar. Er weiß nicht, daß alles wirklich Große dem Menschen von oben her geschenkt wird, ob es sich nun handelt um ein höheres, intuitives Erkennen, ob es sich handelt um begeisternde, göttliche Liebesimpulse oder ob es sich handelt um ein von göttlichen Kraftimpulsen beseeltes Wollen; das alles ergreift den Menschen von oben her. Aber Nikodemus in seiner nüchternen Denkart versteht das nicht. Und Christus sagt dann auch: Du bist der Lehrer von Israel und weißt das nicht? Wie wirst du dann, wenn ich so spreche von dem Sich-Aufschließen des Menschen für den höheren Geist, und du das nicht verstehst, wie wirst du dann erst verstehen, wenn ich dir spreche vom himmlischen Menschen.

Und nun spricht Christus, obschon er weiß, daß er von Nikodemus nicht verstanden wird, von diesem himmlischen Menschen, von der Herabkunft des himmlischen Menschen, des Menschen in Gott, auf die Erde, von dem Offenbar-Werden des göttlichen Menschenurbildes im Erdenmenschen. Und das ist ein Geheimnis, das noch weit schwerer zu fassen ist als das Geheimnis der menschlichen Einweihung, von dem Christus zuerst gesprochen hat. „Also hat Gott den Kosmos geliebt", so sagt der Evangelist, „daß er seinen Eingeborenen Sohn in den Kosmos dahingab", um den Kosmos zu retten und zu erlösen. Die Liebeskraft Gottes selber strömt hin in den Kosmos, in den Weltenraum, in den Erdenraum, geht ein in Jesus von Nazareth, um dadurch das tiefste Wesen von Welt und Mensch zu wandeln.

Das ist ein Geheimnis, das sich erst recht dem menschlichen Denken verschließt und mit dem Verstande nicht zu fassen ist. Wir müssen schon hinabhorchen in die tiefsten Tiefen unserer Seele, wir müssen der Stimme der Stille, der mitternächtlichen Stille in uns lauschen, wenn wir dieses Geheimnis ahnend erfassen wollen. Nikodemus ist ja in der Stille der Nacht zu Christus gekommen. Nicht deswegen ist Nikodemus in der Nacht zu Christus gekommen, weil er sich vor den Juden fürchtete, ihn am Tage aufzusuchen. Manche haben wohl gemeint, deswegen käme Nikodemus in der Nacht zu Christus; nein, Nikodemus kommt in der Nacht zu Christus, weil wir Menschen in der Stille der Nacht mehr aufgeschlossen sind für das Göttliche als im lauten Lärm des Tages. Nikodemus weiß um das Geheimnis der Stunde. Und mitternächtlich tiefe Weisheit, himmlische Sternenweisheit ist es, die Christus in dem Nachtgespräch Nikodemus vermitteln will. Wenn wir wirklich so horchen auf die Stimme der Stille in uns selbst, dann können wir spüren, daß als letzter und tiefster Grund in unserer Seele der Gottesfunke leuchtet, ein Funke vom göttlichen Lichte selber, dann können wir spüren, daß wir als Menschen alle teilhaben zutiefst und zuletzt an dieser sich verschenkenden Liebe Gottes, die auch in uns offenbar werden will.

Freilich, diese tiefe, seiende Wahrheit können wir nur fassen aus den Kräften eines verinnerlichten Lebens und Liebens heraus, aus den Kräften des wahren Glaubens. Nur aus diesen Kräften heraus können wir den Gottesfunken in uns entfachen. „Nur wer die Wahrheit tut, kommt an das Licht“, sagt Christus. Der Mensch muß in seinem Tun und Leben nach dieser Wahrheit leben, dann wird sie ihm auch offenbar, dann versteht er sie. Wenn er das aber nicht tut, wenn er nach seinem Verstande lebt, dann weiß er nichts von dieser tiefsten, innerlichsten Schicht im Menschenwesen.

„Das ist das Gericht, daß das Licht in den Kosmos gekommen ist.“ Der Mensch, der nicht in diese Tiefen dringt, der nicht aus dieser seienden Wahrheit, aus der wesenhaft schöpferischen Liebe heraus zu leben vermag, der ist von selbst dadurch gerichtet, in dem wird das eigentlich tiefste, gott-menschliche Wesen, das mensch-göttliche Geheimnis nicht offenbar. So spricht Christus in diesem Gespräch mit Nikodemus vom Wesen des wahren Menschen, vom Wesentlich-Werden des Menschen. Wenn der Mensch sich an das Irdische klammert, dann bleibt er irdisch, wenn der Mensch in sich das Göttliche liebt, dann wird er selbst göttlich. Angelus Silesius, der große deutsche Mystiker, sagt:

„Mensch, was du liebst, in das wirst du verwandelt werden,
Gott wirst du, liebst du Gott, und Erde, liebst du Erden.“

„Ein wesentlicher Mensch ist wie die Ewigkeit,
Die unverändert bleibt von aller Äußerheit."

„Mensch, werde wesentlich: denn wann die Welt vergeht,
So fällt der Zufall weg, das Wesen, das besteht."

Quinquagesima

Der Prophet Jona	1, 1—16 2, 1	—	Jona's Berufung, Ungehorsam und Bestrafung
	2, 2—11	—	Jona's Gebet und Errettung

Einst erging das Wort des Herrn an Jona, den Sohn Amitthai's und zwar folgendermaßen sprach der Herr zu ihm: Mache dich auf, begib dich nach der großen Stadt Ninive und kündige ihr an, daß ihr böses Tun vor mich gekommen ist! Aber Jona machte sich auf den Weg, um vor dem Angesicht des Herrn hinwegzufliehen nach Tharsis, und als er nach Joppe hinabgegangen war und dort ein Schiff gefunden hatte, das nach Tharsis fahren wollte, bezahlte er das Fahrgeld und stieg ein, um mit den Schiffern nach Tharsis zu fahren, und so dem Herrn aus den Augen zu kommen.

Da ließ der Herr einen starken Wind auf das Meer hinabfahren, so daß sich ein gewaltiges Unwetter auf dem Meere erhob und das Schiff zu scheitern drohte. Da gerieten die Leute auf dem Schiff in Angst und schrieen ein jeder zu seinem Gott um Hilfe und warfen die Gerätschaften, die sich im Schiffe befanden, ins Meer, um das Schiff dadurch zu erleichtern. Jona aber war in den unteren Raum des Schiffes hinabgestiegen, hatte sich dort niedergelegt und war fest eingeschlafen. Da trat der Kapitän zu ihm mit den Worten: Wie kannst du nur schlafen?! Stehe auf, rufe deinen Gott an! Vielleicht nimmt sich dieser Gott unser an, daß wir nicht untergehen. Dann sagten jene zueinander: Kommt, wir wollen Lose werfen, um zu erfahren, durch wessen Schuld dieses Unglück uns trifft! Als sie nun die Lose warfen, fiel das Los auf Jona.

Da sagten sie zu ihm: Teile uns doch mit, du, um dessentwillen dies Unglück uns widerfährt: Welches ist dein Gewerbe, und woher kommst du? wo bist du zu Haus, und was für ein Landsmann bist du? Da antwortete er ihnen: Ich bin ein Hebräer und verehre den Herrn, den Gott des Himmels, der das Meer und das feste Land geschaffen hat. Da gerieten die Männer in große Furcht und sagten zu ihm: Was hast du nur getan? Die Männer wußten nämlich bereits, daß er sich auf der Flucht vor dem Herrn befand; denn er hatte es ihnen mitgeteilt. Dann fragten sie ihn: Was sollen wir mit dir machen, damit das Meer sich beruhigt und uns nicht länger bedroht? denn das Meer wurde immer noch stürmischer. Da erwiderte er ihnen: Nehmt mich und werft mich ins Meer, damit das Meer sich beruhigt und euch nicht länger bedroht! denn ich erkenne, daß dieser gewaltige Sturm durch meine Schuld über euch gekommen ist. Nun strengten sich die Männer zwar an, das Schiff ans Land zu bringen, vermochten es aber nicht, weil das Meer immer ärger gegen sie tobte. Da riefen sie den Herrn an mit den Worten: Ach, Herr! laß uns doch nicht untergehen, wenn wir diesen Mann ums Leben bringen, und rechne uns nicht unschuldig vergossenes Blut an! denn du bist der Herr: du hast getan, wie es dir wohlgefallen hat. Darauf ergriffen sie Jona und warfen ihn ins Meer, und sogleich legte sich das Toben des Meeres. Da gerieten die Männer in große Furcht vor dem Herrn; sie brachten dem Herrn Opfer dar und taten Gelübde.

Der Herr aber ließ einen großen Fisch kommen, der Jona verschlingen sollte; und Jona befand sich im Bauche des Fisches drei Tage und drei Nächte lang.

Da richtete Jona aus dem Leibe des Fisches folgendes Gebet an den Herrn, seinen Gott: Gerufen habe ich aus meiner Bedrängnis zum Herrn, da hat er mich erhört; aus dem Schoß der Unterwelt habe ich um Hilfe geschrieen, da hast du mein Rufen vernommen. Denn du hattest mich in die Tiefe geschleudert, mitten ins Meer hinein, so daß die Fluten mich umschlossen; alle deine Wogen und Wellen fuhren über mich dahin. Schon dachte ich: Verstoßen bin ich, hinweg von deinem Angesicht: wie könnte ich je wieder nach deinem heiligen Tempel schauen? Die Wasser umgaben mich und gingen mir bis an die Seele; die Tiefe umfing mich, Seegras hatte sich mir ums Haupt geschlungen; zu den Wurzeln der Berge war ich hinabgefahren; die Riegel der Erde hatten sich auf ewig hinter mir geschlossen: — da hast du mein Leben aus der Grube heraufgeholt, Herr, mein Gott! Als mein Leben in mir zu Ende ging, da gedachte ich des Herrn, und zu dir drang mein Gebet, zu deinem heiligen Tempel. Die sich an nichtige Götzen halten, verlassen den, bei welchem das Heil für sie liegt. Ich aber will dir laute Danksagung als Opfer darbringen, will, was ich gelobt habe, bezahlen: die Rettung kommt vom Herrn!

Hierauf gebot der Herr dem Fisch, und dieser spie Jona ans Land aus.

Wir haben heute den Fastnachtssonntag, den Sonntag Quinquagesima. Quinquagesima heißt fünfzig. Der heutige Sonntag ist der fünfzigste Tag vor Ostern. Der fünfzigste Tag nach Ostern ist Pfingsten. Sieben mal sieben Tage, sieben Wochen vergehen von heute bis zum Osterfest, und von Ostern bis zu Pfingsten vergehen wiederum sieben Wochen. Die sieben Wochen vor Ostern sind die eigentlichen

Vorbereitungswochen für das Osterfest, da sollen wir gleichsam die sieben Leidensstufen mit Christus durchleben. Die Fastenzeit, die jetzt beginnt, ist eine Gedenkzeit an das Leiden Christi. Und die sieben Wochen nach Ostern ist die Zeit, in der das Ostererlebnis immer stärker sich entfaltet, da sollen wir gleichsam auf sieben Verklärungsstufen mit Christus den Weg emporsteigen, der zum Pfingstfest führt, wo der Geist über die Apostel kommt.

Der Sonntag Quinquagesima ist in vorchristlichen Zeiten gefeiert worden als eine Art Vorfrühlingsfest. Das Fastnachtsfest hat bei uns auch den Namen Karneval, und Karneval kommt her von currus navalis. Currus navalis heißt der Schiffswagen. An diesen alten Vorfrühlingsfesten wurde zum Beispiel in Babylon eine feierliche Prozession veranstaltet. In dieser Prozession fuhr ein Schiffswagen durch die Straßen, und auf dem Schiffswagen standen die Bilder der Götter. Über die Wasser der Geistwelt kamen die Götter auf dem Schiffswagen in die Stadt gefahren, dem verkleidete Menschen folgten.

Warum verkleideten sich die Menschen? Sie hatten die Empfindung, vor dem Gotte, vor den Göttern wird das menschliche Leben, wird die einzelne menschliche Gestalt zu einer Scheingestalt, zu einer Maske. Das Wort „Person" kommt her von „persona", und persona heißt im Lateinischen „Maske". Damit wird also ausgedrückt, daß die einzelne menschliche Person eigentlich nur eine Maske ist für das wahre, das göttliche Geistwesen, das sich im Menschen offenbaren will. Unserem höheren Ich gegenüber, unserem großen Gottes-Ich, dem Gottesfunken gegenüber, der in jedem Menschen lebt, ist wirklich die kleine, einzelne, menschliche Person, ist das, was wir von unserem Ich im Bewußtsein haben, nur eine Maske. Wie durch eine Maske tönt durch die menschliche Person die Stimme des Göttlichen und wird gewöhnlich von uns überhört. An diesen Vorfrühlingsfesten aber wollten sich die Menschen bewußt machen, daß sie nur Masken des Göttlichen sind, daß sie sich lösen müssen von dem kleinmenschlichen Ich, das das große Gottes-Ich verbirgt, das es verkleidet. Darum folgten sie in einem Maskenzug dem Götterwagen, dem Schiffswagen, der die Götter in die Stadt führte.

So kommt es, daß noch heute in der Vorfrühlingszeit der Karneval gefeiert wird in Verkleidung. Die meisten heutigen Menschen werden um jenen sehr ernsten und tiefen Sinn des Karnevals nicht mehr wissen. Wir sollen uns in dieser Zeit der Maskenhaftigkeit unserer kleinmenschlichen Person bewußt werden, der Maskenhaftigkeit, die unser Ich darstellt gegenüber dem wahren Gottessein, das in uns offenbar werden will.

In der Vorfrühlingszeit beginnt allmählich all das, was im Winter erstarrt und verhärtet war in Schnee und Eis, sich aufzulösen. Wenn die Zeit der Schneeschmelze kommt, dann spüren wir, wie überall im Umkreis der Erde, auf der Erde selbst und im Inneren der Erde die Wasserkräfte lebendig werden. Das Wasser hat eine lösende Kraft. In dieser Zeit, in der die Wasserkräfte alles Erstarrte und Verhärtete aufzulösen beginnen, durchschreitet die Sonne das Wasserzeichen der himmlischen Fische. Und von der geistigen Bedeutung des himmlischen Fischezeichens kündet die Geschichte vom Propheten Jona, die wir eben gehört haben.

Da wird erzählt, wie der Prophet Jona sich dem Gottes-Auftrag, in Ninive die Gottesbotschaft zu verkündigen, entziehen will, weil es ihm zu gefährlich ist, in diese große heidnische Stadt zu gehen; er will sich dem Auftrag dadurch entziehen, daß er sich in Jaffa auf ein Schiff begibt, um nach Spanien zu fahren — also gerade in dic entgegengesetzte Richtung weit nach Westen statt nach Osten in die assyrische Stadt Ninive. Da bricht ein furchtbarer Sturm aus, und der Prophet spürt, dieser Sturm kommt, weil er auf die Gottesstimme nicht gehört hat. Auch den Schiffern erzählt er das, und die Schiffer werfen das Los, um zu erfahren, ob wirklich Jona der Schuldige sei. Und das Los trifft Jona, und er wird von den Schiffern ins Meer geworfen. Nun heißt es in der Geschichte: Jona wird verschlungen von einem gewaltigen Fisch. Drei Tage und drei Nächte ist er im Bauch des Fisches, und dann wirft ihn der Fisch wieder an Land.

Nun, das ist die Bildsprache dieses prophetischen Buches. Äußerlich gesehen, kann man sich das nicht als Wirklichkeit vorstellen, daß ein Fisch einen Menschen verschlingt, dieser drei Tage und drei Nächte im Bauch des Fisches weilt und dann wieder lebendig ans Land geworfen wird. Und so haben die Menschen, die diese Geschichte nicht recht verstanden, auch darüber gestritten, ob es ein Walfisch oder ein Haifisch gewesen sei. Es kann weder der eine noch der andere gewesen sein. Der Walfisch hat nur einen ganz engen Schlund, viel zu eng, um einen Menschen verschlucken zu können. Der Haifisch hingegen zerreißt einen Menschen sofort, wenn er ihn frißt. Wenn es in der alten Bildsprache, die die heutigen Menschen meist nicht mehr verstehen, heißt: Jona wird von dem großen Fisch verschlungen, weilt drei Tage und drei Nächte im Bauche des Fisches und wird von dem Fisch wieder an Land geworfen, dann ist in dieser

Erzählung der Fisch nur ein Bild für das Meer selbst. Es heißt eigentlich nur: Das Meer verschlingt Jona, und das Meer wirft Jona nachher wieder an Land. Aber als das Meer Jona verschlingt, kommt er ganz nahe an den Tod des Ertrinkens heran. Wenn die Menschen so an den Tod des Ertrinkens herankommen, dann löst sich das Seelische leicht aus dem Körper. Das haben auch viele Menschen der Gegenwart erfahren, wenn sie einmal nahe an den Tod des Ertrinkens herankamen. Dann sieht der Mensch in einer Bilderschau sein ganzes vergangenes Leben; in wenigen Sekunden leuchtet es vor ihm auf, und er spürt, das habe ich recht getan, das war unrecht. Da ist wie eine Art geistigen Gerichtes, was dann über den Menschen kommt.

Einer meiner Freunde hat die gleiche Erfahrung gemacht, und solch ein Erlebnis erschüttert natürlich den Menschen aufs Tiefste. Ähnliches passiert auch — ein Arzt hier aus der Nähe, aus Bolsterlang, hat es mir persönlich erzählt —, wenn jemand abstürzt im Gebirge und im letzten Augenblick noch gerettet wird. Da erlebt er auch in diesen wenigen Sekunden, wo er durch den plötzlichen Sturz an den Tod herankommt, diese geistige Rückschau auf sein gesamtes Leben. Wer das erfahren hat, der wird gewöhnlich dadurch ein innerlich verwandelter Mensch. Da spürt der Mensch nämlich auf einmal seine geistige Ich-Wesenheit, da wird ihm wirklich alles Irdische zur Maske, da spürt er das große, wahre Gottes-Ich in sich selbst. Indem die Seele sich vom Körper löst, leuchtet der Geist des Herrschers der Seele, das Gotteslicht, auf und wird dabei gleichzeitig zum Gericht. Das erfährt Jona: Als er losließ von sich selbst, da leuchtete „der Herr der Welten" in ihm auf. Das Gebet des Jona im Bauche des Fisches ist Ausdruck für dieses höhere, geistige Erwachen, das der Prophet erfährt, als er beim Herankommen an den Tod des Ertrinkens das Gottes-Ich in sich lebendig schaut und spürt.

Ja, wir müssen loslassen von unserem kleinen, persönlichen Ich, dem wir verhaftet sind, wir müssen horchen auf die Stimme der Stille, die in uns spricht, auf das Gottes-Wort, das in uns sich offenbaren will. Dazu gehört eine starke Entwicklung der selbstlosen Liebeskräfte. Je mehr der Mensch von der Begrenztheit seiner menschlichen Person losläßt, je mehr er sich konzentriert auf das große, göttliche Ich, das in jedem Menschen lebt, um so liebevoller wird er auch sein gegen alle Menschen, um so mehr wird er die Stimme des Gewissens, die in uns spricht, hören, ernst nehmen und danach leben.

Mit dem Sonntag Quinquagesima, eigentlich erst mit Aschermittwoch, dem Mittwoch der kommenden Woche, beginnt die Fastenzeit. Da haben die Menschen gefastet, um sich zu lösen von den Begierden des Körpers, von den körperlichen Bedürfnissen, um das Geistige in sich zu stärken. Das ist ein schöner Brauch. Wir kennen das Sprichwort: Ein voller Bauch studiert nicht gern, und wissen, daß, wenn wir kräftig gegessen haben und dann gleich arbeiten wollen, dies sehr schlecht geht. Aber wir sollten uns nicht nur in der Fastenzeit darauf richten, etwas weniger zu essen als gewöhnlich, sondern wir sollten unsere irdischen Wünsche und Begierden zurücktreten lassen, da die Herrschaft über unser Begierdenleben uns erst wahrhaft freimacht.

Jona konnte das zunächst auch nicht; er folgte seinen Trieben, er hatte Angst, er wollte nicht nach Ninive. Aber als er dieses erschütternde Erweckungserlebnis im Meer gehabt hatte, war er ein verwandelter Mensch geworden. Die Fischezeit, die jetzt bald beginnt, die Zeit, wo die Sonne in den Wochen vor Ostern durch das himmlische Sternzeichen Fische schreitet, sie mag uns mahnen, diese Vorbereitungszeit vor dem Osterfest recht zu durchgehen, damit wir mit dem Propheten Jona sprechen können:

> „Als mein Leben in mir zu Ende ging, da gedachte ich des Herrn, und zu dir drang mein Gebet, zu deinem heiligen Tempel. Die sich an nichtige Götzen halten, verlassen den, bei welchem das Heil für sie liegt. Ich aber will dir laute Danksagung als Opfer darbringen, will, was ich gelobt habe, bezahlen: die Rettung kommt vom Herrn!"

Invokavit

Matthäus 12,	5— 8	—	Gesetzlichkeit und Liebe
	30—37	—	Gerichtsrede gegen die Lästerer
	38—42	—	Jüdische Zeichenforderung
	46—50	—	Bluts- und Geistesverwandte

Jesus sprach zu den Pharisäern: Habt ihr nicht im Gesetzbuch gelesen, wie die Priester am Sabbat im Tempel den Sabbat brechen, ohne deshalb in Schuld zu sein? Und ich sage euch: hier ist Größeres als der Tempel! Würdet ihr erkannt haben, was das heißt: Um die Regung des Herzens ist es mir zu tun, nicht um Opfer, so hättet ihr die Schuldlosen nicht verdammt. Denn der Mensch ist Herr auch über den Sabbat.

Wer nicht mit mir ist, ist wider mich; und wer nicht mit mir sammelt, zerstreut.

Darum sage ich euch: alle Sünde und Lästerung soll den Menschen vergeben werden, aber die Lästerung des Geistes wird nicht vergeben werden. Wer ein Wort wider des Menschen Sohn redet, dem wird es vergeben; wer aber wider den Heiligen Geist redet, dem wird es weder in diesem noch in dem künftigen Äon vergeben werden.

Entweder erklärt ihr den Baum und damit sein Frucht für gut, oder ihr müßt den Baum und damit seine Frucht für schlecht erklären. An der Frucht erkennt man den Baum.

Ihr Schlangenbrut, wie könntet ihr Gutes reden, da ihr böse seid? Aus des Herzens Überfülle redet der Mund. Der gute Mensch bringt Gutes aus seinem guten Schatze des Herzens hervor, der Böse aus seinem bösen Schatze Böses. Ich sage euch, über jedes nichtsnutzige Wort, das die Menschen reden, werden sie Rechenschaft geben müssen am Tage des Gerichtes. Denn nach deinen Worten wirst du gerechtfertigt — wie auch nach deinen Worten verurteilt werden.

Da antworteten ihm einige von den Schriftgelehrten und Pharisäern: Meister, wir möchten von dir ein Zeichen sehen!

Er entgegnete ihnen: Das böse, ehebrecherische Geschlecht begehrt ein Zeichen — es wird ihm aber kein Zeichen gegeben werden als das des Propheten Jona. So wie nämlich Jonas drei Tage und drei Nächte im Bauche des Fisches war, so wird des Menschen Sohn drei Tage und drei Nächte im Schoß der Erde sein. Die Leute von Ninive werden mit diesem Geschlechte im Gericht aufstehen und es verurteilen; denn sie haben sich auf Jona's Predigt hin bekehrt — und hier ist mehr als Jonas. Jene „Königin des Südens" wird mit diesem Geschlechte im Gericht aufstehen und es verurteilen; denn sie kam von den Enden der Erde, Salomons Weisheit zu hören — und hier ist mehr als Salomon.

Während er noch zum Volke redete, standen seine Mutter und seine Brüder draußen und begehrten mit ihm zu sprechen. Jemand sagte es ihm: Deine Mutter und deine Brüder stehen draußen und begehren mit dir zu reden.

Da sprach er zu dem, der es ihm gemeldet hatte: Wer ist meine Mutter, und wer sind meine Brüder? Dabei streckte er seine Hand über seine Jünger aus und rief: Das sind meine Mutter und meine Brüder. Denn jeder, der den Willen meines Vaters im Himmel tut, ist mir Bruder und Schwester und Mutter.

Die Sonne steht jetzt im Sternzeichen der himmlischen Fische. Am letzten Sonntag hörten wir die Geschichte vom Propheten Jona und dem Fisch. Das himmlische Fischezeichen ist ein Sinnbild für die Geisterweckung des Menschen. Als Jona an den Tod des Ertrinkens herankommt im Meer, läßt er endlich los von seinem kleinen menschlichen Ich. In seinem Gebet spricht er: „Als mein Leben in mir zu Ende ging, da gedachte ich des Herrn ..." Auf dieses Zeichen des Jona bezieht sich im heutigen Evangelium Christus. Er sucht den

Menschen deutlich zu machen, worauf es ihm eigentlich ankommt. Es ist ihm nicht zu tun um Opferdienst im Tempel. Er sagt, hier in mir ist mehr als der Tempel offenbar geworden; mir ist es vor allen Dingen zu tun um die Regung des Herzens, das heißt um die rechte Liebe. Der Gottesdienst im Tempel mag schon gut sein. Aber Menschen, die vor allen Dingen auf den Gottesdienst schauen, die erfüllen nicht das, was Christus von den Menschen erwartet. Viel wesentlicher als der Gottesdienst im Tempel ist die Regung des Herzens, die rechte Liebe.

Zu den Pharisäern, die so sehr darauf achten, daß die Menschen die rechten Werke tun, die die Werkgerechtigkeit so sehr betonen, sagt er: Durch das, was der Mensch tut und leistet, durch seine Werke wird er nie gerechtfertigt. Es kommt vielmehr darauf an, daß er die rechte Liebeskraft in sich weckt. Gott beurteilt nicht den Menschen zunächst nach dem, was er kann oder tut oder leistet oder schafft, sondern Gott beurteilt jeden Menschen nach seiner Liebefähigkeit. Und da gebraucht er das Gleichnis von dem guten und dem schlechten Baum. Ein guter Baum bringt gute Früchte, und ein schlechter Baum bringt schlechte Früchte. Und wenn man gute Früchte haben will, da muß man einen guten Baum pflanzen. Nicht von den Früchten aus kann man den Baum verbessern, der Baum muß in sich selbst ein guter, ein rechter Baum sein, dann bringt er auch gute Früchte. So, will Christus sagen, ist es auch mit den Menschen. Nicht von seinen Werken aus kann man den Menschen beurteilen; alles, was der Mensch tut, kommt aus seinem Inneren hervor. Und der Mensch muß vor allem in seinem Inneren sich wandeln, die rechte Gesinnung entfalten, aus echter Liebeskraft heraus das tun, was er tut, dann ist der Mensch ein guter Baum. Was er dann wirklich tut, das einzelne Werk, das ist gar nicht so wichtig.

Dann spricht Christus noch ein sehr ernstes und schwerverständliches Wort, das Wort von der Sünde wider den Heiligen Geist. Alles wird den Menschen vergeben, sagt Christus. Jede Sünde kann vergeben werden, aber die Sünde wider den Heiligen Geist, die kann nicht vergeben werden. Die Menschen haben sich oft darüber den Kopf zerbrochen, was mit dieser Sünde wohl gemeint sein könnte. Wenn man wirklich eingedrungen ist in den Geist des Neuen Testamentes, dann weiß man sehr gut, was mit dieser Sünde wider den Geist gemeint ist. In uns lebt ja der Gottesgeist. „Wißt ihr nicht, daß der Leib ein Tempel des Heiligen Geistes ist?“ fragt der Apostel Paulus. Die Menschen müssen sich dieses Gottesfunkens, der in ihnen lebt, dieses göttlichen Ich bewußt werden. Jeder Mensch, der in der rechten

Weise auf die Stimme seines Gewissens, auf die Stimme der Stille, auf die Stimme seines Herzens horcht, der weiß, daß in ihm dieser Gottesfunke lebt. Dieser Gottesfunke ist der Heilige Geist, und die Gottesliebe, die rechte Liebe, wird, wie Paulus sagt, durch den Heiligen Geist eingegossen in unser Herz. Wenn wir uns dessen bewußt sind, dann werden auch unsere Handlungen die rechten sein.

Wenn wir uns aber dieses Gottesfunkens in uns nicht bewußt sind, dann ist das die Sünde wider den Heiligen Geist. Wenn der Mensch nicht spürt und erkennt, daß sein tiefstes Wesen göttlicher Natur ist, daß in ihm ein göttliches Bild, das Ebenbild der Gottheit, der Gottesfunke, lebt; wenn er das nicht spürt, dann ist das die Sünde wider den Heiligen Geist, das trennt ihn vom Heiligen Geiste Gottes; und dann kann ihm seine Schuld nicht vergeben werden. Alle Sünde kann vergeben werden, wenn der Mensch sich dieser Gotteskraft in sich selbst bewußt ist, wenn er weiß, daß die tiefste Wirklichkeit in Mensch und Welt die göttliche Wirklichkeit ist. Aus dieser Kraft, die ihn verbindet mit dem Heiligen Geist, mit dem Gottesfunken, der im Menschen lebt, hat der Mensch Vollmacht über alle Welt.

Aus dieser Kraft heraus vollbringt Christus seine Wunder. Aus dieser Kraft heraus heilt er die Kranken, erweckt er die Toten. Und wenn der Mensch von dieser Gotteskraft nicht mehr weiß, dann begeht er damit die Sünde wider den Heiligen Geist, und die kann ihm weder in dieser noch in jener Welt solange nicht vergeben werden, bis er selbst zu spüren anfängt, daß Gott wirklich die größte Kraft in Mensch und All ist. Wenn der Mensch sich dieser Gotteskraft bewußt wird, dann hat er auch die rechte Liebe zum Mitmenschen, dann handelt er aus der rechten Liebe heraus und dann sind seine Werke recht, gleichgültig ob es große oder kleine Werke sind.

Darum sagt Christus mit Bezug auf das Zeichen des Propheten Jona: „Diesem Geschlecht wird kein anderes Zeichen gegeben als das Zeichen des Jona." Das Zeichen des Jona zeigt den Menschen, wie sie sich innerlich wandeln müssen. Jeder Mensch muß Schweres durchstehen. Gerade jetzt, in der Vorosterzeit, wo wir daran denken, daß Christus selber, der lichteste aller Menschen, durch diese schwere Leidenszeit hindurchgehen mußte, da sollen wir erkennen, daß durch das Leiden, was uns im Erdenleben auferlegt wird, die Gotteskraft in uns gestärkt und erweckt werden kann. Dann verstehen wir das Zeichen des Propheten Jona. Auch der Prophet Jona mußte erst an den Tod des Ertrinkens herankommen, ehe er von seinem Eigenwillen losließ und auf die Gottesstimme hörte. Auf das kommt es an im Leben, will Christus den Menschen sagen.

Zum Abschluß hörten wir noch: Die Mutter Jesu und seine Brüder kommen, und Jesus sagt dann, als man ihm das mitteilt: „Wer ist meine Mutter, und wer sind meine Brüder? ...jeder, der den Willen meines Vaters im Himmel tut, ist mir Bruder und Schwester und Mutter". Damit geht Christus auch über die engste menschliche Bindung hinweg, damit will er uns sagen, selbst das, was uns Menschen so natürlich ist, die Liebe zur Mutter, die Liebe zu den Geschwistern, selbst das verblaßt, wenn die rechte Gottesliebe in uns wach wird. Die Gottesliebe, die Verbindung mit dem Urlicht, dem Gotteslicht, ist viel wichtiger als die irdische Liebe zu unseren Anverwandten, selbst wenn es etwas so Schönes und Natürliches ist wie Mutterliebe und Geschwisterliebe. Die Liebe zu dem Gotteslicht, zu dem Urlicht, das im Menschen brennt, die Liebe zu dem gottebenbildlichen Menschen in uns und in unseren Menschenbrüdern, die steht über aller kleinmenschlichen Liebe.

Hier ist mehr als der Tempel, hat Christus gesagt. Hier ist auch mehr als die Weisheit des Königs Salomon, hier ist auch mehr als Mutterliebe und Geschwisterliebe: die rechte Liebe zu Gott, die rechte Liebe zu dem Urlicht, dem Göttlichen, das in jedem Menschen brennt, das ist das Höchste, vor dem alles andere verblaßt, das ist die Kraft des Heiligen Geistes, die uns erst wahrhaft zu Menschen macht.

Wir heutigen Menschen vergessen das nur allzu leicht. An unseren lieben Mitmenschen pflegen wir herumzukritisieren, unsere Gefühle, unsere Sympathie- und Antipathiegefühle pflegen wir viel zu wichtig zu nehmen. Ja, den mag ich und den mag ich nicht, und so weiter. All das, was wir so empfinden aus unserem natürlichen Gefühl heraus, trennt uns von Gott, ist wie eine Mauer, die uns trennt von unserem wahren, göttlichen Wesen. Dagegen müssen wir angehen; diese Mauern müssen wir niederreißen, damit der Heilige Geist unsere Seele innerlich erfüllen kann, damit wir wirklich werden zu einem Tempel des Heiligen Geistes.

Im gleichen Sinn hat einmal ein Dichter der Gegenwart, Franz Werfel, das Zeichen des Propheten Jona, das Erfüllt-Werden des Menschen mit dem heiligen Gottesgeist, sehr schön gedeutet in folgenden Versen:

„Komm Heiliger Geist du, schöpferisch!
Den Marmor unsrer Form zerbrich,
Daß nicht mehr Mauer, krank und hart
Den Brunnen dieser Welt umstarrt,
Daß wir gemeinsam und nach oben
Wie Flammen ineinander toben!

Tauch auf aus unsern Flächen wund,
Delphin von aller Wesen Grund,
Alt allgemein und heiliger Fisch!
Komm reiner Geist du, schöpferisch,
Nach dem wir ewig uns entfalten,
Kristallgesetz der Weltgestalten!"

(Aus „Veni creator spiritus")

Reminiscere

Zweiter Korinther-Brief 1, 3—4 — Einleitung
5—11 — Des Apostels Rettung aus Gefahr

Gepriesen sei Gott, der Vater unseres Herrn Jesus Christus, der Vater der Barmherzigkeit und Gott alles Trostes, der uns in all unserer Bedrängnis tröstet, damit wir auch andere zu trösten vermögen, die in irgendeiner Bedrängnis sind, mit demselben Troste, mit dem wir selbst von Gott getröstet werden.

Denn so reichlich die Leiden Christi über uns kommen, so reichlich kommt uns auch Trost durch Christus. Wenn wir in eine Trübsal geraten, ist es für euren Trost und euer Heil; und kommt uns Tröstung, ist es wieder zu eurem Troste, und er wirkt sich aus im standhaften Ertragen der gleichen Leiden, die wir selbst zu tragen haben. So hat sich unser Vertrauen im Hinblick auf euch gefestigt, im Bewußtsein, daß ihr nicht nur an unseren Leiden, sondern auch an unserem Troste teilhabt.

Denn wir wollen euch Kenntnis geben, Brüder, von der Prüfung, die uns in Kleinasien widerfahren ist: mit so ungewöhnlicher Wucht, so über die Kraft ist sie über uns hereingebrochen, daß wir zuletzt nicht mehr sehen konnten, wie wir mit dem Leben davonkämen. Aber wir haben das Todesurteil innerlich in Empfang genommen, um keinerlei Selbstvertrauen zu behalten, sondern allein auf Gott zu vertrauen, der die Toten auferweckt. Und er hat uns aus so tödlicher Gefahr gerettet und wird uns weiter retten, da wir auf ihn die Hoffnung gesetzt, er werde es auch fernerhin tun, indem auch ihr uns mithelft mit eurem Gebete; denn es soll der Dank für die uns erwiesene Huld des Himmels von vielen Herzen kommen und durch viele für uns dargebracht werden.

Die Sonne steht noch im himmlischen Sternzeichen Fische. Da erleben wir die Schneeschmelze, den Vorfrühling. Deutlich spüren wir, wie die Kräfte des Wassers immer stärker die Erde zu durchdringen beginnen und alles, was im Winter erstarrt und verhärtet ist, allmählich auflösen. Das Wasser ist das große, belebende Element der Erde. Darum ist das Zeichen der himmlischen Fische, dieses Wasserzeichen, das Zeichen des neubeginnenden Lebens. Unsere Ärzte haben beobachtet, daß in der Vorfrühlingszeit die meisten Menschen sterben. Wenn unser Körper allzu verfestigt ist, daß er dem Leben nicht mehr der rechte irdische Halt sein kann, da wird er auch aufgelöst, damit das Leben frei wird; denn sterben ist zugleich ein neubeginnendes, geistiges Leben. Und so ist das Zeichen Fische, das Vorfrühlingszeichen, das Zeichen des Propheten Jona, so recht das himmlische Zeichen des „Stirb und Werde". Ob im Leben oder im Tod, immerwährend sind wir gehalten und getragen von den göttlichen Liebeskräften. Das unendliche Meer der göttlichen Liebe, das alles Tote wieder belebt, es umwallt uns immerzu und gibt uns Geborgenheit.

Von der allumfassenden Barmherzigkeit Gottes, von dem großen Meer der göttlichen Liebe, von dem „Gott alles Trostes" spricht in besonders schönen Worten der Apostel. Das Wort Tröster, das im Griechischen „parákletos" heißt, hat zugleich die Bedeutung „Heiliger Geist". Wenn wir in der Bergpredigt lesen: „Selig sind die Leidtragenden, denn sie sollen getröstet werden", so könnten wir diese Worte auch übersetzen: Selig sind die Leidtragenden, denn sie sollen vom Heiligen Geiste erfüllt werden. Auch das Wort Trost hat noch eine besondere Bedeutung. Wenn ein Mensch nicht recht bei sich ist, wenn er geistig gestört ist, dann pflegen wir zu sagen: Der ist nicht bei Troste. Ja, ein Mensch ist nur dann bei Troste, wenn er recht bei sich selbst ist, wenn er sein wahres, inneres, göttliches Wesen gefunden hat. Und in diesem Sinne tröstet nun auch der Apostel Paulus die Menschen mit den Worten, die wir eben gehört haben, indem er sie auf ihr wahres Wesen hinweist, indem er sie zu sich selbst, zu ihrem innersten Wesenskern zurückführt. Er tut das zu einer Zeit, wo er selbst in schwerste Lebensgefahr gekommen ist.

Paulus schrieb diesen zweiten Brief an die Gemeinde von Korinth, als er in Ephesus bei einem Volksaufstand beinah ums Leben gekommen wäre. Die ganze Stadt empörte sich gegen die christliche Botschaft. Er hatte schon geglaubt, jetzt sei es um ihn geschehen, jetzt werde er sterben; er hatte sich willig ergeben in dieses scheinbar über ihn verhängte Todesurteil, und da hat im letzten Augenblick ihn Gott doch noch am Leben erhalten und errettet. Aus dieser tiefen Erfahrung heraus spricht er nun von der Barmherzigkeit Gottes, von dem „Gott alles Trostes".

Womit tröstet er die Gemeinde, womit tröstet er die Menschen? Er tröstet sie damit, daß er darauf hinweist, daß Gott selbst Mensch geworden ist, daß Gott seine Schöpfung nicht verlassen hat, daß er sich mit seiner Schöpfung selbst wesenhaft verbunden hat, daß Gott eingegangen ist in seine Schöpfung, in die Erde, in den Menschen und daß dadurch gleichsam die ganze Erde, die ganze Menschheit, das ganze All zum Leib Gottes geworden ist. Der stärkste Trost, meint der Apostel, liegt in dem Geheimnis der Menschwerdung Gottes, in dem Geheimnis der innerlichen Verbindung Gottes mit Mensch und Welt. Gott ist Mensch geworden, damit der Mensch vergöttlicht werde. Der Himmel ist Erde geworden, damit die Erde Himmel werde; dessen sollten wir uns immer bewußt sein, dann werden wir getröstet sein, dann werden wir spüren, daß wir alle zu einem großen, geistigen Leib gehören, daß wir alle Glieder eines großen, geistigen Organismus sind. Wenn es dem Einzelnen gut geht, kommt es irgendwie auch dem Ganzen zugute, und wenn der Einzelne leidet, leidet irgendwie auch das Ganze mit; denn jedes einzelne Glied ist durchdrungen vom Leben des Ganzen. Das Meer der göttlichen Liebe, das schöpferische Wasser der göttlichen Liebe, es durchdringt das ganze All, durchdringt alle Wesen und offenbart sich auch in jedem Menschen, wenn er sich für diese Tiefenschicht des Seins zu öffnen vermag.

Freilich, wir Menschen neigen dazu, uns in uns selbst zu verschließen. Jeder hält sich gern für etwas Besonderes, verkrampft sich in sich selbst, öffnet sich nicht dem All-Leben; und dann tritt auch gleich das Gefühl der Verlassenheit, der Verlorenheit auf. Wir werden leicht trostlos und mutlos, solange wir das höhere Leben nicht in uns tragen. Wo wir uns aber dem Höheren, dem Schöpferischen, das uns durchpulst, öffnen, da spüren wir die tröstende Nähe der göttlichen Liebe, des göttlichen Lebens, da kommen wir uns nicht mehr vereinsamt und verlassen vor, da sind wir getröstet, da sind wir bei Troste, da sind wir bei uns selbst, da fühlen wir uns in Gott geborgen.

Am Tiefsten vermögen wir das zu erfahren im rechten Gebet. Beten heißt nicht nur: Gott um Hilfe anrufen, es heißt nicht: um etwas betteln. Nein, das wahre Gebet, das ist ein Atmen im Leben Gottes. Im Gebet sammeln wir uns so, daß wir den heiligen Gottesodem in uns selbst spüren, daß wir uns getragen fühlen von den schöpferischen Wassern der göttlichen Liebe. Da wird alles Menschliche ganz klein, und auch der einfältigste Mensch kommt in Beziehung zum Ganzen. Im Gebet hat der Mensch die Berührung mit dem Ganzen, mit Gott, ist er gelöst aus aller Vereinzelung, ist er getragen vom weiten Meer der göttlichen Liebe, da spürt er, daß jeder Mensch in seinem Innersten in Gott selber geborgen ist und fühlt ganz deutlich: nichts kann uns trennen von der Liebe Gottes weder im Leben noch im Tode; denn der Gottesfunke in uns ist unser innerstes und wahrstes Leben. Darum sagt Mechthild von Magdeburg sehr schön:

„Der Fisch kann in dem Wasser nit ertrinken,
Der Vogel in den Lüften nit versinken,
Das Gold kann in dem Feuer nit verderben,
Denn es empfängt da seine Klarheit
Und seine leuchtende Farbe.
Gott hat allen Kreaturen das gegeben,
Daß sie ihre Nature pflegen.

Wie könnt ich dann meiner Natur widerstahn!
Ich müßte von allen Dingen in Gott gahn,
Der mein Vater ist von Nature,
Mein Bruder nach seiner Menschheit,
Mein Bräutigam nach Minne
Und ich sein von Anbeginne."

(um 1625)

Okuli

Erster Korinther-Brief 13, 1—13 — Die höchste der Gaben: Liebe

Wenn durch mich in der Entrückung Menschen und Engel redeten, aber ich hätte nicht Liebe, so wäre ich ein tönendes Erz und eine klingende Schelle. Wenn ich die Gabe der Prophetie hätte und alle Mysterien wüßte und alle hohe Geisterkenntnis, dazu auch allen Glauben besäße, um Berge zu versetzen, aber hätte nicht Liebe, so wäre ich nichts. Und wenn ich alles für Armenspeisung verteilte, was ich besitze, und wenn ich meinen Leib hingäbe, daß er verbrannt werde, aber hätte nicht Liebe, es nützte mir nichts.

Die Liebe ist langmütig, gütig ist die Liebe. Sie eifert nicht, die Liebe prahlt nicht und bläht sich nicht auf. Sie handelt nicht taktlos und sucht nicht das Ihre; sie läßt sich nicht aufreizen, sie trägt das Böse nicht nach; sie freut sich nicht über das Unrecht, sie freut sich mit an der Wahrheit. Sie erträgt alles, alles glaubt sie, alles hofft sie, sie übersteht alles.

Die Liebe höret nimmer auf; Prophetengaben, die werden ein Ende nehmen; Sprachengaben der Entrückung, die werden aufhören; hohe Geisterkenntnis wird nicht mehr gelten: denn Stückwerk ist unser Erkennen und Stückwerk sind unsere Geistesreden; wenn aber die Vollendung kommt, so wird das Stückwerk ein Ende haben.

Als ich ein Kind war, redete ich wie ein Kind, dachte wie ein Kind, urteilte wie ein Kind; da ich Mann geworden, habe ich abgelegt, was dem Kinde entspricht.

Jetzt sehen wir durch einen Spiegel, rätselhaft, dann aber von Angesicht zu Angesicht; jetzt erkenne ich stückweise, dann aber werde ich ganz erkennen, wie auch ich ganz erkannt bin; nun aber bleiben bestehen Glaube, Hoffnung, Liebe, die drei — doch die Größte unter ihnen ist die Liebe.

In diesen Worten spricht der Apostel vom tiefsten Geheimnis Gottes, von der Liebe, die in Gott und Mensch wirkt. Diese Liebe ist das Sein des Menschen und formt ihn nach ihrem Bilde. Sie aber kann in uns erst wirklich werden, wenn wir unserem kleinen Ich entsagen. Die Liebe ist aber zugleich auch das tiefste Wesen und Sein Gottes. Der Apostel Johannes sagt in seinem ersten Brief: „Gott ist Liebe." Er sagt nicht: Gott hat Liebe, oder Gott ist liebevoll, sondern er sagt: „Gott ist Liebe". Das tiefste Sein Gottes wie das tiefste Sein des Menschen ist Liebe. Freilich ist das keine bloß menschliche Liebe, es ist jene göttliche Liebe, die nicht nach Werten sucht, sich nicht nach Werten sehnt, sondern die Werte schafft. Gott läßt seine Sonne leuchten über Gute und Böse, er läßt regnen über Gerechte und Ungerechte. Gott ist seinem innersten Wesen nach über die Spaltung von Gut und Böse erhaben, er ist nicht einfach nur der Gute, nein, er ist der Übergute. „Nicht um Gerechte zu suchen, kam ich, ich kam, um Sünder zu rufen", sagt Christus. In Christus wirkt diese göttliche Liebe, die über allen Gegensätzen von Gut und Böse ist, die wesenhaft strahlende, schenkende, belebende, göttliche Güte ist.

Diese Liebe ist wahrhaft zeitüberlegen, wahrhaft ewig. Wir Menschen sind in all unserem Empfinden und Denken gebunden an die Zeitvorstellung, und wenn wir von Ewigkeit sprechen, dann denken wir gewöhnlich an eine unendlich lange Zeit. Aber das ist in Wahrheit nicht Ewigkeit. Ewigkeit ist nicht eine unendlich lange Zeit, sondern Ewigkeit ist der Quellgrund der Zeit, der tragende Grund, aus dem die Zeit erst hervorgeht; die wahrhaft seiende Dauer, das ist Ewigkeit. Wo im Menschen die Ewigkeit durchbricht, da ist das Zeiterleben nicht mehr gespalten in Vergangenheit, Gegenwart und Zukunft. Unser menschliches Bewußtsein erlebt die Zeit immer als Gegenwart, als Schatten der Vergangenheit oder als Traumreich der Zukunft. Aber die seiende Zeit, die ewige Dauer, die Ewigkeit, in der wird Vergangenheit, Gegenwart und Zukunft gleichzeitig erlebt, da sind alle Gesetze überwunden, da sind wir eingedrungen in das wahrhaft seiende Wesen Gottes, das zutiefst in uns allen offenbar werden will. Und die Liebe, von der hier der Apostel spricht, das ist, könnte man sagen, der Spürsinn für diesen Ewigkeitsfunken in Mensch und Gott. Die Liebe sieht nicht auf die kleinmenschlichen Bindungen und Gestalten, sieht nicht auf die menschlichen und kosmischen Gesetze, die Liebe ist über alldem, die Liebe spürt das Ewige in Mensch und in Gott.

Darum ist diese Liebe auch so geartet, daß sie schlechthin bejahend steht zum Leben und zum Menschen. Wenn man einen Menschen wirklich liebt, dann liebt man ihn nicht wegen seiner guten Eigenschaften, wegen seiner Werte, dann liebt man ihn bedingungslos in seinem einfachen So-Sein, mit all seinen Werten und Fehlern und Schwächen. Die Liebe ist über all diesen Wertungen von gut und böse, von wertvoll und wertlos, die Liebe bejaht den Menschen aus seinem bloßen Sein heraus, und in dieser Weise liebt Gott uns alle. Wenn wir das spüren, dann dürfen wir uns immer geborgen fühlen in dieser göttlichen Liebe, weil wir dann spüren, daß der Liebesblick Gottes in diesem Sinne auf uns ruht. Diese Liebe ist nicht ein Sehnen nach irgend etwas, ist nicht ein Sehnen nach dem Guten, ist überhaupt nicht ein Weg des Menschen zu Gott, sondern ist der Weg Gottes zum Menschen hin.

Der Apostel Johannes sagt: „Darin besteht das Wesen der Liebe, daß Gott uns geliebt hat, nicht, daß wir Gott geliebt haben." Die Liebe Gottes trägt uns und hält uns, und in dieser Liebe Gottes dürfen wir uns immer geborgen fühlen, wenn wir uns ihr öffnen, wenn wir loslassen von unserem kleinmenschlichen Denken, unseren Gesetzesvorstellungen, von unseren Wünschen, Trieben und Strebungen. In dem Augenblick, wo wir loslassen von alldem, da spüren wir, daß wir von oben gehalten und getragen sind, daß die Liebe Gottes uns von oben her begnadet und trägt, daß wir in dieser Gottesliebe zutiefst geborgen sind mit unserem ganzen Sein.

Der Apostel sagt darum in den Worten, die wir gehört haben: Ohne die göttliche Liebe ist alles menschliche Streben, auch das höchste und edelste, wertlos, ohne diese Liebe sind auch alle Geistesgaben, die Geisterkenntnis, die Wundermacht, die etwa der Mensch hat, wertlos. In dieser Liebe erst gewinnt alles seinen wahren Wert, und wenn diese Kraft der Gottesliebe, der Liebe Gottes zum Menschen in uns stark wird, dann gewinnen wir erst die rechte Erkenntnis für Welt und Mensch und für uns selbst. Dann werden wir erkennen, sagt der Apostel, wie wir erkannt sind. Er meint, wie wir von Gott her erkannt sind; dann wird das göttliche Urbild, das über uns schwebt, das Urbild des Menschen, wie Gott es schaut, auch von uns selbst erkannt. Mit unserem menschlichen Erkennen fassen wir das nie. Aber wenn diese Liebeskraft in uns stark wird, dann ist diese Liebe jene Macht, die uns das göttliche Urbild erkennen läßt. Dann werden wir erkennen, wie wir erkannt sind.

Lätare

Matthäus 17, 1—13 — Verklärung Jesu
14—20 — Der besessene Knabe; Glaubenskraft
22—23 — Leidensankündigung

Sechs Tage darauf nahm Jesus Petrus, Jakobus und dessen Bruder Johannes mit sich und führte sie allein auf einen hohen Berg. Da verwandelte sich sein Angesicht vor ihnen. Es wurde leuchtend wie die Sonne, seine Kleider wurden weiß wie das Licht. Auch erschienen ihnen Moses und Elias, die mit ihm Zwiesprache hielten.

Da ergriff Petrus das Wort und sprach zu Jesus: Herr, hier ist gut sein für uns! Willst du, daß ich hier drei Hütten baue, dir eine, Moses eine und Elias eine?

Während er noch redete, überschattete sie eine lichte Wolke, und eine Stimme aus der Wolke sprach: Dies ist mein Sohn, der geliebte, an dem ich Wohlgefallen habe. Auf ihn sollt ihr hören.

Als die Jünger dies hörten, fielen sie auf ihr Angesicht und fürchteten sich sehr. Da trat Jesus herzu, rührte sie an und sprach: Steht auf und fürchtet euch nicht!

Als sie ihre Augen erhoben, sahen sie niemand denn Jesus allein. — Während sie dann vom Berge niederstiegen, schärfte ihnen Jesus ein: Saget niemand etwas von der Erscheinung, bis des Menschen Sohn von den Toten auferstanden ist!

Da fragten ihn die Jünger: Weshalb sagen denn die Schriftgelehrten, erst müsse Elias kommen?

Er antwortete: Gewiß kommt Elias und wird alles wiederherstellen; aber ich sage euch: Elias ist schon gekommen; sie haben ihn jedoch nicht erkannt, sondern haben an ihm getan, was sie wollten. So wird auch des Menschen Sohn von ihnen zu leiden haben.

Da begriffen die Jünger, daß er ihnen von Johannes dem Täufer gesprochen hatte.

Als sie zum Volke zurückkamen, trat ein Mann auf ihn zu und fiel vor ihm nieder mit den Worten: Herr, erbarme dich meines Sohnes, denn er ist mondsüchtig, und es geht ihm übel; oft fällt er ins Feuer und oft ins Wasser — ich habe ihn deinen Jüngern gebracht, aber sie konnten ihn nicht heilen.

Jesus gab zur Antwort: O glaubensloses, verkehrtes Geschlecht, wie lange noch soll ich bei euch sein, wie lange noch euch ertragen? Bringt ihn mit her!

Da gebot ihm Jesus in strengem Tone, und der böse Geist fuhr von ihm aus. Von jener Stunde an war der Knabe gesund.

Nun kamen die Jünger zu Jesus und fragten ihn, als sie mit ihm allein waren: Warum konnten wir ihn nicht austreiben?

Er sprach zu ihnen: Wegen eures Mangels an Glauben! Denn wahrlich, ich sage euch, wenn ihr Glauben habt wie ein Senfkorn, so möget ihr zu diesem Berge sagen: Hebe dich fort, dort hinüber! — und er wird sich wegheben, und nichts wird euch unmöglich sein.

Während sie noch gemeinsam in Galiläa wanderten, sprach Jesus zu ihnen: Des Menschen Sohn ist daran, den Händen der Menschen preisgegeben zu werden, und sie werden ihn töten; aber am dritten Tage wird er auferweckt werden.

Da wurden sie sehr betrübt. —

In der Vorosterzeit, die wir jetzt durchleben, durchläuft die Sonne die letzten Grade des Fischezeichens, um dann einzutreten in das Osterzeichen Widder. In dieser Jahreszeit erleben wir die Kraft der Sonne in ganz besonderer Weise. In der Vorfrühlingszeit mögen hier auf der Erde Winter und Frühling noch miteinander ringen, mag der Winter mit Schnee und Eis um sich werfen, aber deutlich spüren wir, im Umkreis der Erde, in der Aura der Erde hat der Frühling schon gesiegt. Niemals im ganzen Jahr nehmen die Tage morgens und abends so schnell zu wie in dieser Zeit. Niemals im ganzen Jahr verschieben sich die Sternbilder abends und morgens am Himmel so rasch wie in dieser Jahreszeit; denn die Sonne steigt schnell aufwärts in diesen Wochen des Vorfrühlings. Ja, man kann geradezu sagen, wir erleben im Jahreskreislauf der Sonne jetzt eine Art Sonnenaufgang. Was am Tag der Sonnenaufgang ist, das ist im Jahresrhythmus die Vorfrühlingszeit, wo die Sonne durch die Fische hinübergeht in das Osterzeichen Widder.

Das Erlebnis aus dem Evangelium, die Verklärung Christi auf dem Berge Tabor, haben die Jünger in der Vorosterzeit erlebt. Das Erlebnis auf dem Berge Tabor ist gleichsam ein geistiger Sonnenaufgang für die Jünger gewesen. Da bricht durch die irdische Gestalt des Menschen Jesus von Nazareth geistmächtig hindurch der ewige, der göttliche Mensch. Da wird der Erdenmensch transparent für den Sonnenmenschen des ewigen Logos. Und neben dem verklärten Christus sehen die Jünger Moses und Elias, die Geistgestalten der beiden Großen aus dem alten Bund. Moses ist der große Gesetzgeber, ist der Vertreter der Vergangenheit. Elias ist der erste große Prophet. Die Propheten haben aus der lebendigen religiösen Erfahrung heraus sich oft gegen das erstarrende Gesetz gewandt, gegen die Bindung an die Vergangenheit; sie haben aus dem lebendigen religiösen Erleben heraus die Zukunft vorbereitet. Das gilt in einem ganz besonderen Maße für den Propheten Elias. Wir hörten ja: Elias ist wiedergekommen in der Gestalt Johannes des Täufers, und Johannes der Täufer ist der Wegbereiter Christi. Elias steht hier vor uns als der Repräsentant der Zukunft und Moses als der Repräsentant der Vergangenheit.

In der Mitte aber, zwischen Moses und Elias, leuchtet die sonnenhaft verklärte Geistgestalt des ewigen Menschen, Christus, der gegenwärtige vergöttlichte Mensch. In der Ewigkeit ist keine Vergangenheit, ist keine Zukunft mehr; wo im Menschen die Ewigkeit aufbricht, da erlebt er Vergangenheit und Zukunft in ewig lebendiger Gegenwart, da ist die Spaltung der Zeit in Vergangenheit, Gegenwart und Zukunft überwunden.

Nach dem Verklärungserlebnis auf dem Berg steigt Christus mit den Jüngern herab. Unten am Fuß des Berges, in der Ebene des Alltags, finden sie den mondsüchtigen Jungen, den die Jünger nicht haben heilen können von seiner Besessenheit. Dieser arme Junge, so heißt es im Evangelium, fällt bald ins Feuer und bald ins Wasser; das heißt, er wird hin- und hergerissen zwischen feuriger Cholerik und wäßriger Phlegmatik. Er hat die rechte Menschenmitte, das rechte Gleichgewicht nicht in sich, und darum ist er besessen von dunklen Mächten.

Wie wir auf dem Sonnenberge Tabor die Verklärung des Menschenbildes in sonnenhafter Helle miterlebten, so überfällt uns hier, am Fuß des Berges, die mondenhafte Besessenheit dieses Knaben. Der Monddämon läßt ihn nicht los. Er ist mondsüchtig, heißt es im Evangelium. Christus heilt diesen kranken Menschen, er befreit ihn von dem Dämon, er gibt ihm die rechte Mitte wieder. So wie wir auf dem Berg den verklärten Christus miterleben können als die ewig gegenwärtige Mitte zwischen Vergangenheit und Zukunft, so offenbart sich hier Christus als die Mitte zwischen dem Feuerelement, das in den Höhen der Welt urständet, und dem Wasserelement, das sich in den Tiefen der Erde sammelt. Christus ist nicht nur die Mitte zwischen Vergangenheit und Zukunft, so wie ihn die Jünger auf dem Berge erlebten in der heiligen Schau, im gehobenen Bewußtsein, er ist auch die Mitte zwischen den Höhen und den Tiefen der Welt. Christus ist nicht nur überzeitlich, er ist auch überräumlich, ist erhaben über Zeit und Raum. Und das offenbart uns das wahre Wesen des Menschen.

Wir Menschen sind nicht von dieser Welt, aber wir müssen in dieser Welt leben. Unser tiefstes, unser innerstes Wesen, der Gottesfunke in uns, ist überräumlich und überzeitlich, und durch Christus wird dieser Gottesfunke in uns entfacht, damit er in uns zur Flamme werde: dann erst ist das wahre Menschenbild in uns offenbar geworden.

Die Jünger haben diesen besessenen Kranken nicht heilen können, weil sie nicht den rechten Glauben hatten. Ja, wenn ihr Glauben hättet wie ein Senfkorn, dann würdet ihr den Jungen haben heilen können, dann würdet ihr mit eurem Glauben Berge versetzen können, sagt Christus den Jüngern. Die Kraft des Glaubens ist das Offenbar-Werden des tiefsten Wesensgrundes im Menschen. Glauben kommt her von geloben, so heißt das Wort im Mittel-Hochdeutschen. Die Vorsilbe „ge" bezeichnet immer Verinnerlichung; wie zum Beispiel Gewissen verinnerlichtes Wissen ist, so ist geloben, glauben verinnerlichtes Loben, Leben, Lieben, das hat alles dieselbe Wurzel. Also aus einem verinnerlichten Leben und Lieben heraus kann der Mensch alles; es geht eine Kraft von ihm aus, die stärker ist als alles Dämonische. Wer sich in dieser Weise wirklich mit seinem tiefsten, göttlichen Wesen verbindet, der ist Herr über alle dunklen Mächte.

Das kleine Senfkorn hat organisch-lebendig die Wachstumskräfte in sich, aus denen sich später der große Baum entfaltet. Und wenn wir in uns selbst organisch-lebendig diese geistigen Wachstumskräfte pflegen, dann kann sich in uns der große Baum der Geistwelt und des Himmelreiches entfalten. An einer anderen Stelle vergleicht Christus das Kommen des Himmelreiches direkt mit dem wachsenden, kleinen Senfkorn. Wesensmäßig müssen wir uns verwandeln, wachstumsmäßig Anschluß gewinnen an dieses unser tiefstes Wesen; nicht mit unseren Gedanken, nicht mit unseren Worten, nicht mit dem Kopf, sondern durch ein verinnerlichtes Leben und Lieben, durch ein Leben aus der Liebe heraus.

Die Jünger sollen von diesem Verklärungserlebnis nicht sprechen

— das schärft ihnen Christus ein —, bis er durch den Tod gegangen und auferstanden sein wird. Warum? — Weil diese Verklärung auf dem Berge Tabor bereits der erste Anfang der Auferstehung ist. Von diesem Mysterium, das sie erlebt haben, sollen sie nicht sprechen, bis es sich erfüllt hat, und erfüllt hat es sich erst im Ostererlebnis. Das Vorausnehmen des Ostererlebnisses soll verborgen bleiben. Auch der Auferstandene sagt am Ostermorgen noch zu Maria Magdalena, die ihn zuerst schaut: „Rühre mich nicht an, ich bin noch nicht aufgefahren zu meinem Vater!" Auch da ist das Ostererlebnis noch nicht voll entfaltet. Aber acht Tage nach Ostern sagt der Auferstandene zu Thomas: „Lege deine Hände in meine Wunden, lege deinen Finger in meine Seite!" Da ist das Mysterium vollkommen offenbar geworden. Und an Pfingsten gehen die Jünger heraus in die Öffentlichkeit, verkünden sie das große christliche Mysterium der Todüberwindung bis ins Leibliche hinein. Der allererste Anfang dieses Erlebens ist für die Jünger die Verklärung auf dem Berge Tabor, da wird zum ersten Mal der irdische, der physische Leib des Menschen Jesus von Nazareth durchscheinend für die Geistessonne des ewigen Menschen; als erster Anfang der Auferstehung enthüllt sich ihnen dieses Mysterium.

Darum spricht Christus zuletzt noch davon, daß es zu der vollen Verklärung des Menschenwesens bis ins Leibliche hinein nur kommen kann durch Leiden und Sterben. Die Jünger verstehen dieses Wort noch nicht, sie sind traurig. Auch wir können dieses Wort nur schwer verstehen. Es ist wirklich so, daß die volle Verklärung unseres Menschenwesens sich nur vollziehen kann durch Leiden und Tod. Gewiß, Christus hat das Leiden, solange er lebte, bekämpft; er hat Kranke geheilt, Tote auferweckt, hat also mit seinen Geistkräften gegen das Leiden gekämpft, hat mit seinen Geistkräften den Menschen in ihren Leiden immer geholfen. Aber das ist nur die eine Seite.

Als Christus in den Tod geht, da läßt er das Leiden, das nun an ihn herankommt, als einer seiner Jünger ihn verrät und er gefangen genommen und gemartert wird, nicht einfach passiv über sich ergehen; nein, aktiv bejahend, nimmt er das Leiden auf sich. Das ist das Höchste, was ein Mensch tun kann. Für gewöhnlich wehren wir uns gegen das Leiden und ziehen alle Mittel herbei, um uns das Leid vom Hals zu schaffen. Und wenn wir es gar nicht mehr können, dann lassen wir es über uns ergehen: wir dulden passiv. Aber das ist nicht die Art, wie Christus sich zum Leiden gestellt hat; er hat aktiv das Leiden bejaht und gewollt. Er hätte mit seinen geistigen Kräften das Leiden von sich abwehren können, aber er tut es nicht. Er empfängt willentlich das Leiden, er will leiden, nicht um des Leidens willen, das wäre krankhaft, aber er will leiden um Gottes und um des Menschen willen. Ja, man kann geradezu sagen, das Leiden ist das Verbindungsglied zwischen dem irdischen und dem himmlischen Adam in uns. Der irdische Adam in uns lebt vom Brote, lebt von der Vernichtung des Lebens. Der himmlische Mensch in uns aber lebt, könnte man sagen, vom Tode, vom Leiden, lebt davon, daß er den Tod und das Leiden verzehrt, willentlich bejaht und dadurch sich in der Verklärung der Auferstehung offenbart.

Im Leiden offenbart sich erst die volle Würde des Menschen. Wie Christi Kraft im Leiden und Tod alle dunklen Mächte der Welt überwunden hat, so können auch wir Menschen erst im willentlich bejahten Leiden die dunklen Mächte in uns überwinden. Und so wollen wir betend sprechen:

> „Herr Jesu, ich glaube und will mit deiner Gnade immer glauben und bekennen. Ich weiß, daß es wahr ist und bis zum Ende der Welt immer wahr bleiben wird, daß nichts Großes in der Welt geschieht ohne Leiden und Demut und daß alles durch diese Mittel möglich ist. Schließlich, o mein Herr, wenn ich auch so schwach bin, daß ich das Leiden nicht als ein Gut erflehen kann und nicht die Kräfte hätte, es zu tragen, so bitte ich dich doch wenigstens um die Gnade, das Leiden in der rechten Weise anzunehmen, wenn du in deiner Weisheit und Liebe es mir schicken willst.“*

Judika

Lukas 18, 31—34 — Dritte Leidensweissagung
35—43 — Eine Blindenheilung bei Jericho

Wieder rief Jesus die Zwölf zu sich und sprach zu ihnen: Wir ziehen jetzt nach Jerusalem hinauf, und es wird alles an des Menschen Sohn in Erfüllung gehen, was von den Propheten geschrieben ist: er wird den Heiden überliefert, verspottet, mißhandelt und angespien werden, ja, man wird ihn geißeln und töten; aber am dritten Tage wird er auferstehen.

Sie verstanden nichts davon; die Rede war für sie dunkel, und sie erkannten nicht, was damit gesagt sein sollte.

Als er sich Jericho näherte, saß ein Blinder am Wege und bettelte; und da er die Volksmenge vorüberziehen hörte, erkundigte er sich, was das bedeute. Man sagte ihm, Jesus von Nazareth ziehe vorüber. Da rief er: Jesus, Sohn Davids, erbarme dich meiner! Die Vorausgehenden fuhren ihn an, er solle still sein. Er aber schrie noch viel mehr: Sohn Davids, erbarme dich meiner!

Da blieb Jesus stehen und befahl, ihn herbeizuführen. Als jener in die Nähe gekommen war, fragte er ihn: Was willst du, das ich dir tue?

Jener sagte: Herr, daß ich wieder sehen kann!

Da sprach Jesus: Du sollst wieder sehen! Dein Glaube hat dich gerettet.

Sogleich konnte jener sehen und folgte ihm unter Lobpreisungen Gottes; und alles Volk, das zugesehen hatte, lobte Gott.

Christus spricht hier wieder zu den Jüngern von der Notwendigkeit seines Leidens, von seinem bevorstehenden Tode. Sie ziehen hinauf nach Jerusalem, und da wird sich alles erfüllen an des Menschen Sohn, was von den Propheten gesagt ist. Die Jünger aber verstehen diese Worte nicht. Ihnen bleibt dunkel, daß der, den sie als den Menschensohn, als den großen Erlöser der Menschheit erkannt haben, sich freiwillig seinen Gegnern ausliefern will, daß er durch Leiden und Tod hindurchgehen soll. Auch uns fällt es schwer, diesen Grundcharakter, diesen Opfercharakter des Lebens voll zu bejahen. Aus unserem kleinmenschlichen Ich heraus versuchen wir immer, uns gegen das Leiden zu wehren. Und doch ist es eine tiefe Wahrheit, daß wir zu unserem echten, innersten Wesen nur kommen können durch Leiden. Der Grundcharakter des menschlichen Lebens ist Opfer, Loslassen von sich selbst, völliges Frei-Werden von dem Gebunden-Sein an unser selbstsüchtiges Ich durch Verwandlung. Auch Goethe sagt:

„Und solang du das nicht hast,
Dieses: Stirb und werde!
Bist du nur ein trüber Gast
Auf der dunklen Erde.“

(Aus „Selige Sehnsucht“)

So wenig wie die Jünger hier Christus verstehen, so wenig verstand einst der große kleinasiatische König Krëusos den griechischen Weisen Solon. Krëusos, der sich mächtig und glücklich vorkam, fragte Solon, ob er ihn nicht glücklich preisen müsse? Darauf antwortete Solon sehr zurückhaltend: „An vielen tausend Tagen eines langen Lebens begegnet dem Menschen an keinem einzigen Tage ganz das Gleiche wie an einem anderen, und so fügt sich in der Vielfalt des

Schicksals manches Schwere zu manchem Schönen. Darum preisen wir Griechen einen Menschen nicht eher glücklich, als bis er sein Schicksal vollendet hat.“ In diesen Worten liegt eine tiefe Weisheit; es kommt darin ebenfalls der Opfergrundcharakter des Lebens zum Ausdruck. All die verschiedenen einzelnen Ereignisse, mögen sie glückliche oder unglückliche sein, die uns im Leben treffen, sind nur einzelne Buchstaben, könnte man sagen, unseres wahren, geistigen Namens, sind Offenbarungen, Teiloffenbarungen unseres wahren, geistigen Ich.

Erst im Tode, wenn das Leben vollendet ist, wird die Summe des Lebens gezogen, da lesen wir sterbend gleichsam unseren ganzen geistigen Namen, da haften wir nicht mehr an einzelnen Ereignissen, glücklichen oder schicksalsschweren, da überblicken, überschauen wir geistig das Ganze; erst im Tode wird unser wahrer Geistesname offenbar. König Krëusos verstand das nicht, als Solon so zu ihm sprach. Und es wird uns berichtet, daß er, als Solon abgereist war, Gesandte an das Orakel von Delphi schickte und dort fragen ließ, was dieses Wort des Solon bedeute. Da gab ihm das Orakel in Delphi die Antwort: „Dich selbst erkennend, o Krëusos, wirst du dein Leben glücklich vollenden.“

Wahre Selbsterkenntnis macht den Menschen frei und glücklich, und zur wahren Selbsterkenntnis kommen wir erst im Tode, wenn die Summe unseres Lebens gezogen wird. Was Solon meinte, ist eine Art Vorstufe zu dem, was dann Christus seinen Jüngern sagt; diese vermögen es ebensowenig verstehen, wie der König Krëusos die Worte Solons verstand.

Christus geht nun hinauf nach Jerusalem, um dort sein Leiden auf sich zu nehmen. Auf dem Weg nach Jerusalem kommt er nach Jericho, und an den Toren von Jericho sitzt ein Blinder, der ihn um Hilfe anruft. Christus heilt ihn. Das ist ein äußeres, geschichtliches Geschehnis, aber dieses Geschehnis hat eine sinnbildliche Bedeutung; denn Jericho heißt „die Mondenstadt“. Vierzehn Tage vor Ostern zieht Christus in die Mondenstadt Jericho ein und heilt dort den Blinden, macht den Blinden wieder sehend. Christus ist das göttliche Sonnengeisteslicht. Wenn es eintritt in die Mondenstadt, dann leuchtet im Bereich des mondenhaften, ersterbenden Erdenlebens die Geistessonne auf im Menschen. Wie der Blinde sehend wird, so könnten wir sagen, werden wir geistig sehend; wir verstehen dann den Opfergrundcharakter des Lebens, sind in der Lage, das Leiden willentlich zu bejahen, wenn das Gotteslicht uns innerlich erfüllt, wenn Christus, das Sonnenlicht, einzieht in unseren irdischen Leib.

Dieses Geschehnis vollzieht sich jetzt wirklich am Himmel, steht in den Sternen geschrieben; denn eben haben wir Neumond gehabt, da ist die Sonne mit dem Mond zusammen getreten, da ist das Sonnengeisteslicht eingezogen in die Mondenstadt am Himmel. Es ist Osterneumond. Wenn der Neumond zum Vollmond geworden ist, dann wird die Sonne im Sternenzeichen des himmlischen Widders stehen, und wenn dann noch auf diesen Vollmond, den Ostervollmond, der Sonntag folgt, dann ist Ostern. Der Sonnenrhythmus, der Mondenrhythmus, der Wochenrhythmus, sie müssen zusammenwirken, wenn es Ostern werden soll. Die Sonne muß im Frühjahrszeichen, im Anfangszeichen des Tierkreises, im Widder, stehen und der Mond im gegenüberliegenden Zeichen, im Herbstzeichen, im Zeichen der Waage. Und dann muß es noch Sonntag werden, dann ist es Ostern, dann ist der Tod ins Leben verschlungen, dann ist der Tod überwunden.

Der Mond ist ein toter Körper; eine ausgebrannte Weltenschlacke könnte man ihn nennen. Er hat kein eigenes Licht, verkörpert darum das sterbende Erdenwesen. Die Sonne dagegen ist die große Lebensspenderin in unserem Planetensystem; sie hat leuchtendes, strahlendes Licht. Der Mond wechselt in seinen Phasen, bald sieht man ihn gar nicht, bei Neumond, dann erscheint er als schmale Sichel, die Sichel wächst, wird zum Vollmond, dann nimmt er wieder ab und wird zur Sichel. Die Lichtgestalten des Mondes schwinden; sie sind veränderlich. Dagegen bleibt sich die Lichtgestalt der Sonne immer gleich, die Sonne steht als strahlende, leuchtende Scheibe am Himmel. Darum kann man mit Recht sagen: Der Mond ist das Bild des vergänglichen Wesens, die Sonne ist das Bild der Ewigkeit. Das ewige Leben überwindet an Ostern die Vergänglichkeit der Zeit, wandelt das vergängliche, das hinsterbende Erdenleben in unvergängliches, ewiges, geistiges Leben.

Wenn die Sonne einzieht in die Mondenstadt Jericho, wenn das Christuslicht aufgeht im vergänglichen Menschenwesen, dann wird der blinde Mensch sehend, so wie hier vor den Toren von Jericho der Blinde von Christus geheilt wird. Und in diesem Sinne hat schon der Dichter des altdeutschen „Heliand“ die Geschichte von der Heilung des Blinden vor Jericho gedeutet. Wir lesen in dieser schönen alten Dichtung:

> „Darum waren im Herzen blind in diesem Mittelkreis die Menschenkinder, weil sie nicht erkannten den kräftigen Gott, den himmlischen Herrn, dessen Hand sie erschuf, nach seinem Willen bildete. Da war

die Welt so verirrt, in Düster gedrängt, in Dienstbarkeit, in des Todes Täler. Betrübt saß die Menschheit an des Herrn Straße, Gottes Hilfe erwartend. Die mocht' ihnen nicht werden, eh' der waltende Gott in diesen Mittelkreis, der mächtige Herr, senden wollte den eigenen Sohn, daß der das Licht erschlösse den Leutekindern, das ewige Leben öffnete, daß sie den Allwaltenden erkennen könnten, den kräftigen Gott. Auch mag ich euch sagen, wenn ihr es innig wollt hören und beherzigen, daß ihr des Heilands Kraft möchtet erkennen, wie sein Kommen ward in diesen Mittelkreis, den Menschen hilfreich, und was mit seinen Taten Tiefes meinte, der hohe Herr.

Warum die hehre Burg Jericho heißt, die bei den Juden steht mit mächtigen Mauern? Nach dem Mond ist sie genannt, dem leuchtenden Gestirn. Der läßt von seinen Zeiten nicht, sondern an jedem Tage tut er das eine oder das andere, er wächst oder schwindet. So in der Welt auch hier, in diesem Mittelgarten die Menschenkinder; sie fahren hin und folgen sich, sie sterben als Greise und werden wieder jung als Wiederkommende und wachsen heran, bis wieder das waltende Geschick sie rafft. Das meinte Gottes Geborener, als er der Burg vorüber an Jericho fuhr, daß nicht früher den Menschen die Blindheit zu bessern sei, daß sie das blendende Licht, das ewig schöne, sähen, eh' er selber hier, in dieser Mittelwelt, die Menschheit empfangen hätte in Fleisch und Leib.

Das wurden die Völker der Menschen in dieser Welt gewahr, die hier wehevoll zuvor in ihren Sünden gesessen, des Gesichtes bar, im Düster duldend. Nun komme diesem Volke der Heiland zu Hilfe vom Himmelreiche, Christ, der Könige bester. Daß sie der Seligen Leben erschauen durften, das ewige Licht, und eingehen einst in den prächtigen Bau. Das bedeutete der Blinde, der bei Jericho zu dem Gottessohne so laut rief, daß er ihm Heilung verleihe, göttliches Licht, das da spendet ewiges Leben."*

Mariä Verkündigung

Lukas 1, 26—33 und 38 — Verkündigung an Maria

Im sechsten Monat ward der Engel Gabriel von Gott in eine Stadt Galiläas namens Nazareth gesandt, zu einer Jungfrau, die verlobt war mit einem Manne namens Josef aus dem Hause Davids. Der Name der Jungfrau war Maria.

Er trat bei ihr ein und sprach: Freue dich, Holdselige, du Gnadenvolle, der Herr ist mit dir!

Ob dieser Anrede ward sie bestürzt und sann nach, was dieser Gruß bedeute.

Der Engel aber sprach zu ihr: Fürchte dich nicht, Maria! Denn du hast Gnade bei Gott gefunden. Du sollst empfangen und einen Sohn gebären, dem sollst du den Namen Jesus geben. Er wird groß sein und Sohn des Höchsten heißen. Gott der Herr wird ihm den Thron seines Vaters David geben; er wird herrschen über Jakobs Haus in Ewigkeit, und seiner Herrschaft wird kein Ende sein.

Da sprach Maria: Siehe, ich bin des Herrn Magd. Mir geschehe nach deinem Worte!

Darauf schied der Engel von ihr.

Heute, am 25. März, feiert man das Fest Mariä Verkündigung. Heute vor vierzehn Jahren wurde meine liebe Frau Marie heimgerufen in die höhere Welt. Das Fest Mariä Verkündigung ist der erste Vorbote des kommenden Weihnachtsfestes; denn heute in neun Monaten ist Weihnachten, und neun Monate wächst das kleine Kindlein im Leib der Mutter, ehe es geboren wird. In alten Zeiten war Mariä Verkündigung eines der hohen Feste des Jahres. Die Sonne ist jetzt in das Sternzeichen Widder getreten, mit dem der Tierkreis beginnt, und darum feierte man im Mittelalter an diesem Tag den Anfang des Jahres. Das Frühjahr beginnt, das neue Leben in der Natur fängt an. Zugleich feierte man im Mittelalter an diesem Tag auch den Todestag Christi; denn in die Vorfrühlingszeit fällt der Todestag Christi. So war Mariä Verkündigung zugleich ein hohes Marien- und ein hohes Christusfest.

Ich sagte eben, dieses Fest ist der erste Vorbote des kommenden Weihnachtsfestes. Wenn wir am 24. Juni Johanni feiern, dann denken wir an die Geburt des Vorläufers Christi, an die Geburt des Johannes. Dieses Fest fällt in die Hochsommerzeit, wenn die Sonne im Sternzeichen Krebs steht. Wir wissen aus dem Evangelium, daß die Geburt des Johannes verkündet wurde sechs Monate vor der Verkündigung des Christkindes. Wenn also die Verkündigung des Christkindes am 25. März gewesen ist, dann stand sechs Monate vorher die Sonne im Herbstzeichen Waage. Als die Sonne in der Waage stand, wurde die Geburt des Johannes vorherverkündet; als die Sonne im Widder stand, wurde die Geburt des Christkindes vorherverkündet. Als die Sonne im Krebs stand, wurde Johannes geboren; als die Sonne im Steinbock stand, wurde das Christkind geboren. So zeichnen diese Feste in das Kirchenjahr ein geheimes, verborgenes Kreuz ein.

Das Evangelium, das wir eben gehört haben, in dem die Geburt des Christkindes Maria verkündet wird, drückt in besonders schöner

Weise das wahre Wesen der Frau aus. Maria öffnet sich ganz dem göttlichen Willen. „Siehe, ich bin des Herrn Magd. Mir geschehe nach deinem Worte!" sagt sie. Solche reine, seelenvolle Hingabe charakterisiert wohl am schönsten und tiefsten das Wesen der Frau überhaupt. Kraft der ihr eigenen Reinheit und Demut vermag sie das geistige Prinzip im Menschen zu erlösen, das im Mann kosmisch gebunden und verschattet ist im persönlich-ichhaften Eigenwillen. Die treue Liebe der Frau wandelt in Hingabe und Selbstaufgabe in der Egozentrik befangene Kräfte der Verhärtung um. Umgekehrt wird das mondenhaft gebundene, seelisch und körperlich verhaftete Weib erlöst von dem geistig strebenden Mann, der zum Seelenhirten wird.

Durch das schicksalverbundene Zusammenleben von Mann und Frau, durch treue Liebe wird im Mann das weiblich-seelenhafte Wesen und in der Frau das männlich-geistige Wesen erweckt. Der Geistwille des Mannes eint sich mit dem Seelengeist der Frau. Wo in der rechten Weise Mann und Frau sich verbinden, da leuchtet für die Frau im Manne und für den Mann in der Frau das göttliche Urbild des Menschen auf. Darin liegt auch der tiefste Sinn der ehelichen Verbindung, daß sich Mann und Frau miteinander für Lebenszeit vereinigen, damit in ihnen beiden das ganze, das mann-weibliche, gottähnliche Ebenbild des Menschen Wirklichkeit werden soll.

Das wahre Wesen der Frau und des Mannes, der tiefe Sinn, der sich in der Ehe dem Menschen offenbart, wird uns besonders schön in den Worten des ersten Petrus-Briefes (Kap. 3) geschildert:

> „Desgleichen ihr Frauen, ordnet euch eurn Männern unter, damit solche, die noch nicht dem Worte Gottes gehorchen, durch den Wandel der Frauen auch ohne Wort gewonnen werden, indem sie euren reinen Wandel in der Furcht Gottes beobachten. Euer Schmuck bestehe nicht in Äußerlichkeiten, in kunstvollem Haargeflecht, Goldgehängen und Aufwand von Kleidern, vielmehr sei es der verborgene Mensch des Herzens mit seinem unzerstörbaren Wesen, in seinem milden, ruhigen Geiste: das ist wertvoll vor Gott. Denn so schmückten sich einst auch die heiligen Frauen, die auf Gott vertrauten und ihren Männern untertan waren; Sara zum Beispiel gehorchte Abraham und nannte ihn ihren Herrn. Deren echte Kinder seid ihr geworden, wenn ihr das Gute tut und keine Einschüchterung fürchtet.
> Ebenso sollt ihr, ihr Männer, in erleuchteter Einsicht die Gemeinschaft mit euern Frauen als dem schwächeren Teile pflegen und ihnen Ehre erweisen, weil auch sie die Gnade des Lebens erben; dann wird euer Gebet auf kein Hindernis stoßen."

Palmsonntag

Matthäus 21, 1—11 — Einzug in Jerusalem
12—17 — Tempelreinigung
18—22 — Fluch über den Feigenbaum

Als sie sich Jerusalem näherten und gen Bethphage an den Ölberg kamen, schickte Jesus zwei Jünger voraus mit dem Auftrag: Gehet in den Flecken, der euch gegenüberliegt; alsbald werdet ihr eine Eselin angebunden finden und ein Füllen bei ihr: bindet sie los und bringt sie zu mir! Und wenn euch jemand etwas sagt, so erwidert: Der Herr bedarf ihrer, und sogleich wird er sie ziehen lassen.

So geschah es, daß sich das Wort des Propheten erfüllte: Saget der Tochter Zion: dein König kommt zu dir, sanftmütig, und reitet auf einer Eselin, auf einem Füllen, dem Jungen eines Lasttiers.

Die Jünger gingen hin und taten, wie ihnen Jesus aufgetragen hatte: sie führten die Eselin und das Füllen herbei, legten ihnen ihre Mäntel über, und er saß auf. Viele aus der Menge breiteten ihre Mäntel auf den Weg, andere schnitten Zweige von den Bäumen und streuten sie auf den Weg; die an der Spitze ihm vorausgingen und die Nachfolgenden riefen laut:

Hosianna dem Sohne Davids!
Gesegnet sei, der da kommt im Namen des Herrn!
Hosianna in der Höhe!

Als er dann in Jerusalem einzog, kam die ganze Stadt in Erregung und fragte: Wer ist das?

Die Scharen riefen: Das ist Jesus, der Prophet von Nazareth in Galiläa.

Jesus ging in den Tempel und jagte alle, die als Verkäufer und Käufer im Tempel Handel trieben, hinaus; die Tische der Wechsler und die Stände der Taubenhändler stieß er um und rief ihnen zu: Es steht geschrieben: Mein Haus soll ein Gebetshaus heißen, ihr aber macht es zu einer Räuberhöhle!

Es kamen auch Blinde und Lahme im Tempel zu ihm, und er heilte sie.

Als die Hohenpriester und Schriftgelehrten die staunenswerten Taten sahen, die er wirkte, und wie die Knaben im Tempel riefen: Hosianna dem Sohne Davids! — wurden sie unwillig und sagten zu ihm: Hörst du, was sie rufen?

Jesus sprach zu ihnen: Ja gewiß! Habt ihr nie gelesen: Aus dem Munde von Kindern und Säuglingen hast Du Dir Lob bereitet?

Damit ließ er sie stehen und ging außerhalb der Stadt nach Bethanien und übernachtete dort.

Als er am Morgen wieder in die Stadt hinaufzog, hungerte ihn. Da sah er einen einzelnen Feigenbaum am Wege und ging auf ihn zu; aber da er nichts als Blätter an ihm fand, sprach er zu ihm: Nie mehr soll eine Frucht an dir wachsen in Ewigkeit! Und alsbald verdorrte der Feigenbaum.

Als die Jünger dies sahen, erstaunten sie und sagten: Wieso verdorrte der Feigenbaum sogleich?

Jesus gab ihnen zur Antwort: Wahrlich, ich sage euch, wenn ihr Glauben habt, ohne innerlich geteilt zu sein, so werdet ihr nicht bloß derartiges wie an dem Feigenbaum tun, sondern ihr könnt sogar zu diesem Berge sagen: Hebe dich fort und stürze ins Meer! — und es wird geschehen. Alles, was ihr im Gebet erfleht, werdet ihr empfangen, wenn ihr glaubt.

Am vorigen Sonntag hörten wir vom Einzug Jesu in Jericho. Das heutige Evangelium berichtet vom Einzug Jesu in Jerusalem. Jericho liegt an den Wassern des Jordans, ist eine große Gartenstadt in fruchtbarer Ebene. Jerusalem dagegen ist eine Stadt auf felsigem Gebirge, liegt auf der Höhe des Gebirges Juda. Jericho heißt „die Mondenstadt", und Jerusalem ist so recht eine feste Erdenstadt.

Christus kommt aus den Höhen des Himmels durch die Sternensphäre und Mondensphäre herab bis auf die Erde. Und wenn Christus auf einer Eselin einreitet in Jerusalem, dann hat auch das eine symbolische Bedeutung. Der Esel ist im Orient das allgemeine Lasttier; er ist ein Sinnbild des irdischen Leibes. Noch Franz von Assisi nennt häufig seinen Körper seinen Bruder Esel. Der Einzug Jesu in die Felsenstadt Jerusalem ist Bild dafür, daß er sich nun ganz mit der Erde und dem irdischen Leib verbindet, um in den Tod zu gehen.

Aber Jerusalem ist auch zugleich Bild der verklärten Sonnenerde der Zukunft, ist Bild des künftigen, himmlischen Jerusalem. Über dem Einzug Jesu in Jerusalem am Palmsonntag liegt schon ein Vorglanz von Ostern. Die Volksmenge begrüßt Jesus als Messias, bricht Palmzweige von den Bäumen und streut sie auf den Weg, jubelt ihm entgegen. Ostern ist, könnte man sagen, die Oktave zum Palmsonntag. Aber ehe es wirklich Ostern wird, muß Christus durch die Tiefen des Leidens und Sterbens hindurchgehen. Mit dem morgigen Tag beginnt die Karwoche. „Kar" heißt „Grab"; die Karwoche ist die Grabeswoche Christi.

Das Evangelium erzählt, daß Jesus zunächst, als er nach Jerusalem kommt, in den Tempel geht und dort die Wechsler und Händler vertreibt. Diese Reinigung des Tempels kann ein Bild sein dafür, daß das Seelische des Menschen, das Herz des Menschen, das die Inder die Stätte der geistigen Anbetung zu nennen pflegen, geläutert und gereinigt werden muß, wenn im Menschen der Gottesfunke wach werden soll. Wie der Einzug in die Stadt Jerusalem hindeutet auf die Verbindung des Christuswesens mit dem irdischen Leib, so ist die Geschichte von der Reinigung des Tempels ein Bild für die Läuterung des menschlichen Herzens, der menschlichen Seele.

Danach wird uns die eigenartige Geschichte von der Verfluchung des Feigenbaumes berichtet. Die Geschichte vom Feigenbaum deutet auf die Wandlung und Läuterung des menschlichen Geistes hin, die sich durch Christus vollziehen soll. Der Feigenbaum ist im Orient ganz allgemein der Baum des Gebetes und der inneren Versenkung. Der Feigenbaum ist eine der merkwürdigsten Pflanzen, die wir kennen. Er bildet Frucht, ohne daß man eine Blüte sieht. Die Blüte des Feigenbaums bildet sich nämlich innerhalb der Fruchtblätter. Darum ist der Feigenbaum im Orient ein Sinnbild der geistigen Verinnerlichung. Wer nicht seinen äußeren Trieben nach lebt, sondern seine Kraft im Inneren sammelt, wer sich nicht äußerlich, sinnlich verausgabt, sondern im Inneren seine geistige Kraft konzentriert, der kommt in Verbindung mit den Tiefenschichten von Mensch und Welt. Und darum ist der Feigenbaum, dessen Fruchtblätter die Blüte umfangen, Sinnbild dieser Verinnerlichung.

Trotzdem sagt nun Christus, der Feigenbaum wird in Zukunft nicht mehr das maßgebende Bild der geistigen Entwicklung für die Menschen sein; er verflucht den Feigenbaum, der keine Frucht mehr bringt, und schließt, als die Jünger fragen: warum tust du das, warum verdorrt der Feigenbaum? daran an die bedeutsamen Worte über Glauben und Gebet. Geistige Verinnerlichung bringt den Menschen zwar in Verbindung mit den Tiefenkräften der Welt, läßt ihn gewissermaßen die geistigen Hintergründe der Welt, den Geistorganismus der Welt erleben; das ist etwas Gutes. Aber Christus bringt den Menschen eine noch höhere Kraft, er spricht von der Kraft des Glaubens, von der Kraft des Vertrauens zu Gott, die den Menschen in Verbindung mit Gott selber bringt, die ihn nicht nur spüren läßt die geistigen Kräfte, die in Erde und Weltall wirken, sondern die ihn mit der überkosmischen, ewigen Kraft Gottes selbst in Kontakt bringt. Wer das rechte Vertrauen zu Gott hat, wer in völliger Hingabe, in tiefem Glauben sich in den Willen Gottes zu fügen vermag, wer in der rechten Demut an Gott sich hingibt, in den fließt diese hohe, überkosmische Gotteskraft ein, die stärker ist als alles, die eine Kraft ist, die selbst Berge zu versetzen vermag. Das ist die geistige Wandlung, die Christus in der Menschheit bewirken will, daß sie selbst Verbindung gewinnt mit der höchsten göttlichen Kraft, mit der Schöpferkraft des Alls, damit der Gottesfunke in uns aufleuchtet, und wir uns auf diese Weise als die rechten Söhne und Kinder Gottes erweisen.

So deutet die Geschichte, die wir im heutigen Evangelium gelesen haben, hin auf die Wandlung, die Christus bewirkt in Körper, Seele und Geist des Menschen. Christian Morgenstern hat in besonders schönen Worten hingewiesen auf die Fleischwerdung des Logos, auf die Verkörperung Christi, auf den Einzug des Christus, der aus den höchsten Höhen der Himmelswelt in die Erde hinab zu den Menschen kommt:

„Faß es, was sich dir enthüllt!
Ahne dich hinan zur Sonne!
Ahne, welche Schöpfer-Wonne
Jedes Wesen dort erfüllt!

Klimm empor dann dieser Geister
Stufen bis zur höchsten Schar!
Und dann endlich nimm Ihn wahr:
Aller dieser Geister Meister!

Und dann komm mit Ihm herab!
Unter Menschen und Dämonen
Komm mit Ihm, den Leib bewohnen,
Den ein Mensch Ihm fromm ergab.

Faßt ein Herz des Opfers Größe?
Mißt ein Geist dies Opfer ganz? —
Wie ein Gott des Himmels Glanz
Tauscht um Menschennot und -blöße!“

OSTERN

Gründonnerstag

Matthäus 26,	17–25	–	Bereitung des Ostermahles, Enthüllung des Verräters
	26–29	–	Das neue Bundesmahl
	30–46	–	Am Ölberg
	47–56	–	Gefangennahme Jesu

Am Tage vor dem Fest der ungesäuerten Brote traten die Jünger zu Jesus und sagten: Wo willst du, daß wir dir das Ostermahl bereiten?

Er sprach: Gehet in die Stadt zu dem und dem und richtet ihm aus: Der Meister läßt dir sagen: meine Zeit ist nahe, bei dir will ich mit meinen Jüngern Ostern feiern.

Die Jünger taten, wie Jesus ihnen angeordnet hatte, und bereiteten das Ostermahl. Als es Abend geworden, saß er mit den zwölf Jüngern zu Tische. Während sie aßen, sprach er: Wahrlich, ich sage euch, einer von euch wird mich verraten.

Da wurden sie sehr traurig und fingen an, ihn einzeln zu fragen: Ich bin es doch nicht, Herr?

Er erwiderte: Der mit mir die Hand in die Schüssel tunkt, der wird mich verraten. Des Menschen Sohn geht zwar hin, wie von ihm geschrieben steht, aber wehe dem, durch den des Menschen Sohn verraten wird! Es wäre ihm besser, wenn er nicht geboren wäre, der Mensch!

Da nahm Judas, sein Verräter, das Wort: Bin etwa ich es, Meister? Er sprach zu ihm: Du hast es gesagt.

Während sie aßen, nahm Jesus Brot, sprach den Lobspruch, brach es und gab es den Jüngern mit den Worten:

Nehmet hin und esset: dies ist mein Leib! Dann nahm er den Kelch, dankte und reichte ihn ihnen mit den Worten:

Trinket alle daraus, denn dies ist mein Blut, das Blut des Neuen Bundes, vergossen für viele zur Vergebung der Sünden.

Ich sage euch, ich werde von nun an nicht mehr von dieser Frucht des Weinstocks trinken bis zu jenem Tage, an dem ich davon aufs neue mit euch trinke im Reiche meines Vaters.

Nach dem Lobgesang gingen sie hinaus an den Ölberg. Da sprach Jesus zu ihnen: Ihr alle werdet heute Nacht an mir Anstoß nehmen; steht doch geschrieben: Ich werde den Hirten schlagen, und die Schafe der Herde werden sich zerstreuen. Aber nach meiner Auferweckung werde ich euch vorangehen nach Galiläa.

Petrus gab ihm zur Antwort: Und wenn alle an dir Anstoß nehmen, ich werde es nie und nimmer!

Da sprach Jesus zu ihm: Wahrlich, ich sage dir, noch diese Nacht, ehe der

Hahn kräht, wirst du mich dreimal verleugnen. Petrus entgegnete ihm: Und wenn ich mit dir sterben müßte, ich werde dich nicht verleugnen. Ähnlich sprachen auch alle andern Jünger.

Darauf kam Jesus mit ihnen zu einem Hof namens Gethsemane; da sprach er zu seinen Jüngern: Setzet euch hier, während ich dorthin gehe und bete!

Nur Petrus und die beiden Söhne des Zebedäus nahm er mit. Da kam eine Betrübnis und Bangigkeit über ihn. Er sagte zu ihnen: Meine Seele ist zu Tode betrübt. Bleibet hier und wachet mit mir!

Nachdem er ein wenig weitergegangen, fiel er auf sein Angesicht nieder, betete und sprach: Mein Vater, wenn es möglich ist, so gehe dieser Kelch an mir vorüber! Doch nicht wie ich will, sondern wie Du willst.

Als er zu den Jüngern zurückkam, fand er sie schlafend. Da sagte er zu Petrus: So vermochtet ihr nicht eine Stunde mit mir zu wachen? Wachet und betet, damit ihr nicht in Versuchung fallet! Der Geist ist zwar willig, aber das Fleisch ist schwach.

Dann ging er zum zweiten Male hin und betete: Mein Vater, wenn dieser Kelch nicht vorübergehen kann, ohne daß ich ihn trinke, so geschehe Dein Wille!

Als er wiederkam, fand er sie wieder schlafend; denn die Augen waren ihnen schwer geworden. Von neuem ließ er sie dort und ging zum dritten Male hin zu beten, indem er dasselbe Wort sprach. Als er dann zu den Jüngern zurückkam, sagte er ihnen: Schlafet nur weiter und ruhet! Jetzt ist die Stunde nahe, da des Menschen Sohn in die Hände der Sünder preisgegeben wird. Stehet auf, lasset uns gehen! Der mich verrät, ist nahe.

Während er noch redete, kam Judas, einer von den Zwölfen, und in seiner Begleitung ein zahlreicher Haufen mit Schwertern und Knüppeln im Auftrag der Hohenpriester und Ältesten des Volkes. Der Verräter hatte ihnen ein Zeichen gegeben und gesagt: Den ich küssen werde, der ist es; ergreifet ihn! Jetzt trat er sogleich auf Jesus zu und sprach: Sei gegrüßt, Meister! und küßte ihn.

Jesus sprach zu ihm: Freund, wozu bist du gekommen?

Nun kamen sie und legten Hand an Jesus und nahmen ihn in ihre Gewalt. Plötzlich erhob einer von den Begleitern Jesu die Hand, zog sein Schwert und traf den Dienstmann des Hohenpriesters, dem er das Ohr abschlug.

Jesus aber sprach zu ihm: Stecke dein Schwert an seinen Ort! Denn alle, die zum Schwerte greifen, werden durch das Schwert umkommen. Oder meinst du, ich könnte nicht meinen Vater bitten, und er würde mir im Augenblick mehr als zwölf Legionen Engel zur Seite stellen? Aber wie würde dann die Schrift in Erfüllung gehen, wonach es so kommen muß?

In jener Stunde sprach Jesus zu dem Haufen: Wie gegen einen Bandenführer seid ihr mit Schwertern und Knüppeln ausgezogen, mich gefangenzunehmen! Und doch saß ich täglich im Tempel und lehrte, ohne daß ihr mich ergriffen hättet. Aber dies alles ist so gekommen, daß sich die Schriften der Propheten erfüllen.

Da verließen ihn alle Jünger und flohen.

Wir haben heute Gründonnerstag. Mit Gründonnerstag beginnt das Leiden Christi. Der Tag hieß ursprünglich Grindonnerstag, das heißt so viel wie Klagedonnerstag. „Grin" ist das gleiche wie das heutige „Greinen", „Weinen". Es ist der Tag, an dem wir trauern, an dem wir weinen über das beginnende Leiden Christi. Am Abend des Gründonnerstag hat Christus das Sakrament des Abendmahls eingesetzt. Damit beginnt eigentlich schon das Sterben Christi; Christus löst sich aus seinem Leib heraus, er verbindet seine Lebenskräfte mit den Elementen der Erde, mit Brot und Wein, indem er Brot und Wein segnet, eint er seine göttliche Lebenskraft mit Brot und Wein, und indem die Jünger das Brot essen und den Wein trinken, durchdringen sie sich bis ins Leibliche hinein mit den göttlichen Lebenskräften Christi. Das Abendmahl ist das Symbolum der völligen selbstlosen Hingabe des Gottessohnes an die Menschheit.

Dann wird uns weiter im Evangelium berichtet, wie Christus nach Gethsemane geht mit den Jüngern und dort den schweren Todeskampf durchsteht. Nirgendwo im Evangelium kommt uns Christus als Mensch so nahe wie in Gethsemane. Die Göttlichkeit Christi leuchtet vielleicht am hellsten und klarsten auf im Hohenpriesterlichen Gebet des Johannes-Evangeliums. Die volle Menschlichkeit Christi aber offenbart sich am schönsten und ergreifendsten in Gethsemane. Man hat wohl irrtümlich geglaubt, Christus bäte in Gethsemane darum, nicht schon jetzt sterben zu müssen; er bäte darum, daß Gott ihm Kraft gebe, das Leiden durchzuhalten bis zum Kreuzestod. Solch eine Meinung entspricht nicht dem Sinn der Evangelientexte. Christus betet viel mehr, daß die Stunde seines Leidens, daß der Kelch seines Leidens, wenn möglich, an ihm vorübergehen möge. Aber er ist von vornherein ergeben in den göttlichen Vaterwillen. Wenn das nicht möglich ist, daß diese Stunde des Leidens an ihm vorübergehe, dann ist er willig und bereit, dieses Leiden auf sich zu nehmen und durchzustehen.

Christus wird von allen seinen Jüngern verlassen. Wir sehen ihn ganz menschlich vor uns, ringend mit dem schweren Schicksal, das ihm bestimmt ist. Er sieht gleichsam in dieser Stunde sich verlassen von aller Welt; selbst die nächsten, die treuesten Jünger können nicht mit ihm wachen, sie fliehen und verlassen ihn wie alle anderen. In völliger Einsamkeit ringt Christus als Mensch mit der Schwere des Schicksals, das ihm zu tragen bestimmt ist.

Wir müssen Ähnliches durchmachen, wenn wir sterben; denn jeder muß den Tod allein durchstehen. Da kommt für jeden Menschen die Gethsemane-Stunde, diese Stunde der völligen Vereinsamung und Verlassenheit, die Stunde einer tiefen Gottverlassenheit. Und auch dieses schwere Schicksal, das zum Wesen des vergänglichen Erdenmenschen gehört, hat Christus mit uns teilen wollen. Viele Mystiker sprechen davon, daß über sie gekommen ist eine Nacht der Seelenvereinsamung, eine Stunde tiefster Verzweiflung und Gottverlassenheit. Es ist eine allgemeine Erfahrung gerade der höchsten geistigen Menschen, daß, bevor das Licht Gottes ihre Seele erleuchtet, die Macht der Dämonen auf sie eindringt. Auch wenn *wir* sterben, dann dringen die dunklen Mächte auf uns ein, um uns nach unten in den Abgrund zu reißen. Nur eine völlige Gottergebenheit, ein völliges Gelassen-Sein und Hingegeben-Sein an den Willen Gottes vermag diese Finsternismacht der Dämonen zu brechen. Darum sagt Christus in dieser dunklen Nacht der Seele, die über ihn kommt: „Nicht mein Wille geschehe, sondern Dein Wille möge geschehen!"

Christus hat im Leben das Leiden, den Tod bekämpft, er hat viele Menschen von schweren Krankheiten, von geistigen Störungen und Besessenheiten geheilt, er hat Tote erweckt; gewaltig leuchtet da die Geistmacht in Christus auf, die Krankheit und Tod überwindet. Aber das, was Christus jetzt durchsteht, das erfordert noch eine viel höhere Aktivität. Wir mit unserem menschlichen Streben wehren uns gewöhnlich gegen das Leiden, setzen unsere Aktivität nur ein, um Leiden und Krankheit und Tod abzuwehren. Und wenn es dann doch über uns kommt das schwere Schicksal von Krankheit und Leiden und Tod, dann lassen wir es gewöhnlich passiv über uns ergehen wie ein Unwetter in der Natur, gegen das wir uns nicht wehren können. Christus aber hat eine andere Haltung zum Leiden. So wie er im Leben aktiv gekämpft hat gegen das Leiden, so bejaht er nun in der Stunde seines Todes aktiv das Leiden. Er will ja sagen können zum Leiden und erbittet von seinem Vater die Kraft zu diesem völligen Ja-sagen-Können zum Schicksal. Das ist die höchste Aktivität, die ein Mensch entwickeln kann. Diese völlige Hingabe an Gottes Willen überwindet das Dämonische in Mensch und Welt.

Darum soll uns dieses Erleben Christi am Gründonnerstag, das beginnt mit der Einsetzung des Abendmahles und das endet mit dieser tiefen Gottgelassenheit gegenüber dem Schicksal, gegenüber dem Leiden und dem Tod, Wegweisung sein für unser eigenes Leben. Das Höchste, was wir mit Gottes Hilfe zu vollbringen vermögen, ist das völlige Ja-sagen-Können zum Schicksal, die reine Hingabe an Gott. Einer der größten Jünger Christi, Franz von Assisi, hat diese Hingabefähigkeit ausgedrückt in folgenden schönen Worten:

„Herr, mach aus mir ein Werkzeug deines Friedens!
Wo Haß besteht, laß mich Liebe säen,
Wo Kränkung, dort Verzeihung!
Wo der Zweifel nagt, laß mich Glauben säen,
Wo Finsternis, dort Licht!
Wo Verzweiflung ist, laß mich Hoffnung säen
Und wo Kummer, dort Freude!

O göttlicher Meister, gib mir
Weniger getröstet zu werden, als zu trösten,
Weniger verstanden zu werden, als zu verstehen,
Weniger geliebt zu werden, als zu lieben;
Denn im Geben werden wir erhalten,
Im Verzeihen wird uns verziehen,
Und indem wir sterben, werden wir zum ewigen Leben geboren."

Karfreitag

Wolfram von Eschenbach — Parzivals Begegnung mit Trevrizent

Eines Morgens früh war ein dünner Schnee gefallen, immerhin so viel, daß die Leute dabei zu frieren pflegen. Es war in einem großen Walde, da kam dem Parzival ein alter Ritter zu Fuß entgegen, dessen Bart schon grau war, aber seine Haut war noch licht und klar. Ebenso sah sein Weib aus. Die beiden trugen auf bloßem Leibe graue, grobe Röcke auf ihrer Bußfahrt. Seine Töchter, zwei Jungfrauen, schön anzusehen, gingen in der gleichen Kleidung. Das lehrte sie ihr reines Herz. Alle gingen sie barfuß. Parzival bot dem grauen Ritter, der da ging, seinen Gruß. Durch den Rat des Ritters sollte er bald sein Glück empfangen. Es mochte wohl ein edler Herr sein. Nebenher liefen die Hündlein der Damen. Ehrfürchtig und gar nicht stolz, so gingen mit ihnen züchtiglich eine Anzahl Ritter und Knappen daher auf der Gottesfahrt. Etliche waren so jung, daß sie noch ohne Bart waren.

Parzival, der edle Degen, hatte sich gar ritterlich und reich geschmückt, wie er es liebte. Er ritt in einem Harnisch, der sich von den Kleidern, die der graue Mann trug, sehr unterschied. Er lenkte sein Roß sogleich aus dem Pfade, er fragte die guten Leute aufmerksam um ihre Fahrt. Freundlich wurde ihm geantwortet. Da bedauerte der graue Ritter, daß die heiliglichen Tage ihn nicht dazu veranlaßt hätten, ohne Waffen zu reiten oder barfuß zu gehen, und so dieses Tages Zeit zu ehren. Parzival antwortete ihm: „Herr, ich weiß weder so noch so, wie es um des Jahres Anfang steht, oder wie weit wir in der Zahl der Wochen sind. Auch die Namen der Tage, all das ist mir unbekannt. Ich diente einmal Einem, der heißt Gott, ehe seine Gunst so schmählichen Spott über mich verhängte. Mein Sinn hat ihm nie gewankt, ich war ihm treu, von dem man mir gesagt hatte, daß er helfe. Nun aber ist seine Hilfe an mir kraftlos geworden."

Da sagte der graue Ritter: „Meint ihr Gott, den die Magd gebar? Wenn ihr an seine Menschwerdung glaubt, an das, was er an einem Tage wie heute, wo man dieses Tages Zeit feierlich begeht, unseretwegen erlitten hat, so tragt ihr mit Unrecht den Harnisch. Es ist heute Karfreitag, dessen sich all die Welt freuen mag und dabei zugleich mit Angst, Seufzen. Wo ward wohl je höhere Treue offenbar als die, die Gott für uns beging, da man ihn für uns ans Kreuz hängte. Herr, wenn ihr getauft seid, so möge euch dieser Tausch jammern, daß er sein edles Leben im Tode für unsere Schuld dahingegeben hat, weil der Mensch verloren und für die eigene Schuld zur Hölle bestimmt war. Wenn ihr nicht ein Heide seid, so gedenkt, Herr, dieses Tages. Reitet fürbaß auf unserer Spur, woher wir gekommen sind! Nicht mehr weit von euch wohnt ein heiliger Mann, der kann euch raten und Wandel schaffen für eure Missetat. Wollt ihr ihm eure Reue kundtun, so wird er euch von Sünden lösen."

Da ritt Parzival weiter und folgte jener Spur. Fontän sauvasche heißt ein Anwesen, zu dem ihn seit Ritt brachte. Dort fand er den Mann, der ihn aufnahm. Parzival, der Held, saß sogleich ab und stand mit großer Ehrfurcht vor ihm. Er erzählte ihm von den Leuten, die ihn hierher gewiesen und ihm seinen Rat empfohlen hätten. Da sagte er: „Herr, nun gebt mir Rat; ich bin ein Mann, der Sünde hat. Jetzt erst bin ich inne geworden, wie lange ich führerlos fahre und die Freude mir ihre Hilfe versagt. Mir ist Freude ein Traum; denn ich trage des Leides schwere Last. Herr, ich will euch noch mehr sagen. Wo Kirchen und Münster ragen, wo man Gottes Ehre spricht, da ließ ich mich seit jenen Zeiten niemals mehr blicken, sondern ich suchte nur noch Kampf und Streit. Auch trage ich großen Haß gegen Gott; ist er doch der Pate meiner Nöte. Er hat sie überaus hoch emporgehoben. All meine Freude ist nun darunter lebendig begraben. Wenn Gottes Kraft eine Kraft der Hilfe wäre, wie festen Grund könnte dann mein Freudenanker fassen. Nun aber sinkt er in die sumpfige Grundlosigkeit des Leides. Wenn mein Mannesherz wund ist — und wie sollte es wohl heil bleiben —, wenn der Schmerz seinen stacheligen Kranz auf die Ehre drückt, die ich mir im Schildesamt gegen wehrhafte Männer ertritten habe, so rechne ich es dem, der aller Hilfe Gewalt hat, zur Schande, daß er, wenn doch seine Hilfe rasche Hilfe ist, mir nicht hilft, so viel Wesens man auch von seiner Hilfe macht."

Der Einsiedler seufzte und sah in an. Dann sprach er: „Herr, seid ihr bei Sinnen, so sollt ihr Gott wohl getrauen. Er hilft euch, denn er muß helfen. Möchte Gott uns beiden helfen! Herr, ihr sollt mir berichten, aber setzt euch bitte zuvor. Sagt mir mit ruhiger Überlegung, wie sich der Zorn anhob, aus dem euer Goteshaß entstanden ist. Aber ehe ihr eure Klage gegen Gott erhebt, geduldet euch freundlich und vernehmt von mir seine Unschuld. Seine Hilfe ist immer auf dem Wege.

Obwohl ich ein Laie war, konnte ich doch die Heilige Schrift lesen, und ich konnte davon schreiben, wie der Mensch im Dienste der großen Hilfe dessen verharren soll, der immer unverdrossen geholfen hat, wo Seelen zu versinken drohten. Seid getreu ohn' alles Wanken, da Gott selbst eitel Treue ist. Immer war ihm trügerischer Sinn verhaßt. Wir haben ihm dafür zu danken, daß er viel für uns getan hat, da seine edle, hohe Art um unseretwillen zu einem Menschenbilde wurde. Gott heißt und ist lauter Wahrheit. Falsche Wege haßt er, das bedenket wohl! Er kann an niemandem wankelmütig werden. Darum prägt euch fest ein, daß auch ihr euch hütet, wankelmütig gegen ihn zu sein. Mit Zorn könnt ihr ihm nichts abringen. Wer euch sieht, wie ihr in Haß gegen ihn trotzt, der wird euch für unsinnig halten. Erwägt, um euch über den Trotz gegen Gott klar zu werden, wie es dem Gotteshasser Luzifer und seinen Kampfgesellen erging. Als Luzifer mit seiner Schar zur Hölle gefahren war, ward an seiner Stelle der Mensch. Gott wirkte aus der Erde den edlen Adam, und aus Adams lebendigem Leibe brach er Eva; die brachte das Ungemach über uns dadurch, daß sie ihrem Schöpfer nicht gehorchte. Sie zerstörte unsere Freudigkeit. Von diesen beiden kamen nun die Menschen fortan durch Geburt, und ihrer einen trieb sein Ungenügen, daß er durch gierige Überhebung seiner Großmutter die Jungfräulichkeit nahm. Nun wollen manche, ehe sie das begreifen, wissen, wie das zugehen möchte. Doch es ward mit Sünden offenbar."

Da sagte Parzival zu ihm: „Herr, mir scheint, so etwas ist niemals vorgekommen. Von wem stammte denn der sonderbare Mann, der seiner eigenen Ahne die Jungfräulichkeit nahm, wie ihr mir da erzählt. Darüber möchtet ihr euch wohl lieber ausschweigen." Der Einsiedler aber entgegnete ihm: „Von dem Zweifel will ich euch sofort befreien. Sage ich euch nicht die wahre Wahrheit, so dürft ihr euch meine Unwahrheiten verbeten. Die Erde war Adams Mutter; denn er lebte von den Früchten der Erde. Sie war seine Nährerin. Gleichwohl war die Erde eine Jungfrau. Aber nun will ich euch sagen, wer ihr die Jungfräulichkeit nahm. Adam war Kains Vater, Kain erschlug Abel um kümmerlichen Gutes willen. Als nun Blut auf die reine Erde fiel, da war ihre Jungfräulichkeit dahin, die nahm ihr also Adams Sohn, ihr eigener Enkel. Da zuerst erhob sich der Menschengrimm und seitdem währt er immerfort.

In der Welt ist wahrlich nichts so Reines wie ein argloses Mägdlein. Erwäget selbst, wie rein die Mägdlein sind. Gott war selbst des Mägdlein Kind. Zwei Menschen wurden von Jungfrauen geboren: Adam und Christus. Gott selbst hat Menschenantlitz angenommen nach dem Sohn der ersten Jungfrau, der Erde. Das war die Leutseligkeit seiner hohen Art uns Menschen gegenüber, daß er als Mensch zu uns Menschen kam. Unheil und Wonne kamen uns aus Adams Samen. Erbarme drob sich dessen Kraft, in dem Erbarmen wirkt und schafft, der im Menschenbild Unbilde litt und getreulich wider Untreu' stritt.

Darum sollt ihr ihm nicht mehr zürnen. Wollt ihr eure Seligkeit nicht verlieren, so schafft Wandel für eure Sünde. Seid nicht so frei in Rede und Werk; denn wer sich für sein Leid dadurch rächt, daß er freche Reden führt, der spricht sich, das sage ich euch, selbst sein Urteil. Nehmt alte Weisheit als neue an. Platon verkündigte es zu seinen Zeiten und ebenso die Prophetin Sibylle. Sie sagten untrüglich schon vor vielen Jahren, uns würde wahrlich für die höchste Schuld ein Pfand gegeben werden. Mitten in der Hölle ergriff uns die höchste Hand mit göttlicher Liebe. Er ist ein durchleuchtend Licht und wankt von seiner Liebe nicht. Wem er Liebe erzeigen soll, dem wird mit seiner Liebe wohl. Der Schuldige ohne Reue flieht die göttliche Treue. Wer aber wandelt der Sünden Schuld, der dient um edle Huld.*

Heute ist Karfreitag, der Todestag Christi. Karfreitag heißt so viel wie „Grabesfreitag". Aber wir feiern am Karfreitag nicht nur den Tod Christi, sondern zugleich die Erlösung von Mensch und Erde. So zeigt der Karfreitag ein doppeltes Gesicht; er ist ein Trauertag und auch ein Freudentag. In den katholischen Kirchen läuten am heutigen Tage die Glocken nicht, wird am heutigen Tage, am einzigen Tage im ganzen Jahr, keine Messe, keine Abendmahlshandlung gefeiert. Darin drückt sich der Trauercharakter des Karfreitags aus. In den evangelischen Kirchen begeht man Karfreitag als den höchsten Feiertag des Jahres, weil es eben der Erlösungstag ist für Mensch und Erde. Am Karfreitag wird das Mysterium der Menschwerdung Gottes zur Vollendung geführt. Und vom Mysterium der Menschwerdung Gottes, von der Bedeutung des Todes Christi, von der Erlösung der Menschheit und der Erde durch Christus spricht auch in so bedeutsamen Worten der Abschnitt aus dem „Parzival" des Wolfram von Eschenbach, den wir eben gehört haben.

Da begegnet am Karfreitag-Morgen Parzival den Pilgern im Walde. Parzival selbst ist gekleidet wie ein Weltmensch, in eiserne Rüstung gehüllt, mit ritterlichem Schmuck geziert; die Pilger dagegen, die ihm begegnen, tragen schlichte, graue Bußgewänder. Sie weisen Parzival den Weg zu Trevrizent, dem Einsiedler, bei dem er sein großes Bekehrungserlebnis hat. Man könnte sagen, Parzival, der wie ein Weltmensch gekleidet ist, ist Bild für den Menschen, der gefangen ist in seiner irdischen Begierdenwelt, für des Menschen niederes, triebgebundenes, kleines Ich. Die Pilger dagegen im grauen, schlichten Bußgewand sind ein Bild für den Gott suchenden Menschen, der sich gelöst hat von seinen niederen, irdischen Begierden. Und diese Pilger sind es auch, die Parzival hinweisen darauf, daß heute Karfreitag ist, die ihn hinweisen auf das Mysterium der Menschwerdung Gottes. Durch sie findet Parzival den Weg zum Einsiedler Trevrizent, bei dem er nun sich ausspricht und sein Herz erleichtert, bei dem er die große Umkehr seines Lebens erfährt.

Parzival ist nicht fertig geworden mit seinem Schicksal; er hat nicht verstehen können, daß der Mensch auch das Leid im Leben bejahen muß. Als über ihn ein schweres Schicksal hereinbrach, dessen Sinn er nicht verstand, da hat er sich aufgelehnt gegen dieses Schicksal, hat sich aufgelehnt gegen Gott, hat gezweifelt an Gottes Hilfe. So zieht er seit mehrern Jahren freudlos umher als ein Empörer gegen Schicksal, Menschheit und Gott. Er weiß nicht, daß es zum Wesen des menschlichen Lebens gehört, durch Leiden gehen zu müssen; er weiß nicht, daß die Schmerzen wesensmäßig zum Menschen gehören. Der Mensch ist unter den irdischen Geschöpfen dasjenige Wesen, das das hellste und klarste Bewußtsein hat. Aber bei wacherem Bewußtsein wächst auch die Schmerzempfindlichkeit, die Leidensfähigkeit, und es ist nun einmal so in dieser Welt: je bewußter ein Mensch wird, um so leidensempfindlicher wird er. Parzival will von der Notwendigkeit des Leidens nichts wissen und lehnt sich darum auf gegen sein Schicksal und gegen Gott.

Der Einsiedler Trevrizent weist ihn darauf hin, daß wir Menschen in einer gefallenen Welt leben, daß die Erde durchdrungen ist von dunklen, dämonischen Kräften und daß der Mensch, der einst als Gottes Ebenbild, als die Krone der Schöpfung, als das lichte Urbild des Alls von Gott geschaffen wurde, selbst schuld ist an der Verdunkelung dieses göttlichen Bildes. Er weist darauf hin, daß durch den Sündenfall Adams das Leid in die Welt gekommen ist.

Und so ist dann zu verstehen, daß auch im Leben jedes einzelnen Menschen das Leid sich auswirken muß. Frei werden von diesem Leid können wir nur, indem wir es willentlich auf uns nehmen. Dann kann uns bewußt werden, daß unser tiefstes, innerstes Wesen, der Gottesfunke in uns, nur dann aufleuchten und frei werden kann, wenn wir das der Erde, der Menschheit und uns selbst aufgebürdete Kreuz und Leid willig tragen, dann werden wir uns bewußt, daß unser allerinnerstes und tiefstes Wesen nicht von dieser Welt ist, daß es aus einer Sphäre stammt, die über allem irdischen Sein dem Ewigkeitsbereich Gottes selber angehört. Wer das nicht versteht, wer sich gegen sein Schicksal und das Leid auflehnt, der spricht sich selbst sein Urteil, sagt der Einsiedler Trevrizent zu Parzival; wer sich für sein Leiden durch freche Worte rächt, der richtet sich selbst. Der Apostel Paulus sagt einmal sehr schön:

> „Laßt die Sonne nicht untergehen in dem blinden Drang eurer Seele, erhebt euch über eure triebgebundene Seelenhaftigkeit in das Licht des göttlichen Geistes! Lasset die Sonne des Geistes die dunklen Wolken eurer Triebhaftigkeit durchbrechen, dann erst werdet ihr wissen, was wahre Freiheit und wahre Liebe ist.“

Gott läßt keinen Menschen fallen, in Gottes Liebe ist jeder Mensch geborgen. Dann erst wird in uns die rechte Liebeskraft, die göttliche Liebe, die himmlische Agape, geweckt, wenn wir zu unserem Leiden ebenso ja zu sagen vermögen wie zu unserem Glück. In dieser Haltung kann die Schöpferliebe Gottes lebendig werden; dann ist uns nicht nur unsere Sündenschuld vergeben, dann wird der Mensch selbst zu einer neuen Kreatur und durch ihn die Natur erlöst, dann wird der Mensch zum Messias, zum Erlöser der Natur.

Der Mensch ist nicht bestimmt für diese Welt, er ist auch nicht bestimmt für die geistige Welt, der Mensch ist bestimmt für Gott selbst. Gottes Bild soll im Menschen offenbar werden, Söhne Gottes sollen wir werden. Das ist das Mysterium der Erlösung des Menschen durch Gott. Der Mensch als Gottessohn soll werden zum Erlöser der Erde und des Alls. Darin offenbart sich der tiefste Sinn der Menschwerdung Gottes und der tiefste Sinn des Karfreitags. So sah es auch Wagner an, als er in seiner „Parsifal"-Dichtung die schönen Worte vom Karfreitag schrieb:

„Wie dünkt mich doch die Aue heut' so schön!
Wohl traf ich Wunderblumen an,
Die bis zum Haupte süchtig mich umrankten;
Doch sah ich nie so mild und zart
Die Halme, Blüten und Blumen.
Noch duftet' All' so kindisch hold
Und sprach so lieblich traut zu mir:
Das ist Karfreitag's-Zauber, Herr!

Wehe, des Höchsten Schmerzentag's!
Da sollte, wähn' ich, was da blüht,
Was atmet, lebt und wiederlebt,
Nur trauern, ach! und weinen?

Du sieh'st, das ist nicht so.
Des Sünders Reuetränen sind es,
Die heut' mit heil'gem Tau
Beträufet Flur und Au:

Der ließ sie so gedeihen.
Nun freut sich alle Kreatur
Auf des Erlösers holder Spur,
Will ihr Gebet ihm weihen.

Ihn selbst am Kreuze kann sie nicht erschauen:
Da blickt sie zum erlösten Menschen auf;
Der fühlt sich frei von Sündenlast und Grauen,
Durch Gottes Liebesopfer rein und heil:
Das merkt nun Halm und Blume auf den Auen,
Daß heut' des Menschen Fuß sie nicht zertritt,

Doch wohl, wie Gott mit himmlischer Geduld
Sich sein erbarmt' und für ihn litt,
Der Mensch auch heut' in frommer Huld
Sie schont mit sanftem Schritt.

Das dankt dann alle Kreatur,
Was all' da blüht und bald erstirbt,
Da die entsündigte Natur
Heut' ihren Unschuldstag erwirbt."

Karsamstag

Johannes 19, 31—37 — Öffnung der Seite Jesu
38—42 — Begräbnis Jesu

Da es Rüsttag war, und damit nicht die Leiber über den Sabbat am Kreuze hängen blieben — jener Sabbat war nämlich „der Große Tag" —, baten die Juden Pilatus, es möchten den Gekreuzigten die Beine zerschlagen und sie abgenommen werden. So kamen die Soldaten und zerschlugen dem einen wie dem anderen der Mitgekreuzigten die Beine; als sie aber zu Jesus kamen und sahen, daß er bereits tot war, zerschlugen sie ihm die Beine nicht, sondern einer von den Soldaten stieß ihm die Lanze in die Seite, und alsbald kam Blut und Wasser heraus. Der es gesehen hat, hat es bezeugt — sein Zeugnis ist wahrhaftig, und jener weiß, daß er die Wahrheit sagt —, damit auch ihr glaubet. Geschah dies doch, daß sich das Schriftwort erfülle: Kein Knochen soll ihm zerbrochen werden — und eine andere Schriftstelle sagt: Sie werden hinschauen auf den, den sie durchbohrt haben.

Darauf richtete Josef von Arimathäa, der ein Jünger Jesu war — freilich im geheimen, aus Furcht vor den Juden —, an Pilatus die Bitte, den Leichnam Jesu abnehmen zu dürfen. Pilatus erlaubte es, und so kam er und nahm seinen Leichnam ab. Auch Nikodemus, der zum ersten Male des Nachts zu ihm gekommen war, kam mit einer Mischung von Myrrhe und Aloe, wohl an hundert Pfund. Sie nahmen den Leichnam Jesu und banden ihn mit wohlriechenden Kräutern in Linnen, wie es dem Bestattungsbrauche der Juden entspricht. Bei dem Orte, an dem er gekreuzigt worden war, befand sich ein Garten, und im Garten eine neue Gruft, in die noch niemand gelegt worden war. Und weil die Gruft in der Nähe war, legten sie dorthin Jesus, mit Rücksicht auf den Rüsttag der Juden.

Wir haben heute Karsamstag. Es ist der Grabessamstag, der Tag, an dem der Leichnam Jesu im Grabe ruht. Josef von Arimathäa und Nikodemus nehmen den Leichnam Jesu vom Kreuze ab und bestatten ihn. Nikodemus war der Esoteriker des alten jüdischen Tempels, der Lehrer von Israel, wie er im Johannes-Evangelium genannt wird. Josef von Arimathäa hat sein Grab Christus zur Verfügung gestellt und hat ihn dort in Linnen gewickelt und bestattet. Dieses Leinentuch, in das Josef von Arimathäa den Leichnam Jesu wickelt, ist vermutlich bis heute erhalten geblieben. Es befindet sich in Turin. In diesem Leichentuch sehen wir noch heute den Abdruck eines Leichnams. Und es ist gewiß nicht zufällig, daß erst vor wenigen Jahren dieses Phänomen entdeckt worden ist.

In unserer Zeit, in der die Menschen die Verwurzelung in der echten Religion, die Verbindung mit Christus weithin verloren haben, da fügt es das Schicksal, daß dieses Bild im Leichentuch gefunden wurde. Viele Gelehrte haben sich befaßt mit der Prüfung des Tuches, und gerade die Gelehrten, die keine Bindung an das Christentum hatten, die rein äußerlich historisch und chemisch das Tuch untersucht haben, sind überzeugt von der Echtheit des Tuches. Man hat Versuche angestellt, die gezeigt haben, daß dieses Bild durch die Ausdünstung des Leichnams nur dann hat entstehen können, wenn der Leichnam nicht länger als drei Tage im Tuch gelegen hat. Wenn der Leichnam länger als drei Tage darin gelegen hätte, dann hätte sich das Bild durch die Ausdünstung der Leiche wieder verwischt. So kann dieses Leichentuch von Turin ein ganz besonderes historisches Zeugnis für Kreuzestod und Auferstehung Christi sein. K. A. Meissinger schreibt: „Die Sindone (Leinwand) ist mehr als eine Reliquie unter anderen. Sie verhält sich zu der Gesamtheit der übrigen Reliquien wie die Evangelien zu der Gesamtheit der großen christlichen Literatur ... Die Sindone gehört zu den Evangelien. Sie ist der erschütternde anschauliche Beleg für ihre Wahrheit."

Der Evangelist betont in ganz besonderer Weise, daß er gesehen habe, wie Wasser und Blut aus der Herzwunde Christi geflossen seien, und dies nimmt er geradezu als ein Zeugnis für die Gott-Menschheit Christi; denn Weiß und Rot sind die uralten Farben, die hindeuten auf Mond und Sonne. Silbernweiß ist des Mondes Licht, goldenrot das Sonnenlicht. Die Farben Weiß und Rot sind ein Sinnbild dafür, daß in Christus geeint waren: Mond und Sonne, Seele und Geist, Mann und Frau, Gott und Mensch. Weißes Wasser und rotes Blut sind für den Evangelisten Zeichen für die Vereinigung von Gott und Mensch in Christus. Weiß und Rot sind auch in der späteren Überlieferung die heiligen Gralsfarben gewesen; es sind die Farben, die in neuerer Zeit auch die christliche Gemeinschaft der Rosenkreuzer sich als die ihren gewählt hat: weiße Lilie, rote Rose. Weiß und Rot sind die sinnbildlichen Farben des Gott-Menschen Christus, die Farben auch der Tempelritter, der Gralsritter. Und wenn Josef von Arimathäa in der Überlieferung gekennzeichnet wird als erster Hüter des Grales, so geschieht das auch deshalb, weil er weißes Wasser und rotes Blut aufgefangen hat in der Gralesschale beim Tode Christi und auch das Grabtuch Christi als Erster gehütet hat.

Der Leichnam Christi ruht am Karsamstag im Grabe. Das kann uns ein Sinnbild dafür sein, daß das Menschliche in uns wirklich durch den Tod, durch die Grabesruhe hindurchgehen muß, wenn das Göttliche, wenn der Gottesfunke in uns auferstehen und zur Flamme entfacht werden soll.

„Und so lang du das nicht hast,
Dieses: Stirb und werde!
Bist du nur ein trüber Gast
Auf der dunklen Erde",

sagt Goethe im Hinblick auf das Mysterium von Sterben und Auferstehen. Der im Grabe ruhende Leichnam Christi soll uns ein Symbol dafür sein, daß wir ganz loslassen müssen von uns selbst, von unserem leiblich-irdisch gebundenen, kleinen Selbst, wenn das große Gottes-Ich in uns auferstehen soll. In diesem Sinne wollen wir betend sprechen:

> „Herr, ich weiß nicht, um was ich dich bitten soll. Nur du weißt, was ich brauche. Du liebst mich besser, als ich mich selbst zu lieben weiß. O Vater, gib deinem Kinde, wovon es selbst nicht weiß, wie es dich darum bitten soll! Ich wage dich nicht zu bitten, weder um Kreuze noch um Tröstungen, ich bringe einfach mein Herz dir dar und öffne mein Herz für dich. Sieh an meine Nöte, die ich selbst nicht kenne! Sieh her und tu an mir nach deiner fürsorglichen Güte! Schlage oder heile, beuge mich nieder oder richte mich auf! Ich bete all deine Ratschlüsse an, ohne sie zu kennen, ich schweige nur, ich bringe mich dir zum Opfer, ich gebe mich dir hin, ich habe kein anderes Verlangen, als deinen Willen zu tun. Lehre mich beten, bete du in mir! — Amen."*

Ostersonntag

Matthäus 28, 1—15 — Die Auferstehung
16—20 — Erscheinung in Galiläa und Missionsauftrag

Als der Sabbat vorüber war und das Licht des ersten Wochentages anbrach, kamen Maria Magdalena und die andere Maria, das Grab zu besichtigen. Plötzlich erfolgte ein starkes Erdbeben; denn der Engel des Herrn kam vom Himmel, ging hin und wälzte den Stein hinweg und setzte sich darauf. Seine Gestalt war wie ein Blitz und sein Gewand weiß wie der Schnee ... Der Engel aber begann zu sprechen und sagte zu den Frauen: Fürchtet ihr euch nicht! Ich weiß, ihr sucht Jesus, den Gekreuzigten — er ist nicht hier, er ist auferweckt worden, wie er gesagt hat. Kommt und sehet den Ort, wo er gelegen! Und gehet eilends und meldet seinen Jüngern, daß er vom Tode auferweckt ist und euch nach Galiläa vorausgeht! Dort werdet ihr ihn sehen — ich habe es euch gesagt.

Da gingen sie eilends von der Gruft hinweg und liefen voll Furcht und großer Freude, seinen Jüngern Nachricht zu bringen. Plötzlich stand Jesus vor ihnen und sprach: Seid gegrüßt!

Sie traten näher, umfaßten seine Füße und beteten ihn an.

Da sprach Jesus zu ihnen: Fürchtet euch nicht, gehet hin und meldet meinen Brüdern, daß sie nach Galiläa gehen sollen — dort werden sie mich sehen!

Während sie unterwegs waren, kamen einige von der Wache in die Stadt und meldeten den Hohenpriestern alles, was geschehen war. Diese fanden sich mit den Ältesten zusammen, und nachdem sie zu einem Beschluß gekommen waren, gaben sie den Soldaten reichlich Geld mit den Worten: Saget: Seine Jünger sind nachts gekommen und haben ihn heimlich davongetragen, während wir schliefen! Und wenn es dem Landpfleger zu Ohren kommen sollte, so werden wir schon mit ihm reden und dafür sorgen, daß ihr sicher seid!

Jene nahmen das Geld und taten gemäß der erhaltenen Anweisung. Und so verbreitete sich diese Rede bei den Juden bis auf den heutigen Tag.

Die elf Jünger gingen nach Galiläa auf den Berg, wohin Jesus sie beschieden hatte, und als sie ihn sahen, beteten sie ihn an. Einige aber hatten noch Zweifel.

Da trat Jesus näher und redete sie an: Mir ist alle Gewalt gegeben im Himmel und auf Erden. So gehet hin und werbet Jünger bei allen Völkern in meinem Namen, indem ihr sie alles halten lehret, was ich euch geboten habe. Ich bin bei euch alle Tage bis zur Vollendung der Weltzeit.

Ostern feiern wir als ein Weltenfrühlingsfest. Es fällt in die Zeit des neuerstehenden Lebens in der Natur. Aber das christliche Osterfest meint nicht das neuerwachende Leben der Natur, es meint den Durchbruch des todüberwindenden Menschenwesens in uns und im ganzen All. Das Leben, das im Frühling in der Natur neu ersteht, verfällt im Herbst immer wieder dem Tod. Und auch wir Menschen können in unserer Jugendzeit, in unserer Frühlingszeit, schöpfen aus den Quellkräften des natürlichen Lebens in uns. Aber je weiter unser Leben fortschreitet, um so mehr verfällt es der irdischen Schwere. Das gilt nicht nur vom einzelnen Menschenleben, das gilt auch vom Leben der Völker, der ganzen Menschheit, ja der ganzen Erde.

Schon heute können wir sagen, ist der Planet Erde alt geworden. In ihrer Jugendzeit war die Erde einmal Lichterde, war die Erde bis in das Steinreich hinein lebendig; da gingen die einzelnen Pflanzen- und Tierarten noch schöpferisch ineinander über, die heute in sich abgekapselt und erstarrt sind. Das schöpferische Leben auf der Erde, der Schöpferlogos, hat sich immer mehr zurückgezogen aus der äußeren Natur; er lebt heute im Inneren des Menschen. Alle Religionen der Erde suchen den Zugang zu dieser göttlich-schöpferischen Kraft im Inneren des Menschen zu erschließen, suchen dem Menschen Verbindung zu geben mit dieser Schöpferkraft des Logos, die in uns Menschen lebt. Am stärksten hat sich der Durchbruch dieser göttlichen Schöpferkräfte im Menschen vollzogen vor zweitausend Jahren in Jesus von Nazareth. In ihm ist das todüberwindende Menschenwesen voll zum Durchbruch gekommen. In ihm ist der Gottesfunke, der in jeder Menschenseele lebt, zur lodernden Flamme erweckt worden, die sein ganzes Wesen bis in das Leiblich-Physische hinein durchstrahlte.

Der Auferstehungsbericht des Matthäus-Evangeliums, den wir eben hörten, stellt diesen Durchbruch des göttlichen Menschenwesens auf allen Seinsebenen bildhaft vor unser Auge hin. Wir sehen zuerst das geschlossene Felsengrab. Das Grab ist Bild unseres irdischleiblichen Körpers, Bild des Gehäuses von Fleisch und Bein, in dem wir hier auf der Erde leben. Das Felsengrab wird gesprengt; ein Erdbeben bricht das Grab auf. Übernatürliches Licht leuchtet aus der Felsengruft, und in diesem Lichte offenbart sich den Menschen die Engelwelt. Der Engel weist hin auf die Lebenslandschaft von Galiläa. Weg sollen die Jünger gehen aus der Todeslandschaft von Judäa; sie sollen nach Norden gehen an den See Genezareth, in die blühende Gartenlandschaft Galiläas, da wird der Auferstandene sich ihnen offenbaren, so sagt der Engel. Diese Offenbarung der Engelwelt deutet auf die Ebene der Lebens- und Bildekräfte, die wir Menschen in uns tragen, die den irdischen Körper beleben und wachsen lassen.

Das dritte Bild zeigt den Auferstandenen selber, wie er den Frauen, die auf dem Weg zur Stadt sind, persönlich erscheint. Den Frauen erscheint der Auferstandene zuerst, nicht den Männern. In den Frauen sind die Gefühlskräfte, die Gemütskräfte, die Seelenkräfte für gewöhnlich stärker entwickelt als in den Männern. Mit diesen Seelenkräften, mit den Herzkräften kann der Mensch zunächst das Mysterium der Auferstehung fassen.

Das folgende Bild spricht von den Wächtern am Grab, von den Schriftgelehrten; sie wollen nichts wissen von der Auferstehung. Sie verstehen das Geheimnis der Auferstehung nicht, sie leugnen die Auferstehung. Die Wächter am Grab und die Schriftgelehrten sind Bild für die Verstandeskräfte in uns. Der Verstand wird niemals das Geheimnis der Auferstehung fassen können, er wird immer dieses Mysterium leugnen. Das Verstandesbewußtsein muß von einem höheren Bewußtsein überstrahlt und durchleuchtet werden, wenn wir das Geheimnis der Auferstehung verstehen wollen. Da müssen wir uns wegbegeben aus dem Todesbereich Judäas, wegbegeben aus dem todverhafteten, sinnengebundenen Bereich unseres Denkens, müssen nach Galiläa gehen in die Lebenslandschaft, müssen uns aus der Ebene erheben auf den Berg. Dort auf dem Berg, in der Lebenslandschaft Galiläas, auf dem Berg eines gehobenen, geistigen Bewußtseins offenbart sich die Vollgewalt des Auferstandenen den Jüngern. Da spricht er zu ihnen: „Mir ist alle Gewalt gegeben im Himmel und auf Erden."

Der Auferstandene ist erhaben über alle Weiten des Raumes, umfaßt zugleich Erde und Himmel. „Ich bin bei euch alle Tage bis zur Vollendung der Weltzeit." Er ist erhaben auch über die Zeit. Er ist in seiner Wesenheit vom Ewigkeitslichte Gottes durchdrungen. Und der Mensch, der das erlebt, lebt über dem Raum, lebt über der Zeit. Seine Seele wird kosmisch weit, die todüberwindende Gotteskraft dringt ein in alle Wesensschichten des Irdisch-Menschlichen und durchstrahlt Geist, Seele, Lebenskräfte und Leib.

Der Auferstandene nennt seine Jünger seine Brüder. Wir Menschen sind Brüder des Auferstandenen. Seine Gegenwart kann den göttlichen Funken in uns zur Flamme entfachen und das ganze Menschenwesen durchlichten. Keimhaft tragen wir, wie in einem Ei, in uns diesen göttlichen Funken, keimhaft verborgen ist dieser Gottesfunke in unserem geistigen Ich.

Das Osterei mit seinen bunten Faben, das wir heute am Ostertage suchen, ist ein himmlisches Zeichen, ist Sinnbild dieses keimhaft in uns verborgenen Gotteslichtes. Der Tod wird dadurch einmal überwunden werden. Nicht mehr durch Zeugung soll Leben in uns geschaffen werden, sondern Leben soll in uns geschaffen werden durch Todüberwindung. So meint es Novalis, wenn er sagt:

„Im Tode ward das ew'ge Leben kund,
Du bist der Tod und machst uns erst gesund.
...
Entsiegelt ward das Geheimnis,
Himmlische Geister hoben
Den uralten Stein
Vom dunklen Grabe.
Engel saßen bei dem Schlummernden,
Lieblicher Träume
Zartes Sinnbild.
Er stieg, in neuer Götterherrlichkeit
Erwacht, auf die Höhe
Der verjüngten, neugebornen Welt.
...
Gehoben ist der Stein.
Die Menschheit ist erstanden.
Wir alle bleiben dein
Und fühlen keine Banden.
Der herbste Kummer fleucht
Im letzten Abendmahle
Vor deiner goldnen Schale,
Wenn Erd' und Leben weicht.
...
Getrost, das Leben schreitet
Zum ew'gen Leben hin;
Von innrer Glut geweitet,
Verklärt sich unser Sinn.
Die Sternwelt wird zerfließen
Zum goldnen Lebenswein,
Wir werden sie genießen
Und lichte Sterne sein.“

(„Hymnen an die Nacht“, 5)

Ostermontag

Markus 16, 1—14 — Die Auferstehungsbotschaft
15—20 — Missionsbefehl und Himmelfahrt

Als der Sabbat vorüber war, kauften Maria Magdalena, Maria, die Mutter des Jakobus, und Salome wohlriechende Kräuter, um hinzugehen und ihn zu salben. In aller Frühe am ersten Tage der Woche kamen sie zum Grabe, während eben die Sonne aufging.

Sie sagten zueinander: Wer wird uns den Stein vom Eingang zum Grabe wälzen?

Als sie aber hinschauten, bemerkten sie staunend, daß der Stein bereits weggewälzt war; er war nämlich sehr groß.

Nach dem Eintreten in das Grab sahen sie einen Jüngling, der saß auf der rechten Seite in leuchtend weißem Gewande. Sie erschraken sehr. Er aber sprach zu ihnen: Erschrecket nicht! Ihr sucht Jesus von Nazareth, den Gekreuzigten — er ist auferweckt worden, er ist nicht hier. Da ist die Stelle, wo man ihn hingelegt hatte. Nun gehet hin und meldet seinen Jüngern und Petrus: er geht euch nach Galiläa voraus: dort werdet ihr ihn sehen, wie er es euch gesagt hat.

Da flohen sie eilig aus der Gruft, denn ein Zittern und entrücktes Staunen hatte sie erfaßt. Sie sagten deshalb niemand etwas, denn sie fürchteten sich.

Nachdem er auferstanden war, erschien er am Morgen des ersten Tages der Woche zuerst Maria Magdalena, aus der er sieben böse Geister ausgetrieben hatte. Sie ging hin und meldete es seinen trauernden, weinenden Gefährten. Aber als diese hörten, er lebe und sei ihr erschienen, wollten sie es nicht glauben. Danach gab er sich in einer andern Gestalt zweien von ihnen kund, da sie als Wanderer über Land gingen; auch sie kamen und meldeten es den übrigen — aber auch ihnen glaubte man nicht.

Später gab er sich den Elfen kund, als sie bei Tische waren, und schalt sie, daß sie so schwergläubigen, verhärteten Herzens waren, da sie denen nicht Glauben geschenkt, die ihn, den von den Toten Erweckten, geschaut hatten.

Dann sprach er zu ihnen: Gehet hin in alle Welt und verkündet aller Schöpfung die Heilsbotschaft! Wer sich zum Glauben wendet und sich taufen läßt, wird gerettet werden — wer nicht glauben will, wird untergehen. Dabei werden folgende Zeichen die begleiten, die den Glauben umfaßt haben: in meinem Namen werden sie böse Geister austreiben, in neuen Sprachen reden, Schlangen aufheben; wenn sie Giftiges tranken, keinen Schaden nehmen, und wenn sie Kranken die Hände auflegen, werden diese gesunden.

Nachdem Jesus, der Herr, so zu ihnen geredet, ward er in den Himmel erhoben und setzte sich zur Rechten Gottes. Sie aber zogen aus und predigten überall. Der Herr wirkte mit ihnen und bekräftigte ihr Wort durch die Zeichen, die zugleich geschahen.

Das ursprüngliche Markus-Evangelium schloß mit den Worten: „Da flohen sie eilig aus der Gruft, denn ein Zittern und entrücktes Staunen hatte sie erfaßt. Sie sagten deshalb niemand etwas, denn sie fürchteten sich." Es wurde also urspünglich im Markus-Evangelium nur ganz schlicht die Tatsache des leeren Grabes beschrieben. Die Frauen, die zum Grab kommen und dort im Grab den Engel schauen, sind aufs tiefste erschüttert von dem Mysterium der Auferstehung. Vom Schrecken erfaßt, fliehen sie vom Grab und sagen niemand etwas. Das ist so recht charakteristisch dafür, daß ursprünglich diese erschütternde Tatsache der Auferstehung erlebt wurde als ein Mysterium tremendum, als ein Geheimnis, über das man nicht sprechen, von dem man nur im tiefsten Selbst ergriffen werden kann.

Erst später hat ein anderer Schreiber diesen Bericht des Markus-Evangeliums ergänzt in einer ähnlichen Weise, wie wir gestern den Bericht des Matthäus-Evangeliums hörten. Ursprünglich genügte den Menschen einfach die Tatsache: Er ist auferstanden. Er hat auch den irdischen Leib, der im Grabe ruhte, entstofflicht, hat ihn ins Geistige zu sich emporgerissen, hat den Tod bis ins Leibliche hinein überwunden. Diese Tatsache war eigentlich alles; sie war mehr noch, als das, was später die Jünger schauend erlebten, indem er sich ihnen offenbarte. Das war gewissermaßen eine erkenntnismäßige Ergänzung zu dem, was als Tatsache sich vollzogen hat.

Markus ist unter den Evangelisten derjenige, der am stärksten ein Tatsachenmensch ist, ein Willensmensch, ein Mensch, der ganz im Handeln und Tun gelebt hat. Das Markus-Evangelium ist von allen Evangelien das kürzeste und schlichteste, in dem immer nur ganz kurz, tatsachenmäßig berichtet wird. Und so erleben wir hier diese gleiche Wesensart auch in der Schilderung der Auferstehung Christi.

Man hat dem Evangelisten Markus als Symbolum den Sonnenlöwen beigegeben. Das Sternzeichen des himmlischen Löwen ist Sinnbild für Willensmäßig-Königliches. Viele Könige haben den Löwen sich zum Wappen gewählt. Der König, der Herrscher, das ist der willensmäßig orientierte, der handelnde Mensch.

Die Art und Weise, wie man später das Evangelium des Markus ergänzt hat, zeigt uns, was die Jünger dann schauend erlebt haben. Besonders charakteristisch ist auch, daß hier mit Betonung hervorgehoben wird, daß die Jünger zunächst trotz der Erscheinungen des Auferstandenen ungläubig waren, daß sie dieses Mysterium nicht glauben konnten. Als Maria Magdalena ihnen davon berichtete, vermochten sie es nicht zu fassen. Und als die beiden Jünger nach Emmaus wanderten und von der Begegnung mit dem Auferstandenen berichteten, hatten sie es immer noch nicht geglaubt. Im Markus-Evangelium schilt dann der Auferstandene die Jünger wegen ihres Unglaubens, wegen ihres verhärteten Herzens.

Der Mensch, der lebendig, aus innerer Aufgeschlossenheit das Mysterium der Auferstehung in sich erfühlt, muß davon zutiefst ergriffen sein, muß in diesem Sinne tief gläubig sein, ganz unabhängig von dem, was er weiß, erkennt oder schaut. Aus verinnerlichten Kräften des Liebens und Lebens heraus wird das Mysterium der Auferstehung zutiefst gefaßt, nicht mit Erkenntniskräften. Auch darin prägt sich wieder der Willenscharakter des Evangelisten Markus aus, daß er den Glauben so stark betont, daß ihm der Glaube wichtiger ist als alles Schauen und Erkennen.

Nun zeigt uns aber das Markus-Evangelium in den Schau-Erlebnissen der Jünger ein ganz ähnliches Bild wie das Matthäus-Evangelium. Auch hier hören wir zuerst vom leeren Grab, von dem Lichtschein, der aus seinem Innern dringt. Und der Engel, der den Frauen erscheint, sagt ihnen auch hier, daß sich die Jünger aus der Todeslandschaft Judäas in die Lebenslandschaft Galiläas begeben sollen.

Weiter spricht der Markus-Bericht von der Erscheinung des Auferstandenen vor Maria Magdalena und vor den Jüngern, die nach Emmaus wandern. Maria Magdalena als Frau ist Ausdruck des Seelenwesens des Menschen. Die Frauen leben stärker in Gemüt und Seele als der Mann. Auch die Jünger, die nach Emmaus wandern — uns wird das eingehend geschildert im Lukas-Evangelium —, sind vor allem Seelenmenschen. „Brannte nicht unser Herz, da er mit uns sprach", sagen sie auf dem Weg nach Emmaus. Es sind Menschen, die auch mit Herz- und Seelenkräften das Mysterium der Auferstehung zu fassen versuchen.

Dann berichtet das Markus-Evangelium weiter von der Erscheinung des Auferstandenen vor den elf Jüngern. Das deutet jetzt hin auf das Geistwesen des Menschen. Im Geist vermag der Mensch nun die Vollgewalt des Auferstandenen zu erleben. Von den Wächtern am Grab, von den Hohenpriestern, von den Ungläubigen wird im Markus-Bericht nicht gesprochen. Aber man könnte sagen, der Markus-Bericht zeigt uns, daß die Jünger selbst diese ungläubigen Wächter in sich tragen. Der Markus-Bericht betont ja so stark, daß die Jünger zuerst die Erscheinungen des Auferstandenen nicht geglaubt haben, so wie wir mit unseren Verstandes- und Bewußtseinskräften das Mysterium nicht fassen können.

Doch wie die Sonne am Morgen den Menschen aus dem Schlaf

weckt, wie die Frühlings-Widdersonne das Leben in der Natur neu gebiert, so weckt die Christus-Sonne den Menschen aus seinem Alltagsbewußtsein, so bricht durch Christus ein geweitetes, kosmisches Bewußtsein über dem Alltagsbewußtsein in uns auf. Das Alltagsbewußtsein verhält sich zu dem geweiteten, kosmischen Bewußtsein wie ein quälendes Traumbewußtsein zum wachen Tagesbewußtsein. Was die Jünger da erleben, indem sie nun die Vollgewalt des Auferstandenen schauen, ist mehr als ein bloß prophetisches Bewußtsein. Die Propheten des Alten Testamentes nannten sich Knechte Gottes. Christus hat seine Jünger zunächst seine Schüler genannt; später im Hohenpriesterlichen Gebet (Joh. Kap. 17) nennt er sie seine Freunde. Hier dagegen nennt der Auferstandene die Jünger seine Brüder. Christus ist die Erstgeburt des Geistes, der wir Menschen folgen sollen als nachgeborene Brüder.

Darauf folgt im Markus-Evangelium die Himmelfahrt; sie schließt sich gleich an. Da wird gesprochen davon, daß der Auferstandene aufgefahren ist in den Himmel, daß er thronend sitzt zur rechten Hand Gottes und von da aus den ganzen Kosmos durchdringt.

Das Markus-Evangelium schildert gleichsam schon den Beginn der Apokalypse, den Beginn der Weltvollendung. Die Kraft Christi soll verkündet werden nicht nur den Menschen, nicht nur der Erde, sie soll verkündet werden dem ganzen Kosmos: „Gehet hin in alle Welt!" Man muß das eigentlich übersetzen: „Gehet hin in den ganzen Kosmos und verkündet aller Schöpfung, der ganzen weiten Schöpfung die Heilsbotschaft". Und wer die Christuskraft in sich aufnimmt, der ist allen feindlichen, allen dunklen Gewalten überlegen.

> „Folgende Zeichen werden die begleiten, die den Glauben umfaßt haben: in meinem Namen werden sie böse Geister austreiben, in neuen Sprachen reden, Schlangen aufheben; wenn sie Giftiges tranken, keinen Schaden nehmen, und wenn sie Kranken die Hände auflegen, werden diese gesunden."

Das ist wie ein Vorausblick auf die Wandlung von Mensch und Erde und Kosmos durch die Christuskraft. Die geistige Christuskraft überwindet alles Dämonische in Mensch und All. Und so schließt dieses Evangelium mit dem Hinblick auf die gewandelte Sonnenerde, auf die Weltvollendung, auf die endgültige Überwindung aller Dunkelmächte durch die Geistessonne Christi.

„Die neunte Stunde hatte geschlagen.
Die Erde bebte, atemberaubt.
Da neigte der Gott, der das Kreuz getragen,
Sein dornengekröntes Haupt.
Aus Seiner Liebe Opferschale,
Blutete Sein Erlöserblut.
Wiedergeweiht im heiligen Grale
War alle Schöpfung, die in Ihm ruht.
Wiedergekürt und wiedererkoren
War, was aus tausend toten Toren
Dem Tod in die tausend Augen sah.
Die Sonne ward in die Erde geboren
Im Mysterium von Golgatha.

(Manfred Kyber, „Golgatha", 1918)

Weißer Sonntag — Quasimodo geniti

Johannes 20,	1—10	—	Petrus und Johannes beim Grabe
	11—18	—	Maria Magdalena sieht den Auferstandenen
	19—29	—	Jesus erscheint den Aposteln
	30—31	—	Schluß des Evangelisten

Am ersten Wochentage kam Maria Magdalena in der Frühe, als es noch dunkel war, zum Grabe. Da sah sie den Stein vom Grabe weggehoben. Sogleich lief sie hin, kam zu Simon Petrus und zu dem andern Jünger, den Jesus lieb hatte, und sprach zu ihnen: Man hat den Herrn aus dem Grabe fortgenommen, und wir wissen nicht, wo man ihn hingelegt hat.

Da gingen Petrus und der andere Jünger hinaus, und sie kamen zum Grabe. Beide liefen rasch, aber jener andere Jünger, schneller als Petrus, lief ihm voraus und kam als erster zum Grabe. Als er sich vorbeugte, sah er das Linnen daliegen, ging jedoch nicht hinein. Unterdessen kam auch Simon Petrus ihm nach, trat in die Grabeshöhle und sah das Linnen liegen — das Schweißtuch aber, das auf seinem Haupte gewesen war, lag nicht bei dem Linnen, sondern an einem Orte für sich zusammengefaltet.

Nun ging auch der andere Jünger hinein, der zuerst an das Grab gekommen war, sah und glaubte. Denn sie hatten bisher die Schrift noch nicht verstanden, wonach er von den Toten auferstehen müsse. So kehrten die Jünger wieder nach Hause zurück.

Maria aber stand weinend draußen am Grabe. Während sie weinte, beugte sie sich in die Grabeshöhle. Da schaute sie zwei Engel, die saßen in weißen Gewändern, einer zu Häupten und einer zu Füßen der Stelle, an welcher der Leichnam Jesu gelegen hatte. Die Engel redeten sie an: Frau, was weinst du?

Sie sagte zu ihnen: Weil man meinen Herrn genommen hat, und ich weiß nicht, wo man ihn hingelegt hat!

Nach diesen Worten wandte sie sich um und sah Jesus dastehen, ohne zu wissen, daß es Jesus war. Jesus sprach zu ihr: Frau, warum weinst du? Wen suchst du?

In der Meinung, es sei der Gärtner, sagte sie zu ihm: Herr, wenn du ihn fortgetragen hast, so sage mir, wo du ihn hingelegt hast, und ich will ihn holen!

Jesus sprach zu ihr: Maria!

Da wandte sie sich ihm zu und sagte auf hebräisch: Rabbuni! Das bedeutet „Meister". Jesus sprach zu ihr: Rühre mich nicht an! Denn noch bin ich nicht zum Vater aufgefahren. Gehe aber zu meinen Brüdern und sage ihnen: ich fahre auf zu meinem Vater und eurem Vater, zu meinem Gott und eurem Gott!

Maria Magdalena ging hin und verkündete den Jüngern: Ich habe den Herrn gesehen! — und das habe er ihr gesagt.

Als es nun Abend geworden war an jenem ersten Tag der Woche und die Türen verschlossen waren an dem Ort, wo die Jünger zusammengekommen waren aus Furcht vor den Juden, kam Jesus, stand in ihrer Mitte und sprach zu ihnen: Friede sei mit euch!

Nach diesen Worten zeigte er ihnen seine Hände und seine Seite. Da freuten sich die Jünger, daß sie den Herrn sahen.

Wieder sprach Jesus zu ihnen: Friede sei mit euch! Wie mich der Vater gesandt hat, so sende ich euch. Nach diesen Worten hauchte er sie an und sprach zu ihnen: Empfanget Heiligen Geist: denen ihr die Sünden nachlaßt, denen sind sie nachgelassen; denen ihr sie behaltet, denen sind sie behalten.

Thomas, einer von den Zwölfen, genannt der Zwilling, befand sich nicht bei ihnen, als Jesus kam. Da sagten ihm die andern Jünger: Wir haben den Herrn gesehen! Er aber erklärte ihnen: Wenn ich nicht an seinen Händen das Mal der Nägel sehe und nicht meinen Finger in das Mal der Nägel und meine Hand in seine Seite legen kann, so werde ich nicht glauben!

Acht Tage danach waren seine Jünger wieder im Saale, und Thomas war bei ihnen. Plötzlich kam Jesus, während die Türen verschlossen waren, stand in ihrer Mitte und sprach: Friede sei mit euch! Dann wandte er sich zu Thomas: Lege deinen Finger hierher: da sind meine Hände! Reiche deine Hand her und lege sie in meine Seite! Und zeige dich nicht ungläubig, sondern gläubig!

Da antwortete ihm Thomas: Mein Herr und mein Gott!

Jesus sagte zu ihm: Weil du mich gesehen hast, glaubst du — selig aber, die nicht sehen und doch glauben!

Noch viele andere Zeichen, die nicht in diesem Buche aufgeschrieben sind, tat Jesus vor seinen Jüngern. Diese sind aufgeschrieben, damit ihr glaubt, daß Jesus der Christus, der Sohn Gottes ist, und damit ihr im Glauben das Leben in seinem Namen habt.

Der Oster-Bericht des Johannes-Evangeliums stellt in vier Bildern die fortschreitende Wirksamkeit des Auferstandenen vor unser Auge hin. Zuerst sehen wir das leere Grab, die Grabeshöhle. Von einer Erscheinung des Auferstandenen hören wir zunächst noch nichts. Maria Magdalena, die an das Grab kommt, glaubt, der Leichnam sei gestohlen. Sie kehrt zu den Jüngern zurück, um ihnen das zu berichten, und auch die Jünger, Petrus und Johannes, die dann an das Grab kommen, haben keine Erscheinung des Auferstandenen. Sie sehen nur das Felsengrab mit den Leichentüchern im Grab. Es gibt ein altes griechisches Sprichwort, das heißt: „Sõma sẽma", „Der Leib ist ein Grab". Er gehört dem Gesteinsreich an und wird beim Tode der Erde, dem Reich des Mineralischen, wieder zurückgegeben. Das Felsengrab deutet bildlich hin auf unseren irdischen Leib.

Solang wir befangen bleiben im Bereich des Irdischen, vermögen wir zunächst das Wunder der Auferstehung nicht zu fassen. Darum wird hier im Johannes-Evangelium berichtet, daß die zwei Jünger und Maria Magdalena vor dem leeren Grab stehen und das Mysterium der Auferstehung noch nicht begreifen. Nur von Johannes wird gesagt, daß ihm, als er hineinschaut in das leere Grab und die Leichentücher liegen sieht, ein Licht aufleuchtet, das Glaubenslicht; nur von ihm heißt es: „Er sah und glaubte." Nicht weil er den Auferstandenen gesehen hat, glaubt er, sondern aus innerer Herzensseherkraft, aus innerem Herzensahnen, aus einem tiefinnerlichen Glauben blitzt in ihm die Gewißheit auf: Der Tote ist auferstanden.

Das zweite Bild, das das Johannes-Evangelium vor uns hinstellt, ist der Garten vor dem Grab. Dort bleibt Maria Magdalena zurück; sie weint, sie glaubt noch immer, der Leichnam sei gestohlen. Nun beugt sie sich in das Grab. Die Engel, die sich ihr offenbaren, fragen sie: „Warum weinst du?" Und sie sagt: „Weil man meinen Herrn genommen hat, und ich weiß nicht, wo man ihn hingelegt hat!" Da wendet sie sich um und erblickt den Auferstandenen in der Gestalt des Gärtners, an den sie die gleiche Frage stellt wie an den Engel, und auf einmal hört sie eine Stimme, die sie beim Namen ruft: „Maria!" Erneut wendet sie sich um, und nun leuchtet ihr auf: Das ist der Herr, das ist der Auferstandene. Da wird ihr Herz mit einem wunderbaren Trost erfüllt.

Als Gärtner hat sie den Auferstandenen im Garten vor dem Grab gesehen. Der Garten, die Pflanzenwelt deuten hin auf die Lebens- und Wachstumskräfte in der Natur und auch in uns. Unser irdischer Leib wird zum Leben aufgerufen, wird lebendig durch die Lebens- und Wachstumskräfte, die ihn durchdringen. Wie der irdische Leichnam dem Gesteinsreich angehört, so gehören die Lebens- und Wachstumskräfte, die den toten Leib lebendig machen, dem Pflanzenreich an. In dieser Welt der Pflanzen offenbart sich zuerst der Auferstandene Maria Magdalena gleichsam als Hüter der Pflanzenwelt im Bild des Gärtners. Die Erscheinung muß noch ganz zart gewesen sein, noch nicht greifbar, noch nicht berührbar, gleichsam wie eine eben aufsprießende Pflanzenknospe. Darum sagt der Auferstandene zu Maria Magdalena: „Rühre mich nicht an! Denn noch bin ich nicht aufgefahren ... zu meinem Vater und eurem Vater."

Das dritte Bild zeigt uns am Ostersonntagabend die Jünger im verschlossenen Raum. Jetzt sind wir nicht mehr draußen in der freien Natur, jetzt sind wir im Innenraum. Und in diesem Raum tritt bei verschlossenen Türen der Auferstandene vor die Jünger hin und begrüßt sie mit den Worten: „Friede sei mit euch! ...; denen ihr die Sünden nachlaßt, denen sind sie nachgelassen; denen ihr sie behaltet, denen sind sie behalten." Der Auferstandene ist jetzt in das Innere des Hauses, das heißt in das Innere des Menschen, in seine Seelenwelt, eingetreten. Dieses Bild weist hin auf die Befriedung, auf die Besänftigung der seelischen Triebwelt im Menschen. Die seelische Triebwelt, unsere Gefühlswelt, unsere Leidenschaftswelt, haben wir gemeinsam mit dem Tier, so wie wir die Wachstumskräfte mit den Pflanzen und den irdischen Leib mit dem Gesteinsreich teilen. Aus dieser Welt der Triebe und Leidenschaften heraus werden wir immer wieder von neuem schuldig. Darum sagt der Auferstandene hier zu den Jüngern: „Welchen ihr die Sünden nachlasset, denen sind sie nachgelassen, welchen ihr die Sünden behaltet, denen sind sie behalten." Christus wirkt befriedend in die aufgeregte Triebwelt des Menschen hinein: „Der Friede sei mit euch!" Er spricht von Sündenvergebung, von Vergebung der Schuld des Menschen. Mit Recht hat man diese Worte immer verstanden als Einsetzung des Sakramentes der Buße. Der Auferstandene offenbart sich jetzt als der Friedespender, als der, der dem Menschen seine Schuld, seine Sünde vergibt.

Und endlich das vierte, das letzte Bild zeigt uns den Auferstandenen wieder im Kreise der Jünger, aber jetzt acht Tage nach Ostern, am Weißen Sonntag, am heutigen Sonntag. Auch da tritt er herein bei verschlossenen Türen in den Innenraum, aber jetzt ist seine Erscheinung nicht mehr keimhaft zart wie am Ostermorgen, als er sich zuerst Maria Magdalena zeigte. Jetzt ist seine Erscheinung leibhaft, greifbar, jetzt fordert er den ungläubigen Thomas, der nicht glauben wollte an die Erscheinung des Auferstandenen, auf, ihn zu berühren, die Hände in seine Wunden zu legen; jetzt ist der Auferstandene bis ins Physisch-Greifbare hinein verdichtet. Und jetzt wirkt er so, daß sogar der ungläubige Thomas das Mysterium der Auferstehung fassen *muß*.

Der ungläubige Thomas verkörpert in uns die Welt des Bewußtseins und des Verstandes. Unser menschliches Wachbewußtsein, unser menschliches Denken erheben uns über die Welt der Triebseele, die wir mit dem Tier teilen. Ein bewußtes, freies Denken hat das Tier nicht, das hat erst der Mensch. Aber der Verstand vermag für gewöhnlich das Mysterium des Übersinnlichen nicht zu fassen. Der Auferstandene aber durchdringt und durchstrahlt jetzt mit seinem geistigen Licht auch die Welt des menschlichen Ich-Bewußtseins, die Welt des menschlichen Verstandes. Jetzt wird er auch dem ungläubigen Thomas faßbar. Und damit ist das ganze Menschenwesen nach Leib, Lebenskräften, Triebseele und bewußtem Menschen-Ich durchlichtet und durchdrungen von der Kraft des Auferstandenen.

Es ist wohl nicht zufällig, wie uns berichtet wird, daß dieser ungläubige Thomas später als Christusbote durch Persien nach Indien gezogen ist. Noch heute leben in Indien die sogenannten Thomas-Christen, die ihre Bekehrung auf den Apostel Thomas zurückführen. Persien und Indien sind jene Länder, in denen das menschliche Denken zu einer solch feinen Geistigkeit ausgebildet wurde, daß es auch die Welt des Übersinnlichen zu fassen vermochte. Wir dürfen uns erinnern an den Zend-Awesta des Zarathustra oder an die Upanishaden Indiens. In diesen Religionsdokumenten wird die menschlich-bewußte Geistigkeit durchlichtet von einer höheren Welt, wird das Denken selbst aufnahmefähig gemacht für Übersinnliches. Und Thomas, der am Weißen Sonntag diese Durchlichtung der menschlichen Bewußtseinswelt in sich erfahren hat, soll deshalb Persien und Indien die Christusbotschaft gebracht haben.

Es wird weiter in der Legende erzählt, Thomas habe dort in Indien die drei Priesterkönige getroffen, die einst bei der Geburt des Christkindes dem Sterne nach Bethlehem folgten, und ihnen die Osterbotschaft gebracht. Wenn er hier zusammengeführt wird mit den Vertretern der heidnischen Mysterien, so weißt auch das wieder darauf hin, daß das Thomas-Christentum die Verbindung gefunden hat mit den heidnischen Mysterien der vorchristlichen Zeit. Thomas erlebt am Irdisch-Leiblichen die Wirklichkeit des Auferstandenen. Er legt seine Hände in die Wunden des Auferstandenen. Und dieses Erleben des Auferstandenen in der Welt des wachbewußten Ich, in der Welt von Fleisch und Blut ist erst die volle Verwirklichung des Christus-Mysteriums.

Weiter wird uns gesagt, zu den Nachfolgern der drei Könige gehöre Feirefis, der die Gralsträgerin Repanse de Schoye geheiratet hat; Feirefis ist der Bruder des Parzival. Dadurch wird das Thomas-Christentum in Zusammenhang gebracht mit dem Grals-Christentum. Und das Grals-Christentum des Mittelalters bringt ebenfalls in ganz besonders starker Weise zum Ausdruck, daß Christus von uns erlebt werden soll im wachen, klaren Bewußtsein in Fleisch und Blut. Auch das betont wieder den Zusammenhang des Thomas-Christentums mit den Mysterien-Traditionen des Altertums; denn die Grals-Überlieferung kommt ursprünglich aus Persien.*

Besonders wichtig ist noch, daß am Ende der Auferstandene sagt: Thomas ist gläubig geworden, weil er geschaut hat — „aber selig der, der nicht schaut und doch glaubt". Damit wird auf die tiefe Bedeutung des Glaubens hingewiesen. Wie schon bei dem ersten Bild des 20. Kapitels im Johannes-Evangelium gesagt wurde: der Liebesjünger Johannes glaubt an die Auferstehung, bevor er den Auferstandenen geschaut hat, so wird am Ende jetzt noch einmal gesagt, nachdem von den verschiedenen Erscheinungen des Auferstandenen gesprochen worden ist: „Selig wer glaubt, ohne daß er schaut". Das deutet klar darauf hin, daß der echte Glaube eine Kraft ist im Menschen, die noch tiefer hinabreicht in das eigentliche Wesen des Menschen als alles Schauen und alles Erkennen.

Wer aus echter Glaubenskraft das Mysterium der Auferstehung faßt, der faßt es nicht, weil er erkennt und erschaut, sondern der faßt es, weil er von innen her, durch ein verinnerlichtes Leben und Lieben diese Wahrheit in sich selbst seinsmäßig trägt. Was ich äußerlich als Objekt erkenne oder schaue, dem stehe ich als Subjekt gegenüber. Was ich aber mit der Kraft eines verinnerlichten Lebens und Liebens erfasse, dem stehe ich nicht mehr gegenüber, sondern das trage ich wesensmäßig in mir; da leuchtet auf in mir, was zutiefst schon in mir ist, da steht nicht ein Subjekt einem Objekt gegenüber, sondern da spricht Person zu Person, da geht mir eine Erkenntnis auf dadurch, daß das Innerste meines Seins selbst geeint ist mit dem Göttlichen.

*Siehe Arthur Schult, „Die Weltsendung des Heiligen Gral im Parzival des Wolfram von Eschenbach", Bietigheim, 1975.

Diese Glaubenskraft kann in verschieden starker Weise im Menschen lebendig werden. Zuerst ist es vielleicht nur ein Ahnen, eine Art von Herzensseherkraft. Aber diese Glaubenskraft kann auch eine Stärke im Menschen gewinnen, wie es der Liebesjünger Johannes am leeren Grab erfuhr, von dem es heißt: „Er sah und glaubte“. Wer ganz von dieser Kraft der Gotteinigung getragen und erfüllt ist, daß er Zeugnisse äußerer Art, irgendein Erkennen oder Schauen nicht mehr nötig hat, weiß sich durchdrungen von der Kraft des göttlichen Geistes, weiß sich dem göttlichen Geist angelobt, weiß sich wesensmäßig mit ihm verbunden. So realisiert sich das Ostererleben im Johannes-Evangelium.

„Ich sag' es jedem, daß er lebt
Und auferstanden ist,
Daß er in unserer Mitte schwebt
Und ewig bei uns ist.“

(Novalis, „Geistliche Lieder“, 8)

Misericordias Domini

Lukas 24, 13—35 — Jesus offenbart sich den Emmausjüngern

Zwei von den Jüngern gingen am selben Tag in einen Flecken namens Emmaus, der sechzig Stadien von Jerusalem entfernt liegt. Sie sprachen miteinander über alles, was sich zugetragen hatte.

Während sie so im Gespräche ihre Meinungen austauschten, nahte sich Jesus selbst und schloß sich ihnen an; doch waren ihre Augen gehalten, so daß sie ihn nicht erkannten. Er redete sie an: Was sind das für Gespräche, die ihr im Wandern miteinander führet?

Sie blieben traurigen Blickes stehen, und einer von ihnen, Kleopas mit Namen, gab ihm zur Antwort: Bist du der einzige Fremdling in Jerusalem, der nicht weiß, was dort in diesen Tagen geschehen ist?

Er sprach zu ihnen: Was denn? Sie erwiderten ihm: Was mit Jesus von Nazareth zusammenhängt — das war ein prophetischer Mann, mächtig in Tat und Wort vor Gott und allem Volke — und wie ihn unsere Hohenpriester und Vorsteher dem Todesurteil überantwortet und ans Kreuz gebracht haben. Wir hofften, er sei es, der Israel erlösen werde — und nun ist nach alldem heute der dritte Tag, seit sich dieses zugetragen hat. Auch haben einige von unseren Frauen uns in Aufregung versetzt: als sie des Morgens zur Gruft kamen und seinen Leichnam nicht fanden, kehrten sie zurück und sagten, sie hätten sogar eine Erscheinung von Engeln gehabt, die versicherten, er lebe. Darauf gingen einige von unseren Gefährten hin zum Grabe und fanden es so, wie die Frauen gesagt hatten, aber ihn selbst sahen sie nicht.

Da sprach er zu ihnen: O ihr Einsichtslosen, wie lange braucht euer Herz, um an alle Aussagen der Propheten zu glauben! Mußte nicht Christus dies leiden, um so in seine Herrlichkeit einzugehen? Und von Moses und allen Propheten angefangen, legte er ihnen aus, was in allen Schriftstellen auf ihn Bezug hatte.

Unterdessen kamen sie dem Flecken nahe, wohin sie wanderten, und er tat, als wolle er weitergehen. Aber sie nötigten ihn und sagten: Bleibe bei uns, denn es will Abend werden, und der Tag hat sich schon geneigt!

So trat er ein, um bei ihnen zu bleiben. Als er mit ihnen zu Tische saß, nahm er das Brot, sprach den Lobspruch, brach es und gab es ihnen. Nun gingen ihnen die Augen auf, und sie erkannten ihn. Er aber verschwand vor ihnen.

Da sagten sie zueinander: Brannte nicht unser Herz in uns, wie er auf dem Wege zu uns redete und uns die Schrift erschloß? Sie standen auf und kehrten zur selben Stunde nach Jerusalem zurück. Dort fanden sie die Elf und andere mit ihnen versammelt, die ihnen zuriefen: Wirklich, der Herr ist auferweckt worden und Simon erschienen!

Da erzählten auch sie, was sich auf dem Wege zugetragen und wie sie ihn beim Brotbrechen erkannt hatten.

Das heutige Evangelium schildert uns, was die Jünger auf dem Weg nach Emmaus erleben. Diesen Weg der Jünger nach Emmaus kann man in bedeutsamer Weise vergleichen mit dem Weg, den wir Menschen in unserem Leben von der Geburt bis zu Tod zurücklegen. Schon rein äußerlich gesehen, kann man diesen Vergleich ziehen. Im Jahre 1934 bin ich selbst einmal diesen Weg von Jerusalem nach Emmaus gegangen. Der Weg führt zunächst durch die Gärten von Jerusalem. Man möchte sagen, dieser Weg durch die Gartenregion ist ein Sinnbild des Weges, den der Mensch in seiner Kindheit und Jugend zurücklegt; da erscheint das Leben noch wie ein Weg durch blühende Gärten. Aber dann führt er weiter in die Wüste Juda. So ist auch der weitere Weg des Menschen, könnte man sagen, ein Weg durch die Wüste, oft ein schwerer, anstrengender Weg. Ungefähr in der Mitte zwischen Jerusalem und Emmaus führt der Weg über die Höhe von Mizpa. Das ist eine der höchsten Erhebungen des Gebirges Juda, ungefähr 900 Meter hoch; von da aus hat man einen weiten Überblick über Palästina. Nach Süden sieht man bis zu Hebron hin, nach Norden sieht man über Samaria, über den Ebal und Garizim bis zum Berge Karmel hin. Man überblickt eigentlich ganz Palästina von Norden nach Süden. Nach Osten schaut man im Rückblick auf

Jerusalem, und nach Westen hin hat man den Ausblick auf das weite Mittelländische Meer.

Ja, in der Mitte des Lebens gewinnt gewöhnlich auch der Mensch zum ersten Mal einen Überblick über das Leben; da fängt er an zu verstehen, was ihm begegnet ist bisher im Leben, da gewinnt er den Rückblick und fängt an zu ahnen, was die Zukunft ihm bringen wird. Die Höhe von Mizpa ist in der israelitischen Geschichte berühmt gewesen. Dort hat die Bundeslade gestanden, bevor der Tempel in Jerusalem von Salomon gebaut wurde; auf der Höhe von Mizpa hat der Prophet Samuel seinen eigentlichen Wirkungsort gehabt. Immer wieder haben die Propheten die Höhe von Mizpa aufgesucht. Man weiß sogar, daß schon in der Steinzeit dort uralte Kulthöhlen gewesen sind. Und in der Spätzeit der jüdischen Geschichte hatten die Makkabäer, die das Land befreiten von der griechischen Herrschaft, dort in Mizpa sich versammelt. Die Höhe hat also auch geschichtlich gesehen eine ganz besondere Bedeutung.

All das stieg in uns auf auf dem Weg von Jerusalem nach Emmaus, als wir die Höhe von Mizpa erreichten. Von da aus geht der Weg wieder abwärts in die Wüste hinein und endet zuletzt bei der Oase von Emmaus. Emmaus ist eine fruchtbare Oase am Abhang des Gebirges Juda, unmittelbar über der Ebene von Askalon und Jaffa gelegen. Man atmet auf, wenn man nach dem ungefähr zweieinhalbstündigen Gang durch die Wüste Juda wieder in blühende Gärten, in fruchtbares Land kommt. Und auch das ist sinnbildlich für das menschliche Leben. Wenn der Mensch im Alter gereift ist, dann spürt er, wie fruchtbar das Leben sein kann, wenn er nur die rechte Haltung zu Leben und Schicksal hat. Im Alter, möchte ich sagen, kann die Wüste des Lebens wieder zu einem fruchtbaren Garten werden.

Aber auch die Erlebnisse, die die Jünger gehabt hatten auf dem Weg von Jerusalem nach Emmaus, kann man in bedeutsamer Weise vergleichen mit den Grunderlebnissen in den verschiedenen Epochen des Menschenlebens. Uns wird im Evangelium zunächst berichtet, daß die Jünger den Auferstandenen noch nicht erkennen. Sie suchen ihn bei den Toten; sie sind ganz beeindruckt von den schweren Erlebnissen des Karfreitags, sie können nicht glauben, daß Jesus von Nazareth, der so gewaltig gewirkt hat in seinen Taten und Worten, wirklich bis ins Leibliche hinein den Tod hat überwinden können; sie glauben nicht den Erzählungen der Frauen vom leeren Grab, sie suchen ihn bei den Toten. Ihre Augen sind gehalten, sind gebunden an die Welt des sinnlich-äußeren Daseins. So pflegt es auch gewöhnlich in der Jugend des Menschen zu sein. Der jugendliche Mensch ist ganz gefangen von der Welt des äußeren, sinnlichen Daseins. Nur dunkel, ahnungsweise spürt er vielleicht im Unterbewußtsein die Wirklichkeit der Himmelswelt, aber er nimmt sie nicht ernst. Ernst nimmt er die Welt des sinnlichen Daseins, in die er hineinwachsen muß, in die er sich innerlich und äußerlich hineinstellen muß, um mit dem Leben fertig zu werden. Die Welt des Übersinnlichen ist ihm fern.

Es wird uns weiter im Evangelium berichtet, wie die Gestalt des Auferstandenen sich zu den Jüngern gesellt, wie sie ihn aber nicht erkennen; sie meinen, es käme ein Pilger zu ihnen. Mit diesem Pilger sprechen sie über die Ereignisse der letzten Tage. Im Hinhorchen auf seine Worte beginnt allmählich das Verständnis der Jünger zu wachsen. Er spricht von der Notwendigkeit des Leidens, legt ihnen die Schrift aus. Da beginnt ihr Herz zu brennen; ihre Sinne, ihr Verstand sind noch verschattet. Aber eine Herzensseherkraft wird allmählich wach in ihnen, sie beginnen zu ahnen, was geschehen ist; aber sie erkennen den Pilger immer noch nicht. So pflegt es auch im Fortgang des Menschenlebens zu sein. Durch die persönlichen Schicksale, die jeder Mensch durchzumachen hat, beginnt allmählich im fortschreitenden Reifen der Mensch die Geistverflochtenheit der Schicksale zu spüren. Aus dem ganz persönlichen Schicksalserleben heraus wird dem Menschen allmählich klar, daß die Geschicke irgendwie geistig gefügt sind; ein erstes Verstehen der Notwendigkeit der schweren Schicksale, der Notwendigkeit des Leidens im eigenen Leben wird in ihm wach. Des Menschen Verstand, des Menschen Bewußtsein vermag diese Hintergründe des Daseins noch nicht zu fassen. Aber mit einem ahnenden Herzverstehen, mit einem brennenden Herzen, spürt der Mensch allmählich immer stärker die Wirklichkeit der Geistfügung seines Schicksals, die Realität der übersinnlichen Welt.

Weiter berichtet das Evangelium: Als es Abend wird, erreichen die Jünger den Flecken Emmaus und kehren ein; sie bitten den Pilger, miteinzukehren in das Haus. Als sie sich bei untergehender Sonne zu Tisch setzen und zu essen beginnen, da erkennen sie beim Brotbrechen in dem Pilger den Auferstandenen, da wird die ganze Herberge hell; es leuchtet und strahlt vor ihnen im Sakrament des Brotbrechens die Erscheinung des Auferstandenen auf. Sein Wort heiligt den Erdenstoff im Bild des Brotes und es entsteht das Sakrament. So kann es auch im Menschenleben sein. Der reife, der alte Mensch vermag die Wirklichkeit des Übersinnlichen bis ins Physische, in den Erdenstoff hinein zu erahnen und zu spüren.

So geschieht durch einen Erweckungsvorgang, durch reale Erfahrung, nicht durch bloßes Fürwahrhalten die Wirklichkeit des Ostermysteriums im Menschenleben. Das christliche Erleben unterscheidet sich in ganz wesentlicher Weise von dem vorchristlichen Geisterleben. In vorchristlichen Zeiten haben die Menschen in ekstatischen, in medialen Zuständen sich herausgelockert aus ihrem Körper, und in diesen herausgelockerten Zuständen erfuhren sie die Wirklichkeit des Geistigen. Das christliche Geisterleben lockert den Menschen nicht heraus aus seinem Leib, das christliche Geisterleben läßt den Menschen in Fleisch und Blut, in seinem Leib, in seinem wachen Erden-Ich die Wirklichkeit des Übersinnlichen, die Realität des Auferstandenen persönlich erleben.

In gleicher Weise wird auch in der Grals-Geschichte das Ostermysterium geschildert. Da sieht Parzival auf der Gralsburg den leuchtenden Edelstein, das Sinnbild des Gottes-Ich im Menschen. Vor diesem leuchtenden Edelstein, vor dem heiligen Gral, wird die blutende Lanze einhergetragen, die hinweist auf das, was in uns die Christuskräfte tötet. Wie der Gral, der leuchtende Edelstein, Sinnbild des Gottesfunkens, des Gottes-Ich im Menschen, ist, so ist die blutende Lanze Sinnbild des niederen menschlichen Ich, das das höhere Geist-Ich in uns ertötet. Aber Parzival versteht am Ende seines Weges die Notwendigkeit des Leidens, versteht die Wirklichkeit des Menschseins, versteht, daß im Menschen das niedere Ich dauernd ringt mit dem höheren, dem Gottes-Ich und daß aus diesem Ringen heraus alles menschliche Leiden, alles menschliche Schicksal zu verstehen ist. Der christlich erweckte Mensch erlebt in Fleisch und Blut, in seinem Leib, im wachen Erden-Ich die Wirklichkeit der übersinnlichen Welt und die lebendige Gegenwart des Auferstandenen.

In diesem Sinne spricht auch ein moderner Dichter von dem Erlebnis der Jünger zu Emmaus, indem er den Auferstandenen anredet mit den Worten:

„Bleibe bei uns, Weggeselle,
Wo du bist, wird alles helle,
Und des Kreuzes Last wird leicht!
Siehe, es will Abend werden,
Aber deine Lichtgebärden
Machen, daß das Dunkel weicht!

Der du Todesrätsel deutest,
Tröstend unsern Bund erneutest
Mit dem Meister, der verblich,

Wollest deinen Namen nennen,
Mahnet doch des Herzens Brennen:
Leidgenoss', wir kennen dich.

Kaum beschreitest du die Schwelle,
Wird die ganze Herberg helle,
Ob sich auch der Tag geneigt.
Und du kommst das Brot uns brechen,
Lehrst das Wort der Wandlung sprechen:
Gottheit, deine Sonne steigt."*

Jubilate

Johannes 21,	1—14	—	Erscheinung am See Tiberias
	15—19	—	Wie Petrus das Hirtenamt und die Weissagung über seinen Tod erhielt
	20—23	—	Was Jesus von Johannes dem Evangelisten sagte
	24—25	—	Nachschrift der Johannes-Jünger

Danach gab sich Jesus abermals den Jüngern kund, an dem Meer bei Tiberias, und zwar folgendermaßen:

Es waren beisammen Simon Petrus und Thomas, genannt der Zwilling, dazu Nathanael aus dem galiläischen Kana, die Söhne des Zebedäus und noch zwei andere seiner Jünger.

Da sagte Simon Petrus zu ihnen: Ich gehe fischen! Sie erwiderten ihm: Wir kommen mit dir! Sie gingen hinaus und bestiegen das Fahrzeug, aber fingen nichts in jener Nacht. Als es bereits Morgen wurde, stand Jesus am Strande — doch die Jünger erkannten nicht, daß es Jesus war. Da sagte Jesus zu ihnen: Kinder, habt ihr nicht etwas zu essen? Sie antworteten ihm: Nein.

Da sprach er zu ihnen: Werfet das Netz rechts von dem Schiffe aus, so werdet ihr finden! Sie warfen es aus — und vermochten es vor der Menge der Fische nicht mehr aufzuziehen. Da sagte jener Jünger, den Jesus liebte, zu Petrus: Es ist der Herr!

Als Simon Petrus hörte, es ist der Herr, gürtete er sich das Obergewand um — denn er war unbekleidet — und warf sich ins Meer. Die andern Jünger kamen mit dem Schiff — sie waren nämlich nicht weit vom Lande, nur etwa zweihundert Ellen — und zogen das Netz mit den Fischen nach. Als sie nun ans Land gestiegen waren, sahen sie ein Kohlenfeuer am Boden, darauf einen Fisch und Brot. Jesus sagte zu ihnen: Bringt von den Fischen, die ihr soeben gefangen habt!

Da stieg Simon Petrus in das Boot und zog das Netz ans Land. Es war mit hundertdreiundfünfzig großen Fischen gefüllt, und obschon ihrer so viele waren, riß das Netz nicht.

Jesus rief ihnen zu: Kommt zum Frühmahl! Keiner von den Jüngern wagte ihn auszuforschen: Wer bist du? — wußten sie doch, es ist der Herr.

Jesus kam herzu, nahm das Brot und gab es ihnen, und ebenso den Fisch.

Das war nun das dritte Mal, daß Jesus sich den Jüngern kundgab, seit er von den Toten auferweckt war.

Als sie das Frühmahl genommen hatten, sprach Jesus zu Simon Petrus: Simon, Sohn des Johannes, liebst du mich mehr als diese! — worauf dieser ihm sagte: Ja, Herr, du weißt, daß ich dich liebe.

Darauf sprach Jesus zu ihm: Weide meine Lämmer!

Wiederum fragte er ihn: Simon, Sohn des Johannes, liebst du mich? Und wieder sagte ihm dieser: Ja, Herr, du weißt, daß ich dich liebe.

Darauf sprach Jesus zu ihm: Hüte meine Schafe!

Zum dritten Male fragte er ihn: Simon, Sohn des Johannes, hast du mich lieb? — Da wurde Petrus traurig, weil er zum dritten Mal fragte: Hast du mich lieb? und sagte zu ihm: Herr, du weißt alles — du weißt ja, daß ich dich liebe.

Darauf sprach Jesus zu ihm: Weide meine Schafe!

Wahrlich, wahrlich, ich sage dir: als du noch jung warst, gürtetest du dich selbst und gingst, wohin du wolltest: bist du aber einmal alt geworden, wirst du deine Hände ausstrecken, und ein anderer wird dich gürten und dich hinführen, wohin du nicht willst. Damit wollte er ihm andeuten, durch welchen Tod er Gott verherrlichen werde, und als er dies gesprochen, sagte er zu ihm: Folge mir nach!

Als Petrus sich umwandte, sah er hinter sich den Jünger, den Jesus liebte und der beim Mahle an seiner Brust geruht und ihn gefragt hatte: Herr, wer ist es, der dich verrät? — und als nun Petrus ihn erblickte, fragte er Jesus: Herr, und was wird mit diesem sein? Jesus sprach zu ihm: Wenn ich will, daß er bleibe, bis ich komme — was kümmert es dich? Du folge mir nach!

Daher verbreitete sich unter den Brüdern die Meinung, jener Jünger werde nicht sterben. Aber Jesus hatte zu ihm nicht gesagt, er werde nicht sterben, sondern: wenn ich will, daß er bleibe, bis ich komme — was kümmert es dich?

Das ist der Jünger, der all dies bezeugt und geschrieben hat, und wir wissen, daß sein Zeugnis wahr ist. Es gibt noch vieles andere, was Jesus getan hat, und wollte man es im einzelnen niederschreiben, so würde wohl die Welt die Bücher nicht fassen, die dann zu schreiben wären.

Johannes wollte diesen Schluß ursprünglich nicht einem größeren Kreis von Menschen zugänglich machen, weil diese Schlußbilder des Evangeliums der großen Menge unverständlich sein mußten und nur von dem engsten Kreis seiner Jünger wirklich verstanden werden konnten.

Die Erscheinung des Auferstandenen am See Genezareth, die hier geschildert wird, gehört zu den wunderbarsten Bildern, zu den tiefsinnigsten Bildern, die das Evangelium enthält. Sieben Jünger sind beieinander; sie sind auf den See hinausgefahren in der Nacht, um zu fischen. Aber sie haben nichts gefangen. Am Morgen, bei Sonnenaufgang, als sie wieder dem Lande zufahren, sehen sie dort die Gestalt des Auferstandenen stehen. Vor ihm brennt ein Feuer, und auf dem Feuer liegen Brot und Fisch. Aber die Jünger erkennen zunächst den Auferstandenen nicht. Johannes ist der erste, der ihn erkennt. Er spricht zuerst das Wort aus: „Es ist der Herr." Dieses Wort ertönt hier dreimal, so wie nachher dreimal gefragt wird: „Liebst du mich?" Das Wort „Es ist der Herr" deutet hin auf die Durchlichtung und Durchgeistigung des Erkenntnislebens des Menschen, so wie die Frage „Liebst du mich?" hindeutet auf die Durchlichtung und Durchgeistigung des Liebeslebens im Menschen. Alles ist hier sinnbildlich zu verstehen.

Wir erinnern uns beim ersten Bild daran, daß einst zu Lebzeiten Christi die Jünger ihn in der Nacht auf dem See geschaut haben, auf dem stürmischen See wandelnd; sie sahen seine Gestalt in der Nacht. Jetzt sehen sie Christus am Land, nicht auf dem See; sie sehen ihn nicht in der Nacht, sondern bei Sonnenaufgang, am hellen Morgen; aber sie erkennen ihn zuerst nicht. Sie müssen um diese Erkenntnis sich mühen, sie müssen um diese Erkenntnis ringen, und dann wird ihr Erkennen durchleuchtet von der Kraft des Auferstandenen.

Die Jünger haben in der Nacht im See nichts gefangen. Der Auferstandene fordert sie am Morgen auf: „Werfet das Netz rechts von dem Schiffe aus, so werdet ihr finden!" Und so geschieht es. Das Netz ist so voller Fische, daß sie es kaum hochziehen können, aber trotzdem heißt es: das Netz reißt nicht. Wenn die Jünger den Auferstandenen jetzt bei Sonnenaufgang, am hellen Tage, und am Lande sehen, nicht in der Nacht und auf dem Wasser, so weist das darauf hin, daß Christus jetzt, nachdem er durch den Tod gegangen ist, den ganzen Kosmos durchdringt, daß er jetzt nicht nur nachts in der Traumwelt des Schlafes, in den Wassern der Tiefenschicht der menschlichen Seele, sondern im wachen Tagesbewußtsein, auf dem festen Land den Menschen sich offenbart. Die Kraft des Auferstandenen durchdringt sowohl die Tiefenschichten der Seele, das Traum- und Schlafbewußtsein, als auch das Oberbewußtsein, das wache Tagbewußtsein. Alldurchdringend geworden ist jetzt die Kraft Christi.

Wenn es im Bericht heißt: Es werden hundertdreiundfünfzig Fische im See gefangen in dem Netz, das zur Rechten des Schiffes ausgeworfen wird, so hat auch das wieder eine besondere Bedeutung. Die rechte Seite des Menschen ist die irdisch-aktive Seite. Unsere rechte Hand ist die geschickte Hand, mit der linken sind wir ungeschickt. Unser rechtes Auge sieht am klarsten; im rechten Auge spiegelt sich am deutlichsten das persönliche Wesen des Menschen; das linke Auge ist immer ein wenig verträumt. Die rechte Seite deutet hin auf die volle irdische Verkörperung. Und wenn Christus die Jünger anweist, das Netz zur Rechten auszuwerfen, so deutet auch das wieder darauf hin, daß er sich den Jüngern im ganzen Erdenbereich offenbaren will.

Aus der jüdischen Kabbalistik weiß man, daß die Zahl Hundertdreiundfünfzig die Symbolzahl war für das jüdische Passah-Lamm. Es soll also damit gesagt sein, daß die hundertdreiundfünfzig Fische, die in den Tiefen des Sees gefangen werden, eine Offenbarung des wahren Osterlammes, des Christus selber sind: Er ist zugleich das Lamm und der Fisch. Lamm oder Widder und Fisch sind Anfang und Ende des himmlischen Tierkreises.

Die Wesenheit Christi durchdringt den ganzen Kosmos. Er offenbart sich jetzt auch den Jüngern in den Weiten der Natur. Am Land brennt vor ihm ein Feuer, und in dem Feuer liegen ein Fisch und ein Brot. Brot und Fisch sind wie Brot und Wein Sinnbild des Abendmahles. Der Auferstandene ruft die Jünger auch ans Land heran und reicht ihnen Brot und Fisch, die in dem Feuer lagen. Brot und Fisch sind Sinnbild für Christus, der wirkt im Flammengeist, im Gottesfeuer, in dem Gottesfunken, der in jedem Menschen brennt. Wie die hundertdreiundfünfzig Fische beim Fischfang im See ein Bild sind für die Offenbarung Christi in den Weiten der Natur, in den Weiten des Kosmos, so sind Fisch und Brot im Feuer, das vor Christus am Lande brennt, Bild für die Offenbarung des Christus im Flammengeist des Menscheninneren. Im Makrokosmos und im Mikrokosmos, im großen All und im kleinen All des Menscheninneren, offenbart der Auferstandene sich den Jüngern.

Wenn Er am frühen Morgen den Jüngern Brot und Fisch reicht, so ist das kein Abendmahl: es ist ein Frühmahl. Der Auferstandene ruft den Jüngern auch zu: „Kommt zum Frühmahl!" Ja, man könnte sagen, es geschieht hier die Erhöhung des Abendmahles, das Christus am Gründonnerstag einsetzte, zu einer geistigen Kommunion. Am Gründonnerstag war es ein Mahl am Abend; jetzt ist es ein Mahl am frühen Morgen, beim Sonnenaufgang. Am Gründonnerstag wurde das Sakrament des Abendmahles irdisch eingesetzt, unmittelbar vor dem Leiden Christi. Es war ein Passionsmahl, ein Leidensmahl. Jetzt ist es ein Ostermahl. Der Auferstandene spendet den Jüngern das Sakrament nicht in physischer Gestalt, sondern in geistiger Gestalt. Es ist eine geistige, eine geistig-österliche Kommunion.

Das Abendmahl wurde eingesetzt im Inneren des Raumes, im Inneren des Hauses. Das Frühmahl findet draußen statt, an den Weiten des Sees, in der weiten, offenen Natur. Es ist in jeder Weise eine Erhöhung des Abendmahles. Das Abendmahl am Gründonnerstag war ein Abschiedsmahl; zum letzten Mal speiste Christus, abschiednehmend, mit den Jüngern vor seinem Tode. Dieses Mahl hier im Johannes-Evangelium ist ein Wiedersehensmahl, da kommt der Auferstandene, der durch den Tod gegangen ist, zu den Jüngern zurück; er sieht sie wieder, er vereinigt sich mit ihnen im Geiste.

Wunderbar diese Bilder am See! Mit einer leichten Abänderung eines Goethewortes könnte man sagen: Aus Morgenduft gewebt und Sonnenklarheit, empfangen die Jünger der Schönheit Schleier aus der Hand der Wahrheit.

Und nun das zweite Geschehnis: ein Gespräch zwischen Christus und Petrus. Christus überträgt Petrus das Hirtenamt. Dreimal fragt er ihn: „Liebst du mich?" Voraussetzung für das Priesteramt, für das Hirtenamt, ist die Kraft der Liebe, die Kraft der Agape. Nur aus den Liebeskräften heraus kann der priesterliche Hirte die Menschen führen. Darum wird dreimal hier die Frage gestellt nach der Liebe. Petrus war der Jünger, der es an Liebe hatte fehlen lassen, als er den Herrn in seinem Leiden verleugnet hatte. Obschon Christus Petrus erwählt hatte zum Führer im Jüngerkreis, war Petrus, als er den Herrn verleugnete, bedenklich — möchte man sagen — in Judas' Nähe geraten. Aber Petrus hat tief seine Schuld bereut, hat von innen her mit echter Liebeskraft Christus sich wieder angelobt. Wie er ihn dreimal verleugnete, so wird dreimal hier die Frage an ihn gestellt: „Liebst du mich?" Wie das erste Bild mit den Fischen am See hinweist auf die Durchlichtung der Erkenntniskräfte, auf das Erkennen des Christus, so weist die Begegnung am See hin auf die Durchlichtung der Gefühls- und Liebeskräfte, auf die Verklärung des Menschen in seinem Gefühlsleben.

Anschließend deutet Christus noch darauf hin, daß Petrus im Alter vom Gottes-Ich geführt werden wird, dahin, wohin er als ichbefangener Mensch selbst nicht gehen würde: in das Martyrium. Petrus ist später in Rom gekreuzigt worden. Darauf deuten die Worte, die Christus hier spricht. Ja, wenn der Mensch jung ist, dann pflegt er aus dem Ich heraus zu bestimmen, was er tut und was er nicht tut. Der alte Mensch läßt sich vom Schicksal führen. Der junge Mensch lehnt sich meistens naturhaft auf gegen das, was ihm das Schicksal bringt. Der alte, der reife Mensch bejaht das ganze Schicksal, das ihm auferlegt wird; er erkennt, daß auch im Schweren, was ihm das Schicksal bringt, seine geistige Reifung bestimmt wird. Und so wird auch Petrus, sagt Christus, im Alter dahin gehen, wohin er nicht will. Er wird willig das Martyrium auf sich nehmen.

Das dritte und letzte Bild spricht von Todüberwindung. Während von Petrus gesagt wird, er soll Christus nachfolgen, während Petrus berufen wird zum Hüter der Herde Christi, wird von Johannes gesagt, er wird bleiben, bis Christus wiederkommt. Zu Petrus wird gesprochen von seinem Sterben, zu Johannes wird gesprochen von seinem Fortleben bis ans Weltenende. Wie Petrus zum Hüter und Führer der irdischen Kirche bestellt wird, so wird hier Johannes von Christus zum Hüter und Führer der nie sterbenden geistigen Kirche berufen. Wie Christus, als er am Kreuz starb, seine Mutter Johannes anvertraute, so vertraut er ihm hier gleichsam die Führung der geistigen Mutterkirche an.

Die irdischen Gestalten der Kirche haben die ihnen gemäße Zeit. Die urchristliche Kirche war etwas anderes als später die Römische Kirche oder die Ostkirche oder die Evangelische Kirche der Neuzeit. Sie alle haben ihre irdische Bestimmung und ihre irdische Aufgabe, sie wachsen, reifen und sterben einmal. Aber die johanneische Kirche stirbt nie. Aus der Kraft der johanneischen Geisteskirche erneuern sich immer wieder die irdischen Gestalten der Kirche. Das will Christus sagen, wenn er hier vom Jünger Johannes sagt: „Er bleibt, bis ich wiederkomme." Das Wort ist in der Urchristenheit, wie das Evangelium ausdrücklich hervorhebt, falsch verstanden worden. Manche haben das Wort so verstanden, als solle Johannes selbst nicht sterben, bevor Christus wiederkomme. Aber das Evangelium betont, so ist es nicht gemeint. Zwar wird von Todüberwindung gesprochen, aber von Todüberwindung im geistigen Sinne.

Christus durchdringt verklärend Geist, Seele und Körper des Menschen. Der ganze Mensch und das ganze All werden von der Kraft des Auferstandenen erfüllt. Das ist das letzte Ziel, das Weiheziel der Christusmysterien, von dem auch unser deutscher Dichter Eduard Mörike in seinem Gedicht „Die Elemente" gesprochen hat in folgenden schönen Versen, die das Bild des Engelmenschen, das Bild der österlich verklärten Geisterde, des ganzen durch den Christusgeist verklärten Kosmos vor unser Auge hinstellen:

„Einst wird es kommen, daß auf Erden
Sich höhere Geschlechter freun,
Und heitre Angesichter werden
Des Ewigschönen Spiegel sein,
Wo aller Engelsweisheit Fülle
Der Menschengeist in sich gewahrt,
In neuer Sprachen Kinderhülle
Sich alles Wesen offenbart.
Und auch die Elemente mögen,
Die gottversöhnten, jede Kraft
In Frieden auf und nieder regen,
Die nimmermehr Entsetzen schafft;
Dann, wie aus Nacht und Duft gewoben,
Vergeht dein Leben unter dir,
Mit lichtem Blick steigst du nach oben,
Denn in der Klarheit wandeln wir."

Kantate

Erster Korinther-Brief 15, 1— 8 — Der Auferstehungsglaube
20—28 — Auferstehung der Toten
35—49 — Nähere Erklärung des Geheimnisses

Ich möchte euch im klaren wissen, Brüder, über die Heilsbotschaft, die ich euch verkündet habe — ihr habt sie auch angenommen und steht darin fest, und durch sie gelangt ihr zum Heile. Welcher Art ist die Verkündigung, die ich euch brachte? Ihr werdet ja daran festhalten — ihr müßtet denn vergeblich gläubig geworden sein.

Ich habe euch vor allem weitergegeben, was ich selbst empfangen hatte: Christus ist für unsere Sünden gestorben gemäß der Schrift, ist begraben und am dritten Tag auferweckt worden gemäß der Schrift und ist dem Kephas (Petrus) erschienen, dann den Zwölfen; sodann erschien er mehr als fünfhundert Brüdern auf einmal, von denen die meisten noch leben, während einige entschlafen sind; danach erschien er dem Jakobus, dann allen Aposteln, und zuletzt von allen, wie der Fehlgeburt, erschien er auch mir.

Nun aber ist Christus von den Toten auferstanden, der Erstling der Entschlafenen. Weil durch *einen* Menschen der Tod kam, so kommt auch durch *einen* die Auferstehung der Toten; denn wie in Adam alle sterben, so werden auch alle in Christus lebendig werden, jeder in seiner Reihe: als Erstling

Christus, darauf, in seinem Kommen, die ihm Zugehörigen — danach das Ende: wenn er Gott, dem Vater, das Reich übergibt, nachdem er jede Herrschaft, jede Gewalt und Macht außer Kraft gesetzt.

Denn er muß herrschen, bis Gott ihm alle Feinde unter die Füße gelegt. Als letzter Feind aber wird der Tod außer Kraft gesetzt: denn alles hat er Ihm (dem ewigen Gott) zu Füßen gelegt. Wenn es heißt, daß Ihm alles zu Füßen liegt, so natürlich außer demjenigen, der Ihm alles zu Füßen legte. Wenn aber einmal alles Ihm unterworfen ist, dann wird auch der Sohn selbst sich Ihm unterstellen, der Ihm alles unterworfen hat, damit Gott alles in allem sei.

Aber, wird einer sagen, wie werden die Toten auferstehen, mit was für einer Gestalt kommen sie? — Du Tor, was du säst, wird nicht lebendig, es sei denn zuvor gestorben; und was du auch säst, es ist nicht die künftige Gestalt, die du säst, sondern ein nacktes Korn, etwa von Weizen oder dergleichen. Gott aber gibt ihm eine Gestalt, wie er's beschlossen hat, und zwar einem jeden der Samen in seiner besonderen Gestalt. Es ist auch nicht alles Fleisch dasselbe, sondern anders ist es bei Menschen, anders beim Vieh, und wieder anders bei Vögeln als bei Fischen. Es gibt himmlische Gestalten und irdische Gestalten, aber anders ist die Erscheinung der himmlischen als der irdischen. So ist auch die Strahlung der Sonne anders als die des Mondes und die der Sterne; denn ein Stern ist vom andern an Strahlung verschieden. Und so verhält es sich auch mit der Auferstehung der Toten: Gesät wird in Vergänglichkeit, auferweckt wird in Unvergänglichkeit; gesät wird in Unansehnlichkeit, auferweckt wird in Herrlichkeit; gesät wird in Schwachheit, auferweckt wird in Kraft; gesät wird eine seelische Gestalt, auferweckt wird eine Geistgestalt. Wenn es eine seelische Gestalt gibt, so gibt es auch eine Geistgestalt. Es steht ja geschrieben: Es ward der erste Mensch, Adam, zum lebenden Wesen — der letzte Adam (Christus) zum lebenerzeugenden Geistwesen. Aber zuerst kommt nicht das Göttlich-Geistige, sondern das Seelische und dann erst das Göttlich-Geistige. Der erste Mensch ist von Erde, irdisch, der zweite Mensch (Christus) ist vom Himmel.

Und wie der irdische (Adam), so sind auch die irdischen (nach ihm); und wie der himmlische (Christus), so sind auch die himmlischen (nach ihm) — und wie wir das Bild jenes irdischen (Menschen) getragen haben, werden wir auch das Bild dieses himmlischen tragen.

Das ist die Osterbotschaft des Apostels Paulus. Diese Osterbotschaft unterscheidet sich wesentlich von den Osterbotschaften der Evangelisten. In den Evangelien wird uns bildhaft-anschaulich die Auferstehung Christi geschildert. Ganz anders hier bei Paulus. Er berichtet zunächst nüchtern, sachlich über die Erscheinungen des Auferstandenen. Er spricht von einer Erscheinung des Auferstandenen vor Petrus, dann von einer vor den Zwölfen und von einer vor vielen Brüdern, etwa fünfhundert, dann von der Erscheinung vor Jakobus und schließlich wiederum von einer Erscheinung vor allen Aposteln und zuletzt von seinem eigenen Erweckungserlebnis, von dem Erlebnis, das er vor Damaskus vom Auferstandenen hatte.

Dann sucht er uns darzulegen, was diese Todüberwindung, die bis ins Leibliche hineinreicht und auch den physischen Körper dem Tode entreißt, durch Christus für Erde und Menschheit zu bedeuten hat. Da spüren wir: Wir dürfen diese Dinge nicht mit irdischen Augen ansehen. Die ganze irdische Welt ist durchkraftet von einer vielgestaltigen, geistigen Wirklichkeit. Wie es in der irdischen Welt die verschiedensten Lebensreiche gibt: Steine, Pflanzen, Tiere, Menschen, Himmelskörper, so ist auch die himmlische Welt gegliedert in eine Fülle der verschiedensten Reiche. Und diese vielfältige geistige Welt, von der Paulus spricht, durchdringt und durchkraftet die sinnlich-sichtbare irdische Welt.

Das Urbild der ganzen Schöpfung ist der Mensch; denn der Mensch ist das Ebenbild Gottes. Und nach dem Ebenbild Gottes ist das All geformt. Wenn in einem Menschen, in Christus Jesus, die göttliche Schöpferkraft alle Sphären des Irdischen durchdrungen hat bis ins Physisch-Materielle hinein, dann wirkt sich das auch aus an jedem Menschen und an der ganzen Schöpfung; denn was am Urbild geschieht, daran haben auch alle einzelnen Individuen teil. Auf diese große, kosmische Bedeutung der Auferstehung Christi für Mensch und All weist Paulus ganz besonders eindringlich hin.

Wir Menschen als sichtbare Erdenwesen verfallen dem Tod, wie alles irdische Leben wächst, blüht, welkt und dem Tod verfällt. Aber wir irdische Menschen tragen einen geistigen, einen himmlischen Menschen in uns, und in Christus ist zuerst dieser himmlische Mensch voll erblüht, voll zum Durchbruch gekommen; er hat den irdischen Menschen bis ins Leiblich-Physische hinein durchdrungen und dadurch dem Tod entrissen.

Das christliche Osterfest meint nicht die Unsterblichkeit des Menschenwesens. An die unsterbliche Seele haben alle Völker der vorchristlichen Zeit auch geglaubt. Es war den alten Menschen eine Selbstverständlichkeit, daß unser seelisch-geistiges Wesen unsterblich ist. Aber Christus hat nicht nur dieses seelisch-geistige Wesen, sondern auch den physischen Leib so mit göttlichem Licht durchdrungen, daß der Mensch bis ins Physisch-Leibliche hinein unsterblich wurde; denn der Leichnam, der im Ostergrabe lag, wurde durch die Kraft Gottes in Christus der Erde entrissen, wurde verwandelt in einen Geistleib. So wurde das ganze Menschenwesen mit Geist, Seele und Leib der Materie, dem Tode entrissen, der Mensch mit Geist, Seele und Leib himmlisch verklärt.

Vom Geist aus konnte Christus bis ins Leibliche hinein den Jüngern wieder sichtbar, greifbar, fühlbar, hörbar werden. In Christus hatte der Geist das ganze Menschenwesen vergöttlicht. Diese Vergöttlichung des Menschenwesens wirkt sich auf alle Menschen aus; sie wirkt sich auf die ganze Natur, auf den gesamten Kosmos aus. Auf diese großen Weltzusammenhänge der Auferstehung Christi kommt es Paulus in den Worten, die wir eben hörten, vor allem an. Ja, man könnte sagen, der auferstandene Christus Jesus, der zuerst das Menschenwesen mit göttlichem Licht durchstrahlt, ist wie ein Keim, der hineingesenkt wird in die Erde und der dann die ganze Erde und die ganze Menschheit mit seiner Kraft einmal durchdringen und zur Vollendung führen wird. Alles Leben auf der Erde wird dadurch verklärt ins himmlische Licht. Wir alle tragen den irdischen Menschen an uns, und wir alle tragen den himmlischen Menschen in uns, und durch die Kraft Christi wird einmal der himmlische Mensch in uns den Tod überwinden.

„Der Sonne Licht drang bis ins Herz dir, Erde,
Und brach hervor, da Christus auferstand.
Erneuter Schöpfung prägt er ein das „Werde!",
Weil er den Tod im Opfer überwand.
...
Dem Himmel sollst du, Erde, dich vermählen.
Die Todeswunde schließt der Liebe Blick.
Wo Christus aufersteht in Menschenseelen,
Da wandelt er dein trauriges Geschick.

Da weicht der Fluch, durch den, der dich entsündigt.
Ein Garten blüht, ob auch das Grab noch starrt.
Ein Ostern aller Erde wird verkündigt
Der Kreatur, die der Erlösung harrt."

(Hermann Siegel, aus „Ostern aller Erde")

HIMMELFAHRT

Maiandacht

„Und dräut der Winter noch so sehr
Mit trotzigen Gebärden,
Und streut er Eis und Schnee umher,
Es muß *doch* Frühling werden.
...
Da wacht die Erde grünend auf,
Weiß nicht, wie ihr geschehen,
Und lacht in den sonnigen Himmel hinauf
Und möchte vor Lust vergehen.

Sie flicht sich blühende Kränze ins Haar
Und schmückt sich mit Rosen und Ähren
Und läßt die Brünnlein rieseln klar,
Als wären es Freudenzähren.

Drum still! Und wie es frieren mag,
O Herz, gib dich zufrieden!
Es ist ein großen Maientag
Der ganzen Welt beschieden.

Und wenn dir oft auch bangt und graut,
Als sei die Höll' auf Erden,
Nur unverzagt auf Gott vertraut!
Es muß *doch* Frühling werden."

(„Hoffnung")

So feiert Emanuel Geibel, unser großer Dichter, den Ersten Mai. Im Mittelalter war der Erste Mai ein großer Volksfeiertag, da richtete man in Dorf und Stadt auf dem Marktplatz den großen Maibaum auf, da schmückte man die Häuser mit Birkengrün und abends feierte man den Tag mit Tänzen und schönen Mailiedern. Heute ist der Erste Mai nicht mehr in diesem Sinn ein allgemeiner Volksfeiertag. Wir haben zwar auch wieder eine Maifeier aufgenommen, aber die ist nicht mehr so wirklich echt herausgestaltet aus dem Volkserleben, wie es im Mittelalter war.

Die Nacht vor dem Ersten Mai, die Nacht, die wir jetzt hinter uns haben, ist die Walpurgisnacht. Das ist eine Gespenster- und Dämonennacht; da ziehen die Hexen zum Blocksberg, sagt das Volk. Und wirklich, in diesem Volksglauben steckt eine tiefe Wahrheit. Gerade in dieser Zeit des Übergangs von April zu Mai erleben wir oft in der Natur Rückschläge; da ringt der Winter mit dem Frühling, da ringen die Dunkelmächte mit den Lichtmächten in der Natur. Oft genug erleben wir es, daß um diese Zeit hier in den Bergen noch einmal Schnee fällt. Auch heute haben wir einen Tag, der mehr nach Winter aussieht als nach Frühling. Aber wir wissen, die Sonne hat jetzt schon Kraft; sie steigt hoch und höher, der Winter ist bald geschlagen, das Licht siegt über die Finsternis. Diesen Sieg des Lichtes wollten die Menschen feiern am Ersten Mai; den Sieg des Lichtes und des neuen, jungen Lebens in der Natur.

Die Sonne ist jetzt eingetreten in das Sternzeichen Stier. Es müßte eigentlich heißen: das Zeichen des Rindes oder der Kuh; denn die Kuh, das Rind, war bei den alten Völkern ein Bild der Mutter Erde. Die Kuh ist das gute Muttertier, das uns die Milch liefert für unsere kleinen Kinder. Bei der Kuh ist alles gerichtet auf die Erzeugung der Milch. Im Sanskrit, heißt das Wort Kuh „go". Das ist derselbe Stamm: Kuh — go. Aber „go" im Sanskrit hat ebenso wie das griechische Wort „gē" die Bedeutung Erde. Dasselbe Wort bezeichnet Kuh und Erde. Darum war die Kuh den Alten ein Sinnbild der guten Mutter Erde, der Erde, die lebendig durchdrungen ist von den strömenden Kräften des Lebens, so wie wir jetzt im Frühling die Erde wirklich als unsere lebendige, große Mutter erleben.

Die alten Germanen sprachen von der Kuh Audumla. Audumla, die große Weltenkuh, war die Mutter aller Götter, aller Menschen. Die Ägypter nannten diese große Mutter-Gottheit, die Mutter Erde, Isis. Noch heute feiern die Katholiken den Maimonat als den Marien-Monat. Da wird an jedem Tag im Mai in den katholischen Kirchen eine Marienandacht gehalten. In Maria, der Mutter Jesu, waren die mütterlichen Reinheitskräfte des Alls besonders lebendig verkörpert. Darum wurde die irdische Mutter Maria im Mittelalter auch gefeiert als eine irdische Erscheinung der großen Reinheitskräfte, der mütterlichen Kräfte des Alls. Auch der Seher Johannes schaut in seiner Offenbarung die große Weltenmutter stehend auf dem Mond, bekleidet mit der Sonne, gekrönt mit allen Sternen. Unter dem Bild der ägyptischen Isis zu Sais standen die Worte: „Ich bin alles, was da war, was da ist, was da sein wird. Kein Sterblicher hebt meinen Schleier. Die Frucht, die ich gebar, ist die Sonne." Dieser Spruch kennzeichnet auch Isis als die große Weltenmutter, die Vergangenheit und Zukunft umfaßt, die das ganze All umfaßt. Sie ist die Mutter der Sonne. Ja, wir könnten sagen: Die Mutter der Sonne ist der ganze Sternenhimmel; aus dem Sternenhimmel heraus geboren ist die Sonne. Die ägyptische Isis wurde oft abgebildet mit einem Sternenmantel bekleidet, so wie man im Mittelalter auch die Maria mit einem blauen Sternenmantel darstellte.

Die Weltenmutter ist ein Bild des großen Weltalls im Urbeginne und zugleich auch ein Bild der Vollendung der Welt. Aus Sternenhöhen heraus geboren ist Sonne und Erde, und Erde und Sonne werden wieder zu lichten Sternen.

„Die Sternwelt wird zerfließen
Zum goldnen Lebenswein,
Wir werden sie genießen
Und lichte Sterne sein",

sagt Novalis. Diese Verklärung der Natur im geistigen Sinne feiern wir an Christi Himmelfahrt.

Der Erste Mai fällt immer in die Nähe des Festes Christi Himmelfahrt. Man könnte sagen: Christi Himmelfahrt ist im christlichen Sinne der Erste Mai, der große Frühlingstag, wo die Kraft des Auferstandenen die ganze Natur, die ganze Erde durchdringt.

Unter dem Bild der Weltenmutter zu Sais stand: „Kein Sterblicher hebt meinen Schleier." Durch Christus aber ist im Menschen die todüberwindende Kraft des Geistes so stark geworden, daß wir in Zukunft die Gewißheit haben werden, einmal alles Irdische dem Tod zu entreißen, daß das Unsterbliche in uns wirklich bis ins Leibliche hinein sieghaft werden wird. Und darum könnte man sagen: Durch Christus werden die Menschen zu Unsterblichen, und damit wird die Isis entschleiert, damit erfahren wir das Unsterbliche in uns selbst und in der ganzen Natur. Christus macht Mensch und Erde und All unsterblich. Durch die Christuskraft wird die ganze Welt vom Himmelslicht verklärt, in Christus bricht der große Weltenfrühlingstag, die große Maienzeit an für die ganze Menschheit. So hat es auch Angelus Silesius in einem seiner schönen Lieder gefeiert:

„Jetzt wird die Welt recht neugebor'n,
Jetzt ist die Maienzeit;
Jetzt tauet auf, was nur erfror'n
Und durch den Fall verschneit;
Jetzt sausen die Winde
Erquicklich und linde,
Jetzt singen die Lüfte,
Jetzt tönen die Grüfte,
Jetzt hüpft und springet Berg und Tal.

Jetzt ist der Himmel aufgetan,
Jetzt hat er wahres Licht;
Jetzt schauet Gott uns wieder an
Mit gnäd'gem Angesicht;
Jetzt scheinet die Sonne
Der ewigen Wonne;
Jetzt lachen die Felder,
Jetzt jauchzen die Wälder,
Jetzt ist man voller Fröhlichkeit.
...
Jetzt ist die Welt voll Herrlichkeit
Und voller Ruhm und Preis;
Jetzt ist die wahre, gold'ne Zeit
Wie 'vor im Paradeis:
Drum laßt uns singen
Mit Jauchzen und Klingen,
Frohlocken und freuen,
Ertönen und schreien:
Gott in der Höh' sei Lob und Ehr'."

Rogate

Vladimir Nazor — Aus einer slawischen Legende

... und am dritten Tag ist er erstanden von den Toten. — Es war noch finster, und der Große Wagen funkelte am Himmel. Die Erde erzitterte unter seinen Füßen. Mit jedem Schritt wurde er größer. Als er auferstand aus dem Grabe, war er groß wie der Mensch, und als er durch die Wälder Ephraims ging, wurde er der Eiche ähnlich, und als er auf dem Gebirge Karmel anlangte, war er riesengroß wie ein Berg. — Und der Erlöser wandelte über das Meer. Auf dem Haupt trug er noch die Dornenkrone, aus seinen Wunden quollen immer neue Blutstropfen. Und sobald der erste Tropfen ins Meer fiel, wurde es stille, und eine tiefe, heilige Ruhe herrschte über den Meeresküsten. Es war hell, nur vor der Burg Tyr lagen auf dem Meer die Schatten von drei schwarzen Wolken. Der Erlöser wich jenen alten phönizischen Gottheiten nicht aus, die mit Nebel umhüllt waren. Er wußte, daß sie in diesen Tagen von ferne nach seinem Grabe geschaut hatten in der Furcht, daß er in Wirklichkeit nicht auferstehen würde. Er ging vorüber und schwieg auf ihren Ruf, der also an ihn erging: „Was für ein Gott bist du, daß du den Menschen gestattest, dich zu kreuzigen?" Er ging weiter. Jene drei Wolken folgten seinen Spuren. Sie wollten den neuen Gott besser betrachten. Das war eine wunderbare

Nacht. Die Menschen und die Tiere schliefen einen tiefen Schlaf, aber alle Götter und Göttinnen wachten und erwarteten mit Bangen, daß sich auch ihnen der zeige, der sterben mußte, auf daß er dann auferstehe. Und es waren so viele Götter auf der Erde wie Sterne am Himmel und wie Sand am Meer.

Der Erlöser ging wiederum über ein breites Festland. Auf den Ruinen einer berühmten Stadt sah er eine ganze Schar von Göttern, die mächtig und schön und weise waren. Sie warteten seiner auf den zertrümmerten Mauern Trojas, unter denen sie zehn Jahre lang gekämpft hatten an der Seite der Helden, und von wo aus ihr Ruhm zum ersten Male über die Erde erschollen war in Liedern, die unsterblich wurden. Sie erhoben sich, als sie ihn sahen. Und sie, die so stolz und erhaben waren, gingen auch seinen Spuren nach. Ihre Augen waren voll von Staunen, ihr Herz voll von Unruhe.

Und er wandelte über ein anderes Meer und über andere Felder und über andere Wälder und zog in der Richtung des Großen Bären zum fernen Norden. Und dort an den Ufern der breiten Flüsse, da warteten in jener Nacht auf ihn alle glänzenden, slawischen Götter, und sie konnten nicht anders, als sich seinem Gefolge zuzugesellen. Und er ging der langen, bergigen Halbinsel entlang, da erblickten ihn die Götter der Nordländer, die gewaltigen, voll von Stärke und voll von Mut. Aber auch sie wurden starr vor Staunen und folgten ihm. Und als der Erlöser die Augen aufhob und sah, daß ihm der Große Bär an den Grenzen der Erde zu Häupten stand, da blieb er stehen und schaute in das große Heer der Götter.

Und Moloch, der Gott der Phöniker, sprach: „Auf daß die Gläubigen meinen Zorn stillten, warfen sie ihre kleinen Kinder in mein Feuer.“ Und Zeus, der Gott der Griechen, sprach: „Ich liebe die Frauen der Menschen, wenn sie schön sind, und töte ihr Jünglinge, wenn sie mich nicht ehren, und erhebe sie auf den Olymp, wenn sie Heroen sind.“ Und Swetowit, der Gott der Slawen sprach: „Ich bin die Sonne, die den Menschen im Frühling ihre Äcker wärmt und im Sommer ihr Korn reift. Ich bin das Feuer, das ihnen den Herd wärmt und das ihnen ihre Dörfer verschlingt.“ Und die übrigen Götter sagten: „Jeder von uns ist etwas, ohne das die Menschen auf der Erde umkommen müßten. Jeder von uns hat eine Kraft, und wir können herrschen einer neben dem anderen. Aus der Brust der Erde sprießen neue Kräfte, und in Menschenherzen entstehen neue Götter. Und du, der Jüngste von allen, mit welcher neuen Kraft kamst du unter die Menschen? Warum wurdest du gegeißelt und gekreuzigt? Zeige deine Macht, o Galiläer!“ Und sie sahen, wie er vor ihnen wuchs und wuchs. Die Dornenkrone fiel von seiner Stirn; wohin sie gefallen war, da wuchs ein Wald auf. Aus den Wunden der Hände und der Füße flossen Bäche von Honig und Milch, und aus jener gewaltigen Wunde in seiner Seite, da drang ein Strom von Licht und Wärme. Sein Haupt reichte bis zu den Sternen. Die Sterne zogen um sein Haupt und sangen.

Allmählich aber umkreisten ihn schwarze Wolken, und aus diesem finsteren Ring sprühten die Blitze und die Donner krachten und die Winde ertosten und alle irdischen Schwellen erzitterten. Als wieder Stille war, wurde aus der Schar der Götter ein Heer. Und Dabog, der Gott der Slawen, sprach: „Du großer und furchtbarer Gott, viele von uns waren Funken, die in der Vergangenheit aus deinem flammenden Stock hervorsprühten, und wir funkelten über die Erde hin, glänzend und hell. Diese Funken kehrten zu ihrem Ursprung zurück. Zeus, Swetowit und Moloch sind nichts anderes als Flämmlein deines ewigen Feuers. Und wir, die Götter der Jugend, der Freude und der Fruchtbarkeit, sind auch wie deine Funken. Oder ist es unser Verhängnis, daß wir kalt werden und zu Asche werden unter deinen Füßen?" Da erhob er die Hände und segnete die Fluren um sich her und die Eisgefilde und das gefrorene Meer und die Wüsten innerhalb der weiten Grenzen der Erde. Und jeder Keim unter dem Eis und unter dem Stein und jede Knospe auf dem Zweig und jedes Korn auf dem Felsen empfand seinen Segen und keimte und sproßte. Die ganze Erde wurde grün vor dem, der einmal durch ihre Felder gegangen war und gesprochen hatte: „Kommet her zur mir alle, die ihr mühselig und beladen seid! Ich will euch erquicken! Mein Joch ist sanft, und meine Last ist leicht." Und alle Sterne am Himmel und alle Zweige in den Wäldern und alle Wogen auf dem Meere sangen: „Heilig, heilig, heilig!" Und der Große Wagen senkte sich vor ihm herab. Als die Sonne aufging und die Erde vergoldete, stieg er in den Sternenwagen und ging langsam zu seinem Vater. Alle stolzen Sonnengötter kränzten als feurige Zungen seinen Wagen, und alle sanften Götter krönten als milde Sterne seine Stirn. Denn er ist der wahre und der einzige Gott, denn er ist das Meer, in das alle Flüsse und alle Bäche münden.*

Die slawische Legende schildert in großartigen Bildern die allumfassende, kosmische Geistigkeit, die die Jünger in den sieben Wochen zwischen Ostern und Pfingsten als die alldurchdringende Gewalt des Auferstandenen erlebten. In den Wochen zwischen Ostern und Pfingsten erblüht immer wieder neu die Natur; da haben wir das Gefühl, jetzt wird die Erde von innen her lebendig. Im Winter wirkte der Lebensstrom der Erde verborgen, im Inneren der Erde, da schien, von außen angesehen, die Erde tot zu sein. Aber freilich, wir wissen es ja, auch unter Schnee und Eis, verborgen tief im Inneren, schlägt noch das Herz der Erde; die Lebenskräfte sind nur im Inneren verborgen. Aber jetzt im Frühjahr dringen sie nach außen, steigen sie empor; da strömt der Lebensstrom der Erde geöffnet dem Himmel zu. Abbild dieses Geschehens ist das Pflanzenwachstum, das wir um uns sehen. Im Winter ruht das Samenkorn verborgen in der Erde, aber im beginnenden Frühjahr keimt es; da kommt der grüne Sproß hervor aus der dunklen Erde. Der Sproß entfaltet sich zu Stengeln und Blättern, und aus Stengeln und Blättern hebt sich zuletzt die leuchtende, strahlende Blüte der Sonne entgegen. In diesem äußeren Geschehen wird sinnlich-sichtbar der große Lebensstrom, der aus dem Inneren der Erde empordringt zum Himmel in jedem neuen Frühjahr.

Wir tragen alle Kräfte der äußeren Natur auch in uns. Wir haben das Steinreich in unserem irdischen Körper, unserem Knochenmenschen, wir haben die Lebens- und Wachstumskräfte der Pflanzen in unseren eigenen Wachstums- und Lebenskräften; wir haben die Triebseele der Tiere in unseren Leidenschaften und seelischen Kräften. Und darüber hinaus tragen wir in uns das eigentlich Menschliche, das bewußte, geistige Leben, das uns erhebt über Stein, Pflanze und Tier. Aber damit ist der Mensch noch nicht vollendet. Der Mensch hat noch höhere Kräfte in sich, die über das Menschliche hinausreichen. Mit seinem innersten und tiefsten Wesen durchdringt der Mensch alle Sphären der Natur, in ihm soll das Licht Gottes aufleuchten. Als Träger des Gottesfunkens ist der Mensch im höchsten Aspekt Gottes Ebenbild.

Wenn im Frühjahr das äußere Leben der Natur neu erwacht, dann wird auch im Menschen innerlich alles neu, und nicht zufällig ist es, daß das Osterfest, das Auferstehungsfest Christi, in den Frühling fällt; denn Christus hat sich als Gotteswesen verbunden mit den irdischen Menschen, um den Gottesfunken in ihnen zur Flamme zu entfachen. Wenn im Frühjahr das Leben neu wird in der Natur, dann werden auch die geistigen, die Christus-Auferstehungskräfte jedesmal neu lebendig in uns. Christus vergöttlicht den Menschen, Christus durchdringt unser menschliches Wesen, durchdringt unsere Seele, damit sie groß und weit und lauter werde, damit die Selbstsucht in ihr ersterbe und die rechte Liebe in uns lebendig werde. Christus durchdringt auch unsere Lebens- und Wachstumskräfte, damit auch sie durchgeistigt und mit göttlichem Leben erfüllt werden. Christus hat in der Zeit, als er über die Erde wandelte, mit seinen Lebenskräften Kranke geheilt, und diese heilenden Kräfte sollen durch Christus auch in unseren Lebenskräften stark werden. Ströme lebendigen Wassers sollen aus unserem Leibe fließen, wie Christus gesagt hat.

Noch tiefer wirkt Christus herunter bis in den irdisch-physischen Leib. Als er über die Erde wandelte, hat er Tote erweckt und hat an Ostern selber den Tod endgültig überwunden, hat so auch den irdischen Leib der Vergänglichkeit entrissen. Der ganze Mensch mit Geist, Seele, Lebenskräften und irdischem Leib soll durch die Christuskraft auch in uns vergöttlicht werden. Das Osterfest ist nicht nur ein Erinnerungsfest an das, was vor zweitausend Jahren in Palästina geschehen ist, es ist ein Fest, an dem in jedem Jahr die geistigen Auferstehungskräfte in uns neu lebendig werden.

Alle Religionen der Erde, das zeigte uns die Legende, die wir eben hörten, sind eigentlich nur verschiedene Aspekte, verschiedene Seiten der einen großen, allumfassenden Menschheitsreligion, jener Religion, die dem Menschen sein wahres, göttliches Ebenbild bewußt machen will. In den verschiedenen Religionen werden verschiedene Seiten des einen allumfassenden göttlichen Menschenbildes dargestellt. Alle Götter der verschiedenen Religionen sind nur Funken der einen großen, göttlichen Geistsonne, die in Christus Mensch geworden ist. Für die Urchristenheit war die umfassende Weite des Christentums Gewißheit.

Zwischen Ostern und Pfingsten liegen sieben Wochen, und jede dieser sieben Wochen ist zugeordnet einem der sieben Wandelsterne. In der Urchristenheit erlebte man in der Zeit zwischen Ostern und Pfingsten geistig den Durchgang des Auferstandenen durch alle planetarischen Sphären mit, aufsteigend von der Erde, durchdringend die Mondensphäre, die Merkursphäre, die Venussphäre, die Sonnensphäre, die Marssphäre, die Jupitersphäre und die Saturnsphäre. An Pfingsten, wenn die sieben Wochen verflossen waren, dann erlebte man die Allgegenwärtigkeit des Christus im überkosmischen Feuerhimmel. Die Flamme des Feuerhimmels senkte sich am Pfingsttag herab auf die Apostel; da war das Mysterium der Vergeistigung des gesamten Kosmos durch Christus erfüllt.

Die schöne slawische Legende, die wir hörten, zeigt uns in ihren Bildern die Weitung des Auferstandenen, die Durchdringung aller kosmischen Sphären, die Vergöttlichung des ganzen Alls durch Christus.

Himmelfahrt Christi

Apostelgeschichte 1, 1— 3 — Einleitung
4—14 — Himmelfahrt Jesu

Meinen ersten Bericht, Theophilus, verfaßte ich über all das, was Jesus tat und lehrte, bis zu dem Tage, an dem er emporgehoben ward, nachdem er den Aposteln, die er erwählt, kraft des Heiligen Geistes seine Aufträge erteilt hatte. Ihnen zeigte er nach seinem Leiden durch viele Beweise, daß er lebe: durch vierzig Tage erschien er ihnen und sprach zu ihnen vom Reiche Gottes.

Als er mit ihnen zusammen war, gebot er ihnen, sich nicht von Jerusalem zu entfernen, sondern die Verheißung des Vaters zu erwarten: Darüber habt ihr von mir gehört: Johannes taufte mit Wasser, ihr aber werdet — nach einigen Tagen — mit dem Heiligen Geiste getauft werden.

Wie sie denn so versammelt waren, fragten sie ihn: Herr, stellst du in dieser Zeit das Reich für Israel wieder her?

Er erwiderte ihnen: Es ist nicht eure Sache, Zeit und Stunde zu wissen, die der Vater in seiner Machtfülle festgesetzt hat; wenn aber der Heilige Geist auf euch niederkommt, werdet ihr Kraft empfangen und meine Zeugen sein in Jerusalem und in ganz Judäa und Samaria, ja, bis an die Grenzen der Erde.

Mit diesen Worten ward er vor ihren Augen erhoben, und eine Wolke entzog ihn ihren Blicken. Während sie noch unverwandt dem Scheidenden nach gen Himmel schauten, standen auf einmal zwei Männer in weißem Gewande vor ihnen, die sprachen: Ihr Männer von Galiläa, was steht ihr und schaut gen Himmel? Dieser selbe Jesus, der von euch weg in den Himmel entrückt wurde, wird ebenso wiederkommen, wie ihr ihn habt zum Himmel fahren sehen.

Da kehrten sie von dem Ölberg, wie er heißt, der in der Nähe von Jerusalem, einen Sabbatweg entfernt, liegt, nach Jerusalem zurück. Dort angekommen, stiegen sie in das Obergemach hinauf, in welchem sie sich aufzuhalten pflegten. Es waren: Petrus und Johannes, Jakobus und Andreas, Philippus und Thomas, Bartholomäus und Matthäus, Jakobus, des Alphäus Sohn, Simon der Eiferer und Judas, der Sohn des Jakobus. Sie alle verharrten einmütig im Gebete und mit ihnen die Frauen, Maria, die Mutter Jesu, und seine Brüder.

Das ist der Himmelfahrtsbericht der Apostelgeschichte. Die Ostererscheinungen offenbarten den Jüngern die geist-leibliche Gestalt des menschlichen Urbildes, des verklärten, vergotteten Menschen. Unter dem Oberflächenbewußtsein ihres kleinen Ich finden die Jünger durch die Erscheinungen des Auferstandenen das Tiefen- und Weitenbewußtsein ihres großen Ich, erleben sie den Auferstandenen als den Friedensbringer, als den Geistesherrscher ihrer Seele. Die letzte Erscheinung des Auferstandenen erleben die Jünger in der freien Natur, auf dem Ölberg, draußen auf der Höhe; in die Weiten des Himmels entschwindet die geist-leibliche Gestalt des Auferstandenen den Blicken der Jünger. Das ist die Himmelfahrt, da ergießen sich die göttlichen Christuskräfte in die Weiten des Alls, da geht die Erscheinung des Auferstandenen über in die Allgegenwärtigkeit des weiten Kosmos, da weitet sich das Bewußtsein der Jünger so, daß sie den ganzen Kosmos erleben als einen geist-lebendigen Organismus, dessen Zentrum und Mittelpunkt der Auferstandene ist. Aus dem menschlichen Bewußtsein wird ein kosmisch-geweitetes Bewußtsein.

Zwischen Ostern und Himmelfahrt liegen vierzig Tage. Himmelfahrt feiern wir in der sechsten Woche nach Ostern, am Donnerstag der sechsten Woche. Die sieben Wochen zwischen Ostern und Pfingsten wurden in der Urchristenheit den sieben Sphären der Wandelsterne zugeordnet. Die sechste Woche entspricht der sechsten Sphäre, der Jupitersphäre, und der Donnerstag, der Donarstag — Donar ist die germanische Entsprechung zu Jupiter — ist der Jupitertag. Jupiter heißt so viel wie „Vater Äther". Die blaue Äthersphäre des weiten Himmels, die Vatersphäre der blauen Himmelsweiten nimmt den Auferstandenen auf. Geweitet ist das Bewußtsein der Jünger in die ganze Natur hinein. Die Schranken zwischen Ich und Natur, zwischen Ich und Kosmos fallen. Wir sollen an Himmelfahrt dieses Weitungserlebnis ins Kosmische hinein, diesen Durchbruch des menschlichen Bewußtseins in ein übermenschlich-kosmisch geweitetes Bewußtsein miterleben. Und was wir in der äußeren Natur schauen, kann uns ein sinnliches Abbild sein für diese Weitung und Erkraftung des Bewußtseins. In den Wochen um Ostern haben wir die Blüte erlebt. Jetzt ist die eigentliche Blütezeit schon vorüber. Die Obstbäume haben geblüht. Das Weiß der Blüten schwindet.

Aber wenn die Blütenblätter fallen, dann beginnt der Fruchtansatz, dann wirken die Bildekräfte der Pflanzenwelt anders, innerlicher, als sie sich zuerst in den Blüten darlebten. Dann bilden sie von innen her die Frucht, dann beginnt der Ansatz des todüberwindenden Lebens im irdischen Bereich; denn die Frucht bildet in sich später den Samen aus, der das Leben in das neue Jahr trägt. Dieser Vorgang kann uns ein sinnliches Bild sein für das, was wir geistig erleben mit den Jüngern zwischen Ostern und Pfingsten. Die Ostererscheinungen des Auferstandenen sind gleichsam das Aufblühen der göttlichen Geistgestalt in Mensch und Kosmos.

An Himmelfahrt entzieht sich diese Geistgestalt den schauenden Blicken der Jünger. Man könnte sagen, die Blütenblätter fallen, und es bildet sich die eigentliche Frucht aus. Am Ende der Himmelfahrtserscheinung heißt es: Als der Auferstandene den Augen der Jünger entschwunden ist, da sehen sie vor sich zwei Engelgestalten; sie künden ihnen von der Wiederkunft Christi: Ihr werdet Jesus wiederkommen sehen auf den Wolken des Himmels, so wie ihr ihn habt auffahren gesehen gen Himmel und sich ergießen in die Weiten des Alls. In der Natur erleben wir, wie die Bildekräfte in den Blüten gewissermaßen zur Anschauung kommen, wie sie sich im Verwelken dem Blick entziehen, um dann in der Frucht wiederzukommen.

So ist es auch mit der Wiederkunft Christi. Den irdischen Augen der Jünger hat sich die Geistgestalt entzogen, aber Christus steigt weiter empor, und wenn wir nächstens das Pfingstfest feiern, könnte man sagen, ist der Auferstandene in die überkosmische Sphäre der höchsten Gotteswelt aufgestiegen. Da erleben die Jünger in der Herabkunft des Heiligen Geistes den Beginn der Wiederkunft Christi. Da wird das Bewußtsein der Jünger nicht nur ins Kosmische geweitet, sie erleben vielmehr die überkosmische Gotteswelt in ihrem eigenen Ich; da wohnt der Gottmensch in der Kraft des Heiligen Geistes dem Ich der Menschen ein und macht sie damit zu Zeugen des wahren, gottebenbildlichen Menschen. In diesem Sinne hat auch ein Dichter der Gegenwart das Himmelfahrtserleben dargestellt:

„In den österlichen Wochen,
Da der Sonne Strahl sich frühte,
Sind die Knospen aufgebrochen,
Standen Bäume hell in Blüte.

War es nicht, als wolle lichten
Himmelsglanzes Überfülle
Sich ergießen und verdichten,
Kleiden in verklärte Hülle?

Und nun hat entzücktem Schauen
Sich die Herrlichkeit entzogen,
Weißer Wolke gleich im Blauen
Ist der Blütenschein entflogen.

Doch dem Baume will sich einen,
Was ins Weite schien entschwunden,
Erdenstärker will's erscheinen,
Sich als Frucht zum Tempel runden.

In die Himmel aufgenommen
Ward der Herr der Engelscharen,
Mächtig will er wiederkommen,
Sich im Äther offenbaren.

Wie ins All er ausgegossen
Seine Schöpferkraft, sein Leben,
Hat die Erde er umschlossen,
In den Himmel sie zu heben.

Bildet, wandelt sie durch alle
Tage, schafft im Wolkenraume,
Bis einst in die Hand ihm falle
Reife Frucht am Weltenbaume.“ (Hermann Siegel)

PFINGSTEN

Exaudi

Johannes 15, 26—27	—	Zeugenschaft durch den Geist der Wahrheit
16, 1— 3	—	Besondere Feindschaft der Juden
12—15	—	Der Geist der Wahrheit
16—24	—	Nach einer kleinen Weile bleibende Freude
25—33	—	Ausblick

Wenn der Tröster kommt, den ich vom Vater her euch senden werde, der Geist der Wahrheit, der vom Vater ausgeht, so wird er von mir Zeugnis geben. Aber auch ihr sollt Zeugnis geben, weil ihr von Urbeginn an bei mir gewesen seid.

Dies habe ich zu euch geredet, damit ihr (im Glauben) keinen Anstoß nehmt. Sie werden euch aus der Synagoge ausstoßen, ja, es kommt die Stunde, da jeder, der euch tötet, Gott eine Huldigung zu erweisen meint. Und das werden sie euch antun, weil sie weder den Vater noch mich erkannt haben.

Noch vieles habe ich euch zu sagen, aber ihr könnt es jetzt noch nicht tragen; wenn er aber kommt, der Geist der Wahrheit, wird er euch in alle Wahrheit einführen. Nicht aus sich wird er reden, sondern was er hört, wird er reden und euch das Zukünftige kundtun. Er wird mich verherrlichen, indem er aus dem Meinigen nehmen und es euch kundtun wird. Alles, was der Vater hat, ist mein; daher sage ich: Er wird von dem Meinigen nehmen und es euch kundtun.

Noch eine kleine Weile, so seht ihr mich nicht mehr; und wieder eine kleine Weile, so seht ihr mich wieder.

Da sagten einige seiner Jünger zueinander: Was bedeutet das, was er uns sagt: Eine kleine Weile, so seht ihr mich nicht mehr, und wieder eine kleine Weile, so seht ihr mich wieder, und: ich gehe zum Vater? Was meint er — so sprachen sie — mit den Worten: Noch eine kleine Weile? Wir verstehen nicht, was er redet.

Jesus merkte, daß sie ihn fragen wollten, und sprach zu ihnen: Ihr fragt einander, weil ich gesagt habe: Noch eine kleine Weile, so seht ihr mich nicht mehr, und wiederum eine kleine Weile, so seht ihr mich wieder? Wahrlich, wahrlich, ich sage euch: ihr werdet weinen und wehklagen, die Welt aber wird sich freuen — ihr werdet traurig sein, aber eure Traurigkeit wird sich in Freude verwandeln. Wenn die Frau am Gebären ist, leidet sie Not, weil ihre Stunde gekommen ist; aber wenn sie das Kind zur Welt gebracht hat, denkt sie nicht mehr an die Not, vor lauter Freude, daß ein Mensch zur Welt geboren ist. So habt auch ihr jetzt Leid, aber ich werde euch wiedersehen; dann wird euer Herz sich freuen, und niemand kann euch die Freude nehmen. An jenem Tage werdet ihr mich nach nichts mehr fragen müssen.

Wahrlich, wahrlich, ich sage euch: wenn ihr etwas vom Vater erbittet in meinem Namen, so wird er es euch geben. Bisher habt ihr noch nichts in meinem Namen erbeten. Bittet und ihr werdet empfangen, und eure Freude wird vollkommen sein.

Das sind Bildreden, in denen ich zu euch gesprochen habe; es kommt die Stunde, da ich nicht mehr in Bildreden zu euch sprechen, sondern euch frei und offen vom Vater Kunde geben werde. An jenem Tage werdet ihr in meinem Namen bitten, und ich brauche euch nicht zu sagen, daß ich mich beim Vater für euch verwenden werde; denn der Vater selbst liebt euch: weil ihr mich geliebt habt und geglaubt habt, daß ich von Gott ausgegangen bin. Ich bin vom Vater ausgegangen und in die Welt gekommen — nun lasse ich die Welt wieder und gehe zum Vater.

Da sprachen seine Jünger: Jetzt redest du offen und frei und gebrauchst keine Bildrede mehr; jetzt wissen wir, daß dein Bewußtsein alle Dinge umfaßt und daß niemand dich erst zu fragen braucht. Darum glauben wir, daß du von Gott ausgegangen bist.

Jesus antwortete ihnen: So glaubt ihr jetzt? Ach, es kommt die Stunde und sie ist schon gekommen, da ihr zerstreut werdet, der eine dahin, der andere dorthin, und da ihr mich allein laßt — aber ich bin nicht allein: der Vater ist bei mir.

Dies habe ich zu euch geredet, damit ihr in mir Frieden habt. In der Welt habt ihr Angst — aber seid getrost: ich habe die Welt überwunden.

In diesen Worten spricht Christus in erhaben-feierlicher Weise vom Heiligen Geist, von seiner Himmelfahrt und von seiner Wiederkunft. Von den höchsten Mysterien des Christus-Lebens wird hier gekündet. An Ostern erleben die Jünger den Auferstandenen, den todüberwindenden Geist in der eigenen Seele. Unter dem Oberflächenbewußtsein des kleinen Ich erschließt sich ihnen das Tiefen- und Weitenbewußtsein des großen Ich. An Himmelfahrt weitet sich dieses Bewußtsein ins Kosmische. Da erleben die Jünger im geweiteten kosmischen Bewußtsein das ganze All als einen großen, lebendigen Geistorganismus, und als Führergeist in diesem großen Kosmos erfahren sie Christus, der aufsteigt in überkosmische Höhen, in den Ewigkeitsbereich Gottes.

An Pfingsten geht es noch einen Schritt weiter, da offenbart sich das überkosmische Gotteserleben im Ich des Menschen; es kommt der Tröster, der Geisttröster zu den Menschen. Mit dem Kommen des Heiligen Geistes beginnt die Wiederkunft Christi.

> „Wenn er aber kommt, der Geist der Wahrheit, wird er euch in alle Wahrheit einführen. Nicht aus sich wird er reden, sondern was er hört, wird er reden und euch das Zukünftige kundtun. Er wird mich verherrlichen, indem er aus dem Meinigen nehmen und es euch kundtun wird. Alles, was der Vater hat, ist mein; daher sage ich: Er wird von dem Meinigen nehmen und es euch kundtun."

Aber an einer anderen Stelle sagt Christus auch: „Der Vater ist größer als ich." — und wieder an anderer Stelle sagt er: „Wer mich sieht, der sieht den Vater." Es ist ein wunderbares Ineinander von Christus und Vater, von Mensch und Gott. Als der große Adam Kadmon war der Mensch einmal vor dem Sündenfall auch das Urbild des gesamten Kosmos. Da war er nicht abhängig von Natur und Kosmos, nicht geknechtet von Natur und Kosmos, da lebten Natur und Kosmos im Menschen. Und durch Christus wird das wieder einmal so werden, wird dieses göttliche Urbild im Menschen voll erweckt werden, dann gehen Natur und Kosmos in den Menschen ein, und der Kosmos mit dem Menschen geht ein in Gott; dann ist der ewige Mensch wieder Wirklichkeit geworden.

Christus lehrt die Jünger hier „bitten in seinem Namen". Wer im Namen Christi bittet, der erfüllt sich mit der Kraft des Christus-Ich, der liebt das Christus-Ich, und aus dieser Kraft des Christus-Ich wird er dann gesegnet mit der Schöpfervollmacht Gottes selber, dann dringt er ein in Gottes ewige Klarheit und bedarf keiner Bildrede mehr. Im ewigen Menschen erreicht die Erde ihr Welten-Weiheziel. Die Frau, die ein Kind gebiert, leidet Schmerzen und Qual; aber wenn sie das Kind geboren hat, dann freut sie sich, daß ein Mensch zur Welt gebracht ist. So leidet auch die ganze Menschheit Schmerz und Not um der Geburt des ewigen Menschen willen. Wenn der ewige Mensch geboren ist, dann jubelt und freut sich die Menschheit, dann hat sie ihr Weiheziel erreicht. Alles Leid der Erde ist gleichsam nur Geburtsschmerz um den ewigen Menschen. Darum sagt Christus hier zu den Jüngern:

> „So seid auch ihr jetzt traurig, aber ich werde euch wiedersehen; dann wird euer Herz sich freuen, und niemand kann euch die Freude nehmen ... Dies habe ich zu euch geredet, damit ihr in mir Frieden habt. In der Welt habt ihr Angst — aber seid getrost: ich habe die Welt überwunden."

Pfingstsonntag

Apostelgeschichte 2, 1—33 — Der Geist kommt über die
38—41 — Urgemeinde

Mittlerweile kam der Pfingsttag, und alle waren am selben Orte versammelt. Plötzlich entstand ein Brausen vom Himmel her, als führe ein gewaltiger Sturm daher, und erfüllte das ganze Haus, in dem sie saßen. Zungen wie von Feuer erschienen ihnen, verteilten sich und ließen sich einzeln auf jeden von ihnen nieder. Da wurden alle voll des Heiligen Geistes und begannen in anderen Sprachen zu reden, in Lauten, wie sie der Geist ihnen eingab.

In Jerusalem hielten sich fromme Juden aus allen Völkern unter der Sonne (als Pilger) auf; als sich jenes Brausen erhob, liefen sie in großer Zahl zusammen und gerieten ganz außer Fassung, weil jeder sie in seiner Muttersprache reden hörte. Außer sich vor Staunen fragten sie: Sind denn nicht alle diese, die da reden, Galiläer? Wie kommt es, daß jeder von uns sie in der Sprache hört, in der wir geboren sind: Parther, Meder, Elamiter, Leute aus Mesopotamien, Judäa, Kappadozien, aus Pontus und Kleinasien, aus Phrygien, Pamphylien, Ägypten und aus den libyschen Landschaften gegen Cyrene zu, zugezogene Römer, Juden wie Neujuden, Kreter und Araber — wir alle hören sie in unseren Sprachen von den Großtaten Gottes reden!

Da gerieten alle außer sich vor Staunen und waren ratlos. Was soll das bedeuten? sagte einer zum andern. Andere freilich höhnten: Die sind voll süßen Weines!

Da trat Petrus mit den elf andern vor und erhob seine Stimme zu folgender Rede: Ihr jüdischen Männer und alle Bewohner Jerusalems! Ihr sollt Aufschluß erhalten — hört meinen Worten freundlich zu!

Es handelt sich hier nicht um Betrunkene, wie ihr meint — es ist ja erst die dritte Tagesstunde — nein, hier geschieht, was von dem Propheten Joel gesagt ist:

In den letzten Tagen, spricht der Herr, will ich von meinem Geist ausgießen über alles Fleisch; aus Eingebung des Geistes werden reden eure Söhne und Töchter, Gesichte sehen eure jungen Männer, Traumgesichte eure Greise; ja, über meine Knechte und Mägde werde ich meinen Geist ausgießen in jenen Tagen, daß sie von ihm ergriffen reden. Ich will Wunderzeichen am Himmel oben wirken und Zeichen auf der Erde unten: Blut, Feuer und Rauchdampf. Die Sonne soll sich in Finsternis wandeln und der Mond in Blut — ehe der Tag des Herrn kommt, der gewaltige, geistleuchtend, und wer den Namen des Herrn anruft, wird Heil erfahren.

Ihr israelitischen Männer, hört meine Worte! Jesus, der Nazaräer, den Gott selbst beglaubigt hat durch Taten aus höherer Kraft, durch Wunder und durch Zeichen, die, wie ihr wißt, durch ihn in eurer Mitte geschahen, er ist nach vorbestimmten Gotteswillen und göttlicher Vorausschau dahingegeben worden. Ihr habt ihn mit unwürdiger Hand ans Kreuz geschlagen und getötet. Aber Gott hat ihn auferweckt, indem er die Wehen des Todes löste und dem Tode die Macht über ihn nahm; denn es durfte nicht sein, daß er in der Gewalt des Todes geblieben wäre. Sagt doch David von ihm:

Allzeit sah ich den Herrn vor mir; er ist mir zur Rechten, daß ich nicht wanke. Darum freut sich mein Herz, meine Zunge frohlockt, und auch mein irdischer Leib wird in Hoffnung ruhen: Denn du wirst meine Seele nicht im Totenreich lassen, noch deinen Heiligen die Verwesung schauen lassen; Wege des Lebens hast du mir kundgetan und wirst Fülle der Wonne mir bereiten vor deinem Angesicht.

Ihr Männer, liebe Brüder, laßt mich mit freiem Mute zu euch sprechen über den Erzvater David. Er starb und wurde begraben; und sein Grab ist hier bei uns bis auf den heutigen Tag. Da er ein Prophet war und des Eides gedachte, den Gott ihm geschworen, einen aus seinem Samen auf seinen Thron zu erheben, schaute er in die Zukunft und sprach von der Auferstehung des Christus mit den Worten: Seine Seele bleibt nicht im Totenreich, und seine irdische Hülle fällt nicht der Verwesung anheim.

Daß Gott diesen Jesus, von dem wir sprechen, auferweckt hat, davon sind wir alle Zeugen. Nun ist er erhöht zur Rechten Gottes, und die Verheißung des Heiligen Geistes ist ihm von Gott übertragen worden. So hat er die Kräfte ausgegossen, die ihr seht und hört.

Petrus erwiderte ihnen: Kehret um! Jeder von euch lasse sich auf den Namen Jesu Christi taufen zur Vergebung eurer Sünden, und ihr werdet die Gabe des Heiligen Geistes empfangen! Denn euch gilt die Verheißung und euern Kindern, samt allen bis in die ferne Zukunft, die der Herr unser Gott berufen wird.

Noch mit manchen weiteren Worten legte er Zeugnis ab und mahnte sie: Laßt euch retten aus diesem verderbten Geschlecht!

Die sein Wort aufnahmen, ließen sich taufen, und so wurden an jenem Tage an die dreitausend Personen hinzugefügt.

Wir feiern heute Pfingsten. Pfingsten kommt von dem griechischen Worte „pentekonta“ und heißt fünfzig. Am fünfzigsten Tag nach Ostern, genau sieben Wochen nach Ostern wird das Pfingstfest gefeiert. Fünfzig ist fünf mal zehn. Die Fünfzahl weist hin auf das fünfte Lebensreich des Kosmos. Das Steinreich, das Pflanzenreich, das Tierreich und das Menschenreich sind die vier unteren Lebensreiche. Darüber kraftet als fünftes Reich das Gottes-Reich, oder wie die alten Griechen schon sagten: Über den irdischen Elementen Erde, Wasser, Luft und Feuer gibt es ein fünftes Element, eine quinta essentia, eine Quintessenz, das rein geistige Element. Und Zehn ist die Zahl des göttlichen Feuerhimmels. Über den kosmischen Sphären, über den sieben Planetensphären, über der Fixsternsphäre, über dem Kristallhimmel kraftet als zehnte, höchste Sphäre die Sphäre des göttlichen Feuerhimmels. Die Zahl Fünf weist also hin auf das Göttliche im Menschen, die Zahl Zehn auf das Göttliche im gesamten Kosmos, und fünf mal zehn, die Zahl Fünfzig, deutet darauf, daß in Mensch und Kosmos das Göttliche zum vollen Siege kommen wird, daß das Reich Gottes Wirklichkeit wird in Mensch und Kosmos. So kommt am Pfingsttag das christliche Mysterium zu seiner höchsten Erfüllung.

Was in der Natur erlebt wird zwischen Fastnachtssonntag und Pfingstsonntag, kann uns ein Bild sein dieses ganzen geistigen Geschehens. Um Quinquagesima herum, fünfzig Tage vor Ostern, bei Beginn der Fastenzeit tritt die Schneeschmelze ein; da wird alles, was im Winter verhärtet und erstarrt war in der Natur, aufgelöst und durchdrungen von den Kräften des Wassers, da wird das Leben chaotisiert, da wird die ganze Erde von neuen himmlischen Wasserkräften fruchtbar gemacht. Dann beginnt allmählich, wenn der Schnee geschmolzen ist, das Keimen und das Sprossen, und es kommt zu Ostern das Grün hervor. Dann gehen wir gleichsam in der Natur mit den Pflanzen den Weg vom Erdelement durch das Wasserelement und dürfen sie in ihrem Werden begleiten bis zum Luft- und Feuerelement. An Pfingsten sind die Pflanzen voll entfaltet; ihre Blüten öffnen sich dem Licht. Feuer und Luft offenbaren das göttliche Leben im Wachstum der Pflanze, in der ganzen Natur.

Was die Apostel an Pfingsten erleben, als der Geist in Luft und Feuer, im Sturmesbrausen und in feurigen Flammen sich ihnen zeigt, das ist, könnte man sagen, der Beginn der Wiederkunft Christi. An Himmelfahrt hatte der Auferstandene sich den Blicken der Jünger entzogen, an Pfingsten kommt der Christusgeist wieder, aber nicht in äußeren, sichtbaren Erscheinungen; er zieht in diesem Brausen, in diesen Flammen ein in ihr Inneres. Im Bewußtsein offenbart sich jetzt der Gottesgeist den Menschen. Christus ist ausgegossen in alle Weiten des Himmels, emporgestiegen in überkosmische Welten, in den Ewigkeitsbereich Gottes. Und dieser flammende Geist des überkosmischen Gottes strömt nun nieder an Pfingsten und erfüllt von innen her die Herzen der Jünger. Da werden sie von Gottes Geist so erfüllt, daß sie zu wahrhaft freien Menschen werden, da siegt der ewige Mensch über den zeitlichen Menschen, da wird er unabhängig von aller äußeren Tradition, von allen äußeren Überlieferungen und heiligen Schriften, da wird der Mensch selbst die Schrift und selbst das Leben, und der Kosmos wird durchdrungen von diesen göttlichen Kräften, wie der ganze Mensch durchdrungen wird.

Das Sprachenwunder offenbart uns die Überwindung aller Sprachgrenzen. Erst die Menschheit ist der ganze Mensch. Alle Scheidungen in Völker, in Rassen und Sprachen fallen dahin, wo diese heilige Geistkraft im Menschen lebendig wird. Ja, der Heilige Geist macht den Menschen und den ganzen Kosmos wieder heil. Auch der Kosmos ist dem Sündenfall erlegen; auch die Natur, die Kreatur seufzen, wie Paulus sagt, nach dem Offenbar-Werden der Söhne Gottes. An Pfingsten geschieht dieses Offenbar-Werden der Söhne Gottes, da beginnt gewissermaßen mit der Wiederkunft Christi das Weltende. Die alte Welt stirbt, und eine neue Welt wird lebendig. Mensch und Welt werden wieder heil. Der „Trost der ganzen Welt", das ist der Heilige, der heilende Geist, der da ausgegossen wird über die Jünger am Pfingsttag. Auch uns möge dieser Geist heute erfüllen, und wir sprechen mit unserem großen Dichter Novalis:

„Wo bleibst du, Trost der ganzen Welt?
Herberg' ist dir schon längst bestellt.
Verlangend sieht ein jedes dich
Und öffnet deinem Segen sich.

Geuß, Vater, ihn gewaltig aus,
Gib ihn aus deinem Arm heraus:
Nur Unschuld, Lieb' und süße Scham
Hielt ihn, daß er nicht längst schon kam.

Treib ihn von dir in unsern Arm,
Daß er von deinem Hauch noch warm;
In schweren Wolken sammle ihn
Und laß ihn so herniederziehn.

In kühlen Strömen send' ihn her,
In Feuerflammen lodre er,
In Luft und Öl, in Klang und Tau
Durchdring er unsrer Erde Bau.

So wird der heil'ge Kampf gekämpft,
So wird der Hölle Grimm gedämpft,
Und ewig blühend geht allhier
Das alte Paradies herfür."

(„Geistliche Lieder", 11, 1—5)

Pfingstmontag

Zweiter Petrus-Brief 1, 3—11 — Mit der Erkenntnis Christi erschließt sich die Fülle der Heilsgüter

Alles, was uns von seiner göttlichen Macht zum Leben und zur Frömmigkeit gegeben ist, kommt uns durch die Erkenntnis dessen, der uns in seiner Herrlichkeit und Kraft berufen hat. Dadurch hat er uns seine kostbaren, erhabenen Verheißungen geschenkt: der göttlichen Natur sollt ihr dadurch teilhaftig werden und der Verderbnis der Selbstsucht in der Welt entrinnen.

So bietet denn dafür euren ganzen Eifer auf und setzt im Glauben euren sittlichen Willen und damit die Erkenntnis ein, mit der Erkenntnis die Selbstbeherrschung und damit die Geduld, mit der Geduld die Gottesfurcht und damit die Bruderliebe, und mit der Bruderliebe die heilige Liebe überhaupt. Denn wenn dies bei euch vorhanden ist und sich entfaltet, so könnt ihr nicht untätig und ohne Frucht sein in der Erkenntnis Jesu Christi, unseres Herrn; wem aber dies abgeht, der ist blind und tappt im Ungewissen, und er vernachlässigt die Reinigung von seinen früheren Sünden.

Darum seid um so mehr darauf bedacht, Brüder, durch gute Werke eure Berufung und Erwählung zu festigen; denn wenn ihr dies tut, werdet ihr gewiß nicht zu Fall kommen; auf solche Weise wird reichlich Gewähr geboten sein, daß ihr eingeht in das ewige Reich unseres Herrn und Erlösers Jesus Christus.

In diesen Worten spricht der Apostel Paulus von der Wirkung des Heiligen Geistes im Menschen. Durch die Einwohnung des Gottesgeistes wird er nicht nur von Gott begnadet, sondern er wird vergottet. Wir gewinnen Anteil an der göttlichen Natur selber, sagt der Apostel. Der Mensch wird wie Christus ein gott-menschliches Wesen. Die Überlieferung spricht von sieben Gaben des Heiligen Geistes. So lesen wir schon beim Propheten Jesaja:

> „Doch ein Reis wird sprossen aus dem Wurzelstock Jesse; ein Sprößling bricht aus seiner Wurzel hervor. Auf ihm wird ruhen der Geist des Herrn, der Geist der Weisheit und der Unterscheidung, der Geist des Rates und der Stärke, der Geist der Erkenntnis und der Furcht des Herrn"(11, 1—2).

Sieben Geister Gottes kennen wir. Der Geist Gottes schwebte einst über den Wassern der Urschöpfung und bildete die Welt in sieben großen Weltentagen. Unser kosmisches System weist sieben Planetensphären auf. Und auch der Mensch selbst ist ein siebengliedriges Wesen. Wir tragen in uns das Steinreich an unserem irdisch-menschlichen Körper. Wir haben in uns die Lebens- und Wachstumskräfte des Pflanzenreiches und die Triebseelenkräfte des Tierreiches; und darüber entfaltet sich, über Stein, Pflanze und Tier in uns, das eigentlich menschliche Wesen. Über dieser Vierheit aber lebt eine göttliche Dreiheit, das innerste Wesen des Menschen, der Gottesfunke. Dieser kommt dreifach zur Entfaltung, so daß das ganze Menschenwesen eine Vierheit und eine Dreiheit, eine Siebenheit, darstellt.

Wenn das göttliche Licht, die Kraft des Gottesfunkens in uns, durchdringt und durchleuchtet die niedere Triebseele, dann wird sie gewandelt zur lichten Geistseele, dann wird der Gegensatz zwischen niederer, triebhaft gebundener Liebe und reiner göttlicher Liebe in uns überwunden, dann besteht kein Gegensatz mehr zwischen Natur und Geist, zwischen Pflicht und Neigung, dann ist die irdische Liebe und die Gottesliebe in uns eins geworden.

Und weiter, wenn die Kraft des Gottesfunkens hineinwirkt in die Lebens- und Wachstumskräfte, dann wird der Gegensatz in uns überwunden zwischen den bloß dumpf quellenden Lebens- und Wachstumskräften und den Bewußtseins- und Erkenntniskräften. Die Erkenntniskräfte werden in uns leicht starr und unlebendig, und die Lebenskräfte sind nicht durchlichtet. Doch die Wirkung des Gottesfunkens in uns hebt diesen Gegensatz auf. Das Leben in uns wird licht und klar, die Erkenntnis in uns wird lebendig und strahlend; dann braucht der Mensch nicht mehr durch Begriffe und Worte unzulänglich verkünden vom göttlichen Licht, von der göttlichen Wahrheit, dann strahlt er einfach die Wahrheit den Mitmenschen zu, dann teilt er sich mit durch lichte Strahlkraft, so wie Liebende einander verstehen ohne Worte. Dann ist auch die Todgebundenheit der Lebenskräfte — alles irdische Leben verfällt einmal dem Tod — überwunden, dann wird die Sphäre der Lebenskräfte durchdrungen von dem göttlichen Licht, dann werden Ströme lebendigen Wassers von unserem Leibe fließen, dann wird göttliche Heilkraft durch unsere Lebenskräfte ausströmen auf die Mitmenschen, dann werden wir wie Christus wirken können, der mit seinen göttlichen Lebenskräften Kranke heilte.

Und wenn zuletzt der göttliche Funke in uns das irdisch-leibliche Wesen durchdringt, dann wird auch der physische Leib dem Tod entrissen, dann wird der Gegensatz zwischen physischer Sterblichkeit und göttlichem Leben in uns überwunden. So wird durch die Kraft des Gottesfunkens in uns das ganze Menschenwesen nach Seele, Lebenskräften und physischem Körper durchstrahlt und verklärt. Es leuchten in uns auf göttliche Liebe, göttliches Licht, göttliches Leben; dann ist erst der wahre, der ewige Mensch in uns Wirklichkeit geworden.

Der Apostel spricht in den Worten, die wir gehört haben, auch von dem Weg, den wir gehen müssen, damit dieser göttliche, ewige Mensch in uns offenbar wird durch die Kraft des Heiligen Geistes. Wir müssen zunächst einmal uns deutlich machen, daß das nicht von uns aus gewirkt werden kann. Die Kraft des Heiligen Geistes bewirkt diese Offenbarung in uns, aber wir müssen uns der Kraft des Heiligen Geistes öffnen.

An einer Stelle des Evangeliums sagt Christus einmal: „Alle Sünden können dem Menschen vergeben werden. Wer Gott lästert, das kann dem Menschen vergeben werden, wer den Sohnes-Gott lästert, das kann dem Menschen vergeben werden, aber nicht vergeben werden kann dem Menschen die Sünde wider den Heiligen Geist." Diese Sünde wider den Heiligen Geist ist das Verschlossen-Sein des Menschen gegenüber dem göttlichen Geist. Wer sich verschließt, in sich selbst verkrampft, wer sich nicht hingeben und öffnen kann dem göttlichen Geist, dem kann diese Sünde nie vergeben werden weder in dieser noch in jener Welt; erst wenn er sich öffnet, dann kann auch diese Sünde überwunden werden, dann ist es aber nicht mehr Sünde wider den Heiligen Geist, dann ist es Offenheit für den Heiligen Geist geworden.

Nun, das allererste bei dieser Öffnung für den Heiligen Geist ist, daß wir, wie Christus in der Einleitung der Bergpredigt sagt, zu Bettlern vor dem Geist werden. „Selig sind die Bettler vor dem Geist, denn ihrer ist das Himmelreich." Ja, Bettler werden vor dem Geist, das heißt: Wir müssen uns bewußt werden, daß wir mit all unseren Begabungen nur Bettler sind vor dem Gottesgeist; wir müssen die wahre Demut in uns tragen, die uns fühlen läßt, daß all unsere menschlichen Besitztümer, all unsere menschlichen Geistesgaben, all unsere höchsten geistigen Strebungen ein Nichts sind vor dem Gottesgeist. Aus dieser Hingabe erwächst in uns auch die Bereitschaft, zu horchen und zu lauschen auf das, was der Gottesgeist zutiefst in unserem Inneren spricht, was der Gottesgeist gesprochen hat zu all den großen geistig-erweckten Menschen, Propheten und Mystikern, erwächst die Fähigkeit des Glaubens, der gläubigen Aufnahme der göttlichen Wahrheit. Wo die rechte Demut fehlt, da fehlt auch der rechte Glaube. Wir müssen diese Wahrheiten zunächst einmal gläubig hinnehmen und danach handeln und tun. „Wer die Wahrheit tut, der kommt an das Licht." Aus den bloßen menschlichen Erkenntniskräften können wir die höheren, geistigen Wahrheiten nie fassen; wir ahnen zunächst diese höheren Wahrheiten, und wenn wir dann danach leben und handeln, dann kommen wir durch dieses Tun an das Licht. Also sagt der Apostel: zuerst gläubige Hingabe und Tun der Wahrheit. Aus diesem Tun der Wahrheit gewinnen wir dann die Seinserfahrung der Wahrheit, und aus dieser Seinserfahrung kommen wir zu göttlich-geistiger Erkenntnis, zu jener Erkenntnis, die sogar die Tiefen der Gottheit erforscht. Petrus schildert diesen Weg in seinem zweiten Brief besonders schön, wenn er sagt:

> „Entgehen sollt ihr dem Untergang des begierdetragenden Wesens, das der Sinnenwelt angehört. Verwendet nun allen Fleiß und alle Hingabe darauf, daß aus der Kraft eures Glaubens" — das ist der Anfang des Weges — „wahre Sittlichkeit erwächst und aus der Sittlichkeit die Geist-Erkenntnis, aus der Geist-Erkenntnis die Seelenläuterung, aus der Seelenläuterung die Schicksalstragekraft, aus der Schicksalstragekraft die Frömmigkeit, aus der Frömmigkeit die Brüderlichkeit und aus der Brüderlichkeit die Gemeinschaft der Liebe" (1, 4—7; frei nach Lic. Emil Bock).

Das ist der Weg zur Durchlichtung unseres Menschenwesens, zur Erkraftung des Gottesfunkens in unsere Seele. So wird durch den heiligen Pfingstgeist der Gottesfunke im Menschen geweckt und das ganze Menschenwesen lichtverklärt.

An Pfingsten schmücken wir die Häuser mit Birkenlaub. Die Birke ist ein ganz besonders lichter Baum. Vergleichen wir einmal die Birke, den Pfingstbaum, mit dem Tannenbaum, dem Weihnachtsbaum! Die Tanne hat etwas Dunkles und Erdenschweres an sich. Wenn man durch einen Tannenwald geht, da ist es dunkel; wenn man durch einen Birkenwald geht, da ist es licht und hell. Die Blätter der Birke sind licht und locker gestellt, überall dringt das Sonnenlicht durch. Sie strömen einen zarten, feinen, ätherischen Geruch aus. Der Saft der Birke hat ganz besondere Heilkräfte in sich. Und betrachten wir die Blätter der Birke: Sie haben alle Herzform. Die Birke ist so recht ein Sinnbild des durchlichteten, aus den Herzkräften des Gottesfunkens lebenden Menschen.

Schauen wir den siebenarmigen Leuchter auf unserem Andachtstisch an! Die sieben Lichter deuten hin auf die sieben Geister Gottes, auf das siebengliedrige Wesen des Menschen, auf die sieben kosmischen Planetensphären, von denen noch heute unsere sieben Wochentage ihren Namen tragen. Die sieben Gaben des Geistes, die sieben Geister Gottes wollen uns an Pfingsten geschenkt werden, damit wir selbst zu Gottmenschen werden durch die Kraft des heiligen Christusgeistes. Wer an diesen heiligen Christusgeist nicht glauben kann, wer sich nicht hingeben kann dem höheren, übermenschlichen, göttlichen Geist, wer nicht zum Bettler vor dem Geist werden kann, der richtet sich dadurch selbst. „Das ist das Gericht, daß das Licht in die Welt gekommen ist." Darum ist das Kommen des Geistes zugleich auch Gericht, nicht nur Erleuchtung. In der Weltvollendung muß in die Tiefe stürzen, was zur Höhe nicht streben will.

„...'
Aus hartem Kieselsteine ist
Zu locken ird'schen Feuers Glut,
O Mensch! wenn noch so hart du bist,
In dir ein Funke Gottes ruht.

Doch wie aus hartem Steine nur
Durch harten Schlag der Funke bricht,
Erfordert's Kampf mit der Natur,
Bis aus ihr bricht das Gotteslicht.

Drum ringe! schaffe! bis der Geist,
Tat's auch dem Fleische weh, gesiegt,
Sich aus der Nacht zum Lichte reißt
Und unter ihm die Schlacke liegt."

(Justinus Kerner, „Zuruf")

TRINITATIS

Trinitatis-Sonntag

Erster Johannes-Brief 4, 7—21 — Die wahre Gottesliebe
5, 3 — 8 — Glaube und Liebe zu Christus, dem von Gott Bezeugten

Meine Lieben, laßt uns einander lieben: denn die Liebe ist aus Gott, und wer liebt, ist aus Gott geboren und erkennt Gott. Wer nicht liebt, hat Gott nicht erkannt; denn Gott ist Liebe. Dadurch ist die Liebe Gottes unter uns offenbar geworden, daß Er seinen aus der Einheit geborenen Sohn in die Welt sandte. Durch Ihn sollten wir die Kraft des Lebens empfangen. Das ist das Wesen der Liebe, nicht daß wir Gott geliebt haben, sondern daß Er uns geliebt hat und daß Er seinen Sohn entsandte zur Versöhnung für unsere Sünden.

Ihr Lieben, wenn Gott uns so geliebt hat, so sollen auch wir uns untereinander lieben. Keiner hat Gott je geschaut, wenn wir aber einander lieben, so wohnt Gott in uns, und seine Liebe vollendet sich in uns als Weiheziel. Daran erkennen wir, daß wir in ihm wohnen und Er in uns; denn Er hat uns von seinem Geiste gegeben. Und wir haben es geschaut und bezeugen es, daß der Vater seinen Sohn gesandt hat als Heiler der Erdenwelt. Wer sich dazu bekennt, daß Jesus der Sohn Gottes ist, in dem bleibt Gott, und er in Gott.

Wir haben die Liebe, mit der Gott unserem Wesen einwohnt, erkannt und unser Herz mit ihr verbunden. Gott ist Liebe, und wer in der Liebe bleibt, der bleibt in Gott und Gott bleibt in ihm. Darin erfährt die Liebe unter uns ihre Vollendung, daß wir Freimut und Freudigkeit besitzen am Tage der Entscheidung; denn wie Er in dieser Welt ist, so sind auch wir in dieser Welt.

Furcht ist nicht in der Liebe, sondern die Liebe in ihrer Weihevollendung treibt die Furcht aus; denn die Furcht trägt Qual in sich. Wer sich fürchtet, ist in der Liebe nicht zur Weihevollendung gekommen.

Lasset uns lieben, denn Er hat uns zuerst geliebt! Wenn einer sagt, ich liebe Gott und haßt doch seinen Bruder, so ist er ein Lügner; denn wer seinen Bruder, den er sieht, nicht liebt, der kann Gott, den er nicht sieht, erst recht nicht lieben. Dieses Weiheziel haben wir von Ihm empfangen, daß der, welcher Gott liebt, auch seinen Bruder lieben soll.

Das ist das Wesen der Gottesliebe, daß wir die göttlichen Weltenziele in unserem Willen tragen. Und diese Ziele sind keine schwere Last; denn wer aus Gott geboren ist, überwindet die Welt. Und unser Glaube ist der Sieg, der die Welt überwunden hat. Wer aber ist Sieger über die Welt, wenn nicht der, welcher mit dem Herzen erkennt, daß Jesus der Sohn Gottes ist.

Er ist es, der da kommt in Wasser und Blut: Jesus Christus. Nicht in Wasser allein, sondern in Wasser und Blut. Und der in der Luft wehende Geist zeugt von Ihm; denn der Geist ist die Wahrheit. Dreie sind, die da zeugen von Ihm: der in der Luft wehende Geist, das Wasser und das Blut, und die drei sind eins.

Heute, am Sonntag nach Pfingsten, feiern wir das Fest der göttlichen Dreifaltigkeit. Schauen wir noch einmal zurück in den Jahreskreislauf! Das Christus-Jahr beginnt mit der Adventszeit und mit Weihnachten. Das ist die dunkelste Zeit im ganzen Jahr. Die dunklen, die verborgenen Tiefen der Gottheit verehren wir in dieser Zeit. Der Vater-Gott, der unoffenbare Gott, ist es, der den Sohn zur Erde sendet am Weihnachtsfest. Und in dieser Mitt-Winterzeit ruhen in der Erde verborgen die Samenkörner im Dunkeln. So ruht auch im Herzen der Menschen das Samenkorn des Geistmenschen verborgen — hineingesenkt in das Herz der Menschen durch den unoffenbaren Gott, den verborgenen Gott, damit er dereinst offenbar werde im Herzen der Menschen. So kann man sagen, die Adventszeit, die Weihnachtszeit, das ist die Zeit des Vater-Gottes.

Wenn das Jahr fortschreitet, wenn der Frühling kommt, dann feiern wir Ostern. Das ist das Fest des Sohnes-Gottes, des Auferstandenen. In der äußeren Natur keimt das Samenkorn, die grüne Pflanze entwickelt sich daraus und wächst der Sonne entgegen. Wie die Pflanze offenbar wird in ihrer irdischen Gestalt, so wird durch den Auferstandenen, der als Samenkorn sich im Herzen entfaltet, die wahre Geistgestalt des Menschen offenbar: Ostern, das Fest des Sohnes-Gottes, das Fest des entfalteten, wahren, gottebenbildlichen Menschen.

In den sieben Wochen, die von Ostern über Himmelfahrt zu Pfingsten führen, erleben wir in der äußeren Natur, wie die Pflanzen sich voll entfalten, wie die Pflanzen ihre Blüten der Sonne entgegenheben. Wie man an der Blüte die Pflanze erst richtig begreift, so erfahren wir in den Wochen zwischen Ostern und Pfingsten, wie die Lichtgestalt des Auferstandenen der Sonne entgegenwächst, wie sie sich durch den ganzen Kosmos entfaltet; der ganze Kosmos kann da erlebt werden als großer, geist-lebendiger Organismus, dessen Mittelpunkt der Auferstandene, der in kosmische Weiten sich erhebende und ausgießende Christus ist.

An Pfingsten kommt der durch alle Weiten des Kosmos gedrungene, bis in den Ewigkeitsbereich des göttlichen Feuerhimmels emporgestiegene Christus wieder herab auf die Menschen als das flammende Feuer des Geistes. Das ewige, das überkosmische Gottesbewußtsein wird lebendig im Ich des Menschen; da erleben wir die Kraft des Heiligen Geistes. Pfingsten ist das Fest des Geistes, so wie Advent und Weihnachten die Festzeit des Vaters und Ostern die Festzeit des Sohnes ist.

Und jetzt, am Sonntag nach Pfingsten, am Dreifaltigkeits-Sonntag, sollen wir die ganze Fülle der Gottheit, den dreifaltigen Gott als Vater, Sohn und Geist in seiner erhabenen Einheit in uns erleben, den einen, den ewigen, den lebendigen Gott in diesen drei Aspekten von Vater, Sohn und Geist. Nicht von drei Gott-Wesenheiten sprechen wir — wir erleben den einen Gott, den ewigen, den lebendigen, den einzigen Gott in der Dreifalt seiner Aspekte. Der unoffenbare Gott, der verborgene Gott, ist der Vater-Gott. Der sich offenbarende Gott, der den Menschen sich zuwendende Gott, das menschliche Antlitz Gottes, ist der Sohnes-Gott, und die Kraft, die wirkt zwischem dem unoffenbaren und dem offenbaren Gott, diese Kraft, die strömt zwischen Vater und Sohn, die den verborgenen Vater offenbar werden läßt im Sohn: das ist der Heilige Geist.

Wollten wir es einmal in einem Bild betrachten, dann könnten wir hinschauen auf die Sonne. Das innere Leben der Sonne würde dem Vater-Aspekt Gottes entsprechen. Das leuchtende, strahlende Licht der Sonne, das die Sonne sichtbar macht, würde dem Sohnes-Gott, dem offenbarenden Gott, entsprechen, und das, was im inneren Leben und im Licht der Sonne wirkt als Wärme, würde dem Heiligen Geist entsprechen. Nur durch diese Wärmekraft kann auch der Mensch zum Gott-Erleben erweckt werden. Stellen wir uns einmal ein Küchlein vor, das noch verborgen ist im Ei! Dieses kleine Küchlein im Ei weiß von der Welt noch nichts. Wenn aber die brütende Wärme der Vogelmutter das Ei allmählich sich entwickeln läßt, dann kommt es zuletzt dazu, daß durch die Wärme der Vogelmutter das Küchlein das Ei mit dem Schnabel zertrümmert, aus dem Ei sich befreit und auf den Flügeln sich erhebt in die weite, die lichte Welt.

So ist es auch mit uns. Die Wärmekraft des Heiligen Geistes kann uns nur zur wahren, vollen Entwicklung bringen. Solange wir eingebunden sind in unseren irdischen Leib, unser irdisches Erkennen, unser sinnliches Wahrnehmen — da sind wir vergleichbar dem Küchlein im Ei —, solange wissen wir nichts von der Größe und Weite der himmlischen Welt. Wenn aber die Wärmekraft des Heiligen Geistes uns erweckt, dann sprengen wir diese Schale der physischen Welt, dann erheben wir uns auf den Flügeln des Geistes in die lichte, hohe Gotteswelt, dann wissen wir erst, was wahrhaft die Welt und Gott und Mensch sind.

Wir können uns daran erinnern, daß auch wir dreifaltige Kräfte in uns bergen, die wiederum Abbild der göttlichen Dreifaltigkeit sind.

Wir haben in uns die Kraft des Denkens, die Kraft des Fühlens, die Kraft des Wollens. Bei einem Menschen entwickelt sich das Denken stärker, beim anderen das Fühlen, beim dritten das Wollen, das Tun und Handeln. Der Mensch, der hauptsächlich im Denken lebt, dessen höchstes Streben ist die Wahrheit; er will mit seinem Denken die Wahrheit fassen und ergründen und übersieht dabei meistens, daß man an die tiefste, seiende Wahrheit mit dem Denken nicht herankommt. In der Entwicklung seines Denkens geht er an der wahren Wirklichkeit vorbei. Der Mensch, der betont im Fühlen lebt, meint, nur mit den Tiefen des Gefühls könne er heran an das wahre Sein. Schönheit und Liebe sind seine obersten Werte, und indem er ganz in dieser Sphäre des Fühlens, Liebens, der Schönheit aufgeht, bleibt er ebenfalls in einer Welt der Täuschung befangen. Und ein dritter ist ein Tatmensch, der vorwiegend auf Wollen und Handeln aus ist. Die Verwirklichung des Guten erscheint ihm als das höchste Menschenziel, und in diesem Handeln und Tun, in diesem Streben nach dem Guten geht auch er an der wahren Wirklichkeit vorbei. Unser menschliches Denken, Fühlen und Wollen sind nur ein Schattenbild der göttlichen Dreifaltigkeit.

Höher als das Wahre, das Schöne, das Gute steht das Heilige. Über diesen menschlichen Werten des Wahren, Schönen und Guten kraftet die Sphäre des Heiligen in uns, die göttlich-schöpferische Kraft, die der Apostel Johannes in dem Brief, den wir eben gehört haben, Liebe nennt. Im Griechischen heißt diese Liebe „agape". Agape ist etwas unendlich viel Höheres als das, was wir gewöhnlich Liebe nennen. Der Apostel sagt ausdrücklich: „Nicht darin besteht das Wesen der Liebe, daß wir Gott geliebt haben, sondern darin, daß Gott uns geliebt hat." Gott ist seinem tiefsten Wesen nach Liebe, aber keineswegs menschliche Liebe. Die Agape Gottes ist die Einheit all dieser menschlichen Kräfte, in der Agape Gottes einen sich Licht, Liebe und Leben, einen sich Denken, Fühlen und Wollen, einen sich das Wahre, das Schöne und Gute. Das ist das Wesen des dreieinigen Gottes, daß in Gottes Einheit diese Kräfte zur Harmonie gebracht sind, während wir diese Kräfte immer nur teilweise, schattenhaft verwirklichen in unserem Denken, unserem Lieben, unserem Wollen.

Daran sollen wir heute, am Fest der göttlichen Dreifaltigkeit, denken, daß das tiefste Wesen Gottes allumfassende, schaffende Liebe ist, die in sich die menschlichen Werte des Wahren, des Schönen, des Guten und des Denkens, des Fühlens, des Wollens eint. Wo diese Kraft in uns lebendig wird, da kommen wir erst zur wahren Vollendung, da haben wir die Fähigkeit, Böses mit Gutem zu vergelten, da sind wir aufgenommen in die gnadensonnenhafte Geistigkeit Gottes, da können wir schenkend strahlen das, was Gott in uns lebendig macht. Da können wir aber auch das Feindlichste, das Schwerste und Bedrückendste bejahen und liebend aufnehmen, da gibt es keine Gegnerschaft mehr, da gibt es nichts mehr, was uns widerstehen könnte oder was uns zuwider sein könnte, da leben wir ganz nur aus der strahlenden Gnadensonne Gottes. Die Agape Gottes strahlt wider in uns zugleich als göttliche und menschliche Liebe.

Das ist es, was uns Menschen als höchstes Weiheziel vorschwebt. Darum sagt der Apostel: „Furcht ist nicht in der Liebe." Wer noch irgendwie Furcht hat, der ist noch nicht zur Weihevollendung gekommen. Der Mensch, in dem die Agape Gottes, das einheitliche Wesen Gottes, in dem Wahrheit, Schönheit, Güte und Licht, Liebe und Leben eins geworden sind, ist in Gott selber geborgen.

Alles menschliche Lieben strebt danach, sich irgendwie vom Menschlichen her zu vollenden. Ob wir unseren Nächsten lieben, weil er uns liebenswert ist, nach dem wir uns sehnen, oder ob wir Gott lieben, weil er die höchste Vollendung aller Werte darstellt, das ist alles menschliche Liebe. Die christliche Agape meint nicht die Liebe des Menschen zu Gott, sondern sie meint die Liebe Gottes zum Menschen; die christliche Agape meint nicht das Sich-Sehnen des Menschen nach Gott, nach dem höchsten Wert, das Emporstreben des Menschen zu Gott, sondern die christliche Agape meint den Weg Gottes zum Menschen, meint jene strahlende, schöpferische Liebe Gottes, die sich gerade dem scheinbar Wertlosen zuwendet, um es hineinzuheben in das göttliche Licht. Die menschliche Liebe sucht immer nach Werten, die Gottesliebe erbarmt sich des Wertlosen und hebt es empor in ihr eigenes Licht. Und wo das im Menschenherzen lebendig wird, da wird Gott selbst im Menschen lebendig, da wissen wir, daß alles Sein durch diese Liebe in Gott verklärt wird.

Zuletzt sagt der Apostel noch: Christus kommt nicht nur in Wasser, sondern „in Wasser und Blut". Wasser ist das Bild der Himmelswelt. Das soll heißen: Christus kommt zu den Menschen nicht nur als eine Himmelskraft, er kommt in Wasser und Blut. Blut deutet auf das Erdhafte, das Irdische in uns. Er kommt als diejenige göttliche Kraft zu uns, die Himmel und Erde eint. Er kommt in Wasser und Blut, das heißt, er kommt mit Himmel und Erde. In ihm vereinen sich Himmel und Erde. Und was vermittelt zwischen Wasser und Blut, zwischen Himmel und Erde, das ist der in der Luft wehende Geist, so wie die Luftatmosphäre zwischen dem Sternenhimmel und der Erde liegt. Der Geist ist es, der uns erweckt, die Wärmekraft ist es, die uns aufschließt für die Fülle der Gottheit. Und die Drei-Wasser, Blut und der in der Luft wehende Geist — sind eines in der göttlichen Agape, in der göttlichen Liebe.

Fronleichnam

Johannes 6, 35—47 — Das geistige Lebensbrot
48—58 — Das eucharistische Lebensbrot
59—65 — Spaltung zwischen Glaube und Unglaube
66—69 — Scheidung der Geister

Jesus sprach zu den Juden: Ich bin das Brot des Lebens. Wer zu mir kommt, wird nicht mehr hungern; und wer an mich glaubt, wird nicht mehr dürsten. Aber ich habe euch schon gesagt, ihr habt mich zwar gesehen, aber ihr glaubt mir nicht.

Alles, was der Vater mir gibt, wird zu mir kommen, und wer zu mir kommt, den werde ich gewiß nicht fortweisen. Ich bin ja vom Himmel herabgekommen, nicht um meinen Willen zu tun, sondern den Willen dessen, der mich gesandt hat; und das ist der Wille dessen, der mich gesandt hat, daß ich alles, was er mir gegeben hat, nicht verliere, sondern es auferwecke am Jüngsten Tage. Denn der Wille meines Vaters ist es, daß jeder, der den Sohn schaut und an ihn glaubt, ewiges Leben habe, und daß ich ihn auferwecke am Jüngsten Tage.

Da murrten die Judäer über ihn, weil er gesagt hatte: Ich bin das Brot, das vom Himmel herabgekommen ist, und sagten: Ist das nicht Jesus, der Sohn Josefs, dessen Vater und Mutter wir kennen? Wieso behauptet er jetzt: Ich bin vom Himmel herabgekommen?

Jesus antwortete ihnen: Murret nicht untereinander! Niemand kann zu mir kommen, wenn nicht der Vater, der mich gesandt hat, ihn zieht; ihn werde ich auferwecken am Jüngsten Tage. Steht doch bei den Propheten geschrieben: Sie werden alle von Gott belehrt werden. Jeder, der auf den Vater hört und sich von ihm belehren läßt, kommt zu mir. Nicht daß einer den Vater gesehen hätte — einzig derjenige, der von Gott stammt, hat den Vater gesehen. Wahrlich, wahrlich, ich sage euch, wer glaubt, hat ewiges Leben.

Ich bin das Brot des Lebens. Eure Väter haben in der Wüste das Manna gegessen und sind gestorben; hier aber ist das Brot, das aus dem Himmel herabkommt, daß man von ihm esse und nicht sterbe. Ich bin das Brot, das lebende, das aus dem Himmel herabgekommen ist. Wer von diesem Brote ißt, wird in Ewigkeit leben, und zwar ist das Brot, welches ich geben werde, mein Fleisch für das Leben des Kosmos.

Da stritten die Judäer untereinander und sagten: Wie kann uns dieser sein Fleisch zu essen geben?

Jesus sprach zu ihnen: Wahrlich, wahrlich, ich sage euch, wenn ihr das Fleisch des Menschensohnes nicht esset und sein Blut nicht trinket, so habt ihr das Leben nicht in euch. Wer mein Fleisch ißt und mein Blut trinkt, hat ewiges Leben, und ich werde ihn auferwecken am Jüngsten Tage. Denn mein Fleisch ist die wahre Speise, und mein Blut ist der wahre Trank. Wer mein Fleisch ißt und mein Blut trinkt, bleibt in mir und ich in ihm.

Wie mich der lebendige Vater gesandt hat und ich durch den Vater lebe, so wird auch derjenige, der mich ißt, seinerseits durch mich leben.

Das ist das Brot, das aus dem Himmel herabkommt — nicht wie es die Väter gegessen haben und gestorben sind, sondern wer dieses Brot ißt, wird leben in Ewigkeit.

Dies waren seine Worte, als er in der Synagoge von Kapernaum lehrte.

Viele von seinen Jüngern, die es hörten, sagten: Hart ist diese Rede! Wer kann sie hören?

Da aber Jesus von sich aus wußte, daß seine Jünger hierüber murrten, sprach er zu ihnen: Das bereitet euch Anstoß? Und wenn ihr nun des Menschen Sohn dahin aufsteigen seht, wo er zuvor war? Der Geist ist es, der Leben wirkt; das Fleisch nützet nichts. Die Worte, die ich zu euch geredet habe, sind Geist und Leben. Aber es gibt unter euch solche, die nicht glauben.

Jesus wußte nämlich von Anfang an, welche nicht glaubten und wer ihn verraten werde, und so sagte er: Darum habe ich euch gesagt, es könne niemand zu mir kommen, es sei ihm denn vom Vater aus gegeben.

Von da an zogen sich viele seiner Jünger zurück und begleiteten ihn nicht mehr auf seinen Wanderungen.

Da sprach Jesus zu den Zwölfen: Wollt etwa auch ihr fortgehen?

Simon Petrus antwortete ihm: Herr, zu wem sollen wir gehen? Du hast Worte ewigen Lebens, und wir glauben und haben erkannt, daß du der Heilige Gottes bist.

Es sprach der Geist: Sieh auf! Es war im Traume.
Ich hob den Blick. In lichtem Wolkenraume
Sah ich den Herrn das Brot den Zwölfen brechen
Und ahnungsvolle Liebesworte sprechen.
Weit über ihre Häupter lud die Erde
Er ein mit allumarmender Gebärde.

Es sprach der Geist: Sieh auf! Ein Linnen schweben
Sah ich und vielen schon das Mahl gegeben,
Da breiteten sich unter tausend Händen
Die Tische. Doch verdämmerten die Enden
In grauen Nebel, drin auf bleichen Stufen
Kummergestalten saßen ungerufen.

Es sprach der Geist: Sieh auf! Die Luft umblaute
Ein unermeßlich Mahl, soweit ich schaute,
Da sprangen reich die Brunnen auf des Lebens,
Da streckte keine Schale sich vergebens,
Da lag das ganze Volk auf vollen Garben.
Kein Platz war leer, und keiner durfte darben."

(Conrad Ferdinand Meyer, „Alle")

Wir feiern heute Fronleichnam. Fronleichnam heißt „Leib des Herrn". Es ist das Fest der Einsetzung des Abendmahles. Christus hat das Abendmahl eingesetzt am Gründonnerstag, in der Nacht vor seinem Tod. Aber den wahren Sinn des Abendmahles kann man erst dann verstehen, wenn man Ostern, Himmelfahrt und Pfingsten erlebt hat. Darum wurde die Feier der Einsetzung des Abendmahles verlegt auf den Donnerstag nach dem Dreifaltigkeits-Sonntag. Das Fronleichnamsfest fällt also immer in die Nähe der Sommersonnenwende.

An Ostern haben die Jünger die todüberwindende Macht des auferstandenen Christus voll erfahren; da hat er auch den Leib dem Tod entrissen. Das Ostergrab war leer, da war kein Leichnam mehr. Das Mysterium von Ostern meint nicht die Unsterblichkeit von Seele und Geist des Menschen, sondern die Verklärung des ganzen Menschen nach Geist, Seele und Leib. Der Auferstandene zeigte sich leibhaft den Jüngern. Und in den Wochen nach Ostern, zwischen Ostern und Himmelfahrt, wächst die Gestalt des Auferstandenen in den ganzen Kosmos, durchdringt die ganze Natur und steigt dann an Himmelfahrt empor in den überkosmischen Feuerhimmel Gottes.

An Pfingsten aber kommt aus dem Bereich des Feuerhimmels Gottes Christus wieder zu den Jüngern. Das Pfingstfest ist der Beginn der Wiederkunft Christi. Da erleben die Jünger die überkosmische Gotteswelt in ihrem eigenen Ich. Pfingsten ist das Fest der freien, gottdurchdrungenen Persönlichkeit des Menschen. An Pfingsten wird der Mensch selbst die Schrift und selbst das Leben, und der so geistig voll erweckte Mensch vermag erst das Mysterium des Abendmahls wirklich zu verstehen. Als Christus zu den Jüngern die Worte über das Brot des Lebens sprach, die wir eben gehört haben, haben viele seiner Jünger Anstoß genommen an seiner Rede. Aber die Jünger, die Ostern, Himmelfahrt und Pfingsten erlebt haben, die verstanden wahrhaft das Abendmahl. Man könnte sagen: Karfreitag ist die Opferung, Ostern und Himmelfahrt ist die Wandlung und Pfingsten ist die Kommunion in der großen Welten-Weihehandlung.

Wenn wir nun im Jahresrhythmus weiterschreiten über Pfingsten hinaus zu Fronleichnam und zu Johanni hin, da sollen wir uns daran erinnern, daß jetzt der Mensch, in den der Heilige Geist eingezogen ist, der vom heiligen Gottesgeiste erweckt ist, nun selbst zum Messias, zum Erlöser der ganzen Natur werden soll. Er soll als Geistig-Erweckter die Kraft Christi der ihn umgebenden Natur mitteilen. Für gewöhnlich empfinden wir die Natur als die große Lebensspenderin; wir gehen hinaus in die sommerliche Natur, in den grünen Wald und lassen uns erfrischen von den strömenden, quellenden Kräften des Lebens.

Wirklich lebendig, schöpferisch war die Natur einst in fernen Äonen, als die Naturwesen noch verwandlungsfähig waren, als Tiere, Pflanzen, Steine noch in einem viel höheren Sinn lebendig waren als heute, als die Wesenheiten von Pflanze, Tier und Mensch ineinander überzugehen vermochten. Diese schöpferisch-lebendige Kraft ist längst erloschen. Heute sind in der Natur die Pflanzenarten, die Tierarten starr geworden, gehen nicht mehr ineinander über. Aber die Schöpferkraft, die einst die ganze Natur durchdrang, ist jetzt eingezogen in das Innere des Menschen. Der Mensch, der vom Heiligen Geist erweckt ist, spürt höhere göttliche Kräfte in seinem innersten Ich, als die Natur sie ihm zu geben vermag. Aus der Welt des auferstandenen Christus heraus befähigen sie ihn, sich den Wesen der Natur und seinen Mitmenschen zuzuwenden; eine erweckende und belebende Kraft geht dadurch auf die Mitmenschen, auf die Tiere, auf die Pflanzen, auf den ganzen Kosmos über. Da beginnt die innere, schöpferische Kraft, die der Mensch durch Christus, durch den Heiligen Geist empfängt, eine neue Natur allmählich zu schaffen. Der Heilige Geist soll leibhaft werden in einer neuen äußeren Natur; auf das Leibhaft-Werden des Gottesgeistes kommt alles an. Darum spricht Christus hier die Worte zu den Jüngern:

> „Ich bin das Brot des Lebens. Wer mein Fleisch ißt und mein Blut trinkt, hat ewiges Leben, und ich werde ihn auferwecken am Jüngsten Tage. Wie mich der lebendige Vater gesandt hat und ich durch den Vater lebe, so wird auch derjenige, der mich ißt, seinerseits durch mich leben.“

Aber geistig wollen diese Worte verstanden werden. Darum fügt Christus hinzu: „Der Geist ist es, der Leben wirkt, das Fleisch nützet nichts. Die Worte, die ich zu euch geredet habe, sind Geist und Leben.“ Die durch das Christus-Wort in uns erweckte Geistigkeit soll leibhaft in uns werden, soll ein neues Sein auch in der äußeren Natur gestalten.

Dieses Geheimnis ist also nicht beschränkt nur auf den Menschen, nicht beschränkt auf die Kirche; die ganze Natur, der ganze Kosmos soll teilhaben an dieser Leibwerdung des Herrn. Darum ist es ein schöner Brauch, daß man in den katholischen Ländern am heutigen Tag, wo man die Einsetzung des Abendmahles feiert, das geweihte Brot in feierlicher Prozession hinausträgt in die Natur, hinausträgt in die Straßen der Städte, gleichsam die ganze Natur damit am Segen des Abendmahles teilnehmen läßt. Das Irdisch-Leibliche verbirgt das tiefste Mysterium. Äußerlich gesehen besteht der irdische Leib aus mineralischem Stoff, gehört dem leblosen Element der Erde an. Aber selbst dieses leblose Element, der mineralische Stoff, der irdische Leib, soll durch die Kraft Christi voll verklärt werden, damit er Leib des Herrn, Fronleichnam, werde. Von diesem Mysterium spricht auch Novalis in einer Hymne seiner geistlichen Lieder:

„Wenige wissen
Das Geheimnis der Liebe,
Fühlen Unersättlichkeit
Und ewigen Durst.
Des Abendmahls
Göttliche Bedeutung
Ist den irdischen Sinnen Rätsel;
Aber wer jemals
Von heißen, geliebten Lippen
Atem des Lebens sog,
Wem heilige Glut
In zitternde Wellen das Herz schmolz,
Wem das Auge aufging,
Daß er des Himmels
Unergründliche Tiefe maß,
Wird essen von seinem Leibe
Und trinken von seinem Blute
Ewiglich.
Wer hat des irdischen Leibes
Hohen Sinn erraten?
Wer kann sagen,
Daß er das Blut versteht?
Einst ist alles Leib,
Ein Leib,
...

Hätten die Nüchternen
Einmal gekostet,
Alles verließen sie
Und setzten sich zu uns
An den Tisch der Sehnsucht,
Der nie leer wird.
Sie erkennten der Liebe
Unendliche Fülle
Und priesen die Nahrung
Von Leib und Blut."

1. Sonntag nach Trinitatis

Apostelgeschichte 10, 1—48 — Die Taufe des Kornelius

In Cäsarea war ein Mann namens Kornelius, Hauptmann von der „italienischen Kohorte", der, fromm und gottesfürchtig wie auch sein ganzes Haus, dem Volke sehr viel Gutes erwies und allezeit vor Gott dem Gebete oblag.

Eines Tages, es war um die neunte Stunde, sah er deutlich in einem Gesichte einen Engel zu sich eintreten, der sprach zu ihm: Kornelius!

Er starrte ihn an: Was ist, Herr? sagte er voller Furcht.

Deine Gebete und Liebestaten, sprach jener zu ihm, sind zu Gott emporgestiegen, und so gedenkt er deiner. Sende jetzt Boten nach Joppe und laß einen gewissen Simon kommen, den man auch Petrus nennt; beim Gerber Simon, dessen Haus am Meere liegt, ist er zu Gaste.

Mit diesen Worten entschwand der Engel. Da rief er zwei seiner Diener und einen rechtschaffenen Soldaten seines Gefolges, denen er alles erklärte, um sie nach Joppe zu senden.

Folgenden Tages, als sie sich auf den Weg gemacht und der Stadt schon nahegekommen waren, stieg Petrus auf das Dach, um zu beten. Es war um die sechste Stunde. Und da er Hunger verspürte, begehrte er zu speisen. Auf einmal, während man das Mahl bereitete, kam eine Verzückung über ihn. Er sah den Himmel offen, und eine Art Behälter, gleich einem großen Tuche, das an den vier Enden auf die Erde herabgelassen wurde, schien herniederzuschweben. Darin befanden sich allerlei Tiere, vierfüßige und kriechende, und Vögel des Himmels. Eine Stimme erscholl, die ihm sagte: Auf, Petrus, schlachte und iß!

Aber, Herr, entgegnete Petrus, nie habe ich etwas Gemeines, Unreines gegessen!

Aber wieder erscholl die Stimme und sagte zum zweiten Male: Was Gott rein erklärt hat, nenne du nicht gemein! Dasselbe geschah noch ein drittesmal, dann schwebte der Behälter rasch zum Himmel empor.

Noch war Petrus ganz ratlos, was das Gesicht, das er gehabt, bedeute, da standen die Abgesandten des Kornelius in der Torhalle. Sie hatten sich nach dem Hause Simons des Gerbers erkundigt und fragten laut, ob da nicht Simon, zugenannt Petrus, abgestiegen sei. Noch immer grübelte Petrus über sein Gesicht, als der Geist ihm sagte: Drei Männer sind da und suchen dich! Auf, erhebe dich, gehe hinunter und folge ihnen ohne jedes Bedenken! Denn ich habe sie gesandt.

Da ging Petrus zu den Männern hinunter und sagte: Ich bin es, den ihr suchet. Was ist der Grund eures Kommens?

Sie sprachen: Der Hauptmann Kornelius, ein frommer, gottesfürchtiger Mann, der bei allem Volke der Juden im besten Rufe steht, hat von seinem heiligen Engel Bescheid erhalten, er solle dich in sein Haus bestellen, um zu hören, was du ihm zu sagen habest.

Nun ließ er sie eintreten und bot ihnen Gastfreundschaft an. Am folgenden Tage brach er auf und ging mit ihnen; auch einige Brüder aus Joppe begleiteten ihn. Als sie nach einem weiteren Tage in Cäsarea eintrafen, erwartete sie Kornelius, der auch seine Verwandten und nächsten Freunde eingeladen hatte. Gerade wollte Petrus eintreten, als Kornelius ihm entgegenkam, sich ihm zu Füßen warf und ihm seine Verehrung bezeigte. Petrus hob ihn auf und sagte: Steh auf, auch ich bin ein Mensch!

Im Gespräch mit ihm trat er ein und fand eine große Gesellschaft vor. Ihr wißt, sprach er zu ihnen, für einen Juden bedeutet es einen Verstoß gegen das Gesetz, sich mit jemand aus fremdem Stamme einzulassen und ihn zu besuchen. Aber Gott hat mir gezeigt, daß ich keinen Menschen gemein oder unrein nennen darf. Deswegen bin ich auch ohne Bedenken auf die Einladung hin gekommen. Nun möchte ich fragen, aus welchem Grunde ihr mich bestellt habt?

Da sprach Kornelius: Gerade drei Tage sind es her, daß ich zur neunten Stunde in meinem Hause im Gebete war, als auf einmal ein Mann in weißem Gewande vor mir stand und sprach: Kornelius, dein Gebet ist erhört, und deine Guttaten sind unvergessen vor Gott. Sende Boten nach Joppe und bitte Simon, genannt Petrus, zu dir: er ist im Hause des Gerbers Simon am Gestade des Meeres abgestiegen. Daraufhin schickte ich gleich zu dir, und es ist edel von dir, daß du gekommen bist. Jetzt stehen wir alle vor Gott, um zu vernehmen, was dir vom Herrn aufgetragen ist.

Petrus ergriff das Wort und sprach: Wahrhaftig, nun begreife ich, daß Gott nicht auf die Person sieht, sondern daß in jedem Volke ihm wohlgefällt, wer ihn fürchtet und rechttut. Wohl hat er sein Wort den Kindern *Israels* gesandt und Frieden verkünden lassen durch Jesus Christus; aber dieser ist der Herr *aller.* Ihr wißt, was über das ganze Judenland hin sich zugetragen hat. In Galiläa begann es, nach der Taufe, die Johannes verkündete: ich meine Jesus von Nazareth, wie Gott ihn mit dem Heiligen Geiste und mit Wunderkraft salbte; dann zog er wohltatenspendend und alle vom Teufel Besessenen heilend umher: Gott war mit ihm, und wir sind Zeugen all seiner Taten, die er im Judenlande und in Jerusalem vollbrachte. Sie aber töteten ihn, da sie ihn aufhängten am Holze. Ihn hat Gott am dritten Tage erweckt und ihn befähigt, sich sichtbar zu machen — nicht allem Volke, wohl aber uns, den von Gott vorherbestimmten Zeugen. Wir durften nach seiner Auferstehung von den Toten mit ihm essen und trinken, und er gab uns Auftrag, vor dem Volke zu verkünden und zu bezeugen, daß er durch Gottes Bestimmung der Richter der Lebendigen und der Toten ist. Ihm geben Zeugnis alle Propheten, daß jeder, der an ihn glaubt, durch seinen Namen Vergebung der Sünden empfängt.

Während Petrus noch also redete, kam der Heilige Geist über alle, die seiner Rede lauschten. Außer sich vor Staunen sahen die Gläubigen aus der Beschneidung (die Judenchristen), die mit Petrus gekommen waren, daß die Gabe des Heiligen Geistes auch über die Heiden ausgegossen ward; denn man hörte sie in der Sprache der Entrückung reden und die Herrlichkeit Gottes verkünden.

Da hub Petrus an und sprach: Dürfte wohl jemand diesen das Wasser zur Taufe verwehren, die gleich uns den Heiligen Geist empfangen haben?

So gab er Weisung, sie im Namen Jesu Christi zu taufen. Danach bat man ihn, noch einige Tage zu bleiben.

„Heiliges Feuer des Geistes, erleuchte uns,
Daß hell in uns werde, was noch dunkel ist.
Heiliges Feuer des Geistes, erleuchte uns,
Daß wir den Weg finden, den die Sehnsucht unseres Herzens sucht.

Heiliges Feuer des Geistes, verbrenne in uns
Alles, was unecht und dir zuwider ist:
Daß stark werde, was schwach ist,
Daß rein werde, was getrübt ist,
Daß wachsen kann, was gesät ist,
Zur Ehre des Lichtes, in dem wir leben und weben!"

(P. E. Mieran)

Diese nachpfingstliche Geschichte zeigt uns das Wirken des Heiligen Geistes in den christlichen Urgemeinden. Damals waren die Christen nur eine ganz kleine Gruppe von Menschen in dem abgelegenen Palästina, in einem Winkel des großen, mächtigen Römischen Reiches. Äußerlich gesehen wuchs damals ständig die Macht Roms. Neben dem alten römischen Forum bauten die Kaiser ein Forum nach dem anderen. Diese Kaiser-Fora gehörten zu den mächtigsten Bauten des Alten Rom. Aber innerlich erstarb immer mehr in diesem großen Römischen Reich das geistige Leben. Die ersten Christengemeinden waren kleine Menschengruppen, von denen niemand sich etwas Besonderes versprach, und doch wurden diese Christengemeinden durch das innerliche Leben, das sie durchdrang, zu Keimzellen einer großen neuen Welt. Nach etwa dreihundert Jahren hatte das Christentum das ganze Römische Reich bis zu seiner obersten Spitze erobert.

Das Walten des Heiligen Geistes war es in den urchristlichen Gemeinden, das diesen Sieg des Gottesreiches über das Reich des Cäsars ermöglichte. Von diesem Walten des Heiligen Geistes kündet sehr anschaulich die Geschichte, die wir eben gehört haben. Sie spielt in Joppe und in Cäsarea. Joppe ist die alte Hafenstadt des heiligen Jerusalem, und Cäsarea war die neue Cäsarenstadt des unheiligen Rom. Beide Städte liegen am Mittelländischen Meer. Das Meer führt uns in die Weiten der Welt, und das Wirken des Christus-Geistes, wie wir es hier erleben in der Geschichte, erschließt uns die Weiten der göttlichen Geistwelt.

Petrus wird in einem Gesichte, das er hat, aufgefordert, die völkischen Grenzen des erstarrenden Judentums zu überschreiten, sich gleichsam hinauszuwagen auf das weite Weltmeer und die Heiden in die Christengemeinden aufzunehmen. Derselbe Geist, der Petrus die Türen zur Geistwelt aufschließt, offenbart sich auch dem Hauptmann Kornelius. Kornelius ist ein Heide, ein römischer Soldat. Auch ihm naht sich ein Engel und weist ihn hin auf das neue Leben, das in den ersten Christengemeinden entstanden ist; er fordert ihn auf, Petrus zu sich kommen zu lassen. Und Petrus kommt. Da vollzieht sich etwas überaus Wunderbares, da überschattet der Heilige Geist die Gemeinde um Kornelius, die heidnische Gemeinde, genauso, wie er an Pfingsten die Gemeinde der Apostel überschattet hat. Man könnte sagen, da empfangen die Heiden, bevor sie noch getauft sind, das Sakrament der Firmung. Zwar wirkt der Geist durch den Apostel und durch die Sakramente, aber er wirkt nicht nur auf diese Weise. Der Geist weht, wo er will; er wirkt auch unabhängig von den Aposteln und von den Sakramenten. Neben die traditionell historische Religion tritt damit das prophetisch-pneumatische Wirken des Pfingstgeistes, das an keinerlei irdische Institutionen gebunden ist. Gemeindeglied der Kirche Christi wird man nicht durch irdisch-korporative Mitgliedschaft, der Geist erfüllt alle Menschen.

Der Christusgeist durchwaltet den ganzen Kosmos. Der Mensch reicht unendlich weit über den Menschen hinaus. Der Mensch ist ein Wesen, das alle Tiefen des Kosmos durchdringt: der Mensch ist Gottes-Sohn. Mit seinem innersten Gottesfunken ist er mit der überkosmischen Gotteswelt selber verbunden, und der Sinn des Pfingstfestes ist, daß alle Menschen diesen Gottesfunken in sich lebendig spüren können, daß sie gleichsam mit dem prophetischen Geist Gottes erfüllt werden, daß sie nicht mehr von außen belehrt zu werden brauchen über Gott, daß die Stimme Gottes, das Wort Gottes, lebendig im Herzen jedes einzelnen spricht, so wie es hier sprach zum heidnischen Hauptmann Kornelius. Er sah, daß der Engel kam und ihn auf die Christengemeinden hinwies. Und Petrus hatte das Gesicht, in dem er ein großes, viereckiges Tuch sich vom Himmel herabsenken sah. Das Tuch war mit allen möglichen Tieren gefüllt, und eine Stimme kündete ihm: „Iß!" Als er zurückschreckte und sagte: „Ich habe nie etwas Unreines gegessen", antwortete ihm die Stimme: „Was Gott rein erklärt hat, nenne du nicht gemein!"

Das soll heißen: Alles ist rein vor Gott, und alle Menschen sind innerlich mit Gott verbunden. Gott offenbart sich nicht nur, so hören wir hier, einem bestimmten Volk, etwa dem jüdischen Volk; nein, er offenbart sich allen Menschen. Mag er auch durch Christus dem jüdischen Volk irdisch die Botschaft des Evangeliums zuerst verkündet haben: er spricht von nun an lebendig und allgegenwärtig in den Herzen aller Menschen. Gott sieht nicht auf die Person. In jedem Volk gefällt ihm jeder, der ihn fürchtet und rechttut. Er ist der Herr aller.

Dieses Bild, das Petrus schaut, das große viereckige Tuch mit den vielen Tieren darinnen, ist ein Symbol des gesamten Kosmos. Im Altertum wurde oft der Kosmos dargestellt durch ein Viereck. Das viereckige Tuch hier ist zugleich Symbol der vier Elemente: Erde, Wasser, Luft und Feuer, die den ganzen Kosmos bilden, und die Tiere in dem Kosmostuch sind der himmlische Tierkreis. Christus offenbart sich damit als der Herr des Kosmos, als das sonnenhafte Zentrum des ganzen Weltalls.

Wie er im Weltall das Zentrum ist, so ist er zugleich auch das Zentrum der ganzen Menschheitsentwicklung. Er ist der Genius der Menschheit, die göttlich-reine Uridee des Menschen, an der jeder einzelne wesenhaft teilhat. Was in der Idee sich auswirkt, in der formenden Geistgestalt, die den Menschen bildet, das wirkt auch in jedem einzelnen sich aus. Jeder einzelne Mensch ist unmittelbar Gott verbunden, ganz unabhängig von Priestertum, Sakramenten, Überlieferungen und Religionen. Das ist der tiefste Sinn des Pfingstereignisses.

So erfahren es hier die Juden und stehen staunend vor diesem Wunder, daß auch den Heiden, von denen sie glaubten, sie gehörten nicht zu der Christengemeinde, sich der gleiche Geist offenbart, der am Pfingsttage sich den Aposteln offenbarte. Christus ist in jedem Menschen das innerste Geistzentrum, die innerste Herzensstimme, die ihn führt. Und so sagt dann auch Petrus: Wir müssen die engen, religiösen, kirchlichen Grenzen, die bisher aufgerichtet waren zwischen unserem Volk und den Heidenvölkern, durchbrechen. Gott selbst offenbart sich ja deutlich hier allen Völkern, jedem Menschen. Man könnte sagen, diese Geschichte zeigt uns etwas von der großartigen Weite des Christentums, das allgemeine Menschheitsreligion ist, nicht nur Religion einer bestimmten geistigen Strömung in der Menschheit.

Diese Geschichte spielt in den Städten am Meer, in Joppe und in Cäsarea. Wenn man in Palästina vom Gebirge Juda her sich der Meeresküste nähert, dann wird einem das Herz weit, denn die baumlose Wüstenlandschaft des Gebirges Juda wirkt bedrückend mit ihrer schweren Hitze auf den Menschen; das Herz zieht sich zusammen. Am weiten Meer hingegen wird auch das Herz weit. Und so ist es auch geistig. Solange der Mensch in religiösen Überlieferungen, in der Gesetzlichkeit — möchte man sagen — des Kirchentums gefangen bleibt, solange wandert er durch die Wüste. Wenn er aber an das Meer des Geistes kommt, wenn er zu spüren beginnt, daß hinter allen irdischen Erscheinungen das Wesentliche, die ewig gegenwärtige Wirksamkeit der göttlichen Geistwelt ist, dann geht ihm das Herz auf

Diese Geschichte hat geradezu richtunggebende Kraft für unsere Gegenwart. Damals, vor zweitausend Jahren, ging die Antike ihrem Untergang entgegen. Heute, in der Zeit, in der wir leben, geht die abendländische Kultur ihrem Untergang entgegen. Damals bildeten die ersten Christengemeinden die Keimzellen eines neuen geistigen Reiches; so sollen auch in der Gegenwart neue Keimzellen, geistige Keimzellen entstehen, die ein neues Christus-Zeitalter in der Menschheit heraufführen. Wir spüren deutlich in den Katastrophen, die wir in den letzten Jahrzehnten durchgemacht haben und die wir vielleicht in kommenden Jahren noch weiter durchmachen werden, daß all das über die Menschen kommt, um sie zu erschüttern, um sie durch die schweren Schicksale aus ihrer Herzensverhärtung aufzuwecken, um sie wieder fähig zu machen, die eigene, innere, göttliche Inspiration zu spüren, um sie wieder aufzuschließen für die Stimme des Gottesgeistes in ihren Herzen. Auch im Leben der Menschheit deuten Wehen auf Geburt. Die Menschheit macht in der Gegenwart furchtbare Geburtswehen durch. Aber die Geburt des Geistesmenschen, sie wird immer mehr realisiert, und wir spüren ganz deutlich:

Gottes Liebe ist es, die die Fäden, die verborgenen Fäden der Geschichte, nach geistigen Zielen hin lenkt. Was auch Schreckliches vielleicht der heutigen Menschheit noch bevorsteht, es ist alles eigentlich nur Geburtsschmerz um den ewigen Menschen.

Und mit unserem Dichter Emanuel Geibel dürfen wir sprechen:

„Herr, in dieser Zeit Gewog',
Da die Stürme rastlos schnauben,
Wahr', o wahre mir den Glauben,
Der noch nimmer mich betrog,

Der noch sieht in Nacht und Fluch
Eine Spur von deinem Lichte,
Ohne den die Weltgeschichte
Wüster Greuel nur ein Buch;

Daß, wo trostlos unbeschränkt
Dunkle Willkür scheint zu spielen,
Liebe doch nach ew'gen Zielen
Die verborgnen Fäden lenkt.

Daß, ob wir nur Einsturz schaun,
Trümmer, schwarzgeraucht vom Brande,
Doch schon leise durch die Lande
Waltet ein geheimes Baun;

Daß auch in der Völker Gang
Wehen deuten auf Gebären,
Und wo tausend weinten Zähren,
Einst Millionen singen Dank;

Ja, daß blind und unbewußt
Deiner Gnade heilgen Schlüssen
Selbst die Teufel dienen müssen,
Wenn sie tun nach ihrer Lust.

Herr, der Erdball wankt und kreist;
Laß, o laß mir diesen Glauben,
Diesen starken Hort nicht rauben,
Bis mein Geist dich schauend preist!"

(„Gebet", 1848)

2. Sonntag nach Trinitatis

Markus 3,	7—12	—	Zudrang des Volkes
	13—19	—	Apostelwahl
	20—21 31—35	—	Bluts- und Geistesverwandte

Hierauf zog sich Jesus mit seinen Jüngern an den See zurück. Eine große Volksmenge aus Galiläa folgte ihm; auch aus Judäa und Jerusalem, aus Idumäa und Transjordanien, aus den Gegenden von Tyrus und Sidon strömte ihm auf die Kunde, wie Großes er vollbrachte, eine Menge Volkes zu.

Deshalb gab er seinen Jüngern Auftrag, sie sollten ihm wegen der Volksmenge ein Boot bereithalten, damit man ihn nicht zu sehr einengte. Denn er heilte so viele, daß die Leute sich um ihn drängten und bei allen möglichen Plagen ihn zu berühren suchten. Auch die von unreinen Geistern Besessenen warfen sich, wenn sie ihn erblickten, vor ihm nieder und schrien: Du bist der Sohn Gottes! Er aber schärfte ihnen nachdrücklich ein, sie dürften ihn nicht als Gottessohn kundtun.

Danach stieg er auf den Berg und berief diejenigen, die er selbst berufen wollte, zu sich, und sie kamen zu ihm. Ihrer zwölf bestellte er, daß sie ihn begleiteten und, von ihm gesandt, die Frohbotschaft verkündeten und mit seiner Vollmacht böse Geister austrieben. Die Zwölf, die er bestellte, waren: Simon, dem er den Beinamen Petrus (der Fels) gab, Jakobus, des Zebedäus Sohn, und Johannes, des Jakobus Bruder, denen er den Beinamen „Boanerges", das heißt „Söhne des Gewitters", gab, ferner Andreas, Philippus, Bartholomäus, Matthäus, Thomas, Jakobus, des Alphäus Sohn, Thaddäus, Simon der Eiferer und Judas Iskariot, der ihn dann verriet.

Als er nach Hause zurückgekehrt war, fand sich wieder die Volksmenge ein, so daß sie nicht einmal Zeit zu essen hatten. Als die Verwandten das hörten, zogen sie aus, um sich seiner zu bemächtigen. Er ist von Sinnen, sagten sie ...

Da kamen seine Mutter und seine Brüder. Sie blieben draußen stehen, um ihn rufen zu lassen; denn eine Menge Menschen umlagerte ihn. Als man ihm meldete: Deine Mutter, deine Brüder und deine Schwestern sind draußen und möchten dich sprechen, gab er ihnen zur Antwort:

Wer ist meine Mutter, und wer sind meine Brüder? Und den Blick auf die ihn umringenden Menschen gerichtet, rief er: Das sind meine Mutter und meine Brüder: wer den Willen Gottes tut, ist mir Bruder, Schwester und Mutter.

„Dein Sturm geht über die Völker, Geist, im Brausen der Lüfte,
Und deine Zungen flammen über den Häuptern der Menschen.
Gekommen ist die Stunde der Entscheidung,
Da Licht und Finsternis sich trennen
Und zum Tode niederstürzt das Alte.
Was aber jung ist, wird erneuert werden
Und schreiten mit dem Fuß des Kindes über das Verderben."*

Bald hat die Sonne den heiligen Himmelsberg erstiegen. Es ist nicht mehr weit bis zur Sommersonnenwende. Am 24. Juni feiern wir Johanni. Die drei Bilder des heutigen Evangeliums lassen uns den Weg von Pfingsten bis zu Johanni miterleben: Wir sehen Christus am See, Christus auf dem Berg und Christus im Haus. Am See verkündet er allen Völkern das Evangelium, auf dem Berg begründet er den heiligen Zwölferkreis und im Haus, dessen Fenster und Türen weit geöffnet sind, weist er seine Verwandten ab.

Das erste Bild hat pfingstlichen Charakter. Wir sehen die Volksscharen, die aus allen Ländern herbeiströmen, die Christus hören wollen. Die Menge drängt so sehr an ihn heran, daß er den Jüngern sagt: Haltet mir ein Schiff bereit. Vom Schiff, vom See aus will ich die Volksmenge lehren, die da herandrängt. Und dann verkündet er vom See aus die frohe Botschaft. Wie an Pfingsten alle Völker herbeigeströmt waren nach Jerusalem, so sind auch hier Völker aus vielen Ländern herbeigeströmt. Wie an Pfingsten der Geist über die Apostel kommt, so weht auch hier, könnte man sagen, vom Wind und Wasser des Sees her, die Stimme des Geistes zum Land herüber, wo die Volksmenge steht; getragen von Wasser und Wind lehrt Christus die Menge der Völker.

Das Christentum ist nicht eine Volksreligion, es ist Menschheitsreligion. Im Pfingstwunder, im Sprachenwunder werden alle Volks- und Sprachgrenzen überwunden. Das Christentum umfaßt die ganze Menschheit. „Erst die Menschheit ist der wahre Mensch." Und dennoch verlieren dabei die einzelnen Völker und Menschen nicht ihren Eigencharakter, ganz im Gegenteil. Man könnte sagen: Es ist so, als durchstrahle die Sonne mit ihrem Licht die verschiedenfarbigen Edelsteine, die grünen, die roten, die blauen. Dadurch, daß die Sonne die Steine durchstrahlt, kommt erst die Eigenfarbe der Steine so recht zur Geltung. Und doch ist es die eine Sonne, das eine Licht, das in allen verschiedenen Farben, Steinen leuchtet. So ist es auch mit dem Heiligen Geist, mit dem Christusgeist. Er durchstrahlt und erleuchtet alle Menschen, alle Völker, eint alle Menschen, alle Völker in dem einen göttlichen Geistlicht und bringt dadurch die Eigennatur jedes Menschen, jedes Volkes erst richtig zum Auswirken. Christus ist der Messias der ganzen Menschheit.

Das zweite Bild trägt johanneischen Charakter, offenbart uns den Sinn des Johannisfestes. Christus steigt auf den Berg, und auf dem Berg beruft er die zwölf Jünger zu sich. Zu Johanni ersteigt die Sonne auch den heiligen Himmelsberg. Und wie um die Sonne sich der Kreis der zwölf Sternbilder schart, so schart sich hier auf dem Berg um Christus der Zwölferkreis der Apostel. Dem Simon gibt Christus den Namen Petrus, das heißt der Fels. Die Zebedäus-Söhne Johannes und Jakobus nennt er Boanerges, das heißt „Söhne des Gewitters". In diesen Namen kommen die kosmischen Elemente zum Ausdruck. Der Fels ist Erde; das Gewitter bringt die Wirksamkeit von Wasser, Luft und Feuer, von Blitz- und Wolkenregion zum Ausdruck.

In den Aposteln offenbaren sich wirklich kosmische Kräfte; sie sind gleichsam die Repräsentanten der kosmischen Grundkräfte, die einmal dazu bestimmt sind, die zwölf Grundsteine des himmlischen Jerusalem zu bilden. Wie zu Weihnachten der Keim des himmlischen Menschen mit der Geburt des Christkindes hinabgesenkt wird in die Erde, so wird zu Johanni gleichsam der Grundstein gelegt zum himmlischen Jerusalem. An Pfingsten haben die Apostel die Herabkunft des Heiligen Geistes erlebt, da hat die Wiederkunft Christi begonnen, da ist in das Ich der Menschen, der heilige, der überkosmische Gottesgeist eingezogen. Damit wird der Mensch erst wahrhaft zum Menschen, zum freien Menschen, zum gotterfüllten Menschen, wird er selbst die Schrift und selbst das Leben.

Dieser schöpferische Gottesgeist, der im Ich des Menschen lebendig wird, will im Fortgang der Zeit nach außen wirken; der vom Christusgeist erfüllte Mensch soll zum Erlöser, zum Messias der ganzen Natur werden. Was Innenwelt ist, will Außenwelt werden. Aus den schöpferischen Gotteskräften im Ich des Menschen soll eine neue Natur erstehen. „Himmel und Erde werden vergehen, aber meine Worte werden nicht vergehen", sagt Christus den Jüngern. Das Weltall, das Irdische, wird einmal untergehen, aber aus der Kraft des Christusgeistes im Ich des Menschen wird ein neues, sternenförmiges Weltall, ein geistiges Weltall erstehen: das himmlische Jerusalem. Und an Johanni feiern wir eigentlich die Grundsteinlegung des himmlischen Jerusalem, die Geburt des neuen, vom Christusgeist durchdrungenen Kosmos. Christus ist nicht nur der Messias der Menschheit, er ist auch der Messias der Natur, des ganzen großen weiten Kosmos.

Und endlich das dritte Bild: Christus im Haus. Es zeigt uns, wie der pfingstlich erweckte, der freie, der kosmisch-johanneische Mensch im Leben steht. Christus ist jetzt im Haus; er ist zu Hause. Aber die Fenster und Türen des Hauses sind weit geöffnet, und hereindringt von außen die Menge und heraustönt aus dem Haus nach draußen die Stimme des Christus. Die Menschen strömen herbei, um das Wort Christi zu hören, das Wort, das ihnen himmlisches Brot, himmlische Speise ist. Darüber vergessen sie vollkommen das Erdenbrot. „Es war keine Zeit zum Essen", heißt es im Evangelium. Die Begeisterung ist so groß, daß selbst die nächsten Verwandten Christi, seine Mutter, seine Brüder, ihn nicht mehr verstehen. Sie haben das Gefühl, er ist außer sich, „er ist von Sinnen". Was wird geschehen? Wir müssen ihn nach Hause holen, damit kein Unglück passiert. Aber ganz das Gegenteil geschieht wirklich; geistgewaltig tönt das Wort Christi nach draußen.

Scheinbar macht er einen Schnitt zwischen dem neuen Geist, der in ihm lebendig ist, und dem Familiengeist, dem Geist, der die Menschen in der Familie zusammenhält. Als die Mutter und die Brüder ihn sprechen wollen, läßt er ihnen sagen: „Wer ist meine Mutter, und wer sind meine Brüder? Hier, diese vielen Menschen, die da stehen und das Wort hören wollen, das ich ihnen verkünde, die sind mir Mutter und Bruder und Schwester." Das soll nicht heißen, daß Christus die Heiligkeit der Familienbande antasten möchte. So wenig wie die Eigenfarbe der Edelsteine gestört wird durch das Licht der Sonne, wenn es die Steine durchdringt, so wenig wird die Gesinnung der Ehrfurcht gegenüber der Familie gestört durch dieses scheinbar harte Wort.

Der Geist, der in Christus wirkt, ist etwas unendlich Höheres als alle menschlichen Zusammenhänge, als alle irdischen, menschlichen Liebesbande. Es ist der allumfassende Heilige Geist der göttlichen Liebe, der in jedem Menschen den Gottesfunken spürt und uns als Brüder und Schwestern erleben läßt. Wo dieser Geist im Menschen aufbricht, wo er sich löst von seinem kleinen Ich, von allem, was er irdisch liebhat, da wird die Liebe zum Mitmenschen erst richtig lebendig, da geht vom Menschen eine solch strömende Liebeskraft aus, daß alle Wesen sich von ihr gesegnet und beglückt fühlen.

Jetzt, in der Zeit, in der wir uns der Sommersonnenwende nähern, blühen die Rosen, die Lilien auf, und indem die Rosen, die Lilien sich dem Sonnenlicht öffnen und ihren Duft verströmen, kommen von allen Seiten die Bienen, die Falter heran, um den Honig aus den Blüten zu saugen. So steht auch der pfingstlich erweckte, der johanneisch-kosmische Mensch im Leben. Er gibt sich allen zur Speise, und alle kommen zu ihm und werden von ihm gespeist. Er feiert mit der Menschheit, er feiert mit dem ganzen Kosmos das heilige Abendmahl, und alle spüren seinen Segen, und der Segen strömt wieder zurück auf den, der ihn spendet, auf den, der ihn geschenkt hat. Im Grunde kommt dieser Segen, diese Liebeskraft von Gott, strömt durch den Menschen und kehrt wieder zu Gott zurück. Menschheit und Kosmos werden dabei in Gott geeint.

„Wer mit den Augen
Der Andacht geschaut,
Wie die Seele der Erde
Kristalle baut,
Wer die Flamme
Im keimenden Kern gesehen,
Im Leben den Tod,
Geburt im Vergehn –
Wer in Menschen und Tieren
Den Bruder fand
Und im Bruder den Bruder
Und Gott erkannt,
Der feiert am Tische
Des heiligen Gral
Mit dem Heiland der Liebe
Das Abendmahl –
Er sucht und findet,
Wie Gott es verhieß,
Den Weg
Ins verlorene Paradies.“

(Manfred Kyber, „Meditation“, 1915)

3. Sonntag nach Trinitatis

Marienlegende — Die Jericho-Rosen

Die weite Wüste lag hinter der fliehenden Maria. Endlich, vor ihren glücklichen Augen, breitete sich das ersehnte, gesegnete Ägyptenland aus wie ein buntgeblümter Teppich, den die blinkenden Wasser des Nil wie Silberborten durchwirkten. Ihr Herz vergaß da alle Nöte und argen Mühen der schweren

Zeit. Von Dankgefühlen überwältigt, fiel Maria nieder, wo sie stand, in den Glutensand, der an vielen bösen Tagen den Saum ihres Kleides zerfressen und ihre zarten Fußsohlen blutig geschunden hatte, und sie dankte dem Himmel für die unermeßliche Huld, mit der er sie und das Kind bis hierher geleitet hatte. Doch als sie sich aus ihrer Versunkenheit erhob, sah sie das Fleckchen Erde, das ihre Knie berührt hatten, übersät von schönen, zarten Rosen, die wie Purpur des Herzbluts im dürren Wüstensande leuchteten. Und als sie erinnernd ihre Blicke zurücksandte in die Ferne, aus der sie im wehen Wandern gekommen war, da fand sie den Weg in ein rotes Rosenband verwandelt. An allen Stellen, die ihr fliehender Fuß, der wehende Saum ihres Kleides berührt hatten, waren die roten Rosenblüten aufgesproßt, und in den zierlichen Wännchen, die der schmale Fuß der Gottesmutter in den Sand gepreßt, hatten sich die goldroten Rosenbüschelchen wie in kleinen Blumenkästen gesammelt, und bis hin zum fernen Orte, wo ihre Flucht anhob, zog sich das rote Rosenband.*

„Hast du, hast du nicht gesehen,
Wie sich alles drängt zum Leben?
Was nicht Baum kann werden, wird doch Blatt;
Was nicht Frucht kann werden, wird doch Keim.

Hast du, hast du nicht gesehen,
Wie von Leben alles voll ist?
Schon im Blatt des Baumes hoher Bau;
Schon im Keim der Früchte volle Kraft."

„Lebend Weben der Natur,
Ewger Frühling junger Keime.
Wenn sie mir verwelken, sterben sie?
Sind sie mir verschwunden, nirgend mehr?

Selig, selig, wo ihr seid
In des Ewgen Paradiese.
Hier am Lebensbaume Blüten nur;
Dort am Lebensbaume Früchte schon.

Selig, selig, der ich bin
In der Welt voll Leben Gottes!
Meine Adern wallen seinen Strom;
Meine Seele trinket Gottes Licht."

(Johann Gottfried Herder, „Die Natur")

Wenn Pilger ins Heilige Land ziehen, ist die Wüstenrose das einzige Lebendige, das in der Dürre ihre Augen grüßt und dessen herrlicher Duft sie erquickend labt. Kein anderes Fleckchen in der Welt vermag diese Wunderblume hervorzubringen. Sie wird von den frommen Pilgersleuten mit behutsamer Hand gebrochen und, wie ein Heiligtum verehrt, ins Abendland als Liebesandenken mitgebracht. „Jericho-Rosen" hat sie der Mund der Pilger in Ehrfurcht genannt. Durch ein Wunder entstanden, birgt die Rose der Maria aber noch ein weiteres Wunder. Sie mag noch so dürr werden, mag altern und vertrocknen, sie wird nie verderben und nie faulen; denn ein Hauch der Unsterblichkeit hat ihr Leben gesegnet. Die Leute lassen sich von ihr die Zukunft künden: eine lachende Blüte zeigt gutes Jahr und Glück und Wohlsein an.

Zwischem frohem Erinnern an Schmerzen und banger Sehnsucht nach Vollendung ist einstens die Rose der Maria aufgeblüht. Während die Gedanken den harten Leidensweg der Flucht zurückliefen und sehnsüchtige Wünsche nach endlichem Frieden vorauseilten in das gelobte Land, sproßte die lebendige Rose in der nackten Wüstendürre auf, ein Bild für das menschliche Leben, das ein Wandern in der Wüste zwischen Erinnerung und Sehnsucht ist; und immer wird auch in dieser dürren Öde ein Festtag sein, an dem selbst die verdorrteste Rose aufspringen kann wie ein lebendiges, rotes Herz.

Wir stehen am Vorabend des Johannisfestes. In diese Zeit vor Johanni, auf den 18. Juni, fällt der Geburtstag meiner lieben Frau. Wie oft haben wir diesen Tag hier im Kinderhaus froh gefeiert. Und auch heute wollen wir ihrer — die physisch nicht mehr unter uns weilt — gedenken.

In der Johanniszeit entfaltet die Natur draußen voll ihr Leben; zu keiner anderen Jahreszeit spüren wir so stark den strömenden, schaffenden Lebensstrom der großen Natur. Die Pflanzen stehen in voller Blüte. Manche Blüten fallen schon, und der Fruchtansatz beginnt, sich zu bilden. Die Johanniszeit, die Hochsommerzeit, ist die Zeit, wo Blühen und Fruchtbilden in den Pflanzen zusammenwirken, ist die Zeit, wo die Sonne den heiligen Himmelsberg ersteigt, wo sie die höchste Stelle ihrer Bahn erreicht und wieder langsam abwärtssinkt. Wie die Blüten in dieser Zeit fallen, so steigt auch die Sonne wieder abwärts. Aber die Sonnenkraft wirkt jetzt innerlich weiter in den Pflanzen, indem sie nun beginnen, Frucht zu bilden. Ja, Blühen und Fruchtbilden gehören zusammen auch im Menschenleben. Im Menschenleben wirken das Licht, das die Natur durchströmt, und das Leben, das draußen flutet, als verinnerlichende Kraft, als Kraft des Geistesfeuers und der Liebe. Wer nur nach außen lebt, hat kein wahres Leben in sich. Wer aber nach innen lebt, spürt die schöpferische

Kraft des wahren Lebens in sich. Und am stärksten wirkt diese schöpferische Kraft, das Geistfeuer Gottes im Menschen in der Liebe. Auf diesen tiefen Sinn von Licht, Leben und Liebe deutet auch die Legende, die wir eben gehört haben.

Maria ist mit dem Christkind geflohen von Palästina nach Ägypten, weil Herodes dem Kindlein nach dem Leben trachtete. Es war eine mühselige und beschwerliche Wanderung durch den Wüstensand. Und als sie endlich die rettenden Ufer des Nil erreicht hat, schaut sie zurück auf den durchwanderten Weg und sieht, wie auf den Spuren ihres Weges die Jericho-Rosen, die Wüstenrosen, aufgeblüht sind. Da wird ihr dieser Weg zum Sinnbild des menschlichen Erdenlebens. Auch unsere irdische Wanderung ist auf weite Strecken hin oft ein Weg durch die Wüste. Aber wo die innerliche Kraft des Geistfeuers und der Liebe im Menschen lebendig ist, wandelt diese Kraft alles Schwere in Licht; da sproßt selbst auf dem beschwerlichen Wüstenpfad die rote Liebesrose auf, da spürt der Mensch, daß der ganze Schicksalsweg, den er geführt wird im Leben, zutiefst ein Weg des Heiles ist, daß gerade aus den schweren Schicksalen dem Menschen in ganz besonderer Weise Gottes verwandelnde Licht- und Liebeskraft zuströmt. Wir haften nur zu gern an dem, was uns wohltut. Je mehr wir aber nach innen leben, je stärker in uns das göttliche Geistfeuer sich entzündet, um so mehr spüren wir, daß diesem göttlichen Geist- und Liebesfeuer eine verwandelnde Macht innewohnt, die uns innerlich erst wahrhaft freimacht, erst wahrhaft zu Menschen macht. Und die Jericho-Rose, die im harten Wüstensand aufsproßt, ist so recht ein Sinnbild dieser sonnenhaften Verwandlungskraft der göttlichen Liebe.

Die Jericho-Rose ist eine ganz besondere Pflanze. Sie blüht im Frühjahr auf, bevor der heiße Sommer kommt. Aber im heißen Sommer verdorrt sie fast ganz. In den Sommermonaten sieht man sie in Palästina oft am Boden liegen in der Wüste und denkt: das ist ein verdorrtes Gewächs. Aber immer wird sie wieder lebendig im neuen Frühjahr. Ja, selbst wenn man sie abbricht und mitnimmt und nach Jahren, nach Jahrzehnten wieder ins Wasser legt, dann blüht sie von neuem auf. Ein Hauch der Unsterblichkeit durchdringt die Jericho-Rose. Darum kann sie uns ein schönes Sinnbild sein für die todüberwindende Kraft des Geistes und der Liebe. Was die Liebe am Menschen wirkt, ist das Höchste; das will den Menschen erst wahrhaft zum Menschen machen, das weckt in ihm göttliches Geistfeuer.

Denken wir an unser eigenes Leben! In der Kindheit waren wir umsorgt von Mutterliebe, und die Mutterliebe war es, die uns auch umfangen hat in der ersten Zeit unserer Jugend. Durch die Liebe der Mutter konnten wir uns entfalten und werden zu dem, was wir sind. Im Fortgang des Lebens sind uns dann immer wieder Menschen entgegengetreten, aus denen die gleiche oder eine ähnliche liebeweckende Kraft zu uns hinüberströmte. Überall da, wo sich uns Herzen öffneten, wo wir uns in Liebe verbunden wußten mit Menschen, da wuchs in uns das Geistige. Und die innigste Liebesbindung, die der Mensch eingeht, ist die Ehe, wo Mann und Frau sich für das ganze Leben miteinander verbinden. Ein Gelöbnis, das den Menschen innerlich erst zum wahren, zum ganzheitlichen, zum mann-weiblichen Menschen machen soll. Aber auch diese Kraft in der irdischen Liebe zielt auf eine noch höhere, auf eine göttliche Liebe, die den Menschen verbinden will mit Gott; denn unser Herz ist unruhig, bis es ruht in Gott. Alle menschliche, irdische Liebe meint zuletzt und zutiefst diese Verbindung des Menschen mit Gott selbst. Und in dieser göttlichen Liebe vermag dann der Mensch voll ja zu sagen zu allem Sein, zum ganzen Leben. Im Blickpunkt dieser göttlichen Liebe erkennt er, daß alles, was ihm im Leben zustößt, ihm gesandt ist, damit er daran innerlich wachse, damit in ihm das göttliche Geistfeuer zur Flamme werde. Die Liebe zum Schicksal, das Ja-sagen-Können zum ganzen Menschenschicksal mit allem Schwerem ist die reifste Frucht der wahren, der menschlichen und göttlichen Liebe. So sieht es auch unser großer Dichter Novalis an, wenn er sagt:

„Also noch ein freundlicher Blick am Ende der Wallfahrt,
Ehe die Pforte des Hains leise sich hinter mir schließt.
Dankbar nehm' ich das Zeichen der treuen Begleiterin Liebe
Fröhlichen Mutes an, öffne das Herz ihr mit Lust.
Sie hat mich durch das Leben allein ratgebend geleitet,
Ihr ist das ganze Verdienst, wenn ich dem Guten gefolgt,
Wenn manch zärtliches Herz dem Frühgeschiedenen nachweint
Und dem erfahrenen Mann Hoffnungen welken mit mir.
Noch als das Kind, im süßen Gefühl sich entfaltender Kräfte,
Wahrlich als Sonntagskind, trat in den siebenten Lenz,
Rührte mit leiser Hand den jungen Busen die Liebe,
Weibliche Anmut schmückt jene Vergangenheit reich.
Wie aus dem Schlummer die Mutter den Liebling weckt mit dem Kusse,
Wie er zuerst sie sieht und sich verständigt an ihr:
Also die Liebe mit mir — durch sie erfuhr ich die Welt erst,
Fand mich selber und ward, was man als Liebender wird.

Was bisher uns ein Spiel der Jugend war, das verkehrte
Nun sich in ernstes Geschäft, dennoch verließ sie mich nicht —
Zweifel und Unruh' suchten mich oft von ihr zu entfernen,
Endlich erschien der Tag, der die Erziehung vollzog,
Welcher mein Schicksal mir zur Geliebten gab und auf ewig
Frei mich gemacht und gewiß eines unendlichen Glücks."

(„Letzte Liebe")

Johanni

Matthäus 14, 1—12 — Angst des Herodes; sein Mord am Täufer
13—21 — Speisung der Fünftausend

In jener Zeit hörte der Vierfürst Herodes von Jesus erzählen. Da meinte er zu seinen Höflingen: Das ist Johannes der Täufer: er ist von den Toten auferweckt worden — daher die Macht der Wunderkräfte in ihm!

Herodes hatte nämlich Johannes festnehmen und gefesselt in den Kerker werfen lassen. Veranlassung war Herodias, die Frau seines Bruders Philippus; denn Johannes hatte ihm erklärt: Es ist dir nicht erlaubt, sie zum Weibe zu haben.

Am liebsten hätte er ihn umbringen lassen, aber er fürchtete sich vor dem Volke, weil man in ihm einen Propheten sah. Als aber Herodes Geburtstag hatte, wobei die Tochter der Herodias zum Wohlgefallen des Herodes in der Gesellschaft tanzte, da versprach er unter einem Schwure, ihr alles zu geben, wonach sie verlange. Von ihrer Mutter angestiftet, sagte sie: Gib mir auf der Stelle den Kopf Johannes des Täufers auf einer Schüssel!

Da ward der König traurig, aber wegen seines Schwures und wegen der Tafelgenossen gab er Befehl, es herzubringen. So ließ er denn Johannes im Kerker enthaupten. Sein Haupt wurde auf einer Schüssel hergetragen und dem Mädchen übergeben, und sie brachte es ihrer Mutter.

Danach kamen seine Jünger, holten den Leichnam und begruben ihn. Auch zu Jesus kamen sie und meldeten es ihm.

Bei dieser Nachricht zog sich Jesus von dort zurück und fuhr mit dem Boot an einen einsamen Ort, um für sich zu sein. Wie die Scharen es vernahmen, folgten sie ihm zu Fuß von den Städten aus. Beim Aussteigen sah er sich von einer großen Volksmenge umgeben. Da ergriff ihn das Mitleid mit ihnen, und er heilte ihre Kranken.

Es war schon Abend geworden, als die Jünger zu ihm traten und sagten: Die Gegend ist abgelegen, und die Zeit ist schon vorgeschritten; entlaß die Scharen, damit sie noch in die Dörfer gehen und sich etwas zu essen kaufen können!

Da sprach Jesus zu ihnen: Sie brauchen nicht fortzugehen: gebt ihr ihnen zu essen!

Sie entgegneten ihm: Wir haben hier nur fünf Brote und zwei Fische.

Da sagte er: Bringt sie mir her!

Er ließ die Leute sich auf den Rasen setzen; dann nahm er die fünf Brote und die zwei Fische, blickte gen Himmel, sprach den Lobspruch, brach die Brote und gab sie den Jüngern, und die Jünger ihrerseits gaben sie dem Volke. Alle aßen und wurden satt. Man hob noch auf, was übrig war: zwölf Körbe voll von den Brotstücken.

Es waren an die fünftausend Männer, die gegessen hatten, von den Frauen und Kindern abgesehen.

Heute, am 24. Juni, feiert man das Fest Johannes des Täufers. Johannes ist der letzte der großen vorchristlichen Propheten und zugleich auch der Wegbereiter Christi. In ihm eint sich die alte mit der neuen, kommenden Zeit. So ist es sinnvoll, daß man sein Fest auf den Tag der Sommersonnenwende gelegt hat, wo der aufsteigende Sonnenbogen sich berührt mit dem absteigenden Bogen. Schauen wir noch einmal zurück von der sommerlichen Höhe des Jahres auf den steigenden Bogen! Der steigende Bogen begann im Tiefwinter mit dem Weihnachtsfest. Damals war alles Leben in der Erde erstorben. Unter der Schneedecke ruhten in der Erde die Samenkörner. Außen sah man kein Leben, in Schnee und Eis schien alles Leben erstarrt; damals feierten wir Weihnachten. Als dann das Jahr fortschritt, und der Schnee schmolz im Frühjahr zur Zeit der Frühlings-Tagundnachtgleiche, da haben wir Ostern gefeiert. Als der Schnee geschmolzen war, die Erde grün wurde, die Pflanzen zu sprossen und zu sprießen begannen, fing das neue Leben an. Und weiter dann im Fortgang der Wochen nach Ostern wuchs die Pflanzenwelt immer höher herauf, und immer höher stieg die Sonne. Mit der steigenden Sonne stiegen auch die Pflanzen empor, entfalteten sich voll, bis sie aufblühten und ihre leuchtenden Blütenkronen dem Sonnenlicht entgegen heben konnten. Zur Zeit der vollen Blüte haben wir Pfingsten gefeiert. Und nun steigt die Sonne auch nach Pfingsten noch weiter empor bis zur Höhe der Sommersonnenwende, in der wir jetzt stehen. Das ist für die Pflanzen im Jahreskreislauf die Zeit, wo die Blüten abfallen, wo der Fruchtansatz sich bildet, der den neuen Samen in der Pflanze ausbildet, den Samen, der dann das Leben über den kommenden Winter durch das ersterbende Naturleben hindurchträgt in das nächste Jahr.

Weihnachten — so könnte man sagen — wurde der Same des Geistmenschen in die Erde versenkt; da sandte der Vatergott seinen Sohn der Erde. Zu Ostern, wo die Pflanzen sprossen und sprießen, wo die Erde grün wird, da feierten wir das Fest der Auferstehung, das Fest des todüberwindenden Geistmenschen. Der auferstandene Christus durchdrang gen Himmel fahrend alle kosmischen Sphären und sandte zu Pfingsten den überkosmischen, den göttlichen Flammengeist den Menschen der Urgemeinde. In ihrem Inneren wurde nun der Gottesgeist, der himmlische Flammengeist lebendig; sie wurden zu Trägern des Christusgeistes. Menschen, die diesen heiligen Gottesgeist in sich tragen, sind nun dazu berufen, zum Erlöser, zum Messias der Natur zu werden. Wir lassen uns gewöhnlich als naturhafte Wesen gern erfrischen von den quellenden Lebenskräften der Natur, wir gehen dann hinaus in den Wald, auf die blühende Wiese und spüren, wie lebendige Erfrischung von der Pflanzenwelt auf uns einströmt. Aber der pfingstlich-geistig-erwachte Mensch trägt eine Kraft in sich, die umgekehrt belebend auf die Natur wirken kann, eine Geistkraft, die befreiend wirkt in Steinen, Pflanzen und Tieren. Eine übernatürliche, göttliche Geistkraft soll als speisende Kraft vom Menschen ausgehen und die Natur verwandeln.

Zu Johanni, könnte man sagen, ist diese Kraft des Heiligen Geistes im Menschen so erstarkt, daß er zum Messias, zum Erlöser der Natur werden kann, zu einem die Natur verwandelnden, eine neue Natur schaffenden Geist. Was im Menschen Innenwelt war, wird dann Außenwelt werden. Die äußere Natur erliegt immer wieder jedes Jahr dem Tod. Aber diese geistig-schöpferische Kraft, die durch Christus im Menschen geweckt wird, soll einmal die äußere Natur auch dem Tod entreißen. Es soll, wenn die äußere Natur stirbt, eine himmlische Natur erstehen. Deswegen denken wir an Johanni an die neue, lichte, von göttlichem Geist verklärte Welt des himmlischen Jerusalem. Man könnte sagen, wie zu Weihnachten der Keim des Geistmenschen in die Erde versenkt wird, so wird zu Johanni der Grundstein des himmlischen Jerusalem gelegt. Zu Johanni schauen wir in die Zukunft und sehen als Vollendungsziel von Mensch und Erde das himmlische Jerusalem, die lichtverklärte Geisterde, den lichtverklärten Kosmos vor uns.

Die Feste des sinkenden Sonnenbogens, der jetzt beginnt, deuten auf dieses Verklärt-Werden der äußeren Natur hin. Johanni ist in diesem Sinn, das Fest, das uns zuerst erinnert an das Weiheziel der

Vollendung von Mensch und Erde im himmlischen Jerusalem. Schon die alten Germanen sahen die Sommersonnenwende als den Beginn der Götterdämmerung an; sie gedachten des Todes Baldurs. Baldur war der lichteste, der sonnenhafteste der germanischen Götter. Seinen Gedenktag legte man in die Sommersonnenwend-Zeit, weil vom 24. Juni an das Sonnenlicht wieder abnimmt. Der Lichtgott, sagten die Alten, stirbt. Der Tag des abnehmenden Sonnenlichtes ist der Todestag des Lichtgottes Baldur. Der dunkle, böse Gott Loki stiftet in der germanischen Sage den Bruder des Baldur, den blinden Hödur, der nicht sieht, was er tut, dazu an, mit einem Mistelpfeil auf Baldur, den Lichtgott, zu schießen. Dieser Mistelpfeil tötet den Lichtgott. Baldur stirbt, und mit dem Sterben des Lichtgottes beginnt nach der Anschauung der alten Germanen das Sterben der Götter überhaupt, beginnt die Götterdämmerung, der Untergang der alten Welt. Aber gleichzeitig prophezeit die germanische Wala das Wiederauferstehen Baldurs. Baldur stirbt, aber er wird wiederkehren. Und mit Baldur wird wiederkehren eine neue lichte Welt. Diese germanische Prophetie meint das Erstehen einer neuen himmlischen Lichtwelt mitten im Untergang der sterbenden, irdischen Welt. Und wir könnten geradezu sagen: Der Tod Baldurs spiegelt sich in der christlichen Legende im Tod Johannes des Täufers. Der Tod Baldurs wie der Tod Johannes des Täufers haben ihren geistigen Hintergrund in der Sommersonnenwende.

Das Evangelium erzählt uns vom Tod des Täufers. Auch da sind es die Finsternismächte, die dunklen Mächte, die in Gestalt des Herodes, der Herodia und ihrer Tochter Salome den Licht- und Wegbereiter Christi, den Täufer Johannes, umbringen. Er wird enthauptet, und als die Nachricht zu Christus kommt, zieht er sich still in die Einsamkeit zurück. Er will für sich sein. Aber das Evangelium erzählt uns: Die Menge folgt ihm. Als er aussteigt aus dem Schiff, sieht er sich umgeben von Menschen. Er heilt die Kranken; er nimmt sich als der Heiland der kranken Menschen an. Und als es Abend wird, entläßt er die Menschen nicht; da speist er sie mit dem wenigen, was die Jünger haben, mit den fünf Broten und den zwei Fischen. Und, so berichtet das Evangelium, obgleich es fünftausend Menschen sind, bleiben von diesen fünf Broten und den zwei Fischen noch zwölf Körbe voll Brocken übrig.

Durch die Art und Weise, wie hier die Speisungsgeschichte geschildert wird – Christus nimmt das Brot, segnet es, bricht es und gibt es den Jüngern – und wie sie auch im Johannes-Evangelium erzählt wird, kann deutlich werden, daß damit nicht nur eine irdische Speisung, sondern eine geistige Speisung gemeint ist. Im Johannes-Evangelium hält Christus anschließend an diese Speisung die große Rede über das Brot des Lebens in der Synagoge zu Kapernaum und deutet direkt darauf hin, daß diese Speisung ein sakramentales Geschehen, eine Abendmahls-Speisung, gewesen sei. Die Einsetzung des Abendmahls selbst erzählt Johannes nicht. An der Stelle, wo bei den anderen Evangelisten die Einsetzung des Abendmahles erzählt wird, steht im Johannes-Evangelium das Gebot der Liebe: „Ein neues Gebot gebe ich euch, daß ihr euch untereinander liebet."

Damit weist Johannes darauf hin, daß mit dem Abendmahl das Gespeist-Werden des Menschen mit göttlicher Liebeskraft gemeint ist, daß das Speisen, das vom Menschen ausgeht für Mitmenschen und Natur durch die göttliche Liebeskraft gesegnet wird. Das müssen wir auch hier, wenn von Speisung der Fünftausend gesprochen wird zum Verständnis mit dazu nehmen. Auch die Zahlen, die genannt werden in der Speisungsgeschichte, deuten auf dieses Geheimnis hin: Fünf Brote und zwei Fische sind es. Da haben wir die Zahl Fünf und Zwei, das ist sieben; und zwölf Körbe von Brotbrocken bleiben übrig. Die Sieben ist die Zahl der Tage in der Woche, die Zahl der Planeten; die Zwölf ist die Zahl der Monate im Jahr, die Zahl der Sternbilder der Sonnenbahn. Da sollen wir spüren: in dieser Speisungsgeschichte werden in den Menschen erweckt die himmlischen Kräfte. Die Kräfte der Wandelsterne, die Kräfte der zwölf Sternbilder des Jahres, die Sternenkräfte des Himmels, werden geistig in den Menschen lebendig. Man könnte sagen, mit den sieben Planetenkräften, den fünf Broten und den zwei Fischen, speist Christus die Menge; und die zwölf Sternenkörbe des Himmels bleiben übrig. Himmlische Speise gibt Christus den Menschen. Die Kraft des Abendmahls ist jene Himmelskraft, die die Elemente der Natur, Brot und Wein, durchgeistigt mit unsterblichen Kräften. „Heilmittel der Unsterblichkeit" nannte man im Altertum das Sakrament des Abendmahls. Und so deutet auch das Sakrament des Abendmahls darauf hin, daß eine neue Natur erstehen soll, daß die äußere Natur, die von sich aus dem Tod verfällt, durch die speisende Liebeskraft Gottes zur unsterblichen Natur, zum neuen Jerusalem werden soll.

So ist in einer gewissen Weise auch das Fronleichnamsfest, das wir vor kurzem feierten, eine Art Johannisfest, weil es ebenfalls hinweist darauf, daß die äußere Natur durchlichtet, durchgeistet und unsterblich wird. Fronleichnam heißt „Leib des Herrn". Die ganze Erde soll gleichsam „Leib des Herrn" werden, soll verklärt werden zum himmlischen Jerusalem. Die Kräfte des heiligen Grales sind es, die

die Natur wandeln; und wo diese Gralskräfte im Menschen lebendig werden, da wird der Mensch zum Messias der Natur, da wird die äußere Natur gewandelt in das himmlische Jerusalem.

„Sei verbunden Seinem Bunde,
Aller Wesenheit geweiht
Mit dem Blut aus Seiner Wunde –
Künde Seines Kelches Kunde,
Rufer in der Einsamkeit.

Werde Träger Seiner Male,
Er in dir und du in Ihm.
Einmal in topasnem Saale
Neigt sich dir des Grales Schale
Aus der Hand der Cherubim.

(Manfred Kyber, „Der Rufer in der Einsamkeit", 1918)

4. Sonntag nach Trinitatis

Matthäus 11, 2–19 – Das Urteil Jesu über den Täufer
25–30 – Jubelrufe

Als Johannes im Gefängnis von Christi Wirksamkeit hörte, ließ er durch seine Jünger ihn fragen: Bist du es, der kommen soll, oder sollen wir eines anderen harren?

Jesus gab ihnen zur Antwort: Gehet hin und meldet Johannes, was ihr hört und seht: Blinde sehen wieder, Lahme gehen, Aussätzige werden rein, Taube hören, Tote werden erweckt, Armen wird die Frohbotschaft verkündet, und selig ist, wer keinen Anstoß an mir nimmt.

Während sie hingingen, begann Jesus zum Volke über Johannes zu reden: Was seid ihr in die Wüste hinausgezogen zu schauen – ein Rohr, vom Winde hin und her bewegt? Oder was seid ihr hinausgezogen zu sehen – einen Menschen in weichlichen Kleidern? Nein, die weichliche Kleider tragen, sind in den Häusern der Könige. Nun denn, was seid ihr hinausgezogen zu sehen – einen Propheten? Jawohl, ich sage euch, und noch mehr als einen Propheten; steht doch von diesem geschrieben: Ich sende meinen Engel vor dir her, der soll den Weg für dich bereiten.

Wahrlich, ich sage euch, kein Größerer ward erweckt unter den vom Weibe Geborenen als Johannes der Täufer – aber der Kleinste im Himmelreich ist größer als er.

Von den Tagen Johannes des Täufers bis heute bricht sich das Himmelreich mit Macht Bahn, und die Machtbegabten reißen es an sich. Alle Propheten und das Gesetz haben bis auf Johannes geweissagt — und er ist es nun, wenn ihr's gelten lassen wollt, der Elias, der kommen soll. Wer Ohren hat zu hören, der höre!

Wem aber soll ich dieses Geschlecht vergleichen? Es ist Knaben gleich, die auf dem Marktplatz sitzen und den Gefährten zurufen:

Wir haben euch aufgespielt, und ihr wolltet nicht tanzen!

Wir haben Klagelieder gesungen, und ihr wolltet nicht weinen!

Es kam Johannes, aß nicht und trank nicht — und da hieß es: Er hat einen bösen Geist! Es kam des Menschen Sohn, aß und trank — und nun heißt es: Das ist ein Esser und Trinker, Freund von Zöllnern und Sündern! Die Weisheit rechtfertigt sich in ihren Werken.

In jener Zeit nahm Jesus das Wort und sprach: Ich preise dich, Vater, Herr des Himmels und der Erde, daß du dies vor Weisen und Klugen verborgen, den Unmündigen aber geoffenbart hast. Ja, Vater, denn so war es dir wohlgefällig. Alles ist mir von meinem Vater übergeben. Niemand kennt den Sohn außer der Vater, und niemand kennt den Vater außer der Sohn, und wem es der Sohn offenbaren will.

Kommt zu mir alle, die ihr mühselig und beladen seid: ich will euch erquicken! Nehmet mein Joch auf euch und lernet von mir; denn ich bin sanftmütig und demütig von Herzen, und ihr werdet Ruhe finden für eure Seelen: denn mein Joch ist mild und meine Last ist leicht.

In diesem Evangelium spricht Christus vom Täufer Johannes. Er nennt ihn den Größten der vom Weibe Geborenen, das heißt also den Größten der vorchristlichen Eingeweihten. Er sagt weiter: Johannes der Täufer ist der kommende Elias, von dem gesagt ist, daß er vor dem Menschensohn auf der Erde erscheinen soll, und er ist der Engel, der vor Christus einhergesandt ist. Der Engel Christi ist der Erzengel Michael. Diese Worte sind nicht einfach, buchstäblich, zu verstehen, darum fügt Christus hinzu: „Wer Ohren hat zu hören, der höre!" Wenn wir im Johannes-Evangelium lesen, daß Johannes der Täufer, als er von den Boten der Juden gefragt wird: „Bist du Elias?" antwortet: „Ich bin es nicht", und wenn wir im Lukas-Evangelium von ihm lesen: „Er wird vor Christus einhergehen im Geiste und in der Kraft des Elias", dann verstehen wir, daß diese Worte vom kommenden Elias, der in Johannes wirkt, nicht naturalistisch verstanden werden dürfen im Sinne einer Reinkarnation, als wenn etwa in Johannes dem Täufer Elias reinkarniert auf der Erde erschienen wäre. Diese Deutung wehrt Christus nachdrücklich ab mit den Worten: „Wer Ohren hat zu hören, der höre!" Er will nur sagen: durch Johannes den Täufer wirkt geistig Elias. Johannes der Täufer geht im Geist und in der Kraft des Elias vor Christus einher. Und ebenso wäre es ein Mißverständnis anzunehmen, Johannes der Täufer sei der verkörperte Antlitz-Engel Christi, sei der verkörperte Erzengel Michael. Diese Worte sind pneumatisch, geistig zu verstehen. Johannes ist inspiriert vom großen vorchristlichen Propheten Elias und vom Erzengel Michael.

Warum wird hier gerade von Elias gesprochen? Elias war derjenige unter den großen jüdischen Propheten, der zuerst in alttestamentlicher Zeit die Menschen ganz stark auf den Weg nach innen wies; insofern besteht ein Gegensatz zwischen dem Gottes-Erlebnis des Moses und dem Gottes-Erlebnis des Propheten Elias. Moses erlebt Gott auf dem Sinai in Donner und Blitz; in den Naturerscheinungen offenbart sich ihm Jahve. Moses gibt den Juden das Gesetz. Er ist ein prophetischer Vertreter der alten Gesetzlichkeit des Judentums; durch ihn wird das Priestertum im Judentum begründet. Sein Bruder Aaron ist der Stammvater des israelitischen Priestertums. Der Prophet Elias hingegen verkörpert eine neue Religiosität, in ihm offenbart sich Gott auf ganz andere Weise: nicht im Brausen des Sturmes, nicht in Donner und Blitz, sondern, wie es ausdrücklich heißt, „im sanften Sausen eines Windes" erlebt er Gott; das ist ein viel innnerlicheres Erlebnis. Der Prophet Elias steht im Gegensatz zur bloß gesetzlichen, zur bloß priesterlichen Verkündigung der Religion; in ihm ist ganz stark die pneumatisch-geistige, die mystische Erfahrung Gottes aufgebrochen. Und darum wird der Prophet Elias auch in der Johannes-Apokalypse schon als Wegbereiter der Zukunft, der zukünftigen Religiosität angesehen, die im Gegensatz steht zur gesetzlich-priesterlichen Religiosität der Vergangenheit.

Johannes spendete den Menschen im Jordan die Wassertaufe. Er tauchte sie ganz unter, so daß sie an den Tod des Ertrinkens herankamen; indem dabei sich bereits die Seele vom Körper zu lösen begann, hatte sie im Rückblick in wunderbaren Bildern ihr ganzes vergangenes Leben vor sich, wußte nun, hier habe ich recht gehandelt, dort habe ich unrecht getan. Wenn die Menschen aus dem Jordan emporstiegen, hieß es, dann bekannten sie ihre Sünden, waren völlig verwandelt, waren geistig neu geboren und begannen ein neues Leben. Im Herankommen an den Tod des Ertrinkens gewannen sie in einem wunderbaren Wahrtraumbewußtsein Einblick in die göttliche Welt. Sie erkannten ihr wahres göttliches Wesen, erfaßten den großen Abstand dieses Wesens von ihrem kleinen Erden-Ich.

Der Weg, den Christus den Menschen zeigt, ist ein anderer; da sollen die Menschen nicht mehr herausgelöst werden aus dem irdischen Körper, da sollen sie im wachen Erdenbewußtsein das Göttliche erfahren. Das Göttliche, Christus, zieht in einen Menschen ein, nimmt einen irdischen Leib an; und diesem irdischen Menschen offenbart sich das Göttliche. Was sich hier vollzieht, das soll sich in Zukunft auch in allen Menschen vollziehen. Wir hören, wie zu Pfingsten dieser Christusgeist einzieht in die Apostel; da empfangen sie die Feuertaufe, die Geisttaufe, und die steht im Gegensatz zur Wassertaufe des Johannes. Bei der Wassertaufe verloren die Menschen das irdische Bewußtsein, wurden herausgelöst aus ihren Körpern. Bei der pfingstlichen Geisttaufe verlieren die Menschen das Bewußtsein nicht; da schenkt sich das Göttliche den Menschen, da spricht der Gottesgeist im klaren Erdenbewußtsein des Menschen und greift verwandelnd und durchlichtend in den irdisch wachbewußten Menschen ein.

Darum heißt es hier: Der Kleinste im neuen Himmelreich, das nahe herbeigekommen ist, ist größer als Johannes. Der Kleinste im neuen Himmelreich ist größer als der größte vorchristliche Eingeweihte. Das Himmelreich ist nahe herbeigekommen, das Himmelreich wird mit Gewalt, mit Macht sich offenbaren in der Zukunft, „und die Machtbegabten reißen es an sich". Ein schwerverständliches Wort, aber auch dieses Wort stellt das neue Himmelreich, das durch Christus zu den Menschen kommt, in Gegensatz zu allem vorchristlichen Gotterleben. Im vorchristlichen Gotterleben mußten die Menschen sich lösen aus dem Körper, im nachchristlichen Gotterleben bleiben sie im Körper; da müssen sie sich darum mühen, daß ihnen der Gottesgeist geschenkt wird. Und wenn sie mit ganzem Ernst danach streben, dann werden sie mit dieser Vollmacht des Geistes im wachen Erdenbewußtsein erfüllt.

Auch in allen anderen vorchristlichen Mysterien, etwa in den griechischen Mysterien, empfingen die Menschen eine Art von Wassertaufe. Wenn Platon den Griechen den Weg zeigt, auf dem sie das Göttliche erleben können, so ist auch das eine Art von Wassertaufe. Auch da sollen die Menschen auf dem Schwung ihrer natürlichen Lebenskräfte sich erheben über das Irdische, sollen von der Schönheit des natürlich-irdischen Leibes aufsteigen zur Schönheit der Seele, zur Schönheit des Geistes und zuletzt, gelöst von allem Irdischen, Einblick gewinnen in das überkosmische Reich der göttlichen Ideenwelt.

Im neuen Himmelreich, von dem hier Christus spricht, das durch ihn in die Welt gebracht wird, das in der Pfingstausgießung des Heiligen Geistes sich den Aposteln mitteilt und von den Aposteln übergeht auf die Urchristenheit, wird der Geist nicht mehr unter Loslösung vom Körper erlebt, sondern im vollverkörperten Menschen. Das Pfingstereignis wird von Christus selbst Feuertaufe genannt. Johannes spendet die Wassertaufe, wo der Mensch unter Loslösung vom Körper hineinschaut in die geistige Welt und geistige Erfahrungen macht. Die Feuertaufe ermöglicht es dem Menschen im vollen Wachbewußtsein den Gottesgeist in sich zu erleben. Die Urchristenheit machte den Unterschied auf Grund dieses Erlebens zwischen dem Pneumatiker und dem Psychiker. Der Pneumatiker, das war in der Sprache der Urchristenheit der Mensch, der innerlich seelisch ganz vom Geiste ergriffen war, der den Geist nicht in ekstatischen Zuständen erlebte; nein, als irdischer Mensch war er ganz in seiner Seele vom Geist durchdrungen, das heißt: das Zentrum seines Ich ruhte im Geistigen und nicht mehr im Seelischen. Er war wunsch- und begierdelos geworden und hatte dadurch die Überlegenheit über das Seelisch-Triebhafte in sich gewonnen. Er wußte, daß der Mensch, der vollkommen wunsch- und begierdelos geworden ist, geöffnet ist für das Einströmen des Geistes, daß nur er zum Geistträger auf der Erde werden kann.

Nun müssen wir uns allerdings sagen, den Pneumatiker, in dem das Ich-Zentrum rein im Geistigen lebte, kennt die moderne europäische Menschheit so gut wie gar nicht mehr; da müssen wir schon nach Indien gehen und dort den großen Gurus begegnen; in Europa könnte man sich allenfalls noch erinnern an die Starzen Rußlands des neunzehnten Jahrhunderts. Das wären im Sinne des Urchristentums wahre Pneumatiker. Leider ging diese Entwicklung des Christentums nicht weiter; schon in den ersten christlichen Jahrhunderten gab es kaum noch Pneumatiker. Die ersten Mönche hingegen wußten wieder um dieses Ideal. Das Wort Mönch kommt her von dem griechischen Wort „monachos“ und heißt eigentlich nicht, wie man es heute gewöhnlich versteht, so viel wie Eremit oder Einsiedler, sondern monachos heißt in seiner Urbedeutung „der Eingeborene“, der aus dem Geist Geborene, der die Zwiespältigkeit des seelischen Lebens in sich überwunden hat. In den Werken von Jakob Lorber wird der Pneumatiker an verschiedenen Stellen in ähnlicher Weise charakterisiert, wie ich es versuchte zu tun. Er wird dort genannt: der seelisch vollkommen Wiedergeborene. Wo sind heute Menschen, die in diesem Sinne die seelische Wiedergeburt aus dem Geiste erlebt haben. Weil es die so gut wie nicht gibt, darum hat das Christentum auch keine Weltbedeutung mehr; darin ist die Schwäche des heutigen Christentums begründet. Viele Menschen nennen sich Christen, aber sind keine Christen. Heute haben wir höchstens, auch im religiösen Bereich, Psychiker und Sarkiker.

Sarkiker (Somatiker), das sind die körperlich gebundenen Menschen, die zum Christentum keinen Zugang haben. Psychiker sind die Menschen, deren Ich-Zentrum im Seelischen liegt; sie haben zwar Zugang zum Christentum, aber sie sind weit entfernt von der wirklichen Realisierung im Leben, denn der Psychiker, der seelenhafte Mensch, bleibt weitgehend gebunden an seine Sympathie- und Antipathiegefühle, an seine Wunschwelt, an seine Triebe. Er leidet unter Mißmut, Ärger und Zorn; er erregt sich über die Fehler seiner Mitmenschen und findet in sich nicht die rechte Seelenruhe. Das ist symptomatisch für den Menschen, dessen Ich dem Seelischen verhaftet ist, und in eine solche Seele kann Christus das heilige Pneuma nicht voll klärend hineinwirken.

Christus stellt diesem psychischen Menschen im Evangelium den Menschen gegenüber, der sanftmütig ist und demütig von Herzen, der sich über nichts erregt, über nichts aufregt, auch nicht über die Schwächen und Härten der lieben Mitmenschen, der nicht einmal seinen Feinden, seinen Gegnern zürnen kann, der selbst vor dem Bösen, das in ihm wirkt und ihn umgibt, nicht erschrickt, sondern der die Fähigkeit hat, das Böse gutzulieben. Nur in dem Menschen, der das realisiert, offenbart sich der Sohn und durch den Sohn der Vater. Darum spricht Christus hier in solch betonten Worten von dem Sohn, den nur der Vater kennt, und von dem Vater, den nur der Sohn kennt, und diese Kenntnis schließt sich auf, wie Christus sagt, dem schlichten Menschen. Diese Wahrheit kann nicht gefunden werden durch den Verstand, sie kann nicht gefunden werden durch die Philosophie, sie kann nur gefunden werden aus den Herzkräften der Liebe heraus, aus den Herzkräften jener Liebe, in der die wahre Güte, das göttliche Pneuma sich realisiert. Indem der Mensch solchermaßen das Geistige, das Göttliche, in sich erfährt, wird er zugleich vom todüberwindenden, lichten Urmenschen berührt. Man könnte vergleichsweise sagen, der Weg, den die Pflanzenwelt nimmt vom Winter über Ostern bis zum Hochsommer, sei ein Bild für die Lebenskräfte der Natur, die uns tragen, die wachsen, blühen und gedeihen lassen. Wenn aber jetzt in der Hochsommerzeit diese Kräfte hinwelken, wenn äußerlich gesehen die Natur bereits zu sterben beginnt, dann sollen im Menschen jene todüberwindenden Kräfte lebendig werden, dann soll in ihm die übernatürliche, durch Christus im Menschen erst voll entfaltete göttliche Kraft stark werden als Licht, das in der Finsternis leuchtet, als Licht, das im Dunkeln der

Erdenwelt das Göttliche selber aufleuchten und aufstrahlen läßt.

In diesem Sinn empfindet der Pneumatiker sein eigenes Dahin-Welken, sein Altern, Schwach-Werden und Sterben als willkommene Gelegenheit für die Ausbildung des geistigen Samenkornes, des geistigen Menschen in sich selbst.

Im Anschluß an jene Worte, die Christus über Johannes gesagt hat, spricht er tief bedeutsame Worte über sich selbst. Die große Menge der Menschen hat weder Johannes verstanden noch Christus. Als Johannes auftrat als ein asketischer Prediger, der die Menschen auf den kommenden Untergang der Alten Welt hinwies, als Johannes die Menschen zu asketischer Buße aufrief, da haben sie nur gespottet: Der trinkt keinen Wein, der ißt kein Fleisch, der ist besessen, der ist nicht normal. Und als Christus auftrat und sich zu den Menschen gesellte, als er alles aß, was ihm vorgesetzt wurde und auch Wein trank, also so lebte, wie der natürliche Mensch zu leben pflegt, da sagten viele Menschen: Das will ein Prophet sein? Das ist ein Esser und ein Trinker. Ja, die Menschen haben weder Christus noch Johannes verstanden. Und nun sagt Christus diese tief bedeutsamen Worte über sich selbst. Er nennt sich Sohn des himmlischen Vaters, er spricht vom Mysterium der Menschwerdung Gottes im Menschen, und er sagt gleich einleitend: „Vater, ich danke dir, daß du dieses Geheimnis den Weisen und Klugen verborgen, aber den Kleinen, den Unmündigen geoffenbaret hast." Das Geheimnis der Menschwerdung Gottes kann nie und nimmer von den Klugen und Weisen verstanden werden, kann mit keiner menschlichen Philosophie begriffen werden. Wenn es der Mensch fassen will, muß er loslassen von dieser irdischen Weisheit; das fällt meistens den Klugen und Weisen sehr schwer. Dagegen die Unmündigen und Kleinen, die kindlichen Menschen können viel leichter loslassen von sich selbst und ihrer irdischen Weisheit und vermögen dieses himmlische Mysterium darum eher zu verstehen.

Dieses Mysterium faßt Christus in die Worte: „Den Vater kennt niemand als der Sohn und den Sohn kennt niemand als der Vater." Das will sagen: Der Mensch muß in seinem eigenen, irdischen Wesen, in seinem kleinen menschlichen Ich sich öffnen; sich öffnen, damit das große, das göttliche, das gott-ebenbildliche Wesen ihn durchstrahlen, in ihn einziehen kann, damit er auf diese Weise zum Sohne Gottes werden kann. Und erst wenn dieses Licht des Heiligen Geistes im klarbewußten Menschen-Ich aufleuchtet, dann findet der Mensch den Weg zum Vater. „Den Vater kennt niemand als der Sohn" — und umgekehrt —, „den Sohn kennt niemand als der

Vater". Den Menschensohn, das menschliche Urbild in seiner göttlichen Fülle kennt niemand als der Vater. An einer anderen Stelle des Evangeliums sagt Christus: „Steht nicht in euren alten, heiligen Schriften geschrieben: Ihr seid Götter und Söhne des Höchsten?" Vom menschlichen Bewußtsein aus gesehen, können wir das nicht verstehen, vom menschlichen Bewußtsein aus behauptet: wir seien Götter und Söhne des Höchsten, wäre eine furchtbare Anmaßung. Wenn aber unser klein-menschliches Ich durchdrungen wird von diesem göttlichen Licht des Heiligen Geistes, dann erfahren wir, daß wir wirklich Götter, Söhne des Höchsten sind, daß wir den Vater kennen und der Vater uns kennt.

Wer dieses Erlebnis in der einen oder anderen Form gehabt hat, kann vertrauend dem Schicksal begegnen. Darum schließt Christus an diese Worte vom Mysterium der Menschwerdung Gottes die tröstlichen Zeilen an: „Kommt zur mir alle, die ihr mühselig und beladen seid: ich will euch erquicken! Nehmt mein Joch auf euch und lernet von mir; denn ich bin sanftmütig und demütig von Herzen, und ihr werdet Ruhe finden für eure Seelen: denn mein Joch ist mild und meine Last ist leicht."

Im Augenblick, wo der Mensch diesen Durchbruch des Gottes-Ich im eigenen Ich erfährt, da ist er versöhnt mit sich und mit der ganzen Welt, da findet er Ruhe für seine Seele, da ist er zum Gottessohn geworden und in Gottes Liebe geborgen. Das ist das Wach-Werden des Menschen, zu dem Christus aufgerufen hat, das ist das Hineinleuchten des Lichtes in die Finsternis, auf das alles ankommt und das mehr ist als die Wassertaufe des Johannes. Es ist die Feuertaufe des Heiligen Geistes, die Mensch und Erde verwandelt.

„Wachsein ist alles. Es kommt die Nacht,
Und keiner wird keinen erkennen.
Haltet Wacht
Und laßt die Lampen brennen.
Alles Werden ist wankend und ungewiß,
Aber alles Ziel ist Reife.
Und das Licht leuchtet in der Finsternis,
Auf daß sie es einst begreife."

(Manfred Kyber, „Der Wächter der Lampe", 1918)

Peter und Paul

Galater-Brief 1,	1– 5	–	Einleitung
	11–24	–	Christus selbst hat den Apostel gesandt
2,	1–10	–	Das Apostelkonzil billigt die paulinische Heidenmission

Paulus, Apostel, nicht von Menschen gesandt oder durch eines Menschen Vermittlung, sondern durch Jesus Christus und Gott den Vater, der ihn vom Tode auferweckte, und alle Brüder meiner Umgebung — an die Gemeinden Galatiens.

Gnade sei euch und Friede von Gott, unserem Vater, und dem Herrn Jesus Christus, der sich für unsere Sünden dahingegeben, uns aus dem gegenwärtigen, vom Bösen beherrschten Äon zu retten, gemäß dem Liebeswillen Gottes, unseres Vaters, dem Ehre sei in alle Ewigkeit, Amen.

Ich weise euch darauf hin, Brüder: die Heilsbotschaft, die ich verkündet habe, ist nicht von menschlicher Art: denn ich habe sie nicht von einem Menschen empfangen oder gelernt, sondern durch Offenbarung Jesu Christi.

Ihr habt ja von meinem früheren Wandel im Judentum gehört. Über die Maßen verfolgte ich die Kirche Gottes und suchte sie zu vernichten. Für das Judentum tat ich es vielen meiner Genossen gleichen Alters in meinem Volke zuvor und konnte nicht genugtun im Eifer für die Überlieferungen meiner Väter. Dann aber gefiel es dem, der mich schon im Mutterschoße ausgesondert und durch seine Gnade berufen hat, in mir seinen Sohn zu offenbaren, daß ich die Heilsbotschaft von ihm unter den Heiden verkünde. Sogleich zog ich nicht etwa Fleisch und Blut zu Rate, noch begab ich mich nach Jerusalem zu denen, die vor mir Apostel waren, sondern zog fort nach Arabien, um dann wieder nach Damaskus zurückzukehren. Erst drei Jahre später zog ich nach Jerusalem hinauf, um Kephas (Petrus) kennenzulernen, und blieb vierzehn Tage bei ihm. Von den andern Aposteln sah ich nur Jakobus, den Bruder des Herrn. Was ich euch schreibe, davon weiß Gott, daß es die reine Wahrheit ist.

Dann kam ich in das Gebiet von Syrien und Cilicien. Den Christengemeinden von Judäa blieb ich von Angesicht unbekannt; sie hatten nur gehört: Unser bisheriger Verfolger verkündet jetzt den Glauben, den er vorher vernichten wollte, und ich wurde ihnen Anlaß, Gott zu preisen.

Dann, nach vierzehn Jahren, ging ich wieder nach Jerusalem hinauf, diesmal mit Barnabas, wobei ich auch Titus mitnahm. Ich zog infolge einer Offenbarung hinauf. Ich erklärte ihnen — in persönlicher Besprechung denen, die etwas galten — die Heilsbotschaft, wie ich sie unter den Heiden verkündete; ich wollte ja doch nicht ins Leere laufen oder gelaufen sein. Tatsächlich wurde nicht einmal mein Begleiter Titus, der doch ein Grieche war, zur Beschneidung gezwungen.

Aber ich mußte besorgt sein wegen der falschen Brüder, die sich in Antiochien eingedrängt hatten; sie hatten sich eingeschlichen, um unsere Freiheit, die wir in Christus Jesus besitzen, zu belauern und uns zu knechten. Ihnen machten wir auch nicht einen Augenblick Zugeständnisse, die der Unterwerfung gleichgekommen wären: die Wahrheit der Heilsbotschaft mußte für euch erhalten bleiben.

Was diejenigen betrifft, die etwas gelten — wie viel immer sie galten, kümmert mich nicht: Gott sieht nicht auf das Äußere des Menschen — so haben mir die Geltenden nichts weiter aufgelegt; im Gegenteil, sie sahen, daß ich mit der Heilsbotschaft für die Heiden betraut bin wie Petrus mit der für die Juden. Denn derselbe, der Petrus die Kraft zum Apostelamt für die Juden gab, gab sie mir für die Heiden. Sie erkannten die Gnade, die mir verliehen war, und so gaben Jakobus, Kephas (Petrus) und Johannes, die als Säulen galten, mir und Barnabas die Hand zum Zeichen der Gemeinschaft: wir sollten für die Heiden, sie für die Juden da sein; nur sollten wir der Armen in Jerusalem gedenken — und danach zu handeln war denn auch mein Bestreben.

In die Zeit zwischen Sommersonnenwende und Wintersonnenwende, in den sinkenden Sonnenbogen, hat man die Feste der Apostel gelegt. Am 24. Juni, am Sommersonnenwendtag, feierten wir das Fest des Täufers Johannes und zugleich den Todestag des Evangelisten Johannes. Der Geburtstag des Evangelisten Johannes wird am dritten Weihnachtstag, am 27. Dezember, in der Zeit der Wintersonnenwende gefeiert. So umfaßt der Geburtstag und der Todestag des Evangelisten Johannes den ganzen Sonnenbogen. Der Evangelist Johannes gilt als der Apostel, der das Christentum in der umfassendsten und vollkommensten Weise vertreten hat, dessen Wirksamkeit fortdauern soll bis zur Wiederkunft Christi.

Heute, am 29. Juni, feiern wir den Tag der beiden Apostel Petrus und Paulus. Weiterhin gedenken wir im Fortgang des Jahres am 25. Juli an Jakobus den Älteren, am 24. August an Bartholomäus, am 21. September an Matthäus, am 18. Oktober an Lukas, am 28. Oktober an Simon und Judas (Thaddäus), am 30. November an Andreas. Die Feste der Apostel im sinkenden Sonnenbogen weisen uns darauf hin, wie die Lichtboten Christi in eine sinkende, eine untergehende, eine sterbende Welt hineingesandt wurden, um neues Leben in der Menschheit zu erwecken. Der heutige Tag ist also den beiden Aposteln Petrus und Paulus geweiht. Sie sind in der neronischen Christenverfolgung in Rom ums Leben gekommen. Petrus wurde gekreuzigt, Paulus mit dem Schwert enthauptet. Aber sie starben nicht am gleichen Tag. Wir feiern den 29. Juni als den Tag beider Apostel, weil in der Zeit der valerianischen Christenverfolgung am 29. Juni des Jahres 258 ihr Gebeine von der ursprünglichen Ruhestätte verbracht wurden in die Katakombe des heiligen Sebastian. Schon im Jahre 354 finden wir im ältesten römischen Festkalender diesen Tag, den 29. Juni, als Festtag der Apostel Petrus und Paulus eingetragen.

Die Stelle aus dem Galater-Brief, die wir eben gehört haben, zeigt uns deutlich die verschiedene Wesensart der beiden Apostel. Petrus hat seinen Auftrag vom historischen Jesus Christus empfangen. Paulus dagegen hat Christus nicht persönlich gekannt. Er hat die Christengemeinden nach dem Tod und der Auferstehung Christi zunächst verfolgt, leidenschaftlich verfolgt; er war bei der Steinigung des Stephanus zugegen. Er hat seinen Apostelauftrag nicht vom historischen Jesus empfangen, sondern durch eine geistige Offenbarung, durch jenes große Christus-Erlebnis, das er vor Damaskus gehabt hat. Da erlebt er in der geistigen Schau Christus als den Genius der Menschheit, der Erde und des ganzen Kosmos.

Petrus war das Haupt der jerusalemischen Christengemeinde, der jüdischen Christengemeinde, die noch eng gebunden war an die Überlieferungen der jüdischen Gesetze. Paulus dagegen wurde berufen zum Apostel der Weltvölker, der Heiden. Petrus wurde zum Begründer eines Priestertums in der christlichen Urgemeinde, das sich stützte auf Überlieferung und Tradition. Er begründete das Priestertum, das auf die Sukzession, die Ableitung vom historischen Apostelamt gegründet war. Paulus dagegen wurde zum Begründer eines priesterlichen Wirkens, das sich auf geistige Offenbarung, auf unmittelbare geistige Schau stützt. Er wurde zum Begründer eines Priestertums nach der Art des Melchisedek, das nicht auf äußere Überlieferung, nicht auf äußere Tradition gestützt ist, sondern auf unmittelbare persönliche Geistoffenbarung des gegenwärtigen Christus.

Petrus kam später nach Rom und wurde der Führer der römischen Christengemeinde. Wie die Juden die Welt des Gesetzes in der Religion besonders ausgebildet haben, so haben die Römer die Welt des Gesetzes im Staatswesen ausgebildet. Das Römische Recht, das Römische Gesetz, nahm eine geradezu klassische Form an. Und es ist nicht zufällig, daß der Apostel Petrus, der zuerst in der Gesetzeswelt des Judentums lebte, dann nach Rom kam, in jene Stadt, die vom römischen Staatsrecht beherrscht war. Das römische Christentum — man nennt es ja, weil Petrus der Führer der ersten römischen Gemeinde war, auch das petrinisch-römische Christentum — entwickelte sich später zum katholischen Christentum. Und das römisch-katholische Christentum ist in einer besonderen Weise gebunden an Gesetze, Traditionen, äußere Formen und Überlieferungen. Paulus dagegen ist der Apostel des Griechentums gewesen. Alle seine Briefe, mit Ausnahme eines einzigen, sind an griechische Gemeinden gerichtet: die Briefe an die Korinther, an die Galater, an die Epheser, an die Philipper, an die Kolosser und an die Thessalonicher. Und selbst wenn Paulus auch einen Brief geschrieben hat an die Römer, so vertritt er in dem Römer-Brief doch eine Auffassung vom Christentum, die sich beruft auf die unmittelbare Geistoffenbarung Christi, die nicht auf äußere Gesetze, äußere Überlieferungen, äußere Traditionen sich stützt.

An den Römer-Brief hat später Martin Luther, als er das Christentum erneuerte, besonders angeknüpft. Die Freiheit eines Christenmenschen, die Freiheit durch die Rechtfertigung aus dem Glauben, aus dem unmittelbar persönlichen Erfahren des lebendigen Christus findet bei Paulus ihre Grundlegung in den Römer-Briefen und im Galater-Brief. Und der Galater-Brief, aus dem wir eben ein Stück gelesen haben, zeigt uns ganz besonders deutlich diese protestantisch-evangelische Grundlegung des Paulus, die dann Luther in der neueren Christenheit wieder lebendig machte. Da sagt ja Paulus direkt, daß er seine Offenbarungen empfangen hat unmittelbar aus der himmlischen Welt, nicht von Menschen. Als er die Offenbarungen empfangen hat, so betont er, ist er nicht nach Jerusalem gegangen, um sich dort das Recht zur Verkündigung des Evangeliums von Petrus und den anderen Aposteln geben zu lassen; nein, das hatte er nicht nötig. Erst drei Jahre nach seinem Damaskus-Erlebnis geht er zum ersten Mal nach Jerusalem; und zwar nur für vierzehn Tage und lernt dabei von den Ur-Aposteln nur Petrus und Jakobus, den Bruder des Herrn, kennen. Die jüdisch-christlichen Gemeinden in Jerusalem haben ihn nicht gekannt, und er hat auf diese Gemeinden keine Rücksicht genommen. Er verkündete das Evangelium aus dem unmittelbar erlebten geistigen Erfahren Christi vor Damaskus heraus.

Paulus sagt auch, er habe, als er später, vierzehn Jahre danach, noch einmal nach Jerusalem gekommen sei — das war im Jahre 50 nach Christi — beim sogenannten Apostelkonzil, wiederum vor den Aposteln seine Art in der Christus-Erfahrung vertreten, und man habe ihm dort in keinerlei Weise den Zwang des jüdischen Gesetzes aufgenötigt. Auch seinen Begleiter, der ein Grieche war, hat man nicht gezwungen, sich beschneiden zu lassen. Man hat die Freiheit vom jüdischen Gesetz, die Paulus vertrat, anerkannt. Und auch diejenigen, die als Säulen galten in der urchristlichen Gemeinde, Petrus, Jakobus und Johannes, haben ihn gelten lassen. Er fügt sogar noch hinzu:

> „Was diejenigen betrifft, die etwas gelten — wie viel immer sie galten, kümmert mich nicht: Gott sieht nicht auf das Äußere des Menschen — so haben mir die Geltenden nichts weiter aufgelegt: im Gegenteil, sie sahen, daß ich mit der Heilsbotschaft für die Heiden betraut bin wie Petrus mit der für die Juden" (Gal. 2, 6—7).

Da sehen wir sehr deutlich den Unterschied zwischen dem petrinischen Christentum, das an historische Überlieferungen und Gesetze gebunden ist, und dem freien Geistes-Christentum, das Paulus vertritt, das an das persönliche, prophetisch-charismatische Erlebnis des gegenwärtigen Christus gebunden ist und innerlich frei allen äußeren Gesetzesbindungen gegenübersteht.

Der Apostel Johannes aber nimmt eine Mittelstellung ein — man könnte sagen eine Stellung über dem petrinischen und über dem paulinischen Christentum. Wie das römisch-katholische Christentum mit Recht bezeichnet worden ist als ein petrinisches Christentum, so ist das evangelisch-protestantische Christentum mit Recht bezeichnet worden als ein paulinisches Christentum, weil Luther in seiner Verkündigung zur Zeit der Reformation vor allen Dingen auf Paulus sich berufen hat. Johannes steht gewissermaßen über diesen beiden Aposteln. Er verbindet ihre Wesensart in seiner eigenen Person; denn Johannes hat den historischen Jesus-Christus sehr gut gekannt, er war der Liebesjünger Jesu Christi. Johannes hat aber sein Evangelium und die geheime Offenbarung aus unmittelbarer Geistesschau empfangen, so wie der Apostel Paulus sein Erlebnis vor Damaskus hatte. In Johannes verbindet sich also beides: die Bindung an den historischen Jesus-Christus und die Bindung an die unmittelbare Geist-Offenbarung des gegenwärtigen, pneumatischen Christus.

Auf diese Zusammenhänge wird am Ende des Johannes-Evangeliums hingedeutet. Die Zeit, wo Petrus wirkt, wird einmal aufhören; Petrus wird einmal sterben. Aber die Wirkenszeit des Johannes wird nie aufhören. Johannes wird fortleben und fortwirken bis zur Wiederkunft Christi, bis zur Vollendung des Äons. Das johanneische Christentum ist dazu berufen, die Spaltung zwischen katholischem und protestantischem Christentum in der Zukunft zu überwinden. Man könnte mit Schelling auch sagen: Petrinisches, paulinisches, johanneisches Christentum spiegeln etwas wider vom Wesen des Vaters, des Sohnes und des Heiligen Geistes. Das petrinische Christentum könnte man vergleichen mit der tragenden Grundwesenheit des Vaters; das paulinische Christentum offenbart uns insbesondere das Wesen des Sohnes, und das johanneische Christentum ist die Erfüllung alles Christentums als Offenbarung des Heiligen Geistes. Diese Zusammenhänge sind von dem Abt Joachim von Fiore erstmals enthüllt und dargestellt worden. Stufenweise kommt die Menschheit zu einer Wesenseinigung und Wesensverbindung mit dem Vater, dem Sohn und dem Geist.

„Aus Gott sind wir geboren,
In Christo sterben wir,
Und durch den Heiligen Geist
Beleben wir uns neu."

5. Sonntag nach Trinitatis

Johannes 3, 22—36 — Erneutes Zeugnis des Täufers

Hernach kam Jesus mit seinen Jüngern in die Landschaft Judäa und verweilte dort mit ihnen und taufte. Auch Johannes taufte in Aenon nahe bei Salim, denn es gab dort viel Wasser; und die Leute kamen und ließen sich taufen — noch war Johannes nicht ins Gefängnis geworfen.

Da kam es zwischen den Jüngern des Johannes und einem Judäer zu einer Auseinandersetzung über die Reinigung.

Man ging zu Johannes und sagte ihm: Meister, derjenige, der jenseits des Jordans bei dir war und für den du Zeugnis abgelegt hast, tauft jetzt, und alle laufen ihm zu!

Johannes erwiderte: Kein Mensch kann sich etwas nehmen, es sei ihm denn vom Himmel gegeben. Ihr selber seid meine Zeugen, daß ich sagte: Ich bin nicht Christus, sondern bin nur vor ihm hergesandt. Bräutigam ist, wer die Braut hat — und der Freund des Bräutigams, der dasteht und ihn hört, freut sich innig über die Stimme des Bräutigams. Dies ist meine Freude und hat sich nun erfüllt. Jener muß wachsen, ich aber muß abnehmen.

Der von oben kommt, steht über allem; der von der Erde stammt, ist von der Erde und spricht vom Standpunkt der Erde aus; der hingegen vom Himmel kommt, steht höher als alle, und was er gesehen und gehört hat, davon legt er Zeugnis ab — aber niemand nimmt sein Zeugnis an.

Wer jedoch sein Zeugnis annimmt, bestätigt damit, daß Gott die wahre Wirklichkeit ist: Gottes Worte redet ja der Gesandte Gottes, und ohne Maß gibt Gott den Geist. Der Vater liebt den Sohn und hat alles in seine Hand gelegt. Wer an den Sohn glaubt, hat ewiges Leben — und wer sich dem Sohne verweigert, wird das Leben nicht schauen, sondern Gottes Zorn bleibt auf ihm.

Am 24. Juni haben wir Johanni gefeiert. Das Johannisfest hat ein doppeltes Gesicht: einmal ist es das letzte der Feste im aufsteigenden Sonnenbogen und zugleich ist es das erste der Feste im absteigenden. Als letztes der Feste im aufsteigenden Sonnenbogen ist es die Vollendung der Christus-Feste. In der Adventszeit fühlen wir uns verbunden mit dem Vatergott, der zu Weihnachten seinen Sohn der Erde sendet. Wie die Samenkörner im Schoße der Erde ruhen in der Winterszeit, so senkt gleichsam der Vatergott an Weihnachten das Samenkorn des Geistmenschen in die Erde ein. Wenn wir im Frühjahr sehen, wie die Kräuter sprossen, wie die Erde grün wird, dann erleben wir zu Ostern die Auferstehung Christi. Da will im Menschen das in die Erde gesenkte Samenkorn zum todüberwindenden Geistmenschen werden und ihn zur Kommunion mit dem Sohnesgott führen. Und wenn im Fortgang des Jahres die Pflanzen sich voll entfalten und erblühend ihre lichten Blütensterne der Sonne entgegenheben, dann feiern wir zu Pfingsten das Fest des Heiligen Geistes, wo der Gottesgeist erleuchtend lebendig wird und die Kommunion mit dem Geistgott schenkt. An Johanni aber, wenn die Sonne ihren höchsten Stand im Jahreskreislauf erreicht hat, dann fallen leise die Blüten ab, der Fruchtansatz bildet sich, und da erleben wir, wie auch in uns die Geistsubstanz gleichsam zu einem Samenkorn sich bildet, das das Leben hinüberträgt in die Zukunft. Es entsteht in uns der Keim, der Fruchtansatz, der Grundstein für das kommende, neue Jerusalem, für die künftige Lichterde, die verklärte Erde, die einmal den Untergang des Erdplaneten überleben soll. Da beginnt der Anfang einer neuen Schöpfung; wiederum auf einer höheren Ebene bereitet sich die Kommunion mit dem Vatergott vor, wofür die Fülle, der reifende Glanz der Sommerzeit ein Bild ist.

Das Johannisfest ist in diesem Sinn als letztes der Feste im aufsteigenden Sonnenbogen die Oktave zum winterlichen Weihnachtsfest. Jetzt ist alles ganz anders als im Winter. Im Winter fühlten wir uns mit dem Vatergott verbunden als dem Schöpfergott, aus dem die Erde im Urbeginn hervorging. Jetzt fühlen wir uns mit dem Vatergott wiederum verbunden als dem Schöpfer einer neuen Welt, jetzt erleben wir nicht den Urbeginn der Welt im Licht, jetzt ahnen wir etwas von der Vollendung der Welt im Licht. Gott wird dann einmal sein alles in allem.

Aber das Johannisfest ist auch das erste der Feste im sinkenden Sonnenbogen. Im aufsteigenden Sonnenbogen haben wir alle Christus-Feste gefeiert von Advent und Weihnachten über Karfreitag, Ostern, Himmelfahrt und Pfingsten bis zu Johanni. Über diesen aufsteigenden Sonnenbogen mit seinen großen Christus-Festen könnten wir die Worte schreiben: Christus für uns und Christus in uns; denn an Pfingsten geht Christus in uns ein. Über den sinkenden Sonnenbogen könnten wir die Worte schreiben: Christus durch uns.

Alle Festtage der Apostel, der großen Christusboten, hat man in den sinkenden Sonnenbogen gelegt. So haben wir am 29. Juni schon Peter und Paul gefeiert. Im sinkenden Sonnenbogen soll der Mensch als durch Christus Erweckter nun zum Messias der Natur werden; als Christophoros, als Christusträger, soll er zum Befreier und Erlöser der ganzen Natur heranreifen.

Wenn der Mensch in diesem Sinne zum Christophoros werden will, dann muß er zunächst einmal zu einem „opheros", das heißt zu einem „Sich-Opfernden" werden; da muß das kleine menschliche Ich in uns sterben, damit das große, göttliche Geist-Ich in uns lebendig werden kann. Das kleine menschliche Ich ist gleichsam der Stein, der zur Grales-Schale geschnitten und geformt werden muß für die Sonnenhostie des Christus. Darum sagt Johannes der Täufer in dem Evangelium, das wir eben gehört haben: „Er muß wachsen, ich aber muß abnehmen." Im Prolog des Johannes-Evangeliums heißt es von ihm: „Er war nicht das Licht, aber er sollte Zeugnis geben von dem Lichte." Johannes steht dort repräsentativ für den Erdenmenschen, und ihm gegenüber steht als der himmlische Mensch Christus. Der Erdenmensch in uns muß abnehmen, wenn der göttliche Geistmensch in uns wachsen soll.

Nun sagt hier Johannes im Evangelium, er sei nicht der Bräutigam, er sei nur der Freund des Bräutigams. Der Bräutigam ist Christus, und wer ist die Braut? Die Braut ist die ganze, lichtverklärte Erde, die Erde im Zustand ihrer Geistvollendung; der gottverklärte und durchlichtete Kosmos ist die Braut Christi. Im Urbeginne bei der Schöpfung war die Erde schon einmal Licht-Erde. Man könnte sagen, da war die Licht-Erde die Mutter und Gott der Vater, und der von Himmel und Licht-Erde geborene Sohn war der kosmische Urmensch, der noch den Himmelsmenschen in sich trug. Als aber im Sündenfall der kosmische Urmensch sich verführen ließ von den dunklen, dämonischen Mächten, als er Gottes Leben in sich für sich selbst verwenden wollte, da spaltete er damit sein eigenstes Wesen auf und zugleich den ganzen Kosmos. Da mußte sich der himmlische Lichtmensch trennen von dem irdischen Menschen, und der irdische sank mit dem Kosmos in die Tiefe und drohte den Finsternisgewalten der Dämonen zu erliegen. Aber Gott ließ seine Schöpfung nicht in den Abgrund stürzen. Der himmlische Mensch verband sich von neuem mit dem gefallenen Kosmos. Durch die Verbindung des Himmelsmenschen mit dem gefallenen Menschen sollte wiederum eine neue Schöpfung erstehen. Da sollte der Erdenmensch von neuem durchstrahlt und durchlichtet werden vom Himmelsmenschen. „Ich muß abnehmen, er aber muß zunehmen." „Ich bin nur der Freund des Bräutigams. Er aber ist der Bräutigam." Und die Braut ist dann die ganze durchlichtete Erde im Zustand der Vollendung.

Der Mensch muß loslassen von sich selbst, wenn das Christus-Licht in ihm aufleuchten soll; er muß loslassen von seinen irdischen und von seinen kosmischen Hüllen, er muß loslassen auch von seinem eigenen unsterblichen Geistwesen; denn wer haftet an seinen irdischen oder seinen kosmischen Hüllen, der verfällt den Finsternismächten der Tiefe. Wer aber sich vergafft in sein eigenes, unsterbliches Geistwesen, wer sich im Geiste selbst behaupten will, der erliegt erneut der Verführung des falschen Lichtgeistes Luzifer. Überläßt sich der Mensch hingegen ganz Gott als der einzigen, wahren Wirklichkeit, dann kann er als Geist-Erweckter Gott ins Antlitz schauen, dann wird er wahrhaft wieder Gottes Sohn. Der so Erweckte gibt Zeugnis von Gott, spricht Gottes Worte, und Gott gibt den Geist nicht nach dem Maß. Über alle Grenzen und Begriffe, über Raum und Zeit hinaus ist Gott der ewige, heilige Vater der Liebe, der uns erwählt hat zu seinen Kindern und uns machen will zu Erlösern der ganzen Natur.

„Im schwachen Menschen ist Gott mächtig,
Weil in der Demut liegt die Kraft,
Was du gewirkt im Leben täglich,
Hat Liebe wohl zuerst geschafft.
Doch an der Demut kannst du ranken
Empor zum wahren Gotteskind,
Wenn deine Werke und Gedanken
In Demut erst geboren sind
...
Das Zentrum Gottes steht dir offen,
Die ganze Schöpfung ist enthüllt,
Wenn du in demutsvollem Hoffen

Des Vaters Willen hast erfüllt.
Der Vater läßt dich alles schauen,
Er teilt die Herrschaft dann mit dir.
Du Gotteskind auf Himmelauen,
Die Gottheit findet sich — in dir!"

(Otto Hillig, „Die Demut")

6. Sonntag nach Trinitatis

Johannes 4, 1—42 — Am Jakobsbrunnen; das lebenspendende Wasser

Als der Herr erfuhr, die Pharisäer hätten die Kunde erhalten: Jesus gewinnt mehr Anhänger als Johannes und tauft sie — in Wahrheit taufte Jesus nicht selbst, nur seine Jünger —, da verließ er Judäa und kehrte wieder nach Galiläa zurück.

Dabei mußte er den Weg durch Samaria nehmen und kam zu einer samaritanischen Stadt namens Sichar, nahe bei dem Gelände, das einst Jakob seinem Sohn Josef geschenkt hatte. Dort befand sich ein Brunnen Jakobs.

Von der Wanderung ermüdet, setzte sich Jesus, wie er des Weges kam, auf dem Brunnstein nieder — es war um die sechste Stunde (12 Uhr mittags). Da kam eine samaritische Frau, um Wasser zu schöpfen, Jesus sprach zu ihr: Gib mir zu trinken! Seine Jünger waren nämlich in die Stadt gegangen, um Mundvorrat einzukaufen.

Die Samariterin erwiderte ihm: Wie kannst du als Jude mich, die Samariterin, um einen Trunk bitten? — Die Juden verkehrten nämlich nicht mit den Samaritern.

Jesus antwortete ihr: Wüßtest du von dem Gottesgeschenk, und wer der ist, der zu dir spricht: Gib mir zu trinken!, so hättest du ihn gebeten, und er hätte dir lebendiges Wasser gegeben.

Die Frau erwiderte ihm: Herr, nicht einmal ein Schöpfgefäß hast du, und der Brunnen ist tief — woher also hast du das lebendige Wasser? Du bist doch nicht größer als unser Vater Jakob, der uns den Brunnen gab und mit seinen Söhnen und Herdentieren daraus trank?

Jesus antwortete ihr: Jeder, der von *diesem* Wasser trinkt, wird wieder dürsten — wer aber von dem Wasser trinkt, das ich ihm geben will, wird in Ewigkeit nicht mehr dürsten; vielmehr wird das Wasser, das ich ihm geben will, in ihm zu einem Brunnen des Wassers werden, das in das ewige Leben quillt.

Da sprach die Frau zu ihm: Herr, gib mir dieses Wasser, damit ich nicht mehr dürste und nicht mehr zum Schöpfen hierherzukommen brauche!

Er sprach zu ihr: Geh, rufe deinen Mann und komm dann wieder hierher!

Darauf erwiderte die Frau: Ich habe keinen Mann!

Jesus sprach zu ihr: Gut hast du gesagt: Ich habe keinen Mann — fünf hast du nämlich gehabt, und derjenige, den du jetzt hast, ist nicht dein Mann. Da hast du die Wahrheit gesagt!

Da sprach die Frau zu ihm: Herr! Jetzt ist mir klar, du bist ein Prophet! Unsere Väter haben auf diesem Berge angebetet, ihr aber sagt, in Jerusalem sei die Stätte, wo man anbeten müsse —

Glaube mir, Frau, erwiderte ihr Jesus, es kommt die Stunde, da ihr den Vater weder auf diesem Berge noch in Jerusalem anbeten werdet. Ihr betet an, was ihr nicht kennt — wir beten an, was wir kennen: denn das Heil kommt von den Juden. Aber es kommt die Stunde und ist schon jetzt, wo die wahren Anbeter den Vater in Geist und Wahrheit anbeten werden — und solche Anbeter sucht der Vater: Gott ist Geist, und die ihn anbeten, sollen ihn in Geist und Wahrheit anbeten.

Die Frau sagte zu ihm: Ich weiß, der Messias kommt, den man den Christus nennt; wenn dieser kommt, wird er uns die allumfassende Kunde bringen.

Jesus sprach zu ihr: Ich bin das Gottes-Ich; als solches spreche ich mit dir.

Darüber kamen seine Jünger zurück. Sie wunderten sich, daß er im Gespräch mit einer Frau begriffen war; doch sagte keiner: Was willst du von ihr?, oder: Was redest du mir ihr?

Nun ließ die Frau ihren Krug stehen, ging in die Stadt und sagte zu den Leuten: Kommt und sehet einen Menschen, der mir alles gesagt hat, was ich getan habe! Ob er nicht der Messias ist?

Sie kamen aus der Stadt und gingen zu ihm.

Mittlerweile baten ihn die Jünger: Meister, iß!

Er aber sprach zu ihnen: Ich habe eine Speise zu essen, die ihr nicht kennt.

Da sagten die Jünger zueinander: Hat ihm denn jemand etwas zu essen gebracht?

Jesus sprach zu ihnen: Meine Speise ist es, den Willen dessen zu tun, der mich gesandt hat, und sein Werk zu vollenden. Führet ihr nicht das Sprichwort an: Es dauert vier Monate, dann kommt die Ernte? Siehe, ich sage euch: Hebt eure Augen auf und schauet die Felder: sie sind schon gelb zur Ernte; schon empfängt der Erntende seinen Lohn: er sammelt Frucht fürs ewige Leben, damit sich der Säende und der Erntende zugleich freuen kann — dabei gilt ja auch das Wort: Einer sät, und ein anderer erntet: Ich habe euch gesandt zu ernten, was ihr nicht erarbeitet habt; andere haben gearbeitet, und ihr seid in deren Arbeit eingetreten.

Aus jener Stadt kamen manche von den Samaritern zum Glauben an ihn, auf das Wort der Frau hin, die bezeugte: Er hat mir alles gesagt, was ich getan habe. Als deshalb die Samariter zu ihm hinauskamen, baten sie ihn bei ihnen zu bleiben. Tatsächlich blieb er zwei Tage dort, und nun kamen noch viel mehr zum Glauben um seines Wortes willen. Sie sagten zur Frau: Wir glauben jetzt nicht mehr um deines Redens willen, wir selbst haben gehört und uns überzeugt, daß dieser wahrhaftig der Heiland des Kosmos ist.

Dieses Gespräch, das Christus mit der Samariterin am Jakobsbrunnen zu Sicha führt, ist durchweht von mittaglich-hochsommerlichem Geist. Es war um die sechste Stunde — also zur Mittagsstunde —, als Christus dort am Brunnen zu Sicha sich niederließ und ihm die Samariterin begegnete. Wie die Sonne im Tageskreislauf zur Mittagsstunde ihren höchsten Stand erreicht, so erreicht sie im Jahreskreislauf in der Johanni-Zeit ihren höchsten Stand am Himmel. Er bittet die Samariterin um Wasser. Sie ist erstaunt, daß Christus mit ihr spricht; denn die Samariter und die Juden lebten in Feindschaft miteinander. Und außerdem war es schon anstößig, wenn ein jüdischer Rabbi, ein jüdischer Religionslehrer auch nur mit einer Frau sprach. Christus setzt sich über diese Äußerlichkeiten hinweg, ihm liegt daran, dieser Frau zu helfen, deren schweres Schicksal er sofort gespürt hat, noch ehe sie ein Wort zu ihm spricht. Die Frau versteht zunächst nicht das Wort vom lebendigen Wasser, das Christus zu ihr sagt.

Das Wort „lebendiges Wasser" hat zweifachen Sinn. Als „lebendiges Wasser" hat man im Orient von jeher das frische Quellwasser bezeichnet. Christus sitzt da am Brunnen, der dreißig Meter tief ist und der auch heute noch frisches Quellwasser spendet. Aber Christus meint etwas anderes, wenn er von lebendigem Wasser spricht. Er meint das Lebenswasser, das durch den Geist Gottes im Herzen des Menschen aufquillt. Er will der Samariterin helfen, daß dieses lebendige Wasser, das Quellwasser des Gottesgeistes, in ihrem Herzen hervorbricht. Als die Samariterin schließlich merkt, daß Christus nicht das natürliche, das gewöhnliche Quellwasser meint, bittet sie Christus um dieses Wasser des Heiligen Geistes, das im Ich des Menschen lebendig werden muß, wenn er die rechte Verbindung zu Gott finden soll.

Aber Christus weist zunächst die Samariterin zurück. Er sagt zu ihr: „Geh hin und hole deinen Mann!" Da muß sie gestehen, daß sie keinen Mann hat. Und Christus sagt dann zu ihr: „Ja, ich weiß, fünf Männer hast du gehabt und der, den du jetzt hast, ist nicht dein Mann." Da ist die Samariterin aufs äußerste erstaunt. Ohne daß sie irgendein Wort gesagt hat, spürt Christus ihr Schicksal; er weiß, nur wenn der Mensch in der rechten Weise sich ins Leben hineinstellt, insbesondere wenn die Frau in der rechten Weise zum Manne steht, dann erst wird dadurch die Frau für das Gotteswort empfänglich.

Der Mensch ist seiner ursprünglichen Bestimmung nach ein Wesen, das Männliches und Weibliches in sich trägt. Die Spaltung in die Geschlechtlichkeit, in Mann und Frau, ist erst eine Folge des Sündenfalls des Urmenschen gewesen. Und die Beziehung zwischen Mann und Frau im irdischen Leben soll dazu dienen, daß im Mann die weibliche Seele und in der Frau der männliche Geist erstarkt, daß in einem rechten ehelichen Verhältnis in jedem Ehepartner das Bild des ganzheitlichen, des mann-weiblichen Menschen neu geboren werde. Darauf will Christus die Samariterin hinweisen, wenn er sie darauf aufmerksam macht, wie ungut und verkehrt ihr Verhältnis zu den Männern bisher gewesen ist. Das beeindruckt sie sehr stark. Jetzt spürt sie, da steht ein geistig Schauender, ein prophetischbegabter Mensch vor ihr, und sie hat das Gefühl: Ich muß weiterfragen, er kann mir vielleicht wirklich zu einem rechten Gotterleben helfen. Und sie fragt ihn: „Unsere Väter haben auf diesem Berge angebetet, Ihr aber sagt, in Jerusalem sei die Stätte, wo man anbeten müsse." Die Samariter beteten Gott auf dem heiligen Berg, dem Garizim, an.

Der Ebal und der Garizim, die beiden Berge zwischen denen der Jakobsbrunnen und die Stadt Sicha liegen, waren alte Sonnen- und Mondenberge, uralte Kultstätten, auf denen schon lange vor Christi Geburt Menschen die kosmischen Mächte von Sonne und Mond verehrten. Die samaritanische Religion war noch sehr stark durchdrungen von diesen alten kultischen Überlieferungen der Naturreligion. Die Samariter hatten das Empfinden, Gott vor allem in der Natur verehren zu müssen. Darum bauten sie auf dem heiligen Berg, dem Garizim, ihren Tempel. Die Juden dagegen hatten sich gerade in der Religion ganz stark losgelöst vom Erleben des Göttlichen in der Natur; sie hatten die Empfindung, man muß nicht in die Natur hinausschauen, um Gott zu finden, sondern man muß ins eigene Innere einkehren. Im eigenen Ich, in der Stimme des Gewissens, im Menschenherzen will sich Gott dem Menschen offenbaren, nicht draußen in der Natur. Darum hatten sie auch im Tempel zu Jerusalem das Allerheiligste gebildet als einen vollkommen dunklen Raum. Das Allerheiligste des jüdischen Tempels hatte Würfelform, war ebenso lang wie breit wie hoch. In diesem dunklen, fensterlosen Raum stand die Bundeslade mit den Gesetzestafeln. Wenn der Hohepriester einmal im Jahr das Allerheiligste betrat, dann schritt er, aus dem Vorhof kommend, zuerst in das Heiligtum, wo der Rauchopferaltar, der siebenarmige Leuchter und der Tisch mit den zwölf Schaubroten standen, und von da aus schritt er weiter in diesen vollkommen dunklen, würfelförmigen Raum mit der Bundeslade und den Gesetzestafeln. Dieser Weg in das Innerste des Heiligtums sollte ein äußeres Abbild sein für den Weg in das Innere des Menschenherzens.

Auf die Frage der Samariterin nach dem Ort des Gebetes, antwortet Christus in dem Sinn: „Ich weiß wohl, ihr verehrt Gott in der freien Natur, auf den Bergen draußen." Das hat sein gutes Recht. Gewiß kann man Gott draußen in den Weiten der Natur erleben und spüren. Die Juden aber verehren Gott in dem dunklen Raum des Allerheiligsten im Tempel zu Jerusalem. Auch dieser Weg ins Innere des Menschenherzens, der Gott im eigenen Inneren, im Ich erleben läßt, hat seinen Sinn. Weiter in die Zukunft blickend, so bedeutet jetzt Christus, wird einmal die Zeit kommen, wo die Menschen weder draußen in der Natur allein, wie der Samariter es anstrebt, noch im eigenen Ich, im Inneren allein Gott erleben werden, so wie es die Juden anstreben, sondern wo die Menschen Gott anbeten werden im Geist und in der Wahrheit, ganz unabhängig von den verschiedenen Richtungen und Strömungen der Menschheitsreligionen. Sowohl die Menschheitsreligionen der alten heidnischen Völker, die Gott in der Natur erlebten, als auch die Religion der Juden, sie sind nur verschiedene Dialekte, könnte man sagen, der einen großen religiösen Menschheitssprache, der allumfassenden Menschheitsreligion. Gott im Geist und in der Wahrheit anbeten, heißt Gott ganz unabhängig von begrenzten Gestalten und Formen in der seienden Weltenwahrheit, im allumfassenden Geist erleben. Und dieser allumfassende Gottesgeist spricht zum Menschen sowohl in der Natur als auch im eigenen Inneren.

Jetzt spürt die Samariterin: Der da zu mir spricht, ist mehr als ein Prophet. Sie wird daran erinnert, daß der Messias den Menschen die allumfassende Gotteskunde einmal bringen soll, und sie beginnt zu ahnen: Vielleicht ist der, der da vor mir steht, wirklich der Verheißene. Und Christus bestätigt ihr Ahnen, indem er sagt: „Ich bin das Gottes-Ich; als solches spreche ich mit dir." Da ist die Samariterin aufs tiefste ergriffen und geht nun weg, um den Leuten in der Stadt Sicha zu sagen, was sie erlebt hat: „Kommet und sehet da einen Menschen, der mir alles gesagt hat, was ich getan habe." Und nun strömen die Samariter heraus zum Jakobsbrunnen. Inzwischen sind auch die Jünger zurückgekommen und wollen Jesus zu essen geben.

Wie Christus zur Samariterin dieses bedeutsame Wort über das Lebenswasser sagt, so sagt er nun den Jüngern ein bedeutsames Wort über die Lebensspeise. Er spricht von einer Speise, die er hat. Die

Jünger sind erstaunt: „Hat ihm denn jemand etwas zu essen gebracht?“ Aber Christus klärt die Jünger auf, indem er sagt: „Meine Speise ist es, den Willen dessen zu tun, der mich gesandt hat.“ Wie der Lebenstrank, das Lebenswasser, ein Sinnbild ist für das Aufbrechen des göttlichen Geistes im Menschenherzen, so ist die Lebensspeise, von der hier Christus spricht, ein Sinnbild dafür, daß man den Willen Gottes praktisch nun wirklich im Leben tut, daß man nicht nur die Stimme des Heiligen Geistes im eigenen Inneren vernimmt, sondern auch nach dem, was diese innere Stimme rät, wirklich lebt. Denn das gehört zusammen: das Vernehmen, das innerliche Erfassen der Wahrheit und das Tun der Wahrheit. Darum sagt Christus an anderer Stelle: „Nur wer die Wahrheit tut, der kommt an das Licht.“ Das ist innerlich aufs engste miteinander verknüpft. Nur der Mensch, der aus der Wahrheit heraus lebt, vernimmt die Stimme des Gottesgeistes, und nur wer die Stimme des Gottesgeistes in sich vernimmt, kann aus der Wahrheit heraus leben. Lebenswasser und Lebensspeise gehören auf das engste zusammen. Wenn der Mensch diese Lebensspeise und dieses Lebenswasser in sich trägt, dringt er durch in den zeitüberlegenen Ewigkeitsgrund von Mensch und Welt.

Das Quellwasser, das wie ein Brunnen aufbricht im Ich des Menschen, fließt ins ewige Leben, so sagt Christus. Und die Speise, die Lebensspeise, verbindet den Menschen durch sein Tun mit dem Ewigkeitszentrum in Mensch und Welt. Darum spricht er dann, indem er hinblickt auf die schon reifenden Felder, die er vor sich sieht in der Ebene von Sicha, das Wort, daß der Säende und der Erntende sich zugleich freuen sollen. Äußerlich, in der irdischen Zeit, gilt das andere Wort: Der eine sät, der andere erntet. Aber wenn der Mensch durchbricht aus dem Strom der fließenden Zeit in den Quellgrund der Zeit, wenn das Ewigkeitserleben ihm gegenwärtig wird, dann erlebt er Vergangenheit, Gegenwart und Zukunft zugleich.

Viele Samaritaner, die zum Brunnen gekommen sind, werden ebenfalls so beeindruckt von Christus, daß auch sie wissen, da spricht nicht nur ein Prophet, sondern da spricht der Heiland des ganzen Kosmos.

Ich sagte einleitend, dieses Gespräch sei durchweht von hochsommerlichem Geist, vom Geist der Johanni-Zeit. Am 24. Juni, am Tag der Sommersonnenwende, feiern wir zugleich den Gedenktag an die Geburt des Täufers Johannes und den Gedenktag an den Tod des Evangelisten Johannes. Der Täufer war der größte vorchristliche Prophet und zugleich der letzte vorchristliche Prophet. Der Evangelist Johannes war der größte und erste geistig voll erweckte Christuskünder. Am Johannis-Fest überblicken wir also gleichsam die ganze Menschheitsgeschichte, Menschheitsvergangenheit und Menschheitszukunft.

Auch der Brunnen dort bei Sicha, der Jakobsbrunnen, der zwischen dem Ebal und dem Garizim, dem Sonnen- und dem Mondenberge, liegt, kann uns ein Sinnbild sein für die Sommer-Sonnenwendzeit. Denn die irdischen Sonnen- und Mondenberge waren den Alten Abbild des himmlischen Sonnen- und Mondenberges. Als himmlischer Mondenberg galt im Altertum das Mondenzeichen Krebs und als himmlischer Sonnenberg das Sonnenzeichen Löwe. Die Sonne schreitet jetzt durch das Zeichen Krebs und geht hinüber, noch in diesem Monat, in das Zeichen Löwe. Sie schreitet also jetzt wirklich, könnte man sagen, durch dieses Sommer-Sonnenwendtal, das zwischen dem himmlischen Monden- und Sonnenberg liegt. An dieser Stelle der Sonnenbahn ist die Ganzheit des himmlischen Weges — der Tag- und der Nachtbogen —, den die Sonne zurücklegt, verdichtet und zusammengefaßt.

Es gibt wenige Stellen im Evangelium, die in so umfassender Weise die große, weltweite Botschaft Christi zur Darstellung bringen wie sein Gespräch mit der Samariterin am Jakobsbrunnen. Die ganze umfassende Größe des christlichen Gotteserlebens kommt darin zum Ausdruck, wie sie auch der große ostgriechische Mystiker preist in folgenden Worten:

„Dank sag' ich dir!
Du, o Gott, hast das Leben mir gegeben,
Hast mich gelehrt, dich zu erkennen
Und dich anzubeten, dich mein Gott;
Denn das ist das Leben,
Dich zu erkennen, den alleinigen Gott,
Den Schöpfer und den Bildner aller,
Den Ungeborenen, Ungeschaffenen,
Der ohne Anbeginn allein,
Und den aus dir geborenen Sohn
Und den hochheiligen Geist.
Denn was ist aller Engel, Erzengel,
Aller Kräfte, Cherubim und Seraphim
Und aller anderen Himmelslegionen Herrlichkeit
Anders als ein Leuchten der Unsterblichkeit, der Freude,
Als das Leuchten jenes Lebens,
Das ganz rein ist von jedem Makel menschlicher Armseligkeit,

Als das eine Licht der Heiligen Dreieinigkeit,
Das ungeteilt dreifalt sich teilt,
Das dreifach strahlend eines ist,
Und, obwohl es unerkennbar bleibt,
Sich dennoch zu erkennen gibt,
So weit es will."*

7. Sonntag nach Trinitatis

Avesta	—	Aus dem 19. Yascht
Johannes 12, 35—36	—	Nur noch eine kleine Weile ist das Licht bei euch
44—50	—	Aufruf zum Glauben
20—25	—	Griechen suchen Jesus

Wir wollen heute Worte des Zarathustra (aus dem neunzehnten Yascht des Avesta) neben den Schluß des zwölften Kapitels des Johannes-Evangeliums stellen:

„Die große, königliche Lebensleuchte,
Die gottgeschaffene, verehren wir,
Die preiserfüllte, machtbegabte,
Die in den Mühen offenbare,
Die glutenstarke, tatgewandte,
Die alle Schöpfung schauend überstrahlt.

Die große, königliche Lebensleuchte,
Die gottgeschaffene, verehren wir.
Als bester Herr, als einer, der von sich
Das heilige Licht des Himmelfeuers ausstrahlt,
So bringt dem großen Gotte der Erlauchte
Den Sieg des leuchtenden Gedankens zu,
Den Sieg der Werke auch des Lebens,
Er, der Erlauchte, den der große Gott zum Hirten setzte
Allen, die da schwach sind.

Das lichteste der Lichter, das heilige Licht,
Es leuchtet unserem Willen,
Es möge werden zum lichtesten der heiligen Lichter,
Das heilige Licht.
Der heilige Reichtum sei mit uns,

Der Glanz der Lebensleuchte sei mit uns,
Die reine Kraft des Leibes sei mit uns,
Die Glut der großen Leuchte sei mit uns;
Gerecht erzeugte Sprossen seien unser,
Ein todentrücktes Leben werde unser,
Das alle die besitzen,
Die die Kinder des heiligen Lichtes sind.
Das lichteste der Leben, es werde uns,
Es werde uns mit allen guten Feuern.

Das lichteste der Lichter, das heilige Licht,
Es leuchtet unserem Willen,
Es möge wachsen zum lichtesten der heiligen Lichter,
Das heilige Licht.
Der Mittel, die zum Heile führen, tausend,
Der Mittel, die zum Heile führen, zehnmal tausend.
Das lichteste der Lichter, das heilige Licht,
Es leuchtet unserem Willen,
Es möge wachsen zum lichtesten der heiligen Lichter,
Das heilige Licht.
Komm' mir zu Hilfe, Großer!
Komm', Herr der Kraft,
Der wohlgebildeten, der glutentfachten!
Komm', Herr der Feindvernichtung,
Die der Beherrscher gab!
Komm', Herr der Übermacht, der Siegenden!
Komm', Herr der Ruhe,
Die gute Weiden hat!
Komm', Herr des Windes, des Allgewaltigen!
Komm', der du schauend die Schöpfung überstrahlest!
Komm', Herr des Raums, des selbstgeschaffenen!
Komm', Herr der Zeit, der anfanglosen, endelosen!
Komm', Herr der Zeit, der langen, weitgedehnten!

Das lichteste der Lichter, das heilige Licht,
Es leuchtet unserem Willen,
Es möge wachsen zum lichtesten der heiligen Lichter,
Das heilige Licht.
Die große, königliche Lebensleuchte,
Die gottgeschaffene, verehren wir,
Die preiserfüllte, machtbegabte,
Die in den Mühen offenbare,
Die glutenstarke, tatgewandte,
Die alle Schöpfung schauend überstrahlt."

(Nachdichtung von Arthur Maximilian Miller)

Im zwölften Kapitel des Johannes-Evangeliums heißt es:

Jesus sprach zum Volke: Nur noch eine kleine Weile ist das Licht bei euch. Wandelt im Licht, dieweil ihr's habt, daß nicht die Finsternis euch überrasche! Wer in der Finsternis wandelt, weiß nicht, wohin er geht. Glaubet an das Licht, dieweil ihr's habt, auf daß ihr des Lichtes Söhne werdet!

Solches redete Jesus, ging hinweg und verbarg sich vor ihnen.

Jesus aber rief mit lauter Stimme: Wer an mich glaubt, glaubt nicht an mich, sondern an den, der mich gesandt hat; und wer mich sieht, sieht den, der mich gesandt hat.

Ich bin ein Licht, gekommen in die Welt, damit niemand, der an mich glaubt, im Finstern bleibe. Wenn jemand meine Worte hört, aber sie nicht hält, den richte nicht ich: ich bin nicht in die Welt gekommen, um die Welt zu richten, sondern um die Welt zu retten. Wer mich mißachtet und meine Worte nicht aufnimmt, hat seinen Richter: das Wort, das ich geredet habe, wird ihn richten am Jüngsten Tage. Denn ich habe nicht von mir aus geredet, sondern der Vater, der mich gesandt hat, hat mir Auftrag gegeben, was ich sagen und reden soll. Ich weiß, sein Auftrag bedeutet ewiges Leben. Was ich also rede, rede ich so, wie es der Vater mir gesagt hat.

Die Sonne ist gerade im Übergang vom Mondenzeichen Krebs in das Sonnenzeichen Löwe. Juli-August, das ist das eigentliche Haus der Sonne am Himmel; es ist die heißeste Zeit im Jahre. Es ist die hohe Sonnenzeit, die Zeit des Sonnen-Hymnus des Zarathustra und des Licht-Hymnus aus dem Johannes-Evangelium. Die Alten verehrten eine dreifache Sonne: einmal die physische Sonne, die wir am Himmel sehen, die kein menschliches Auge ohne Schutz ertragen kann, die ihr Licht über alle Welt hingießt. Dann gibt es die seelisch-geistige Sonne hinter der physischen und endlich hinter der seelisch-geistigen Sonne die Schöpfer-Sonne, den Schöpfer-Logos. Und von dem Schöpfer-Logos spricht der Hymnus des Zarathustra in Worten, die in mancher Beziehung an das Neue Testament erinnern. Er nennt diese Sonne: den besten Herrn, den Hirten, der die volle Weide schenkt, den Führer und Schützer der Menschen. Er ist der, der das himmlische Licht herunterstrahlt auf die Erde und in die Menschheit hinein. Aber als Zarathustra diesen Hymnus dichtete, hatte sich die Inkarnation des Logos noch nicht vollzogen. So gehören die Hymnen des Zarathustra zu den großartigsten Prophetien auf den kommenden Christus.

Und die Worte, die wir soeben aus dem Johannes-Evangelium hörten, umfassen die letzte Verkündigung Christi vor dem Volk. Danach beginnt die Passion. Das Wort, in das Christus hier gleichsam seine ganze Botschaft, den geistigen Gehalt des Evangeliums, zusammenfaßt, lautet: „Glaubet an das Licht, dieweil ihr's habt, damit ihr des Lichtes Söhne werdet." Die Menschen sollen Söhne des Lichtes werden. Und der im göttlichen Licht verklärte Mensch, der Mensch in Gott, das ist der Menschensohn. Mit dem Wort bar-enăsch ho hyiós toũ theoũ, Menschensohn, bezeichnet Christus im Evangelium am allerhäufigsten sich selbst, und zu Menschensöhnen, zu in Gott verklärten Menschen, will Christus uns alle machen. Wir sollen durch ihn Söhne Gottes und wahrhafte Menschensöhne, Menschen in Gott, werden.

Nachdem Christus dieses Wort gesprochen hat, heißt es: „Er ging hinweg und verbarg sich vor dem Volke." Und danach ertönt noch einmal die Stimme Christi. Wenn man dem griechischen Urtext folgt, sind es genau sieben Sätze, die Christus noch spricht. Diese Worte können in Wirklichkeit vom historischen Jesus Christus nie gesprochen sein; denn es heißt ausdrücklich: Christus ging hinweg und verbarg sich vor ihnen. Und dennoch tönt abschließend, gleichsam wie aus Himmelshöhen herab, noch einmal seine Stimme in sieben Sätzen. Die sieben Sätze bilden den Epilog, das himmlische Nachwort zur Verkündigung Christi, das den ersten Teil des Johannes-Evangeliums abschließt. Sie sind gleichsam ein Gegenstück zu dem Prolog, mit dem das Johannes-Evangelium beginnt. Der Prolog kündet von dem göttlichen Schöpferwort, das bei Gott war und das zugleich das Licht und das Leben der Menschen ist. Was dort in der Einleitung des Johannes-Evangeliums überpersönlich gesagt wird, was gekündet wird von dem Wort, daß es das Leben und das Licht der Menschen ist, das klingt in dem Nachwort, in dem Epilog, noch einmal personenhaft auf; denn dieses Wort kündet wiederum vom Licht und vom Leben, aber nun vom Licht und vom Leben, das sich im Ich jedes Menschen entfalten soll. Durch das Ich des Gott-Menschen, inkarniert auf der Erde, spricht jetzt dieses Wort, leuchtet das Licht, das zugleich ewiges Leben ist. Diese Worte sind ganz speziell gesprochen zu den Griechen, die zu Christus gekommen sind.

Es waren auch einige Griechen unter den Pilgern, die hinaufgezogen waren, um an den gottesdienstlichen Feiern während des Festes teilzunehmen. Diese kamen zu Philippus, der aus dem galiläischen Bethsaida stammte, und baten ihn: Herr, wir möchten Jesus sehen!

Philippus ging hin und sagte es Andreas, worauf Andreas und Philippus sich an Jesus wandten, um es ihm auszurichten. Jesus antwortete ihnen: Die Stunde ist gekommen, da des Menschen Sohn verherrlicht werden soll.

Wahrlich, wahrlich, ich sage euch: wenn das Weizenkorn nicht in die Erde fällt und stirbt, bleibt es für sich allein; stirbt es hingegen, so bringt es reiche Frucht. Wer sein Leben liebt, verliert es; wer aber sein Leben in dieser Welt hintansetzt, wird es fürs ewige Leben bewahren. (Joh. 12, 20—25)

Zu den Griechen also sagt Christus das Mysterien-Wort von Eleusis: „Wenn das Samenkorn nicht in die Erde fällt und stirbt, so kann es keine Frucht bringen." Nach dem eleusinischen Mysterien-Spruch sagt Christus den Griechen auch das Wort von den Söhnen des Lichtes. Die Griechen hatten von Natur aus eine ganz besondere Beziehung zum Licht. Sie waren Licht-Menschen, könnte man sagen. „Ideīn" heißt griechisch sehen und „eīdos", von „ideīn" abgeleitet, heißt Gestalt und Idee. In der platonischen Ideenlehre äußert sich die Lichtnatur der Griechen auf philosophischer Ebene, und darum wird auch den Griechen das Licht-Wort gesagt.

Der Mensch ist Abbild des großen Kosmos. Der Makrokosmos spiegelt sich im Mikrokosmos. Der Makrologos spiegelt sich im Mikrologos. „Das Himmelreich ist inwendig in euch", hat Christus an anderer Stelle gesagt. In uns ist nicht nur das kosmische Himmelreich, die kosmischen Sphären, in uns zutiefst ist auch die überkosmische Gotteswelt, das Himmelreich, das durch Christus nahe herbeigekommen ist.

Was am Himmel die Sonne ist, die den Mittelpunkt unseres Planetensystems bildet, das ist im Menschen das Herz, das den Mittelpunkt des Blutkreislaufes darstellt. Und wie es eine dreifache Sonne im Kosmos gibt, die physische, die seelisch-geistige und die Schöpfer-Sonne, so gibt es auch im Menschen ein dreifaches Herz: das physisch-leibliche Herz, das seelisch-geistige Herz und der Gottesfunke, man könnte sagen, das goldene Herz im Menschen. — Nebenbei gesagt, Gold ist auch heute noch ein Heilmittel gegen Herzkrankheiten; verdünnte, hochpotenzierte Goldlösung wirkt heilend auf den Blutkreislauf. — Das muß man gegenwärtig haben, wenn man diese Stelle aus dem Johannes-Evangelium in Zusammenschau mit der Hymne des Zarathustra recht verstehen will.

Die Menschen sollen selbst Söhne des Lichtes werden, sagt Christus: Sein Licht soll im Herzen von uns aufgehen. Nicht im Haupt leuchtet das wahre Licht, denn der Intellekt, das Denken, ist ein unnatürliches, ein künstliches Licht, könnte man sagen. Das wahre Licht leuchtet im Herzen. „Selig, die reinen Herzens sind, denn sie werden Gott schauen", heißt es in der Bergpredigt. Durch den Glauben, durch die Erweckung der Herzens-Seherkraft kommt der

Mensch zu dieser Erleuchtung. Im Hebräer-Brief im elften Kapitel heißt es: „Éstin de pístis elpizoménōn hypóstasis, pragmátōn élenchos ou blepoménōn." „Es ist also der Glaube die Seinserfahrung des Erhofften und die begründete Überzeugung übersinnlicher Wirklichkeit." Es ist nicht recht zureichend, wenn man Glauben manchmal übersetzt findet mit Vertrauen. Das griechische Wort „hypóstasis", was im Urtext steht, entspricht dem lateinischen „substantia". Es ist also ein substantielles Erlebnis, eine Seinserfahrung des Erhofften. Und das Erhoffte ist das ewige Leben, von dem Christus hier in den Worten des Johannes-Evangeliums spricht. Das ist der Auftrag, den er vom Vater hat, der Menschheit und der Erde ewiges Leben zu bringen; das ist die große christliche Hoffnung. Und Glauben heißt: Seinserfahrung zu haben von dieser Hoffnung des ewigen Lebens, eine begründete Überzeugung, „élenchos", zu haben von der übersinnlichen Wirklichkeit dem „pragmátōn ou blepoménōn".

Wie wird aber dieser Glaube im Menschen wach? Zunächst einmal dadurch, daß der Mensch hinhorcht auf die Worte, die Christus gesprochen hat, daß er sie nicht mißachtet und daß er nach den Worten lebt und handelt. Und wer die Wahrheit tut, der kommt dadurch an das Licht. Freilich muß der Mensch einen inneren Weg durchmachen: den Weg, den uns die Evangelien zeigen, den uns am klarsten das Johannes-Evangelium weist. Hier wird dies besonders am Ende jenes Abschnittes deutlich, der die sieben Wundertaten Christi mit den zwischengelegenen Redepartien und die sieben Stufen der Erweckung darstellt. Wenn nun der Mensch diesen Christus-Weg wahrhaft ernstlich gehen will, dann muß er zunächst einmal von der Überbetonung seines Denkens absehen. Mit dem Denken kommt man nicht zur Wahrheit. Er muß sich mühen, das Denken zeitweise auszuschalten, stille zu werden, nach innen zu lauschen. Die Wahrheit ist ein seiendes Licht; die seiende Wahrheit geht niemals in Begriffe und Gedanken ein. Nicht nur stille werden muß der Mensch, der Mensch muß auch selbstlos werden. Er muß versuchen, von sich selbst ganz loszulassen, nicht nur im Denken — die Gedanken als etwas Fremdes betrachten, das in ihn hineinstürmt —, sondern auch loszulassen von sich selbst in seinem Fühlen, in seinem Wollen. In dieser echten demütigen Hingabe, in dieser echten selbstlosen Hingabe wird das Wesen des Menschen nicht nur still, sondern auch geläutert. Und endlich muß der Mensch auch großherzig, weitherzig werden. Weites Herz, klare Sicht! Wenn sich der Mensch in dieser Weise öffnet, dann kann die höhere Welt, die supramentale, die göttliche Welt von oben in ihn einbrechen, dann kann ihn das göttliche

Licht erleuchten. Aus menschlichen Kräften kann er dieses Licht niemals erreichen. Aber wenn er sich zum Empfänger zu machen sucht für dieses supramentale Licht, dann wird es ihm geschenkt, dann weitet sich sein Bewußtsein ins Kosmische und Überkosmische, dann wird er nicht im Dunkeln wandeln, dann wird er erleuchtet, dann wird er zum Sohne des Lichtes werden.

Der Mensch, der das in sich erfährt, weiß dann: Die ganze sinnliche Welt, wie wir sie wahrnehmen, ist nur eine vordergründige Welt. Hinter dieser sinnlichen Welt, hinter diesem sinnlichen Kosmos gibt es unendlich viel höhere Welten. Und er findet dann, wenn er dieses Licht in sich einbrechen spürt, bestätigt, was in den alten Überlieferungen der Bibel und auch in anderen religiösen Dokumenten zu finden ist. Im Urbeginn war einmal eine große, lichte Welt von himmlisch hohen Geistern, und der höchste dieser Geister, der Lichtträger Luzifer, wandte sich ab von Gott und fiel. Aber Gott suchte die Welt zu halten. Auf diese erste Schöpfung folgte eine zweite Schöpfung, die Welt der Steine, die Welt der Pflanzen, die Welt der Tiere, die Welt des Menschen, aber als übersinnliche, nicht als physische Welt. Und der Mensch sollte die Krönung dieser Schöpfung sein; er ward gebildet als Ebenbild Gottes. In dieser Licht-Schöpfung heißt es: „Er ward Gottes Ebenbild, männlich und weiblich zugleich", androgyn, noch nicht gespalten in Mann und Frau, wie die ganze Welt noch vollkommen war. Davon spricht der erste Schöpfungsbericht der Bibel, und immer wieder heißt es in diesem Schöpfungsbericht: „Siehe, es war gut ..., es war gut ..., es war gut", was Gott schuf, „es war sehr gut".

Aber die zweite Schöpfung wurde ebenfalls getrübt. Auch der Mensch begann, sich von Gott zu lösen. Und noch einmal suchte Gott, die Schöpfung im Licht zu halten. Von einer dritten Schöpfung spricht das zweite Kapitel der Genesis. Das ist die paradiesische Schöpfung. Da wird der Mensch gespalten in Mann und Frau: Aus Adams Rippe wird Eva gebildet. Da ist der Baum der Erkenntnis vom Baum des Lebens schon getrennt, da ist das einheitliche Lebenswasser schon viergeteilt. Es ist noch keine physische Welt, aber es ist schon eine gesunkene Welt. Da wird das Gebot erteilt: „Von diesem Baume, dem Baume der Erkenntnis, sollst du nicht essen!" Da der Mensch das Gebot mißachtet, sinkt die Welt noch weiter ab. Und nun erst entsteht die physische Welt, der physische Kosmos. Aber auch diesen ins Physische abgesunkenen Kosmos läßt Gott nicht fallen. Der Schöpfer-Logos verbindet sich selber mit der gefallenen Welt, um sie zu halten, um sie wiederherzustellen. Nein mehr, er will sie nicht nur wieder herstellen, er will den Sündenfall nicht nur wieder gutmachen, sondern er will ein noch Höheres schaffen, und das vollzieht sich als neue Schöpfung in der Mensch-Werdung des Logos.

Da geschieht die Verwirklichung Gottes, des Urbildes aller Menschen, bis in einen physischen Leib, und dadurch werden Menschheit und Erde von Grund auf gewandelt; damit strömt die schöpferische Kraft des Heiligen Geistes in alle Seinsbereiche der Natur. Und der Mensch zuerst ist es, der Empfänger dieser Kraft des Heiligen Geistes wird. Durch den Menschen ist die Welt gefallen, durch den Menschen in Gott sollen Menschheit, Erde und Kosmos einmal erlöst werden. Die Menschheit wird durch die Inkarnation des Logos anders, als sie vorher war. Christus Jesus ist der Mensch, der nach Geist, Seele, Lebenskräften und Leib völlig durchlichtet ist bis ins Leibliche hinein; der Mensch wird in Gott und Gott wird im Menschen verklärt.

Damit ist alles anders geworden, und es ist gewissermaßen selbstverständlich, daß dieser Mensch den Tod überwindet, den Leichnam dem Tod entreißt, daß er durch die Verwandlung alle Elemente, das Erdelement, das Wasserelement, das Luftelement, das Feuerelement, die ganze Natur, verwandelt, daß damit gleichsam der Grundstein gelegt wird zum himmlischen Jerusalem. Es vollzieht sich das große Mysterium, die große Substanzverwandlung, von der hier Christus spricht am Ende des ersten Teils des Johannes-Evangeliums.

Bis ins Leibliche hinein ist ein Übermensch entstanden, aber nicht ein Übermensch im Sinne Nietzsches, sondern ein Übermensch im Sinne Gottes; da ist der Erdenmensch transparent geworden für Gottes Licht in allen seinen Wesensschichten. Und wer den Weg Christi nachgeht, wer seine Worte aufnimmt, wer nach ihnen lebt, der hat teil an alledem, wie es im Petrus-Briefe heißt; er wird nicht nur begnadet von Gott, sondern er gewinnt Anteil an der göttlichen Natur, er wird vergottet. So groß sind die Perspektiven, die uns hier das Johannes-Evangelium zeigt, wenn es sinngemäß sagt: „Wer an mich glaubt, der wird nicht im Finstern wandeln, der wird vom Licht erleuchtet werden, der wird ewiges Leben gewinnen."

Ein moderner, noch heute lebender Inder hat die letzten Worte, den Epilog zum ersten Teil des Johannes-Evangeliums einmal sehr schön interpretiert, besser als die meisten europäischen Theologen es getan haben. Es ist Professor Chenchian, der, aus der indischen Tradition hervorgewachsen, sich zum Christentum bekannt hat; er umschreibt den Epilog mit folgenden Worten:

„Jesus ist Gottes Antwort auf des Menschen Sehnsucht, Gott gleich zu werden, dem Schicksal zu entfliehen, Herr über Leben und Tod zu werden. Danach sehnen sich alle Religionen, aber die Antwort kann nur in einer neuen Schöpfung bestehen. Jesus ist der Mensch, der seine Grenzen überschritten hat, indem er das Karma besiegte. Er ist die höhere Hoffnung aller Religionen. Ob du ihn annimmst oder abweisest, er ist da — eine neue Schöpfung. Wie das Tier den Menschen nicht zurückweisen kann, so kann der Mensch Jesus nicht zurückweisen. Gottes neue Schöpfung hat begonnen. Wenn du in sie eintrittst, dann entwickelst du dich, wenn du dich weigerst einzutreten, dann bleibst du in der Ordnung der Dinge und stirbst darin. Der Heilige Geist ist da. Es liegt an dir, ein Gotteskind zu werden, wenn du mehr als ein Mensch werden willst. Wir predigen nicht, noch lehren wir, wir verdammen nicht, noch stimmen wir zu, wir weisen auf Jesus hin und rufen die Welt auf, sich an den großen Versuch zu machen, Jesus von neuem in sich zu erwecken und dadurch der neue Menschensohn mit ewigem Leben und Selbstgenügsamkeit zu werden."*

8. Sonntag nach Trinitatis

Philipper-Brief 2, 1—15 — Ansprache des Apostels; Ermunterung zu heiligem Eifer

Wenn nun eine in Christus ausgesprochene Ermahnung, wenn ein liebevoller Zuspruch, wenn eine Gemeinschaft des Geistes, wenn inniges Mitgefühl und Erbarmen noch etwas gelten, so macht meine Freude dadurch vollkommen, daß ihr eines Sinnes seid, indem ihr die gleiche Liebe hegt und einmütig dem gleichen Ziel zustrebt und nichts aus Selbstsucht oder eitlem Ehrgeiz tut, sondern in Demut einer den andern höher als sich selbst erachtet; jeder habe nicht nur seinen eigenen Vorteil im Auge, sondern jeder auch den des andern.

Solche Gesinnung wohne in euch allen, wie sie auch in Christus Jesus vorhanden war; denn obgleich er Gottes Wesensart besaß, sah er doch das Gleichsein mit Gott nicht als unveräußerlichen, kostbaren Besitz an; nein, er entäußerte sich seiner Herrlichkeit, indem er Knechtsgestalt annahm, ganz in menschliches Wesen einging und in seiner leiblichen Beschaffenheit als ein Mensch erfunden wurde; er erniedrigte sich selbst und wurde gehorsam bis zum Tode, ja, bis zum Tode am Kreuz. Daher hat Gott ihn auch über die Maßen erhöht und ihm den Namen verliehen, der jedem anderen Namen überlegen ist, damit im Namen Jesu sich jedes Knie aller derer beuge, die im

Himmel und auf der Erde und unter der Erde sind, und jede Zunge bekenne, daß Jesus Christus der Herr ist, zur Ehre Gottes, des Vaters.

Daher, meine Geliebten: wie ihr alle gehorsam gewesen seid, so seid darauf bedacht, nicht nur wie damals, als ich bei euch anwesend war, sondern jetzt, wo ich fern von euch bin, noch weit mehr eine Rettung mit Furcht und Zittern zu schaffen; denn Gott ist es, der beides, das Wollen und das Vollbringen, in euch wirkt, damit ihr ihm wohlgefallt: Tut alles ohne Murren und Zweifel, damit ihr euch tadellos und ohne Falsch erweist, als unsträfliche Gotteskinder inmitten einer verkehrten und bösartigen Menschheit, unter der ihr wie helle Sterne in der Welt leuchtet.

Neben diese Worte aus dem Philipper-Brief dürfen wir die großen Worte des persischen Religionsgründers Zarathustra stellen, der in ganz ähnlicher Weise gekündet hat von dem Licht-Werden des Menschen, wenn er sagt:

„Den Sieg besitzt der finstere Gedanke,
Bezwingen aber wird ihn einst der lichte.
Den Sieg besitzt die falsche Rede,
Bezwingen aber wird sie einst die wahre.
Die Unversehrtheit aber und mit ihr die heilige Unsterblichkeit,
Sie werden Durst und Hunger einst vertilgen.
Die Unversehrtheit aber und mit ihr die heilige Unsterblichkeit,
Sie werden einst den bösen Hunger tilgen,
Sie werden tilgen auch den bösen Durst,
Und ohne Herrschaft machtlos wird entfliehen
Der Finstere, der Wirker alles Bösen."*

Die Sonne steht im Sternenzeichen des himmlischen Löwen. Wir haben Hochsommerzeit. Das ist die Zeit im Jahr, wo wir am stärksten die verwandelnde Kraft des Sonnenlichtes im irdischen Bereich erfahren. In den Monaten Juli und August reifen die Früchte; da verkörpert sich gleichsam in den irdischen Früchten die Schöpferkraft der irdischen Sonne. Darum hat die alte Überlieferung von jeher das Sternenzeichen Löwe das eigentliche Haus der Sonne genannt. Aber wir wollen uns nun in diesem Monat nicht nur an die Kraft dieser natürlichen Sonne erinnern, die wir alljährlich in diesen Monaten als Reifungskraft erleben, sondern wir wollen auch der geistig-seelischen Sonne gedenken, die in uns wirksam werden will. Wo das Feuer des niederen Ich in uns gebändigt und beherrscht wird, wo unsere menschlich-seelischen Fähigkeiten, das Denken, Fühlen und Wollen, beherrscht werden von einem höheren Geistigen, da manifestiert sich im Seelisch-Geistigen auch in uns die Sonne.

Und endlich wollen wir uns erinnern an den höchsten Aspekt der Sonne, an die göttliche Schöpfer-Sonne, an die Christus-Sonne, die in uns allen zum Durchbruch kommen will. Von diesem Durchbruch im Seelisch-Geistigen durch die Christus-Sonne in uns spricht in ganz besonders ergreifenden und schönen Worten der Apostel Paulus zu Beginn des zweiten Kapitels des Philipper-Briefes, das wir eben gehört haben. Als der Apostel diese Worte an seine liebe Gemeinde schrieb, weilte er in Rom in der Gefangenschaft, fern von der Stadt Philippi in Griechenland.

Wenn die Christus-Sonne in uns zum Durchbruch kommen will, dann muß zuerst einmal von uns selbst der Weg dafür gebahnt werden, dann müssen wir unser Denken, unser Fühlen, unser Wollen wandeln. Mit einem bloß denkerischen Streben oder einem bloß künstlerischen Streben oder einem bloß ethisch-moralischen Streben erreicht der Mensch nie diesen Durchbruch der Christus-Sonne in sich. Gewiß, das denkerische Streben, das künstlerische Streben, das moralisch-ethische Streben, es hat auf der irdischen Ebene seinen Wert. Aber das, was als Christus-Sonne in uns lebendig werden soll, kann dadurch nicht gewonnen werden.

Die Seherin von Prevorst nennt die Christus-Sonne in uns sehr schön die Gnadensonne und sagt von ihr, daß sie das wahre Herz-Zentrum des Menschen sei. Wenn die Gnadensonne alles menschliche Denken, Fühlen und Wollen verwandelnd durchstrahlt, dann wird der höhere, der Gott-Mensch in uns geboren. Im natürlichen Menschen wird der Geist hineingezogen, hinuntergezogen in die Seele, und die Seele wird herabgezogen in den Leib, und damit verweltlicht dann der ganze Mensch. Wenn die Christus-Sonne in uns zum Durchbruch kommen soll, dann müssen wir freiwerden von den leiblichen, seelischen und bloß menschlich-geistigen Bindungen; da müssen wir spüren, wo unser wahres Zentrum liegt, da müssen wir uns lösen von allen diesen geistig-seelisch-leiblichen Verhaftungen, damit wir empfänglich werden für den Durchbruch des göttlichen Christus-Lichtes in uns.

Die meisten Menschen leben einfach von Natur so hin, wie ihnen das anlagemäßig gegeben ist. Der eine lebt mehr im Denken, der andere mehr im Fühlen, der dritte mehr im Wollen, ist ein Tatmensch, lebt in der Handlung. Die Hemmung des Denkens, sagt der Apostel an anderer Stelle, bedeutet Unentschlossenheit. Wo Menschen zu einseitig vom Denken sich bestimmen lassen, da sind sie unentschlossen, da sind sie im entscheidenden Augenblick, wenn es auf Handlung ankommt, der Situation nicht gewachsen. Und wiederum wo Menschen einseitig und stark im Wollen leben, da sind sie leicht durch Unlust gehemmt, da dringt in ihren Willen die Triebkraft des seelischen Wesens. Sie sind wohl tätig, sie sind wohl da, wenn sie nötig gebraucht werden, aber leicht wird diese Willenssphäre getrübt von Unlust. Darum sagt der Apostel: Die Unlust ist die Hemmung des Willens. Und wenn der Mensch zu einseitig im Fühlen lebt, dann ist er überempfindlich. Überempfindlichkeit, Sensibilität, das ist die Hemmung des Fühlens. Die Sphären des Denkens, Fühlens und Wollens sollen vom Menschen in die Hand genommen und verwandelt werden. „Mit Furcht und Zittern schafft an eurer Rettung", sagt der Apostel hier. Wenn der Mensch in dieser Weise strebt, dann darf er hoffen, daß er auch von oben her ergriffen wird, daß dann der Augenblick eintritt, wo der Strahl des göttlichen Lichtes ihn durchdringt, wo ihm gnadenhaft von oben die Gottesliebe geschenkt wird, die nun alles verwandelt.

Die Christus-Sonne ist im Neuen Testament, besonders im Johannes-Evangelium, auch bezeichnet mit dem Wort „Agape". Es wird gewöhnlich mit „Liebe" übersetzt; dies ist eine unzureichende Übersetzung, denn die Bedeutung des Wortes Liebe ist sehr mannigfaltig. Was bezeichnen wir nicht alles als Liebe. Gewiß, alles, was wir als Liebe bezeichnen, ist gut. Es gibt die Gattenliebe, die Kinderliebe, die Elternliebe, die Freundesliebe, die Nächstenliebe, die karitative Hinneigung zum Nächsten, wir haben Liebe zu hohen Idealen, aber alles ist nicht das, was im Evangelium mit Agape gemeint ist. Johannes sagt in seinem ersten Brief (4, 10), auf die Agape hinweisend: „Darin besteht die Liebe: nicht daß *wir* Gott geliebt haben, sondern daß *er* uns geliebt hat." Alle menschlichen Liebesarten streben gleichsam von unten nach oben. Die Agape aber strömt von oben nach unten; sie strömt von Gott herein in den Menschen, sie gibt ihm das Gefühl, in Gottes Huld geborgen zu sein. Aus diesem überströmenden Gefühl des sich Geborgen-Fühlens in Gottes Huld — gleichgültig was der Mensch erfährt und durchmachen muß, ob Schweres im Schicksal oder Glückliches —, aus dieser Geborgenheit in Gott strömt dann die Überfülle der Liebeskraft durch den Menschen auch auf seine Mitmenschen, auf seine Umgebung aus. Indem die Christus-Sonne in ihm aufgeht, vermag er Agape zu verwirklichen.

Das ist etwas, was wir nicht in unserem Willen haben, deshalb sagt der Apostel ausdrücklich: „Strebet mit Furcht und Zittern nach eurem Heil." Und dann fügt er eigenartigerweise hinzu: „Denn Gott ist es, der beides in euch wirkt, das Wollen und das Vollbringen."

Für die logische Betrachtung ist das ein Widerspruch. Einmal sagt er, „strebet mit Furcht und Zittern“, da legt er alles Gewicht auf das menschliche Streben, und gleich hinterher sagt er, „denn Gott ist es, der beides in euch wirkt, das Wollen und das Vollbringen“. Da sehen wir deutlich: der Durchbruch der Gnaden-Sonne im Menschen ist etwas, was nicht durch menschliches Streben erreicht werden kann. Und doch muß der Mensch streben, aber nie darf er meinen, weil er nun strebsam ist oder weil er gut und sittlich ist, darum würde er nun von Gott begnadet. Oft genug erleben wir es, und das Evangelium selbst bietet uns zahlreiche Beispiele dieser Art, daß auch ein Mensch, der nicht strebt, daß auch ein Sünder plötzlich von Gott begnadet wird. Wohl deshalb, weil der Sünder in einem schwereren Lebenskampf steht als der gerechte, der gute, der strebsame Mensch, und dieser schwerere Kampf, den der Sünder durchzustehen hat, wird von Gott belohnt durch das Einströmen seiner Gnade. Wir müssen also, wenn wir an die Geburt der Christus-Sonne, an das Aufgehen der Gnaden-Sonne denken, uns gänzlich von unseren menschlichen Vorstellungen lösen.

In wunderbarer Weise stellt der Apostel dann in das Zentrum dieses zweiten Kapitels des Philipper-Briefes das Bild Jesu Christi. Als Gottes Sohn beharrt er nicht auf seiner Göttlichkeit, sondern entäußert sich seiner Göttlichkeit. Er wird Mensch, nimmt Menschenschicksal auf sich und geht durch den Tod, macht alles Schwere, was ein Mensch durchzustehen hat im Leben, bis hin zur Todesverlassenheit und Verzweiflung am Kreuz durch. Er ordnet sich dem Willen des Vaters unter, der Führung des Schicksals. Als Ausfluß der Gnade Gottes hat es mit Kausalität nichts zu tun. Gewoben von den göttlichen Hierarchien führt es gänzlich unabhängig von aller Kausalität den Weg, den die Ewigkeit bestimmt hat. Dieser Schicksalsberufung ordnet sich Christus unter. Und weil er den Weg der demütigen Selbstaufgabe bis zum letzten gegangen ist, darum strömt von oben die Kraft des Vatergottes durch ihn hindurch.

Als Paulus Christus bat, er möge ihn von seinem Leiden befreien — Paulus ist schwer krank gewesen das ganze Leben hindurch —, da sagt die Christus-Stimme zu ihm: „Meine Kraft ist in den Schwachen mächtig.“ Er befreit ihn nicht von seiner Krankheit, er läßt ihn dieses Leiden durchtragen auf seinem ganzen Lebensweg. Und die Schwachheit wurde ihm gerade zum fördernsten Impuls; durch die Schwachheit wurde in ihm die Kraft Christi mächtig.

Dieser Weg ist schwer zu gehen, und wir alle sind noch Unerfahrene. Das weiß auch der Apostel; er selbst schließt sich nicht aus. Er betont oft in seinen Briefen, wie unzulänglich er ist. Aber er weiß auch, weil er in seinem Leben dem Auferstandenen begegnet ist: die Möglichkeit, diesen Weg zu gehen, haben alle Menschen. Denn die göttliche Liebe, die Agape, teilt sich ihnen zu allen Zeiten und an allen Orten immerwährend mit. So heißt es in der persischen Avesta:

„Mit Geistesaugen wird er blicken,
Anblicken wird er alle die Geschöpfe
Der Gegner der Verführerin, der falschen.
Anblicken wird er alle lebenden,
Dem Knochenleib vertrauten Wesen,
Anblicken mit den Augen seiner Liebe
Und mit dem Blicke seiner Liebe
Unsterblich machen alle diese Welt."

(Aus dem 19. Yascht)

9. Sonntag nach Trinitatis

Lukas 9, 28—36 — Verklärung
37—43 — Heilung des besessenen Knaben
44—50 — Erneute Leidensankündigung; Kindesdemut, Weitherzigkeit

Etwa acht Tage nach diesen Reden (an die Jünger) nahm Jesus Petrus, Johannes und Jakobus mit sich und stieg auf den Berg, um zu beten. Während er betete, veränderte sich das Aussehen seines Angesichtes, und sein Gewand leuchtete in weißem Glanze. Zwei Männer waren da und redeten mit ihm: Moses und Elias. Die erschienen im Lichtglanze und redeten von seinem Ausgang, den er zuletzt in Jerusalem nehmen sollte.

Petrus und seine Begleiter lagen vom Schlaf überwältigt. Als sie erwachten, sahen sie ihn im Glanze und die zwei Männer neben ihm. Als diese wieder von ihm scheiden wollten, sagte Petrus zu ihm: Herr, hier ist gut sein für uns! Laßt uns drei Hütten bauen: dir eine, Moses eine und Elias eine! — Er wußte aber nicht, was er sagte.

Noch während er so redete, kam eine Wolke und überschattete sie, und als sie in die Wolke gerieten, begannen sie sich zu fürchten. Da erscholl eine Stimme aus der Wolke: Dies ist mein Sohn, der Erwählte; auf ihn sollt ihr hören.

Im Augenblick, da die Stimme ertönte, war Jesus wieder allein. Sie schwiegen über das, was sie gesehen hatten, und ließen damals noch nichts davon verlauten.

Tags darauf, als sie vom Berge niederstiegen, kam ihm viel Volk entgegen. Da rief ein Mann aus der Volksmenge: Meister, ich bitte dich, richte dein Auge auf meinen Sohn: es ist mein einziger! Wenn der böse Geist ihn packt, schreit er mit einem Male; er wirft ihn in Krämpfe, daß ihm der Schaum kommt; und kaum je läßt er von ihm ab, ohne ihn zu zerschinden. Ich bat deine Jünger, sie möchten ihn austreiben, aber sie vermochten es nicht.

Da gab Jesus zur Antwort: O glaubensloses, verkehrtes Geschlecht, wie lange noch soll ich bei euch sein und euch ertragen? Bringe deinen Sohn hierher!

Noch während er herkam, zerrte ihn der Dämon und warf ihn in schwere Krämpfe. Jesus aber gebot dem unreinen Geist mit Strenge, machte den Knaben gesund und gab ihn seinem Vater zurück.

Da wurden alle erschüttert von der Größe Gottes.

Aber noch mitten im allgemeinen Staunen über die Taten, die er vollbracht hatte, sprach er zu seinen Jüngern: Prägt euren Ohren die folgenden Worte ein: Des Menschen Sohn ist daran, den Händen der Menschen preisgegeben zu werden.

Sie verstanden jedoch den Ausspruch nicht; es war ihnen verhüllt, daß sie den Sinn nicht faßten, und sie scheuten sich, ihn über dieses Wort zu fragen.

Hingegen stieg der Gedanke in ihnen auf, wer von ihnen der Größte sei. Weil Jesus ihren Herzensgedanken kannte, nahm er ein Kind, stellte es neben sich und sprach zu ihnen:

Wer dieses Kind in meinem Namen aufnimmt, nimmt mich auf, und wer mich aufnimmt, nimmt den auf, der mich gesandt hat. Wer der Kleinste unter euch allen ist, der ist groß.

Da nahm Johannes das Wort und sprach: Herr, wir haben einen gesehen, der trieb in deinem Namen böse Geister aus; wir wollten es ihm wehren, da er sich nicht zu uns hält.

Jesus aber sprach zu ihm: Wehret es ihm nicht! Denn wer nicht wider euch ist, ist für euch.

Die Sonne steht jetzt im Sternzeichen des himmlischen Löwen. Der Löwe ist das eigentliche Sonnenhaus im Tierkreis. In den Monaten Juli und August hat die Sonne ihre größte Kraft. Im alttestamentlichen Jakobssegen wird der Stamm Juda der Sonne zugeordnet. Aus dem Stamm Juda sind später die Könige von Juda hervorgegangen, und als letzter wird bezeichnet mit dem Löwen aus Juda der Messiaskönig. Das Sonnenzeichen Löwe ist das königliche Zeichen des Tierkreises, das Herzzeichen; denn im Löwen sind die Herzkräfte, die Kräfte des rhythmischen Systems am stärksten entwickelt unter allen Tieren. Und so soll uns auch in dieser Jahreszeit, im Sternzeichen Löwe, die Sonne zum geistigen Symbol werden.

Das Licht der irdischen Sonne beginnt in wenigen Monaten dahinzuschwinden, und die Kälte siegt wieder über die sommerliche Wärme. Der irdischen Sonne, dem Tageslicht, steht entgegen die Nacht mit dem Mondenlicht. Es gibt aber ein Licht, das erhaben ist über den Gegensatz von Hell und Dunkel: das Licht der Geistes-Sonne. Es enthält in sich das übernatürliche, noch nicht gespaltene Licht. Und vom Durchbruch dieses ungespaltenen Lichtes kündet die Geschichte aus dem Lukas-Evangelium, die wir eben gehört haben.

Christus nimmt seine Auserwählten mit auf den Sonnenberg Tabor. Der Tabor ist ein Berg, der schon äußerlich die Form einer aufsteigenden Sonne hat. Wenn man von der galiläischen Landschaft aus auf den Tabor zugeht, so macht diese schön gerundete Bergkuppe den Eindruck einer am Horizont aufsteigenden Sonne. Und der Ausblick vom Berg Tabor, den ich selbst im Jahre 1934 einmal genießen durfte, gehört zu den schönsten Bergaussichten, die ich je gesehen habe. Man überblickt von dieser Höhe ganz Palästina von Norden bis Süden, vom Berg Karmel bis herunter südlich von Jerusalem, bis hin in den fernsten Süden des Landes, und nach Osten hin schaut man auf den See Genezareth, der tief unten liegt; im Westen sieht man die weite Fläche des blauen Mittelmeers vor sich; im Norden ragt das schneebedeckte Hochgebirge des Hermon empor. Der Berg selbst ist umgeben von der Hügellandschaft Galiläas und von der Ebene Jesreel. Eine Mannigfaltigkeit der Landschaft hat man da vor sich, wie man sie nur selten findet: Ebene, Mittelgebirge, Hochgebirge, See und Weltmeer; alles bietet sich dem Auge zugleich dar.

Auf diesem sonnenhaft strahlend schönen Berg erleben die Jünger in Christus den Durchbruch der geistigen Sonne, erleben sie, wie der irdische Mensch Jesus von Nazareth strahlend durchleuchtet wird vom himmlischen Licht der Christus-Sonne. Neben ihm sehen sie die Geistgestalten des Moses und Elias, die mit ihm reden über sein bevorstehendes Leidensschicksal, und vom Himmel tönt aus der Wolke die Stimme: „Dieses ist mein geliebter Sohn, an dem ich mein Wohlgefallen habe." Es ist eine großartige Offenbarung der Himmelswelt, die da den Jüngern zuteil wird, wenn sie Christus als den Gottessohn im Glanze des übersinnlichen Lichtes, umgeben von den Geistgestalten des Moses und Elias erleben. Moses ist gleichsam der Repräsentant der Vergangenheit; Elias ist der Wegbereiter der Zukunft unter den Propheten. Und die Gestalt Christi in der Mitte zwischen beiden ist Ausdruck der zeitüberlegenen Ewigkeit, Bild des ewigen Menschen, in dem Vergangenheit und Zukunft geeint sind. Das ist das Erlebnis auf der Höhe des Berges.

Als die Jünger wieder herabsteigen, finden sie am Fuß des Berges den kranken, den besessenen Knaben. Von der Höhe des Sonnenberges kommen sie in die Niederung des mondbesessenen, des mondsüchtigen, von finsteren Mächten hin- und hergerissenen Menschen. Droben auf dem Berg, könnte man sagen, erlebten sie den sonnenhaften, den ewigen Menschen, der durchleuchtet ist von dem in Hell und Dunkel noch nicht geteilten Licht. Unten am Fuß des Berges erleben sie im Gegensatz dazu den mondenhaften Menschen des Alltags, der von dunklen Mächten bedroht wird. Bald gerät der Besessene in cholerischen Zorn, da treibt ihn ein dämonisches Feuer, und bald sinkt er wieder ohnmächtig in sich zusammen, fällt, wie es im Matthäus-Evangelium heißt, ins Wasser. Die Höhen und die Tiefen, Feuer und Wasser streiten sich um den Menschen, und dieser Streit der gegensätzlichen Mächte von Feuer und Wasser, von Cholerik und Melancholik, von Aktivität und Passivität, von oben und unten, das macht den Menschen gespalten und unglücklich. Aber Christus vermag diesen Menschen zu heilen. Die Jünger konnten diesen Kranken nicht heilen, weil sie noch nicht die rechte Glaubenskraft haben. „Wie lange soll ich euch noch ertragen, ihr glaubensloses Geschlecht?“ sagt Christus zu ihnen.

Es wird vorher im Evangelium berichtet, daß die Jünger schon viele Heilstaten vollbracht haben, und hier nennt sie Christus ein „glaubensloses Geschlecht“, weil sie diesen Kranken nicht heilen können mit dem Glauben, den sie bisher errungen haben. Weil sie noch nicht zu dem echten Glauben gedrungen sind, der die lebensmäßige Verbindung mit dem ganzheitlichen, ungeteilten Licht umfaßt, mit dem ewigen Menschen, den sie vorher auf dem Berg Tabor selbst in Christus geschaut und erlebt haben.

Das Erlebnis auf dem Berg, die Schau des ewigen Menschen, und das Erlebnis am Fuß des Berges mit dem besessenen Kranken sind Bilder für unsere göttlich-geistige und irdisch-menschliche Wesenheit. Wir alle sind dieser Kranke, wir alle sind solche Wesen, die hin- und hergerissen werden zwischen Feuer und Wasser, zwischen oben und unten. Aber wir tragen auch in uns den Gottesfunken, das göttliche Licht, das aus jener Sphäre stammt, die noch nicht in die Gegensätze von Hell und Dunkel gespalten ist, und nur insoweit diese Kraft den dunklen, den irdischen Menschen durchdringt, kommt er zu seinem wahren Urbild.

Es gibt Polaritäten wie hell und dunkel, Tag und Nacht, Mann und

Frau; das sind naturhafte Gegensätze, die einander ergänzen. Es gibt aber auch einander ausschließende, werthafte Gegensätze wie Wahrheit und Lüge, Gut und Böse, die ergänzen sich nicht, die sind gegensätzlich. Aber das in Hell und Dunkel noch nicht geteilte göttliche Licht ist über allen diesen natürlichen und werthaften Gegensätzen. Nur wo die Kraft des ungeteilten göttlich-ewigen Lichtes im Menschen zum Durchbruch kommt, da kann die Welt des niederen Ich durchlichtet und überwunden werden.

Diese Vollkommenheit Gottes soll in uns lebendig werden. Sie ist gemeint, wenn Christus in der Bergpredigt sagt: „Widerstehet nicht dem Bösen!“ Solange der Mensch noch auf der irdischen Ebene kämpft gegen das Böse, wird er es nie überwinden. Durch Kämpfen kann wohl die Welt bis zu einem gewissen Grade gewandelt werden, kann in gewisser Weise auch der Mench geändert, vielleicht sogar gebessert werden, aber niemals kann durch eine kämpferische Geisteshaltung das göttliche Wesen des Menschen zum Durchbruch kommen. Der Christ fragt nicht, wie wird das Böse bekämpft?, sondern der Christ fragt: wie kommt im Menschen das göttliche Urbild zum Durchbruch? Solange der Mensch sich noch kämpferisch, abwehrend, sei es auch nur im ethischen Sinne gegen das Böse stellt, bleibt er unvollkommen, und ein Gott, der das Böse bekämpfen würde, wäre auch in sich selber unvollkommen. Das wahre Wesen der Gottheit besteht in jener himmlischen Liebe, die nicht mehr kämpft, die in sich den Ausgleich aller Gegensätze, den Frieden trägt, jene göttliche eirēne ausstrahlt, die verwandelnd in alle Natur hineinwirkt.

Wer jemals zu tun gehabt hat mit Kindern — oder auch nur mit Tieren —, der weiß sehr gut, daß man durch bloßes Kritisieren, durch Schimpfen, durch Poltern, durch Strafen das eigentliche Wesen der Kinder nicht ändert. Dadurch kann man vielleicht Tiere und Kinder bändigen — man nennt das dann auch erziehen —, aber innerlich wandeln kann man sie nicht. Innerlich wandeln kann man sie nur durch jene Heilkraft, die aus dem Glauben stammt, der den Menschen das in Hell und Dunkel noch nicht geteilte Licht vermittelt. Soweit der Mensch dieses in sich selbst zu realisieren vermag, soweit geht von ihm dann auch jene verwandelnde, nicht nur bändigende Kraft aus.

Zum Schluß spricht Christus von der Notwendigkeit seines Leidens, dann von der Notwendigkeit der wahren Demut und zuletzt von der Notwendigkeit einer umfassenden Weitherzigkeit. Der Mensch muß sein Kreuz auf sich nehmen, er muß das, was ihm das Leben an Leiden bringt, willig tragen, darf sich nicht dagegen wehren. Der Mensch darf nicht meinen, daß er aus sich und aus eigener Kraft das Leben bestehen kann. Er muß loslassen von sich selbst und in der wahren Demut sich öffnen der Wirksamkeit des Gottesgeistes, die erst dann ihn von oben ergreifen kann, wenn er von sich selbst losläßt. Der Mensch soll seinen Mitmenschen gegenüberstehen nicht in einer richtenden Haltung, sondern in einer weitherzig-verstehenden Haltung. „Wer nicht wider euch ist, der ist für euch." — „Seid demütig wie die Kinder, nehmt euer Kreuz auf euch und tragt es!" Wo der Mensch in dieser Haltung durch das Leben geht, da wird in ihm selbst das göttliche in Hell und Dunkel noch nicht geteilte Licht aktiv, da wird in ihm der innere Friede wirksam, der auch alles, was an Bösem an ihn herankommt, heilend verwandeln kann. Der Christ ist nicht der moralische Mensch, sondern der Christ ist der vom Charisma verklärte Mensch.

Darum sagt Christus im Johannes-Evangelium an der Stelle, wo die Verklärung geschildert wird:

> „Glaubet an das Licht, dieweil ihr's habt, auf daß ihr des Lichtes Söhne werdet!" ... „Ich bin ein Licht, gekommen in die Welt, damit niemand, der an mich glaubt, im Finstern bleibe. Wenn jemand meine Worte hört, aber sie nicht hält, den richte nicht ich: ich bin nicht in die Welt gekommen, um die Welt zu richten, sondern um die Welt zu retten."

10. Sonntag nach Trinitatis

Franz von Assisi — Sonnengesang

> „Herr Gott, ich preise Dich im Stillen
> Um Deiner Werke Pracht,
> Insonderheit der goldnen Sonne willen,
> Die Du gemacht!
> Denn schön ist meine königliche Schwester,
> Gibt Morgenrot und Mittagshelligkeit,
> Den Abendhimmel als der Künstler bester
> Malt sie mit glühenden Farben allezeit.
> Des Lenzes Blüten und des Sommers Ähren,
> Des Herbstes Trauben dank ich ihr,
> Kein anderes Geschöpf zu Deinen Ehren
> Spricht lauter mir.

Herr Gott, ich preise Dich im Stillen
Um Deiner Werke Pracht,
Des Bruders Mondes und der Sterne willen,
Die Du gemacht!
Denn sie verklären meiner Nächte Dunkel,
Und Frieden trinkt das Herz,
Blick ich empor, löst freundlich ihr Gefunkel
Mir jeden Schmerz.
Ich schau' das Bild der Ewigkeiten
Im Sternenschein,
Und nimmer kann im Wandel der Zeiten ich
Ganz ungetröstet sein.

Herr Gott, ich preise Dich im Stillen
Um Deiner Werke Pracht
Und um der Luft, der holden Schwester willen,
Die Du gemacht!
Sie blickt mit sanften Augen nieder,
Umkost mich lind
Und tränkt mit Lebensodem meine Glieder
Im Sommerwind.
Sie trägt die Wolken über alle Länder
Mit mütterlichem Sinn
Und läßt sie Regen träufeln, Segenspender
Zur Erde hin.

Herr Gott, ich preise Dich im Stillen
Um Deiner Werke Pracht
Und um des Feuers, meines Bruders willen,
Das Du gemacht!
Denn schön und stark weiß er die Kraft der Erze
Zu bändigen in seiner roten Glut,
Demütig, milde leuchtet mir die Kerze
In treuer Hut,
Erwärmt er meine winterliche Zelle,
Bereitet mir das Mahl,
Verscheucht die Dunkelheit mit froher Helle
Aus Kammer, Gang und Saal.

Herr Gott, ich preise Dich im Stillen
Um Deiner Werke Pracht,
auch um des Wassers, meiner Schwester willen,
Das Du gemacht!
Denn sie ist keusch und aufrichtig von Herzen
Und alles Schöne nimmt sie freudig auf,

Verklärt's durch rhythmisch-heitres Spiel und Scherzen
Im Wellenlauf.
Dem Wandrer labt sie in der Sonne Gluten
Der Zunge Trockenheit
Und kühlt die Glieder wohlig in den Fluten
Ihm hilfsbereit.
Herr Gott, ich preise Dich im Stillen
Um Deiner Werke Pracht,
Vor allem um der Mutter Erde willen,
Die du gemacht!
Der schön gegürtet, ewig-wunderbaren,
Die Gras und Kräuter, Busch und Baum,
Die Tiere schuf vom kleinsten unsichtbaren
Bis zu den Riesen tief im Meeresraum.
Sie hat auch meinen schwachen Leib gestaltet,
Der wehrlos scheint, und dennoch seine Hand
Zum Werkzeug aller Werkzeuge entfaltet
Und mit der Zunge leicht das Wort gesandt
In eines andern Brust, daß ein Gedanke
Mit mir ihn eint, ein Ton aus beiden klingt
Und so zuletzt ein Werk zum Danke
Aus zweier Menschen Doppelkraft entspringt.

Herr Gott, ich preise Dich im Stillen
Um Deiner Werke Pracht,
Um aller Heiligen und Weisen willen,
Die rühmen Deine Macht!
Der Brüder mild, mit sanften Händen,
Die jene, die sie haßten, nur geliebt
Und jenen, die da fluchten, Segen spenden,
Im Leid geübt.
Die dankbar Dich mit hohem Sinn verehrten,
Und unverwandt
Lag schwer mitunter auch auf den Bekehrten,
Herr, Deine Hand.

Herr Gott, ich preise Dich im Stillen
Um Deiner Werke Pracht,
Auch um der Schmerzen und des Todes willen,
Die Du erdacht!
Denn unsre Trauer wird zur Freude wenden
Sich einst im Zeitenlauf,
Schließt Bruder Tod uns erst mit stillen Händen
Des bessern Lebens Pforte auf.
Und selig die, so in dem Herren sterben

Ohn Furcht noch Grau'n,
Sie werden froh die Ewigkeit erwerben
Und keinen zweiten Tod mehr schau'n."

(In der Übersetzung von Franz Brentano)

Was der Sonntag in der Woche ist, der Sonnentag, das ist im Jahreskreislauf der Sonnenmonat August, in dem die Sonne am stärksten ihre alles belebende Kraft im Kosmos und auf der Erde entfaltet. Es ist der Monat, in dem die Früchte, das Korn reifen, in dem gleichsam die Sonne Wasser in Wein — in Traubensaft — verwandelt. In keinem Monat des Jahres spüren wir in der Natur so stark die alles belebende, alles durchkraftende, alles durchlichtende Macht der Sonne. Was draußen das Licht der Sonne ist, das ist im Menschen die Geistessonne, die Kraft der göttlichen Liebe. „Ut vivas, amas; si amas pulcher es", „Damit du lebst, liebe; wenn du liebst, bist du schön", schrieb schon der heilige Augustinus.

Liebe ist wirklich im Menschen die allverklärende, allbelebende, göttliche Geistesmacht. Sonne und Liebe sind zutiefst im Geiste eins, und das hat auch Franziskus empfunden, als er dieses wunderbare Lied, den Sonnengesang, den wir eben gehört haben, dichtete. Er hat ihn geschrieben kurz vor seinem Tod. Krank, mit großen Schmerzen, fast blind, in einer Schilfhütte des Klostergartens liegend, von Mäusen geplagt, gepflegt von seiner Seelenfreundin Clara erhebt Bruder Franz seine Stimme zu jenem heiligen Lied und kündet aus Erinnerungen an den hundertachtundvierzigsten Psalm und an das Loblied „Die drei Männer im Feuerofen" den Sonnengesang, welcher in so wunderbarer Weise vom Wesen der göttlichen Liebe handelt. Der ganze Kosmos, das ganze Wesen des Menschen mit seinen Gliederungen, das ganze menschliche Schicksal, es wird zutiefst in diesem wunderbaren Liede von Franziskus bejaht.

In den ersten beiden Strophen spricht Franziskus von Sonne, Mond und Sternen, die er als seine Brüder, seine Geschwister begrüßt und die ihm, wie es im Lied heißt, ein Bild der Ewigkeiten sind. „Ich schau' das Bild der Ewigkeiten im Sternenschein, und nimmer kann im Wandel der Zeiten ich ganz ungetröstet sein." Sonne, Mond und Sterne sind ihm hier ein Bild für den himmlischen Ewigkeitsbereich Gottes. Dann preist Franziskus die vier Elemente des Kosmos: die Luft, das Feuer, das Wasser und die Erde. Diese Elemente tragen wir auch in uns; das Feuer, die Luft, das Wasser, die Erde, alles haben wir in uns.

Luft — im Griechischen „pneuma" — ist Bild für den Geist, Feuer für das Seelenfeuer, für die Leidenschaftswelt, die wir mit den Tieren teilen, Wasser ist Bild für die lebenspendenden, wäßrigen, unseren Körper durchdringenden ätherischen Kräfte, Bild für den Lebensorganismus, der den toten Körper lebendig macht, und Erde ist Bild unseres physisch-irdischen Leibes. Luft, Geist, macht uns zum Menschen, Feuer, Seelentriebkraft und Leidenschaft, teilen wir mit der Tierwelt; die Lebenskräfte offenbaren sich in der Natur am sichtbarsten in der Pflanzenwelt, und das Erdelement, das wir in unserem irdischen Leib an uns tragen, offenbart sich in der Natur als das Mineralreich. Die hymnischen Worte des Franziskus preisen also die Welt der Elemente draußen im Kosmos und zugleich drinnen im Menschen.

Und zuletzt spricht Franziskus noch von der Gemeinschaft der Heiligen und Weisen, von der Geistgemeinschaft der Menschen, von der Bejahung des menschlichen Schicksals mit seinem Schweren, mit seinen Bindungen und Grenzen, mit seinen Schmerzen und Leiden, ja, selbst mit dem Tod.

Man könnte sagen, der Aufblick des Franziskus zum Sternenhimmel, zu Sonne und Mond hin, der ihm zum Bild der Ewigkeit wird, deutet zugleich auf die ungründigen Tiefen des göttlichen Vaters. Das Preislied auf die Elemente Luft, Feuer, Wasser und Erde deutet auf den verklärten Kosmos und zugleich auf den verklärten Menschen, auf den Menschen in Gott, den Menschensohn, das wahre Urbild des Menschen, auf den göttlichen Sohn. Und endlich die letzten Strophen, die da preisen die Geistgemeinschaft unter den Menschen, die volle Bejahung aller irdischen Bindungen, Gesetzmäßigkeiten und Schicksalsgegebenheiten, deuten auf den göttlichen Geist.

Wahrhaftig, überwältigend groß ist dieses sonnenhafte Ja, das Franziskus in diesem Hymnus spricht zu Gott, Kosmos und Menschenherzen. Und das kann er nur sprechen aus der Kraft der göttlichen Liebe. Sie durchdringt von innen her verklärend alles kosmische, menschliche, irdische Sein, die göttliche Liebe kämpft und streitet nicht, sie richtet nicht, sie tut wohl denen, die hassen, sie segnet alles Sein, sie versteht auch die Notwendigkeit der hierarchischen Stufung der Welt. Der ganze Hymnus ist ein wunderbares Bild dieser hierarchischen Stufung der Welt. Wir steigen mit Franziskus aus den Höhen des Sternenhimmels nieder durch die Elemente Luft, Feuer, Wasser und Erde bis in die innersten, dunkelsten Gründe des menschlichen Seins. Auch alle schweren Gegebenheiten des menschlichen Lebens werden von Franziskus durchlichtet und bejaht.

Wir neigen leicht dazu, uns an das Bequeme, an das Leichte, an das Glückliche halten zu wollen. Aber wer wirklich die Kraft der göttlichen Liebe in sich spürt, der bejaht gerade auch das Schwere im Schicksal. Schicksal heißt eigentlich so viel wie „geschicktes Sal", wie von Gott geschicktes Heil. Gerade im Schweren kann die göttliche Liebeskraft, das Heil, das Gott den Menschen zugedacht hat, erlebt werden. Darum erkennt der Christ alle kosmischen und irdischen Gebundenheiten als gottgewollt an. Was uns auferlegt ist an Bindung etwa durch die Gesetze von Rasse, Volk, Stand, Beruf, das wird vom Christen von innen her bejaht. Wer die göttliche Liebe in sich spürt, der revoltiert nicht gegen diese Gesetze. Das drückt Paulus ganz besonders schön im Galater-Brief aus, in dem er sagt: „Selbst der, welcher als Sklave geboren ist, strebe nicht danach, frei zu werden, sondern er bleibe dabei, Sklave zu sein." Denn Paulus weiß: niemand wird als Sklave geboren, dem es nicht von Gott her bestimmt ist, Sklave zu sein. Und nur wenn der Mensch das ihm von Gott Bestimmte von innen her bejaht, sich willig hineinstellt in die sozialen Gegebenheiten, dann vermag er, sie von innen her zu durchlichten.

Das scheint uns heutigen Menschen vielleicht hart, denn Sklaverei, wie sie das Altertum kannte, gibt es heute nicht mehr. Aber das gerade ist das Große am Christentum, daß es die damalige Zeitgegebenheit selbst in dieser harten sozialen Bindung bejaht hat, daß es nicht etwa einen Sklavenaufstand inszeniert hat, was es im Römischen Reich auch schon gab, sondern daß es die Sklaven aufforderte, Sklaven zu bleiben. Und so fordert Christus jeden Menschen auf zu bleiben, was er ist, zu tragen, was ihm das Schicksal bestimmt hat, und die schicksalsmäßig gegebenen Gesetzlichkeiten von innen her zu erfüllen, zu leben nach dem Gesetz, „nach dem er angetreten". Zu dem Gesetz, nach dem wir alle angetreten, gehören auch Leiden, Schmerzen, Krankheit und Tod. Es wäre utopisch zu glauben, wir könnten Krankheit, Schmerzen, Leiden und Tod aus der Welt beseitigen. Nur wenn wir diese Schicksalsgegebenheiten eines gefallenen Kosmos erfüllen, wenn wir die Kreuze, die uns auferlegt sind, willig tragen, wird jene Kraft, die Sonnenkraft der Christusliebe zunächst im Geist und später auch einmal bis hinab in die Physis die dunklen Gesetzmäßigkeiten und Notwendigkeiten durchlichten, wandeln und verklären.

Es gibt wohl wenig Menschen in der Geschichte des Abendlandes, die so stark wie Franziskus aus den christlichen Grundkräften heraus gelebt und ihr ganzes Sein danach gestaltet haben.

„Sonne, göttliches Licht! Schaffende, nährende Himmelstochter!
Du spendest uns Wonne, Segen und Lust,
Früchte den lockenden Fluren, zeugest den Traubensaft.

Kaum entfaltet der Tag, jugendlich, heiter sich,
Sieh'! da singet ein Vogelchor Hymnen, Schöpferin Dir,
Alles belebendes, alles stärkendes Götterkind.

Sieh'! da erglänzt das Gebüsch, Felder und duftende Haine,
Blitzend von kühlem Tau, der die Gewächse erfrischet,
Nähret und stärkere Wohlgerüche zum Himmel schickt.

Du verscheuchest den Schlaf,
Der mit allmächtigen Schwingen jeglichen Menschen deckt,
Der in quälendem Traum foltert den Erdensohn,
den du gütig der Qual entreißt!

Oh, dein strahlendes Haupt gibt mir ein Wonnegefühl,
Macht den Schöpfer mich ahnen,
Da steig ich nieder vor Dir, bete die gütige Allmacht
Hocherfreut, innig an."

(Franz Grillparzer, „An die Sonne")

11. Sonntag nach Trinitatis

Johannes 8, 1—11 — Begegnung mit der Ehebrecherin
12 — Licht der Welt

... In der Morgenfrühe kehrte Jesus wieder zum Tempel zurück. Alles Volk strömte ihm zu, und er setzte sich und lehrte sie.

Da führten die Schriftgelehrten und Pharisäer eine Frau herbei, die beim Ehebruch ergriffen worden war, stellten sie in die Mitte und sagten zu ihm:

Meister, dieses Weib ist auf frischer Tat beim Ehebruch ergriffen worden. Moses hat im Gesetze geboten, solche zu steinigen. Was sagest du dazu?

Mit dieser Frage wollten sie ihn versuchen, um Stoff zu einer Anklage gegen ihn zu haben.

Jesus bückte sich nieder und schrieb mit dem Finger auf die Erde.

Als sie ihm weiter mit ihren Fragen zusetzten, richtete er sich auf und sprach zu ihnen: Wer von euch ohne Sünde ist, werfe den ersten Stein auf sie!

Dann bückte er sich aufs neue und fuhr fort, auf die Erde zu schreiben.

Als sie dies hörten, ging einer nach dem anderen hinaus, die Ältesten voran, bis auf den letzten. So blieb Jesus allein mit der Frau zurück, die noch immer dastand. Jesus richtete sich auf und sagte zu ihr: Frau, wo sind sie? Hat dich keiner verurteilt?

Sie erwiderte: Keiner, Herr!

Da sprach Jesus zu ihr: Auch ich verurteile dich nicht. Geh hin, und von nun an sündige nicht mehr!

Wieder nahm Jesus das Wort und sprach zu ihnen:

Ich bin das Licht der Welt. Wer mir folgt, wird nicht im Finstern wandeln, sondern wird das Licht des Lebens haben.

„Die große, königliche Lebensleuchte,
Die gottgeschaffene, verehren wir,
Die preiserfüllte, machtbegabte,
Die in den Mühen offenbare,
Die glutenstarke, tatgewandte,
Die alle Schöpfung schauend überstrahlt."

(„Avesta", aus dem 19. Yascht)

Die Sonne steht noch im Sternzeichen Löwe, dem Haus der Sonne. Und die Geschichte aus dem Evangelium, die wir eben gehört haben, zeigt uns ganz besonders großartig das Wesen der Sonne, der Geistes-Sonne, die in Christus geleuchtet hat, der von sich selbst sagen durfte: Ich bin die Sonne, ich bin die Geistes-Sonne, „ich bin das Licht der Welt. Wer mir folgt, wird nicht im Finstern wandeln, sondern wird das Licht des Lebens haben". Diese Worte sind gesprochen am achten Tag des Laubhüttenfestes, dem letzten Tag des Festes. Am vorhergehenden Tag, am siebten Tag, hat Christus die Worte über das Wasser des Lebens gesprochen, das vom Leib des verklärten Menschen ausströmen und die Menschheit tränken soll mit ewigem Lebenswasser.

Die Priester und Schriftgelehrten hatten schon am vorhergehenden Tag versucht, Jesus verhaften zu lassen. Aber es ist ihnen nicht gelungen. Nun setzen sie ihre Absichten jetzt, am letzten Tag des Festes, fort. Sie wollen ihm eine Falle stellen, sie wollen Material sammeln zu einer Anklage auf Tod und Leben wider Jesus. Sie bringen eine Frau, die auf frischer Tat ertappt worden ist beim Ehebruch, und weisen darauf hin, daß im Gesetz des Moses auf Ehebruch Tod steht, Tod durch Steinigung. Wir lesen im Alten Testament: „Wenn ein Mann mit einer Frau beim Ehebruch ertappt wird, so sollen sie beide gesteinigt werden, beide getötet werden."

Wenn jetzt Jesus gegen das Gesetz sprechen und sagen würde: „Habet Mitleid mit dieser armen Frau! Wir wollen sie nicht steinigen", dann sagen die Schriftgelehrten: „Er ist gegen das Gesetz des Moses; er widerspricht Moses. Er ist des Todes schuldig!" Sagt aber Christus: „Befolget das Gesetz, tut, was Moses gesagt hat, steinigt diese Frau!", dann sagen die Schriftgelehrten: „Er wendet sich gegen die Bestimmungen der römischen Behörde." Die römische Behörde erlaubte die Volksjustiz nicht mehr. Das Urteil über Tod und Leben stand nur dem römischen Landpfleger zu. Dann hätten sie Material, um Jesus bei der römischen Behörde zu verklagen. Also, was er auch antwortet, ob ja oder nein, er macht sich schuldig — so meinten die Schriftgelehrten. Jesus aber überschaut die Situation. Er antwortet zunächst nicht, sondern schreibt mit dem Finger auf die Erde.

Warum schreibt Christus mit dem Finger auf die Erde? Wir können uns hier daran erinnern, daß im Alten Testament bei der Gesetzgebung auf dem Sinai gesagt wird: Gott habe die Gebote mit seinem Finger auf steinerne Tafeln geschrieben. Das war das Alte Testament. Doch Christus schreibt nicht auf steinerne Gesetzestafeln: Christus schreibt in die lebendige Erde. Für eine geistgemäße Anschauung ist die Erde nicht tot, ist sie unsere lebendige Mutter. Eine Erde, die Lebewesen hervorbringt, kann nicht tot sein. Eine lebendige Mutter kann wohl tote Kinder gebären, aber eine tote Mutter kann nie lebendige Kinder zur Welt bringen. Die Erde lebt, und wer sündigt, der schädigt die Lebenskräfte, der verdunkelt die ätherische Strahlung der Erde. Es gibt ein schönes russisches Sprichwort: „Lüge nicht, die Erde hört es!", dem auch diese Anschauung von der lebendigen Erde zugrundeliegt.

Christus schreibt darum die Schuld der Ehebrecherin in die Erde. Aber an anderer Stelle sagt er auch von sich selber: „Ich bin das Lamm, das die Schuld der Welt trägt." Er verbindet sich mit der Erde, er trägt die Schuld der Erde und der Menschheit. Alle Sündenschuld ist im Lebensorganismus der Erde eingeschrieben. Aber Christus nimmt diese Schuld auf sich, um die Menschheit zu erlösen.

Und so sagt er zu den Pharisäern: „Wer von euch ohne Sünde ist, der werfe den ersten Stein auf sie!" Und einer nach dem anderen verschwindet. Sie alle spüren, es gibt keinen Menschen, der ohne Sünde ist, und sie wagen es nicht, das Gesetz des Moses zu vollstrecken und die Ehebrecherin zu steinigen. Als sie alle hinausgegangen sind, da sagt Christus zur Ehebrecherin: „Wo sind deine Ankläger? Sie haben dich nicht verurteilt, so verurteile ich dich auch nicht. Gehe hin und sündige hinfort nicht mehr!"

Und weiter sagt er an dieser Stelle: „Ich bin das Licht der Welt"; das heißt: Ich bin die Sonne. Die Sonne trägt die Erde; sie trägt auch die verdunkelte Erde.

„Ich bin die Mutter Sonne,
Ich trage die Erde bei Nacht,
Ich trage die Erde bei Tage."

Auf der Erde gibt es Tag und Nacht, gibt es Hell und Dunkel, ist alles in Gegensätze gespalten. Auf der Sonne gibt es nicht Tag und Nacht; da gibt es nur ewigen Tag, strahlendes Licht. Darin offenbart sich die Wesenheit Christi, daß er selber strahlendes Licht ohne jedes Dunkel ist. Und wenn der Mensch sündigt, könnte man sagen, dann geht in ihm die Sonne seines höheren Ich unter im Dunkel seiner Triebwelt, dann verdunkelt er das Geistes-Sonnenlicht in sich. Aber wenn im Menschen die Christus-Sonne aufgeht, dann flieht alles Dunkel, wie das Dunkel vor dem Licht der Sonne verschwindet.

Dem Wort „Ich bin das Licht der Welt" fügt Christus hinzu: „Wer mir folgt, wird nicht im Dunkeln wandeln, sondern das Licht des Lebens haben." In der Bergpredigt sagt Christus zu den Jüngern: „Ihr seid das Licht der Welt." Dieses Wort gilt also nicht nur für Christus, es gilt für jeden Menschen. Wenn auch in uns die Geistes-Sonne verschüttet ist, sie lebt doch verborgen als der Gottesfunke in unserer Seele. Und auf die Erweckung des Gottesfunkens im Menschen kommt alles an. In der Bildsprache der Mysterien und auch im Alten Testament ist Ehebruch sehr oft das Symbol für die Verdunkelung des Geistwesens im Menschen durch seine Triebseele. Wer das Geistige in sich durch das Triebhafte trübt, der begeht in der Sprache der Mysterien Ehebruch. Der natürliche Mensch meint, der Freie ist der, der tun kann, was er will. Lagarde, ein großer deutscher Denker, sagte: „Frei ist der Mensch, der werden kann, was er soll." Frei ist der Mensch, in dem das Gottes-Ich, die Geistes-Sonne, zum Durchbruch kommt.

Und das ist im Tiefsten die Lehre Christi. Christus will keine Moralgebote geben. Das Christentum ist immerfort bis in die heutige Zeit mißverstanden worden als eine Art religiöser Morallehre. So hat man auch die Bergpredigt mißverstanden und gemeint: Was Christus dort sagt, sei ein neues Gebot, das er der Menschheit geben wolle, indem er durch diese Liebesgebote die Gebote des Alten Testamentes überhöhen wolle. In der Bergpredigt steht kein Wort von einem neuen Gebot. Es ist ein tragisches Mißverständnis, wenn sie so ausgelegt wird.

Wo im Neuen Testament von Luther das Wort „Gebot“ gesetzt wird, steht im griechischen Urtext in Wirklichkeit das Wort „télos“, und „télos“ heißt so viel wie „Weiheziel“, „Vollendungsziel“. Man dürfte also nicht übersetzen: „Ein neu Gebot gebe ich euch, daß ihr euch einander liebet“, sondern man müßte übersetzen: „Ein neues Weiheziel zeige ich euch, daß ihr euch einander liebet.“ Liebe kann man nicht gebieten; gebotene Liebe ist ein „Nonsens“. Aber man kann auf ein Weiheziel hinweisen, und das tut Christus mit der Fußwaschung und in der Bergpredigt.

Darum sagt er in der Bergpredigt auch: „Wenn eure Gerechtigkeit nicht besser ist als die der Schriftgelehrten und Pharisäer, so könnt ihr in das Himmelreich nicht eingehen.“ Darauf folgt im einzelnen die Darlegung der neuen Geistesschau, das Zeigen des Weltenzieles; nicht von Geboten ist die Rede. Der große russische Denker Berdjajew sagt: „Darin besteht die Auszeichnung des Christentums, daß es nicht Morallehre ist.“

Die Morallehre bleibt immer stecken, so notwendig sie in gewisser Weise aus pädagogischen Gründen für uns ist, sie bleibt verhaftet im Gegensatz von Gut und Böse. Der Weg der Moral führt nicht zu Gott, denn der Weg der Moral bleibt abhängig von diesen Gegensätzen des Guten und Bösen. Gott aber ist seinem Wesen nach, wie es im Johannes-Brief heißt: Liebe, schöpferische, zeugende Liebe. Nicht das Gute ist Gott, sondern das Übergute, die wesenschaffende Liebe. Gott ist nicht an den Gegensatz von Gut und Böse gebunden. Ein Gott, der das Böse bekämpfen würde, würde ebenso wie der Mensch, der das Böse bekämpft, abhängig vom Bösen. Und darum sagt Christus in der Bergpredigt: „Ihr sollt also vollkommen sein, wie euer himmlischer Vater vollkommen ist ..., denn er heißt seine Sonne aufgehen über Böse und Gute und läßt regnen über Gerechte und Ungerechte.“ Diese Haltung jenseits von Gut und Böse soll der Mensch einnehmen; nicht jenseits von Gut und Böse, wie Nietzsche es gemeint hat, aber jenseits von Gut und Böse im Sinne Christi. Im Menschen soll aktiviert werden die Geistes-Sonne, vor der das Dunkel von selbst flieht, wie das Dunkel vor dem Licht der Sonne ohne Kampf schwindet.

Alles, was Christus im Neuen Testament sagt, wie etwa über Gut und Böse, ist niemals im gesetzlichen Sinne gemeint, wird aber bis heute konsequent von fast allen Theologen im gesetzlichen Sinne verstanden. Wenn Christus im Zusammenhang mit dem Ehebruch, der Ehescheidung ein Wort aus dem Alten Testament: „Was Gott zusammengefügt hat, das soll der Mensch nicht scheiden“, ausspricht, so geht er damit in die Urschöpfung zurück und will dieses Wort im Sinn der Urschöpfung verstanden wissen, will also sagen: Wo im Menschen das ungetrübte paradiesische Licht der Geistes-Sonne durchbricht, da gibt es keine Scheidung. „Aber um eures Herzens Härtigkeit willen", sagt er an einer anderen Stelle, „hat Moses die Scheidung zugelassen". Er will also gar kein Ehegesetz damit geben. Die Katholische Kirche hält sich noch in aller Strenge bis heute an das Christus-Wort: „Was Gott vereinigt hat, das soll der Mensch nicht scheiden", und lehnt die Ehescheidung unter allen Umständen ab. Ehescheidung gibt es vom Standpunkt der katholischen Ethik nicht — ein großes Mißverständnis. Aus diesem Christus-Wort, das das Urbildhafte im Menschen meint, das Urbildhafte im Menschen erwecken will, wurde auf der physischen Ebene ein Gesetz. Das ist alttestamentlich und hat nichts mit dem Geist Christi zu tun. Auch die Aufforderung zur Nächstenliebe, zur Gottesliebe, von denen Christus spricht, ist kein Gebot. Das alles ist als ein Gleichnis für das Wesen des Gottes-Reiches gemeint, als „télos", als Weiheziel, aber niemals als Gebot.

Die Lehre Christi zeichnet sich gerade dadurch aus, daß sie Gebote nicht kennt. Alles muß aus der schöpferischen Freiheit des Menschen quellen. Jedes Gebot, das man hernimmt von außen, etwa aus der Schrift oder aus der Tradition, macht den Menschen heteronom, macht ihn abhängig von Fremdem; das lehnt Christus ab. Ebenso lehnt er auch die selbstherrliche Willkür des Menschen, ein falsches autonomes Verhalten des Menschen ab, der meint: er sei frei, wenn er tun kann, was er will. Christus will den Menschen nicht heteronom, nicht autonom, sondern theonom. Christus will, heißt das, daß im Menschen selbst das Ich-bin der Geistes-Sonne aufbricht; dann schwindet alles Dunkel. Aber das ist ein Vorgang, den man nicht gebieten kann, das ist, wie alles, was Christus lehrt, ein Einweihungsvorgang

Große Christen haben das gewußt, wie zum Beispiel Dostojewskij, der den Starez Sossima sprechen läßt: „Brüder, vor der Sünde im Menschen schreckt nicht zurück, liebet den Menschen auch in seiner Sünde, denn das ist ein Gleichnis der göttlichen Liebe und ist die höchste auf Erden mögliche Liebe! Mache dich selbst für die Sünden der Menschen verantwortlich!"

Christus, der sich selbst für die Sünden der Menschen verantwortlich macht, verurteilt nicht, er richtet nicht, er richtet vielmehr auf; er selbst verbindet sich wesensmäßig mit der durch Sündenschuld verdunkelten Erde, der durch Sündenschuld verdunkelten Menschheit. Auch wir sollen unsere Mitmenschen nicht richten, nicht moralisieren, sondern wir sollen uns selbst verantwortlich machen für die Sündenschuld der anderen. Wenn wir das tun, dann geht in uns die Geistes-Sonne auf.

„Du hebst mich liebend über mich,
Mein guter Geist, mein besseres Ich",

sagt Friedrich Rückert in einem von Schumann vertonten Liebeslied.

Ja, die Liebe hebt den Menschen über sich selbst hinaus in die Sphäre, in der es keinen Gegensatz zwischen Gut und Böse mehr gibt. Das ist eine Erfahrung, die wir schon in der irdischen Liebe machen können. Wo ein Mensch einen anderen wirklich liebt, da liebt er ihn nicht um seiner Vorzüge willen, sondern er liebt ihn in seinem gesamten So-Sein, mit seinen Fehlern und mit seinen Tugenden. Gott liebt uns so, wie wir sind. In Gottes Liebe dürfen wir uns immer, auch wenn wir fallen und fehlen, geborgen wissen. Die Gottesliebe ist über allen Gegensätzen; die Gottesliebe, die Geistes-Sonne, kennt keine Dunkelheit. Im Bereich des Irdischen sind die Gegensätze höchst wirklich: Tag und Nacht, Hell und Dunkel, Positiv und Negativ, Männlich und Weiblich und auch der werthafte Gegensatz von Lüge und Wahrheit, von Gut und Böse. Aber wo die Gottes-Sonne aufgeht im Menschen, da ist er über allen diesen Gegensätzen, da hat der Mensch nicht Liebe, da *ist* der Mensch Liebe, da hat der Mensch nicht Licht, da *ist* der Mensch Licht. Darum sagt auch Christus hier nicht: Ich habe das Licht der Welt, sondern „Ich bin das Licht der Welt". Christentum hat also wahrhaftig nichts zu tun mit Moral. Nietzsche hat recht in seiner Kritik des Christentums, wenn er sagt: „Das Christentum ist moralin-sauer." Mit dem moralinsauren Christentum seiner Zeit wollte er nichts zu tun haben. „Und die Jünger Christi", so fuhr er fort, „müßten mir erlöster aussehen, wenn ich an ihren Meister glauben sollte." Dieses Wort ist nur allzusehr wahr. Denn nicht der moralische Mensch ist der Christ, sondern der vom Charisma des Heiligen Geistes verklärte Mensch ist der Christ.

Darum heißt es ja auch in dem Gleichnis von der Himmlischen Hochzeit, daß der himmlische König alle Menschen in seinen Hochzeitssaal ladet; er ladet Gute und Böse. Und nicht die Bösen weist er aus dem Hochzeitssaal heraus, sondern den Menschen, der kein hochzeitliches Kleid trägt, das heißt den Menschen, in dem das irdische Wesen nicht lichthaft durchscheinend, nicht transparent geworden ist für das Gottes-Ich. Wer das in sich nicht realisiert hat, wer auf der Erde nicht transparent geworden ist für das Gottes-Licht, gleichgültig was er getan hat an Gutem und Bösem, der kann in das Reich Gottes nicht eingehen. Verklärung ist das Wesen Christi, Verklärung ist das Wesen des Christen, Verklärung durch die Geistes-Sonne, Vergottung des Menschen durch das Geisteslicht. So sieht es auch der große, östliche Heilige Simeon, wenn er sagt:

> „Du, o Gott, bist ein flutend Feuer, ein erquickend Wasser,
> Verzehrst und fließest doch von Wonne über
> Und befreiest von Verderbnis.
> Menschen machst zu Göttern Du,
> Die Finsternis zu Licht;
> Führst aus der Unterwelt zurück,
> Beschenkst die Toten mit Unvergänglichkeit,
> Führst aus Finsternissen hin zum Licht,
> Schließest die Tür der Nacht mit Deiner Hand,
> Umgibst das Herz mit Lichtesschimmer,
> Wandelst mich gänzlich um,
> Verbindest mit Menschen Dich,
> Machst sie zu Göttern,
> Entflammest sie mit Deiner Liebe,
> Deiner Kindschaft, Deiner Gnade
> Durch Deinen Geist;
> Vereinst als Gott auf wunderbare Weise
> Das von Dir Getrennte."*

12. Sonntag nach Trinitatis

Epheser-Brief 4,	1—24	—	Mahnung zur Einheit
	25—32	—	Wahrhaftigkeit, redliche Arbeit, Milde
5,	8—14	—	Gegen heidnische Laster

Darum ermahne ich euch, der Gefangene im Herrn, ihr möchtet würdig der Berufung wandeln, die ihr empfangen habt: in aller Demut, Sanftmut, Großherzigkeit, einander tragend in Liebe, mit dem eifrigen Bemühen, des Geistes Einheit zu wahren, umschlossen vom Band des Friedens: *ein* Leib und *ein* Geist, wie ihr auch berufen seid in *einer* Hoffnung, die eure Berufung bezeichnet — *ein* Herr, *ein* Glaube, *eine* Taufe, *ein* Gott, der Vater aller, der über allen ist und durch alle und in allen wirkt. Dabei wurde einem jeden von uns die Gnade nach dem Maße verliehen, wie Christus sie ihm schenkte, weshalb es heißt: Aufsteigend zur Höhe nahm er die Gefangenen mit sich und gab den Menschen Gaben.

Aufsteigend — was heißt dies anders, als daß er erst niedergestiegen war in die untersten Tiefen der Erde. Derselbe, der niederstieg, ist auch aufgestiegen über alle Himmel, um das ganze Weltall in seine Fülle einzubeziehen. Und so gab er uns die einen als Apostel, andere als Propheten, wieder andere als Evangelisten, als Hirten und Lehrer, um die Heiligen für das Werk des Dienstes zu bereiten: zum Aufbau des Leibes Christi — bis wir alle zur Einheit des Glaubens und der Erkenntnis des Sohnes Gottes, zum vollkommenen Manne, zur Altersreife des pleroma, nämlich der Fülle Christi, gelangen.

Denn wir sollen nicht mehr Unmündige sein, ein Spiel der Wellen und hin und her getrieben von jedem Winde der Lehrmeinungen, die mit menschlicher Laune und List auf täuschende Verführung ausgehen. Nein, die *Wahrheit* sollen wir leben in Liebe, um in jeder Hinsicht in ihn, Christus, der das Haupt ist, hineinzuwachsen.

Von ihm her wird ja der ganze Leib zusammengefügt und zu fester Einheit verbunden durch jede Faser, die dem Ganzen dient, gemäß der Kraft, die jedem einzelnen Teile zugemessen ist; und so wirkt er das Wachstum des Leibes zu seinem Aufbau in der Liebe.

So sage ich euch denn und beschwöre euch im Herrn, daß ihr nicht mehr wie die Heiden in deren Sinnes Nichtigkeit wandelt; verfinstert in ihrem Geiste, wie sie sind, entfremdet dem Leben zu Gott. Schuld daran ist die in ihnen herrschende Unwissenheit und die Verstocktheit ihres Herzens; und weil sie so abgestumpft sind, haben sie sich der Lust ergeben, und in ihrer Selbstsucht verfallen sie allerlei unreinem Treiben.

Nicht solcher Art ist dasjenige, was ihr in Christus gelernt habt; nein, ihr habt von ihm gehört und seid von ihm unterwiesen worden — und in Jesus ist Wahrheit —: daß ihr gegenüber eurem früheren Wandel den alten Menschen von euch tun müßt, der in seiner trügerischen Lust sich selbst zugrunderichtet, um euch im Geist eures Bewußtseins zu erneuern und den neuen Menschen anzuziehen, der nach Gottes Urbild im Sein des Guten und in wahrer Heiligkeit geschaffen ist.

So leget ab die Lüge! Ein jeder rede mit seinem Nächsten Wahrheit: sind wir doch im gegenseitigen Verhältnis Glieder.

Wenn ihr zürnet, so sündigt nicht: dabei lasset die Sonne nicht untergehen über dem blinden Drang in eurer Seele — gebet dem Teufel nicht Raum! ...

Kein böses Wort komme aus eurem Munde, nur eines, das gut ist, geeignet aufzubauen, wo es angebracht ist, um denen, die es hören, nützlich zu sein.

Betrübet nicht Gottes Heiligen Geist, dessen Siegel ihr für den Tag der Erlösung empfangen habt!

Jederlei Bitterkeit, Groll, Zorn, Lärmen und Lästern und jede Art Bosheit bleibe fern von euch; seid vielmehr gütig und barmherzig zueinander und vergebet euch gegenseitig, so wie euch Gott in Christus vergeben hat.

Einst, ja, da waret ihr noch Finsternis, jetzt aber seid ihr Licht im Herrn. So wandelt als Kinder des Lichts! Des Lichtes Frucht besteht in lauter Liebe, im wesenden Guten, in der Welt des wahren Seins.

Suchet zu erkennen, was dem Herrn wohlgefällig ist; laßt euch nicht ein mit unfruchtbaren Werken der Finsternis, vielmehr stellet euch mahnend dagegen: denn was jene im geheimen Schändliches treiben, davon auch nur zu reden, wäre eine Schmach. Alles, was man prüfend dem Lichte aussetzt, wird damit erhellt, so ist es nun selbst ein Licht. Darum heißt es: Wache auf, der du schläfst, steh auf von den Toten, und Christus wird dich erleuchten!

In den nächsten Tagen wird die Sonne hinübergehen in das Sternzeichen der himmlischen Jungfrau. Heute steht sie noch im Löwen; wir haben heute den letzten Sonntag im Sonnen-Monat. In der Ost-Kirche feierte man in dieser Zeit das größte christliche Sommerfest. Es ist später auch in die abendländische Kirche als Sommerfest übernommen worden, aber hat sich leider im Abendland nie richtig durchgesetzt. Am 6. August feierte man in der alten Christenheit das Sonnenfest der Verklärung Christi auf dem Berg Tabor. Dort schauten drei Jünger zum ersten Mal den sonnenhaft verklärten Menschen, Christus als den ewig Gegenwärtigen, den vollkommenen Menschen, den göttlich durchstrahlten Menschen, der zugleich den Grundstein bildet für das himmlische Jerusalem, für die neue Schöpfung.

Im Christentum, besonders im Christentum des Abendlandes, hat man allzusehr den Verklärungscharakter der Lehre Christi vergessen. Heute sieht man gewöhnlich in Christus nur einen der großen Religionsstifter der Menschheit, sieht in Jesus ein Vorbild, dem man menschlich nachstreben müsse, betont meistens einseitig die Morallehre des Christentums, die christlichen Gebote, wie man zu sagen pflegt, das Gebot: Liebe deinen Nächsten und liebe Gott über alles! Aber der wahre Charakter des Christentums liegt nicht im Gebot, sondern in einem lebendigen Erlebnis geistiger Erweckung. Und aus diesem geistigen Erweckungserlebnis quillt dann ganz von selbst alles Gute, was der Mensch tut. Ohne das geistige Erweckungserlebnis bleibt alles im Leben des Menschen mehr oder minder abstrakt.

Die Worte des Apostels Paulus, die wir eben gehört haben, stellen diesen sonnenhaften Erweckungscharakter des Christentums ganz besonders deutlich vor uns hin. Wenn man die Worte liest, ist man versucht zu sagen: Das wahre Christentum steht erst in seinen allerersten Anfängen, ist nur von wenigen Menschen wirklich erlebt und begriffen worden. Es gab Heidentum, es gab Judentum, es gab eigentlich als weltgeschichtliches Phänomen noch kein Christentum. Der Apostel Paulus spricht in diesen Worten vom vollkommenen Menschen, der zugleich der vollkommene Kosmos ist. Es heißt da mit großer Betonung: Christus ist heruntergestiegen in die untersten Tiefen der Erde, das heißt also nach der Anschauung der Alten: Christus ist eingedrungen auch in die Tiefen der Hölle. Christus hat Bahn gebrochen selbst für die Erlösung der Hölle. Und Christus ist aufgestiegen „hyper pantōn uranōn", das heißt über alle Himmel. Christus hat die Tiefen der Erde durchdrungen und ist durch alle Himmel emporgestiegen bis in die überkosmische, reine Gotteswelt, bis in den Ewigkeitsbereich Gottes, aus dem alle geistigen und alle irdischen Welten geworden sind. Und darum ist Christus der vollkommene Mensch und zugleich der vollkommene Kosmos.

Der Mikrokosmos entspricht dem Makrokosmos. Der Mensch ist ein Abbild des gesamten Kosmos, wie er auch Ebenbild Gottes ist; und der Makrokosmos ist ein Makroanthropos, ist ein großer Mensch. Der Mensch ist Abbild Gottes und „Gott ist wahrhaft Mensch". Das meint der Apostel, wenn er sagt: Wir arbeiten alle am Aufbau des Leibes Christi. Der Leib Christi ist der gesamte Kosmos, und wir müssen zur wahren „Erkenntnis des Sohnes Gottes" kommen, „zur Altersreife des pleroma, nämlich der Fülle Christi", müssen wir gelangen. Die Fülle der Gottheit, das pleroma Gottes, soll im Menschen lebendig werden — ein ungeheures, ein ganz gewaltiges Ziel. So muß verstanden werden die Gottessohnschaft des Menschen. „Wenn der Mensch Gottes Sohn ist", sagt der Apostel an einer anderen Stelle, „dann wird er auch Erbe Gottes sein." Wenn der Mensch Gottes Sohn ist, dann wird er auch Gott wesensähnlich werden, wenn er zu seiner vollen Reife kommt, so wie der Sohn dem Vater ähnlich ist. Wenn der Mensch das Ebenbild Gottes ist, dann muß er Gott gleich werden können. Der große mittelalterliche Mystiker, Meister Eckhart, sagt: „Gott ist wahrhaft Mensch, wie auch der Mensch wahrhaft Gott werden soll." Und „dazu ist der Mensch berufen, teilzuhaben an der göttlichen Natur, nicht nur von Gott begnadet zu sein", schreibt der Apostel Petrus in einem seiner Briefe. Das ist das wahre Ziel des Menschen, aufgenommen zu werden in das innertrinitarische Leben Gottes selbst.

Dazu muß der alte, der dem Irdischen verhaftete Mensch abgelegt werden. Deshalb spricht der Apostel Paulus hier so eindringlich davon, daß wir uns innerlich erneuern, den neuen Menschen anziehen, der nach Gottes Urbild im Sein des Guten, in wahrer Heiligkeit geschaffen ist. So heißt es in der Verkündigung: „Da spricht Gott zum Menschen: ‚Ich bin heilig, auf daß auch ihr heilig sein sollt.'" Und in der Bergpredigt sagt Christus: „Ihr sollt vollkommen sein, wie euer himmlischer Vater vollkommen ist!" Ja, dann wird der Mensch erst wahrhaft Mensch sein, wenn er das erfüllt, und dann wird durch die im Menschen wirksame Christuskraft auch der Kosmos verwandelt. Die alte Schöpfung geht unter, und eine neue Schöpfung wird erstehen.

In den Schriften Jakob Lorbers wird einmal in großartiger Geistesschau die alte Schöpfung und die neue Schöpfung einander gegenübergestellt. Da sieht Robert Blum im nachtodlichen Leben die alte Schöpfung zuerst. Er sieht sie in Gestalt eines großen, trauernden Menschen, der durch die Weiten des Raumes dahinfährt und der gebildet ist aus lauter Milchstraßen-Systemen. In diesem Riesen-Menschen, der den gefallenen Luzifer, die gefallene Schöpfung, darstellt, sieht er die Milchstraßen-Systeme des Weltalls, dem unsere Sonne angehört und unsere Erde als winziges Pünktchen in der kleinen Zehe dieses Riesen-Menschen.

Dann schaut Robert Blum die neue Schöpfung und sieht sie wiederum in Gestalt eines riesigen Menschen. Auch dieser Riesen-Mensch ist gebildet aus lauter Milchstraßen-Systemen. Aber das Milchstraßen-System, dem unsere Sonne und unsere Erde angehören, sieht er im Herzen dieses neuen Menschen leuchten. Da ist die Erde zum Herzpunkt des großen kosmischen Menschen geworden, denn auf der Erde hat sich die Durchlichtung des irdischen Kosmos mit Christus, mit dem himmlischen Kosmos, vollzogen. Das sind Schaubilder, die wir ernst nehmen müssen.

Durch alle Religionsstifter der Menschheit hat der lebendige Christus, der Schöpfer-Logos, gesprochen. Alle großen Religionsgründer sind Organ des göttlichen Logos. Aber nur einmal hat sich in einem Erdenmenschen der Logos bis ins Physische hinein inkarniert, den Tod überwunden und den Leichnam dem Tode entrissen und hat damit alle Sphären des Seins, alle Elementar-Regionen Feuer, Luft, Wasser und Erde, Geist, Seele, Lebenskräfte und Physis mit seinem göttlichen Lebensstrom durchdrungen und verwandelt. Und was am Urbild geschieht, das teilt sich ganz von selbst allen Individuen mit, auch wenn viele Menschen heute davon noch nichts wissen. Selbst die asiatischen Hochreligionen: Buddhismus, Hinduismus, Parsismus, und wie sie alle heißen, sind durch das Mysterium von Golgatha in spürbarer Weise verwandelt worden, auch wenn die Völker, die diese Bekenntnisse haben, das heute noch nicht ganz erkannt haben.

Man wird einmal eine Geschichte der Hochreligionen schreiben, die dies deutlich zeigen wird. Ich erinnere etwa nur daran, daß aus dem Buddhismus, der ursprünglich ein streng abgeschlossener Mönchsorden war, um die Zeit des Mysteriums von Golgatha eine weltweite Erlösungsreligion wurde: Das Hinayana verwandelte sich in das Mahayana. Und der Mahayana-Buddhismus gleicht in vielen Punkten dem Christentum. Die Messe des Mahayana ist zum Verwechseln ähnlich der katholischen Messe, obschon nirgendwo christliche Namen vorkommen. Oder man denke an den personalistischen Vedantismus im Hinduismus, wo jetzt auf einmal auch im Vedanta, in der Gotteinheits-Lehre der Inder erfahren wird, daß die Gottheit zugleich persönlich und überpersönlich ist, wo nicht mehr nur ein Aufgehen im All-Einen geschieht, sondern in diesem Aufgehen im All-Einen zugleich die Personhaftigkeit Gottes erfahren wird. Oder man denke an die spätere Liebesmystik der Sufis im Mohammedanismus. Das sind Verwandlungen, die durch das Mysterium von Golgatha auch in außerchristlichen Religionen bewirkt worden sind.

Wenn dieses Mysterium in uns selbst offenbar werden soll, dann müssen wir ein Leben führen, das Wahrheit und Liebe seinsmäßig offenbart: „Die Wahrheit leben in Liebe", wie es der Apostel bezeichnet. Wir dürfen die Sonne in uns nicht untergehen lassen über dem blinden Drang in unserer Seele. Wenn wir den Wirkensstrom des Heiligen Geistes in uns lebensmäßig erfahren, dürfen ihn nicht trüben. Er leuchtet als Licht in uns auf, das alle Finsternis in uns besiegt, und wir dürfen an der Wahrheit des Mysterienwortes teilhaben, mit dem der Apostel seine Darstellungen schließt:

„Wache auf, der du schläfst,
Steh auf von den Toten,
Und Christus wird dich erleuchten!"

Diese Wahrheit, diese Wirklichkeit ist eigentlich auch gemeint mit dem christlichen Gebet, mit dem Vaterunser. Nur wird auch dieses Gebet, obschon millionenfach gebetet, von den Christen heute in diesem Sinn nicht mehr verstanden. Wenn wir beten, dann sollen wir ja beten, daß wir aufgehoben werden zu der Gesinnung, die in Christus-Jesus war, zu der Fülle seiner Gegenwart; dann soll uns durchfluten der Geistesstrom Gottes mit seiner Gnade und all unser Verlangen stillen. Jede der Bitten im Vaterunser zielt auf dieses Erlebnis hin. Wir beten: „Vater unser, der du bist in den Himmeln, geheiligt werde dein Name."

Der Vatergott durchdringt alle Himmel, durchdringt alle Sphären, und zu diesem allumfassenden, alle Sternenweiten in sich bergenden Gottesgrund sagen wir Vater. Das ist unser Vater. Dann haben auch wir selbst alle diese Weiten in uns, denn der Sohn hat in sich, was der Vater hat, und indem wir sprechen: „Geheiligt werde dein Name,", spüren wir die Heiligkeit dieser unendlichen Welten. Im Urchristentum gab es den Mysteriensatz: „Der Name Gottes ist geschrieben in den Sternen." Die Sterne sind die heiligen Buchstaben des allumfassenden Gottesnamens.

Wenn wir beten: „Dein Reich komme", so denken wir vor allem an den, der dieses Reich gegründet hat, an den Sohnes-Aspekt Gottes. Gott hat sich selbst verwirklicht im Menschen. Diese Gestaltwerdung als Mensch nennt sich Gottes Sohn — der Sohn ist der Vater, der Vater ist der Sohn —, das sind nur Aspekte, das sind keine getrennten Erscheinungen. Und das Reich Gottes ist die Gemeinschaft aller Wesen. Ein Reich ist eine Gemeinschaft, und die Kraft, die die Gemeinschaft zusammenhält, ist die Liebe. Der Sohn ist der Bringer der Liebe, der Gründer des Reiches: „Dein Reich komme."

Und wenn es weiter heißt: „Dein Wille geschehe, wie im Himmel also auch auf Erden", so ist das die ausstrahlende Wirkenskraft Gottes, die vom Himmel bis zur Erde dringt, der Heilige Geist. Auch das ist wieder nicht als getrennte Wesenheit zu fassen; es gibt nur einen Gott, aber einen Gott in drei Aspekten: als den Gott, der den Urgrund bildet, das ist der Vater, als den Gott, der das Reich gründet, das ist der Sohn, als die ausstrahlende Wirkenskraft Gottes, das ist der Heilige Geist.

Dann kommt die vierte Bitte, die wird gewöhnlich übersetzt und allgemein gebetet mit den Worten: „Unser tägliches Brot gib uns heute"; im Griechischen heißt das: „Ton árton hemõn, ton epiúsion dos hemĩn sémeron." Die übliche Übersetzung ist falsch. Es müßte heißen: „Unser Brot, das kommende" — oder das zukünftige —, „gib uns schon heute." Da bittet also der Mensch hier nicht um das tägliche Brot, sondern um das Geistesbrot, um das Himmelsbrot, um die Geistspeise der kommenden Welt. Um dieses himmlische Brot bittet er: gib uns das schon heute, das heißt: ernähre unseren Geist mit dieser himmlischen Speise, mach' durch diese himmlische Speise uns Menschen selbst unsterblich und göttlich.

Und wenn wir weiter beten: „Vergib uns unsere Schuld, wie auch wir vergeben unseren Schuldigern", so meint das jetzt nach der Speise, die dem menschlichen Geist gereicht wird, die Läuterung der Seele. Die Triebseele teilen wir auch mit den Tieren, und aus dem Tierischen kommt alles, was den Wirkensstrom des Heiligen Geistes in uns verdunkelt. Wenn wir bitten um Vergebung der Schuld, wie wir selber vergeben unseren Schuldigern, so ist das die Austilgung dieser Schuld, die Reinigung unserer schuldbeladenen Triebseele.

Und dann heißt es weiter: „Und führe uns nicht in Versuchung." „Kai me eisenénkes hemãs eis peirasmón" — auch das ist eine falsche Übersetzung. Theologen haben viel darüber hin- und hergestritten: Gott könne doch nicht den Menschen in Versuchung führen — ganz richtig. Man weiß heute, daß das griechische Wort „peirasmón" ebenso wie das griechische Wort „thlípsis", das in den apokalyptischen Reden Jesu vorkommt, nicht nur Versuchung, sondern auch Drangsal, qualvolle Zeitlichkeit heißt; gemeint ist also: Führe uns nicht in die qualvolle Zeitlichkeit hinein, führe uns nicht in die Drangsal der Zeiten hinein, sondern mache das Ewige in uns frei. Laß das Ewige in uns durchbrechen durch die qualvolle Zeitlichkeit — das ist der Sinn der sechsten Bitte.

„Und erlöse uns von dem Bösen", befreie uns von dem Bösen, da steht im griechischen Urtext „ho ponerós" und heißt nicht nur das Böse, das heißt auch der Böse, der Teufel; gemeint ist also: Befreie uns von dem Teufel. Wie die Zeitlichkeit sich ausdrückt in den Wachstums- und Lebenskräften des Menschen, so drückt das Böse sich am stärksten aus im physischen Körper, in der physischen Materie. Die letzten beiden Bitten weisen also hin auf die Durchlichtung der Lebenskräfte, auf die Befreiung von der qualvollen Zeitlichkeit und auf die Durchlichtung des physischen Körpers.

„Dein ist das Reich und die Kraft und die Herrlichkeit", hat die urchristliche Gemeinde geantwortet, wenn das Vaterunser gebetet war. Ja, Reich und Kraft und Gottesglorie, das ist der verklärte Mensch, das ist der verklärte Kosmos. So wollen wir wieder das Vaterunser beten lernen, wie die Urchristenheit es gebetet hat, der der Apostel Paulus zuruft:

„Wache auf, der du schläfst,
Stehe auf von den Toten,
Und Christus wird dich erleuchten!"

was Clemens von Alexandrien mit den Worten:

„Der Herr der Auferstehungs-Sonne,
Der vor dem Morgenstern gezeugt,
Leben spendet mit seinen Strahlen,“

zu einem Hymnus ergänzt.

„Luft, die alles füllet,
Drin wir immer schweben,
Aller Dinge Grund und Leben,
Meer ohn' Grund und Ende,
Wunder aller Wunder,
Ich senk' mich in dich hinunter.
Ich in dir,
Du in mir,
Laß mich ganz verschwinden,
Dich nur sehn und finden.

Du durchdringest alles;
Laß dein schönstes Lichte,
Herr, berühren mein Gesichte.
Wie die zarten Blumen
Willig sich entfalten
Und der Sonne stille halten,
Laß mich so
Still und froh
Deine Strahlen fassen
Und dich wirken lassen.

Mache mich einfältig,
Innig, abgeschieden,
Sanft und still in deinem Frieden;
Mach mich reines Herzens,
Daß ich deine Klarheit
Schauen mag in Geist und Wahrheit;
Laß mein Herz
Überwärts
Wie ein Adler schweben
Und in dir nur leben.“

(Gerhard Tersteegen)

13. Sonntag nach Trinitatis

Lukas 7, 11—17 — Erweckung des Jünglings von Naim

Bald danach ging Jesus in eine Stadt namens Naim, wobei ihn seine Jünger und viel Volk begleiteten. Als er sich dem Stadttore näherte, wurde ein Toter hinausgetragen, der eingeborene Sohn seiner Mutter, und diese war Witwe. Viel Volk aus der Stadt begleitete sie.

Bei ihrem Anblick ward der Herr von Mitleid mit ihr gerührt und sprach zu ihr: Weine nicht! Dann trat er hinzu und berührte die Bahre. Die Träger blieben stehen.

Da sprach er: Jüngling, ich sage dir, stehe auf! Der Tote richtete sich auf und fing an zu reden, und Jesus gab ihn seiner Mutter.

Ein Erschauern kam über alle, und sie priesen Gott und sagten: Ein großer Prophet ist unter uns aufgestanden: Gott hat sich seinem Volke in Gnade wieder zugewandt. Die Kunde hiervon verbreitete sich im ganzen Judenlande und überall in der Umgegend.

„Mein Herz ist hoher Sommerfreude voll.
Des Sonnenleuchtens goldne Strahlengarben
Säumt weißer Wolken Rand im Himmelsblau.
Nun reift die Frucht. Die hellen Blüten starben
In dienendem Verzicht, daß rauschesvoll
Sie heiliges Geheimnis nicht verdarben,
Das aus der Schönheit reift im Opfer nur.

Verhalten atmet kaum die weite Flur,
Derweil feldüber eine hehre Frau,
Die Saaten segnend mit dem Liebesblick
Der Sternenaugen, ruhigen Schrittes wallt.

Ein reicher Mantel hüllt die Lichtgestalt,
Mit keuschem Weiß des Kleides Blau umfließend,
Durchwogt vom Winde, ein. Und sich ergießend
In freier Fülle fällt das Haar zurück,
Mit goldnem Glanz das holde Antlitz säumend.

So wandelt sie, als hätte selig träumend
Sich die Natur ein Seelenbild geschaffen
Des Sommerwebens und es zart geschmückt
Mit ihren besten Gaben — weiß und blau
Und sonnengolden — wie ich sie erblickt,
Gefolgt von Schnittern, die die Ähren raffen
Im Sommersaatfeld: Unsere liebe Frau!“ (Walter Gradenwitz)

Die Sonne ist jetzt vom heiligen Berg des Himmels, vom Höhepunkt ihrer Bahn wieder herabgestiegen. Die Tage haben schon spürbar gekürzt und die Nächte gelängt. Wir gehen wieder der dunklen Jahreszeit entgegen, und ganz allmählich beginnt draußen in der Natur alles Leben zu ersterben. Auch wir sind eingebunden in diesen Rhythmus der Natur, auch wir gehen alle einem sicheren Tod entgegen. Aber wir gehören nicht nur dem naturhaften Rhythmus an, in uns lebt ein todüberwindender Geistfunke. Und Christus kam auf die Erde, um diesen todüberwindenden Geistfunken in allen Menschen zu beleben. Die Christuskraft, die todüberwindende Kraft, soll in jedem von uns neu gestärkt, der Gottesfunke in uns zur Flamme entfacht werden. Als Todüberwinder zeigt uns auch das heutige Evangelium Christus Jesus.

Naim ist ein kleines Städtchen, das auf einem Hügel in der Ebene Jesreel liegt, gerade gegenüber dem Sonnenberg Tabor. Jesreel heißt „Gott sät". Die Ebene Jesreel war die Kornkammer für ganz Palästina. Wir müssen uns vorstellen: Christus schreitet durch wogende Kornfelder auf das kleine Städtchen Naim zu, und am dunklen Tor dieses Städtchens mit seinen winkligen Straßen begegnet Christus ein Leichenzug. Er läßt die Träger der Totenbahre anhalten. Es ist der eingeborene Sohn einer Witwe, der zu Grabe getragen wird. Christus wird von tiefem Mitleid mit der vereinsamten Frau ergriffen; er erweckt durch seine göttliche Macht den Toten zu neuem Leben und schenkt den Sohn seiner Mutter wieder.

Diese Heilstat Christi kann uns Bild sein für die Wirksamkeit des Gottessohnes in Menschheit und Erde. Christus kommt vom Sonnenberg Tabor her durch die wogenden Kornfelder der Ebene Jesreel an die dunkle Stadt heran, zieht in sie ein und erweckt dabei einen Toten zu neuem Leben. Er kommt aus den lichten Sonnengefilden der göttlichen Welt zur dunklen Erde nieder, um in den Menschen den Gottesfunken, die todüberwindende Kraft neu zu erwecken. Mit Betonung heißt es im Evangelium, daß es der eingeborene Sohn einer Witwe war, den Christus zu neuem Leben erweckte. In den Mysterienstätten Ägyptens nannten sich in der Spätzeit die Eingeweihten und Priester „Söhne der Witwe"; in älteren Zeiten, in der Frühzeit Ägyptens hingegen, nannten sie sich „Söhne des Sonnengottes Ra", „Göttersöhne". In der Frühzeit Ägyptens waren die Menschen noch der geistig-göttlichen Welt innig verbunden, fühlten sie sich als Gottessöhne; sie schauten die Wirksamkeit der Götter, der göttlichen Geistwesen und himmlischen Hierarchien in der ganzen Natur lebendig wirksam.

Aber dann kam die Zeit in der Menschheit, wo dieses göttliche Schauen kraftlos wurde, wo die Götterdämmerung hereinbrach, wo die Menschen draußen in der Natur nicht mehr das Wirken der göttlich-geistigen Mächte schauten und erlebten, wo sie nur noch im eigenen Inneren den Gottesfunken spürten; da war der Geistgemahl der Menschheit gestorben.

Und weiter ging der Lauf der Zeit, da drohte auch der Gottesfunke im Inneren des Menschen zu erlöschen; der Sohn der zur Witwe gewordenen Menschenseele ging dahin. Da mußte Christus aus den Himmeln zur Erde kommen, um den Gottesfunken im Menschen zu beleben, den gestorbenen Sohn der zur Witwe gewordenen Menschenseele neu zu erwecken.

Die Geschichte von der Erweckung des Jünglings zu Naim ist ein Bild dafür, wie unsere ganze Seele vom himmlischen Licht erfüllt werden kann. Die Menschenseele, könnte man sagen, wird dann zur himmlischen Sternenjungfrau und erfährt das Göttliche nicht nur im eigenen Inneren, in sich selbst, sondern schaut es auch wieder wirksam in der ganzen weiten Natur, im großen Kosmos.

Die Sonne schreitet in diesen Wochen durch das Sternbild der himmlischen Sternenjungfrau. Die Jungfrau trägt in der Hand die Ähre. Und das Korn, das in der Ähre reift, trägt das Leben über den Tod hinaus in das künftige Jahr. Das in der Erde sterbende Samenkorn ist Sinnbild für Tod und Auferstehung des geistigen Menschenwesens.

Schon in frühen, vorchristlichen Jahrhunderten hat man in diesen Wochen die Feste gefeiert, die auf das „Stirb und Werde" des Geistes im Menschen deuten. In Griechenland beging man in dieser Zeit die Eleusinischen Mysterien, und in Babylon feierte man Tod und Auferstehung des Gottes Tammuz. In christlicher Zeit ist am 15. August Mariä Himmelfahrt und am 8. September Mariä Geburt. Im Altertum war es so, daß am 15. August die Sonne den hellsten Stern des Sternbildes der himmlischen Jungfrau, die Spika, zu deutsch „die Ähre", überlief. Die Spika, die Ähre, galt immer als ein besonderer Stern, Bild dafür, wie die Jungfrau in das himmlische Sonnenlicht eingeht. Das war der Urchristenheit Symbol für die Himmelfahrt Mariens. Und am 8. September war die Sonne in ihrer Bahn so weit fortgeschritten, daß die Spika, der Marienstern, am frühen Morgen, vor Sonnenaufgang zum ersten Male wieder sichtbar wurde. Die Spika trat aus der Sonne hervor, und da feierte man das Fest Mariä Geburt. So erlebten die alten Christen am kosmischen Lauf der Sonne den Sinn und die Bedeutung von Mariä Himmelfahrt und Mariä Geburt, vom „Stirb und Werde". Die Jungfrau Menschenseele muß durch dieses „Stirb und Werde" hindurchschreiten. Nur wenn wir in diesem Sinn bereit sind zu sterben, können wir geistig erweckt werden. Wenn das Samenkorn, das in die Erde fällt, nicht stirbt, dann kann die Pflanze nicht auferstehen. Und wenn der Mensch nicht ja sagt zu allem Schweren, zu dem Kreuz, das ihm aufgebürdet wird im Leben und auch zum Tode, dann kann er geistig nicht erweckt, geistig nicht wiedergeboren werden. Das Kreuz des Menschenlebens ist darum so schwer, weil er zugleich der Träger der Gnade ist. Jede Menschenseele soll werden zur Geburtsstätte des Gottessohnes.

„Die geistliche Geburt, die sich in mir eräugt,
Ist eins mit der, durch die den Sohn Gott Vater zeugt."

(Angelus Silesius)

14. Sonntag nach Trinitatis

Lukas 15,	1– 3	–	Vom Erbarmen Christi mit den Sündern
	11–32	–	Gleichnis vom verlorenen Sohn
16,	1– 9	–	Gleichnis vom untauglichen Verwalter
	14–16	–	Forderungen des Reiches Gottes

„Siehe, die Jungfrau steht geneigt mit der Ähre,
Die golden ist vom Gold der Reife.
Und die Jungfrau spricht:
Sterben soll das Korn, damit es lebe!
Und ich sah sinken deinen Stern, o Jungfrau,
Im Licht der Sonne, und verzehrt werden
Sah ich ihn vom Glanz des Lichtes.
Also möge verzehrt werden unsere Seele von dir, o Gott,
Und klar werden, wie die Jungfrau klar ist,
Und das Samenkorn in ihr ersterben,
Und der Same kommen aus dem Lichte,
Damit der Jungfrau Sohn in uns geboren werde."

(Arthur Maximilian Miller)

Es pflegten Zöllner und Sünder in Menge zu Jesus zu kommen, um ihn zu hören. Da murrten die Pharisäer und Schriftgelehrten: Dieser nimmt Sünder auf und speist mit ihnen!

Da hielt er ihnen folgendes Gleichnis vor: Jemand hatte zwei Söhne. Der jüngere von ihnen sagte zum Vater: Vater, gib mir den mir zukommenden Anteil am Vermögen! Da teilte er seine Habe unter sie. Nicht lange danach packte der jüngere Sohn alles zusammen und zog in ein fernes Land, und dort vergeudete er sein Vermögen durch ein zügelloses Leben.

Als er alles aufgebraucht hatte, entstand eine große Hungersnot in jenem Lande, und mehr und mehr litt er Mangel. Da ging er hin und verdingte sich bei einem der Bürger jenes Landes. Der schickte ihn auf seine Felder, Schweine zu hüten. Gern hätte er sich sogar mit den Schoten gesättigt, welche die Schweine fraßen; aber niemand gab sie ihm. Da ging er in sich und sagte: Wie viele Taglöhner meines Vaters haben Brot im Überfluß, und ich gehe hier vor Hunger zugrunde! Ich will mich aufmachen und zu meinem Vater gehen und will ihm sagen: Vater, ich habe gesündigt gegen den Himmel und vor dir! Ich bin nicht mehr wert, dein Sohn zu heißen — halte mich wie einen deiner Taglöhner! So machte er sich auf und kam zu seinem Vater. Er war noch weit entfernt, als ihn sein Vater sah. Und von Mitleid gerührt, ging er ihm eilends entgegen, fiel ihm um den Hals und küßte ihn.

Da sprach der Sohn zu ihm: Vater, ich habe gesündigt gegen den Himmel und vor dir! Ich bin nicht mehr wert, dein Sohn zu heißen.

Doch der Vater sprach zu seinen Knechten: Schnell, holet ein Feierkleid, das beste, heraus und zieht es ihm an! Gebt ihm einen Ring an die Hand und Schuhe an die Füße! Dann holet das Mastkalb und schlachtet es: wir wollen essen und feiern! Denn dieser mein Sohn war tot und ist wieder lebendig geworden; er war verloren und ist wiedergefunden worden. So fingen sie an zu feiern.

Der ältere Sohn war unterdessen auf dem Felde. Als er heimkam und sich dem Hause näherte, hörte er Musik und Reigentanz. Da rief er einen von den Knechten herbei und erkundigte sich, was das bedeute. Der sprach zu ihm: Dein Bruder ist heimgekehrt; darum hat dein Vater das Mastkalb geschlachtet, weil er ihn gesund zurückerhalten hat.

Da ward jener zornig und wollte nicht hineingehen. Sein Vater jedoch kam heraus und redete ihm zu. Er aber gab dem Vater zur Antwort: So manche Jahre diene ich dir; noch nie habe ich ein Gebot von dir übertreten. Mir hast du nie ein Böcklein geschenkt, daß ich mit meinen Freunden feiere — und jetzt, da dieser dein Sohn heimkam, der sein Hab und Gut mit Dirnen verpraßte, hast du für ihn das Mastkalb geschlachtet!

Da sprach er zu ihm: Mein Sohn, du bist immer bei mir, und alles Meine ist dein! Aber wir müssen doch feiern und uns freuen: denn dieser dein Bruder war tot und ist wieder lebendig geworden, war verloren und ist wiedergefunden.

Er sagte aber auch zu seinen Jüngern: Ein reicher Mann hatte einen Verwalter, der bei ihm verleumdet wurde, daß er sein Gut verschleudere. Da rief er ihn zu sich und sprach zu ihm: Was muß ich da von dir hören? Gib Rechenschaft von deiner Verwaltung, du kannst nicht mehr mein Verwalter sein!

Der Verwalter überlegte im stillen: Was soll ich nun tun, da mir mein Herr die Verwaltung nimmt? Mit der Hacke arbeiten kann ich nicht, zu betteln schäme ich mich — ich weiß, was ich tun werde, damit mich die Leute bei sich zu Hause aufnehmen, wenn ich von der Verwaltung abgesetzt bin. Er bestellte die Schuldner seines Herrn einzeln zu sich und sagte zum ersten: Wieviel schuldest du meinem Herrn? Jener erwiderte: Hundert Faß Öl. Da sprach er zu ihm: Nimm deinen Schuldschein, setze dich hin und schreibe schnell: fünfzig!

Dann sprach er zu einem andern: Und du, wieviel bist du schuldig? Dieser sagte: Hundert Malter Weizen. Er sprach zu ihm: Nimm deinen Schein und schreibe: achtzig!

Der Herr lobte den untauglichen Verwalter, da er klug gehandelt habe. Deswegen sage ich euch: Die Kinder dieser Welt sind im Umgang mit ihresgleichen klüger als die Kinder des Lichtes.

Auch ich sage euch: machet euch Freunde mit dem unnützen Mammon, damit man euch, wenn ihr damit am Ende seid, in die ewigen Hütten aufnehme.

All dies hörten die Pharisäer, und geldgierig, wie sie waren, rümpften sie die Nase über ihn. Da sprach er zu ihnen: In den Augen der Menschen seid ihr es, die richtig denken und handeln; Gott aber kennt euer Herz. Was bei den Menschen hoch geachtet ist, kann vor Gott ein Greuel sein.

Das Gesetz und die Propheten gehen bis Johannes, von da an wird die Frohbotschaft vom Reiche Gottes verkündet. Jeder kommt hinein, der durchzubrechen versteht.

Die Sonne steht im Sternzeichen der himmlischen Jungfrau. Dieses Bild stellte man im alten Ägypten dar als die Weltenmutter Isis, die den Horusknaben auf ihren Armen trug. In christlicher Zeit bildete man die himmlische Jungfrau ab als die Mutter Maria mit dem Christkind auf den Armen oder auch als die Jungfrau, welche die Gralsschale, die Schale mit dem Himmelsbrot, trägt. Die älteste Darstellung aber ist eine Jungfrau, welche eine reife Kornähre in der Hand trägt. Es ist ja jetzt die Zeit, wo das Korn in die Scheuern eingebracht wird. Und die Ähre mit dem Samenkorn ist ein uraltes Mysteriensymbol, das hinweist auf die todüberwindende Lebenskraft, denn im Samen schlummert das Leben des kommenden Jahres. Der Same trägt das Leben durch Kälte und Wintertod hinüber in das kommende Jahr. Die Ähre mit dem Samenkorn war darum auch das heilige Symbol der Göttin Demeter in den Eleusinischen Mysterien. Das Samenkorn, das in die Erde fällt und stirbt, aus dem die neue Pflanze aufersteht, ist Sinnbild für Tod und Wiedergeburt der Menschenseele. Und auf dieses Mysterium weisen das Bild der ägyptischen Isis mit dem Horusknaben, das Bild der Madonna mit dem Christuskinde und das Bild der Jungfrau, die die Gralesschale mit dem Himmelsbrot trägt, hin. Darum stellen wir in dieser Jahreszeit vor unser Auge Bilder aus dem Evangelium, die auf dieses Mysterium von Tod und Wiedergeburt hinweisen.

Am letzten Sonntag hörten wir die Geschichte von der Erweckung des Jünglings zu Naim. Wir sahen, die Geschichte meint nicht nur eine irdische Totenerweckung, sondern sie deutet zugleich hin auf das „Stirb und Werde" im Menschen. In uns allen lebt als tiefste Wesensschicht ein göttlicher Geistkeim, ein Geistfunke, der vom Sündenfall nicht berührt ist. Unser ganzes irdisches Wesen, Geist, Seele und Leib, ist verdunkelt und getrübt durch den Sündenfall. Aber über diese Wesensschichten hinaus tragen wir auch den ungetrübten göttlichen Geistfunken in uns. Um ihn in uns allen zu stärken und zu erwecken, kam der Gottessohn Jesus Christus auf die Erde nieder. Und die Totenerweckung des Jünglings zu Naim zeigt uns, wie dieser göttliche Geistfunke im Menschen so stark entfacht werden kann, daß er selbst bis ins Physische hinein den Tod überwindet.

Auf das gleiche Geheimnis des „Stirb und Werde" deutet die Geschichte vom verlorenen Sohn. Es heißt dort mit Betonung: „Dieser mein Sohn war tot und ist wieder lebendig geworden, er war verloren und ist wiedergefunden worden." Das tiefste Wesen Gottes und des Menschen west in der Liebe. Der göttliche Geistfunke in uns ist die Liebe, durch die der Mensch erst zu seinem wahren Wesen kommt. Dieses Gleichnis hält Christus den Pharisäern und Schriftgelehrten vor, die sich darüber erregen, daß er mit Sündern und Zöllnern zusammenkommt und mit ihnen spricht. Es soll den Pharisäern und Schriftgelehrten zeigen, daß nicht in der moralischen Gerechtigkeit das wahre Wesen des Menschen begründet ist, daß Sünde nichts zu tun hat mit moralisch Gut- oder Schlechtsein, sondern daß das tiefste Sein des Menschen in der Liebe wurzelt. Sünde bezieht sich, wie das Wort in seiner Wurzel andeutet, auf Sonderung von Gott. Diese Sonderung kann ebensowohl bei moralisch guten wie bei moralisch schlechten Menschen eintreten, nämlich dann, wenn in ihnen die Kraft der göttlichen Liebe erlischt. Deshalb sollte man dieses Gleichnis nicht nennen das Gleichnis vom verlorenen Sohn, wie das so üblich geworden ist, sondern man könnte es nennen: das

Gleichnis von den beiden verlorenen Söhnen. Weil wir den ungetrübten Gottesgeistfunken, den Gottes-Samen, in uns tragen, sind wir Gottes Söhne, und weil wir alle, ob gut oder schlecht, ob hoch oder niedrig, ob begabt oder unbegabt den göttlichen Geistfunken als Wesenskern in uns haben, darum sind wir als Gottes Söhne untereinander auch Brüder.

Nur wenn der Mensch sich weiß und fühlt als Gottes Sohn und im nächsten seinen Bruder sieht, kann der göttliche Geistfunke in ihm zur Flamme werden. Das Sohn-Sein mit Bezug auf Gott und das Bruder-Sein mit Bezug auf den Mitmenschen ist eigentlich ein und dasselbe: Äußerung der einen gleichen Kraft; es sind nur zwei Wesensseiten der göttlichen Liebe. Wo das Bruder-Sein im Menschen vergessen wird, da hat er auch die Verbindung mit Gott verloren, und wo über dem Bruder-Sein das Sohn-Sein Gott gegenüber vergessen wird, da ist es kein rechtes Bruder-Sein mehr. Sohn-Sein und Bruder-Sein, Sohn gegenüber Gott und Bruder gegenüber den Mitmenschen, das gehört aufs allerengste zusammen, sind Äußerung der gleichen göttlichen Liebeskraft in uns, des Gottesfunkens. Wer das Verhältnis zum Mitmenschen stört, stört auch das Verhältnis zu Gott, und wer das Verhältnis des Menschen zu Gott stört, stört auch das Verhältnis des Menschen zum Nächsten.

Das Wesen des Menschen, so könnte man sagen, besteht geradezu in diesem Bruder- und Sohn-Sein, in dieser göttlichen Liebe. Der Mensch ist erschaffen als Gottes Du, als Gottes Partner, Gottes Anderer, Gottes Geliebter. Gott ist zugleich unser Vater, unsere Mutter, unser Geliebter. All' diese Bilder deuten nur hin auf das gleiche eine Mysterium der in uns lebenden göttlichen Liebeskraft, die durch uns weiterstrahlen soll auf unsere Umgebung, auf unsere Mitmenschen. Der Mensch, der aus dieser Liebe herausfällt, der sich sondert von dieser Liebe, der hat damit sein wahres Wesen verloren, ist ein Sohn, der kein Sohn mehr ist, ist ein Bruder, der kein Bruder mehr ist, ist nur noch ein wesenloses Nichts.

Versuchen wir den Sinn des Gleichnisses im einzelnen zu deuten: Der eine Sohn läßt sich von seinem Vater den ihm zukommenden Vermögensanteil geben und zieht damit in die Fremde. Und dort in der Fremde vergeudet er das Vermögen; er wird abhängig von den Gütern und Dingen dieser Welt und abhängig von seinem eigenen Triebleben. Er verliert darüber sich selber, in ihm droht der göttliche Geistfunke zu erlöschen. Die Verbindung zum Vater reißt ab und damit verliert er auch die rechte Verbindung zu den Mitmenschen; er gerät in bitterste Not, ins Elend.

Aber in dieser Not *geht er in sich,* so sagt das Evangelium mit Betonung. Und dieses In-sich-Gehen, diese Einkehr in sich selbst, die bringt ihn wieder in Verbindung mit dem göttlichen Geistfunken. Da erinnert er sich an seinen Vater; er erinnert sich an seine Heimat, spürt, daß er in dieser äußeren Welt, in der er bisher gelebt und alle seine Geistgaben, sein ganzes Vermögen, vergeudet hat, nicht zu Hause ist. Er geht in sich und kehrt um. Er macht sich auf den Weg zurück zum Vater. Er weiß, er hat gesündigt vor dem Himmel und vor seinem Vater. Und er will ihn nicht nur darum bitten, daß er ihm verzeiht, sondern er will seinen Vater um Strafe bitten. Er will nicht wieder eingesetzt werden in seine Rechte, er weiß, daß er darauf keinen Anspruch mehr hat; er erkennt tief seine Schuld. „Halte mich wie den geringsten deiner Knechte", will er dem Vater sagen. Er will nicht mehr Sohn sein; er will nur noch der Knecht seines Vaters sein, weil er weiß, daß er seine Sohnschaft verscherzt hat.

Als er dann aber zurückkommt, empfängt ihn der Vater mit liebevollen Armen. Er läßt ihn in schöne Feierkleider kleiden, steckt ihm einen kostbaren Ring an den Finger, läßt das Mastkalb schlachten und ein Freudenfest feiern. Er vergißt und verzeiht nicht nur alles, was der schlechte Sohn getan hat, nein, er setzt ihn wieder ein in die vollen Rechte seiner Sohnschaft. Das deutet darauf hin, daß Gott so innig den Menschen liebt, daß er ihm alles verzeihen kann, daß Gott nicht der gerechte Richter ist, sondern der liebende, der verzeihende Vater. Bei Gott gibt es eine Wiederherstellung, eine völlige Wesenserneuerung des Menschen, eine göttlich-geistige Wiedergeburt auch für den zutiefst gefallenen Sünder. Das ist etwas, was wir vom menschlichen Denken und Vorstellen, vom menschlichen Gerechtigkeitsempfinden aus niemals verstehen können, was sich uns nur erschließt aus der Tiefe der göttlichen Liebe.

Nun, der zweite Sohn, der zweite verlorene Sohn ist zwar immer beim Vater geblieben. Er hat seinen Willen immer erfüllt, er scheint ein moralisch hochstehender, ein nicht gefallener Mensch zu sein. Aber gerade deshalb, weil er in der Erfüllung der Moralgebote das Wesentliche sieht, verliert er die Verbindung zu seinem Bruder. Er versteht nicht, wie der Vater dem verkommenen Menschen in dieser Weise verzeihen und vergeben und ihn in alle seine Rechte wieder einsetzen kann. Er grollt dem Vater, er verliert aus seiner moralischen Empfindung heraus sowohl die Verbindung zum Bruder wie die Verbindung zum Vater. Er will nicht hineingehen in das Haus; er will nichts mehr wissen von seinem Bruder. Er nennt ihn nicht mehr Bruder, er sagt zu seinem Vater: „... da dieser dein Sohn heimkam, der sein Hab und Gut mit Dirnen verpraßte, hast du für ihn das Mastkalb geschlachtet!"

Wir sehen, auch bei diesem Sohn ist die Verbindung abgebrochen, zunächst zum Bruder und dann zum Vater. Weil er die Verbindung mit dem Bruder verliert, verliert er auch die Verbindung mit dem Vater. Und der Vater muß hinausgehen zu dem Sohn, der nicht ins Haus kommt. Er geht auch ihm entgegen, sucht ihn gleichsam heim. Und das ist eine Wirklichkeit, die auch wir in unserem Leben immer wieder erfahren. Wenn wir so in uns selbst befangen sind wie der zweite Sohn in sich und in seiner moralischen Leistung, dann können wir daraus nur gelöst werden, wenn Gott uns entgegenkommt, und er kommt uns entgegen in den Schicksalen, die wir dann erfahren. Die Gefallenheit des zweiten Sohnes ist eigentlich eine noch gefährlichere als die sittliche Verdorbenheit des ersten Sohnes. Sittliche Verdorbenheit können wir leichter erkennen als geistige Verdorbenheit. Selbstbefangenheit ist viel schwerer zu durchschauen als das Gefangen-Sein in der äußeren Welt.

Mit dem Maßstab menschlicher Moral gemessen, ist der zweite Sohn eigentlich ein Mensch, der vollkommen intakt ist. Aber gerade darin liegt die Gefahr für ihn, daß er meint, in diesem Intakt-Sein bestehe das eigentliche Wesen des Menschen, so wie das auch die Pharisäer und die Schriftgelehrten glauben, die nicht verstehen, daß Christus mit den Sündern und Zöllnern verkehrt. Im Grunde ist die Selbstbefangenheit genauso geistige Verlorenheit, wie es die sittliche Verderbnis des ersten Sohnes ist.

Das dem Sohn Entgegengehen, das Heimholen, das aus Selbstbefangenheit Aufgeweckt-Werden können auch wir erleben durch das, was wir an Schicksalen erfahren, an uns selbst, an unseren Freunden und Mitmenschen; das ist oft sehr schwer. Aber gerade durch das, was wir so in unseren Schicksalen durchmachen, werden uns die Augen über uns selbst geöffnet. Gottes Liebe verläßt niemanden. So wie des Vaters Liebe dem ersten, dem sittlich verlorenen Sohn treu bleibt, so bleibt Gottes Liebe auch dem zweiten, dem geistig in sich selbst befangenen Sohn treu. In den Schicksalen, die uns gesandt werden, damit wir erwachen aus unserer Selbstbefangenheit, erfahren wir zutiefst dann auch Gottes Liebe. Das schwere Schicksal, das uns trifft, ist Ausdruck der göttlichen Liebe. Aus der Liebe Gottes kann niemand herausfallen, auch wenn die Gottes-Liebe sich im göttlichen Zorn äußert. Jakob Böhme sagt einmal sehr schön: „Es ist Gottes Liebe, die sich im Prisma des dunklen Elementes als Gottes Zorn, als verzehrendes Feuer offenbart." Dieser göttliche Zorn, diese schweren Schicksale, die über uns hereinbrechen, sie sind nichts anderes als die Liebe Gottes, in der wir alle uns geborgen wissen dürfen.

Eben das will uns das Gleichnis vom verlorenen Sohn — von den beiden verlorenen Söhnen — zeigen. Dieses Gleichnis sagt Christus, wie ausdrücklich hervorgehoben wird, den Pharisäern. Bei Pharisäer muß man nicht denken, obschon an vielen Stellen im Neuen Testament das so erscheint, sie wären besonders selbstgerechte Menschen gewesen. Es waren zum großen Teil — wie wir aus der Überlieferung wissen — ernsthafte, fromme, religiös strebende Menschen. Der Pharisäer-Orden wurde um Fünfhundert vor Christus als ein Orden besonderer religiöser Verinnerlichung gegründet, und zur Zeit Christi waren auch viele Pharisäer in diesem Sinn religiös fromme Menschen. Aber freilich verstanden sie nicht, was Christus mit dem Reich Gottes meinte. Die Pharisäer, so heißt es ja dann in diesem Gleichnis auch, sie rümpfen über Christus die Nase, sie verstehen ihn nicht, sie verstehen ganz besonders nicht das zweite Gleichnis.

Das zweite Gleichnis von dem ungerechten Verwalter sagt Christus nicht nur für die Pharisäer. Das Evangelium betont ausdrücklich einleitend: „Er sagte aber auch zu seinen Jüngern ..." Christus weiß, daß dieses Gleichnis nur von den Jüngern verstanden werden kann, nicht von Außenstehenden. Es setzt die Gedankengänge des ersten Gleichnisses auf einer höheren Ebene fort. Es ist wichtig, sich den Zusammenhang der beiden Gleichnisse klarzumachen. Allerdings, das zweite Gleichnis ist bis heute von der Theologie meist nicht verstanden worden. Es setzt ein inneres Geist-, ein Herzenswissen voraus, wie es im Laufe der Lebenserfahrungen entstehen kann. Ich darf aus meinem persönlichen Leben hier anführen: Als ich etwa fünfzehn Jahre alt war, äußerte eine mir nahestehende Persönlichkeit, daß doch im Neuen Testament sehr viel Fragwürdiges stünde, unter anderem die Geschichte vom ungerechten Verwalter: „Ist nicht ins Neue Testament viel hereingekommen, was Christus nicht gesagt haben kann. Wie kann er solch einen betrügerischen Verwalter loben, wie kann er ihn uns als Vorbild hinstellen?" Das ist wirklich, wenn man es zum erstenmal hört, ein schweres Problem. Und ich als Fünfzehnjähriger wurde natürlich damit nicht fertig, denn ich mußte mir sagen: „Ja, das verstehe ich nicht, und wie das zusammenhängt, das weiß ich nicht." Ich habe dann später oft mir bekannte Theologen gefragt nach der Sinndeutung dieses Gleichnisses, und keiner wußte eine befriedigende Antwort zu geben. Erst viele Jahrzehnte später, nach langem Studium des Neuen Testamentes, speziell der Evangelien, ist mir der Sinn des Gleichnisses aufgegangen.

Christus spricht von den Kindern dieser Welt und von den Kindern des Lichtes, und merkwürdigerweise lobt er das Verhalten der Kinder der Welt und tadelt das Verhalten der Kinder des Lichtes. Kinder der Welt, das sind Menschen, die keine höheren, ideellen Ziele haben, die ganz im Weltlichen aufgehen. So zeigt es ja das Gleichnis vom ungerechten Verwalter; er ist zunächst untreu gegenüber seinem Herrn, verschleudert dessen Vermögen, und als er dann von der Verwaltung abgesetzt wird, da begeht er eine neue Untreue, indem er seine eigene Existenz dadurch zu sichern sucht, daß er die Schuldscheine des Herrn fälscht. Merkwürdigerweise lobt der Herr diesen Verwalter, und Christus sagt: „Die Kinder dieser Welt ... sind klüger als die Kinder des Lichtes ... Machet euch Freunde mit dem unnützen Mammon."

Das scheint zunächst völlig unverständlich, und doch schließt sich der Sinn des Gleichnisses auf, sobald man bedenkt, was durch die Gestalten symbolisiert werden soll.

Wie im ersten Gleichnis der Vater das Bild für Gott ist und die Söhne das Bild für den Menschen, und zwar der eine Sohn Bild des Weltmenschen, der das Vermögen vergeudet, und der andere Sohn Bild der Kinder des Lichtes — er bleibt beim Vater und ist hochmoralisch —, so ist in diesem Gleichnis der reiche Mann Bild für Gott und der Verwalter, der das Vermögen vergeudet, Bild für den Menschen, für den Weltmenschen wie für den Lichtmenschen zugleich; denn der Sohn des Lichtes steckt auch in jedem Menschen darin. Als gefallene, dem Sündenfall erlegene Menschenwesen sind wir selbst dieser ungerechte Verwalter, der das Vermögen des himmlischen Vaters, das Vermögen des Herrn vergeudet. Wir nehmen das, was wir haben, als unsere eigenen Gaben, etwa unsere Weisheit, unsere Liebe, unsere Schönheit, unseren Besitz, oder was immer wir meinen, und bedenken nicht, daß es uns nur als Leihgabe gegeben ist von Gott. Das alles wird uns einmal genommen werden, wenn wir von der Verwaltung abgesetzt werden, wenn wir sterben. Wir selbst sind dieser ungerechte Verwalter.

Und nun, was tut der ungerechte Verwalter, als er weiß, jetzt steht sein Ende bevor, jetzt wird er abgesetzt von der Verwaltung? Da ruft er die Schuldner seines Herrn einzeln her und setzt deren Schuld herab: „Hundert ... Nimm deinen Schuldschein ..., schreibe schnell: fünfzig ... Nimm deinen Schein und schreibe: achtzig!" Er verringert also die Schuld. Die Schuldner des Herrn sind auch die Mitmenschen des ungerechten Verwalters. Und wenn der Herr den Verwalter lobt, dann will er damit sagen: „Ihr alle seid schlechte Verwalter, ihr alle seid solche Menschen, die die Gottesgaben nicht in der rechten Weise zu verwalten wissen, ihr alle seid angewiesen auf die Barmherzigkeit Gottes, so setzt auch ihr die Schulden eurer Mitmenschen herab, vermindert ihre Schulden und macht es nicht wie die Kinder des Lichtes, die sich auf das Licht und Recht berufen, macht es nicht wie die Idealisten, die meinen andere Menschen, die ihrem Ideal nicht entsprechen, richten zu können! Nein, deckt die Schuld eurer Mitmenschen mit dem Mantel der Liebe zu!" „Richtet nicht, damit ihr nicht gerichtet werdet!" — „Vergebt eurem Bruder nicht bis zu siebenmal, sondern bis siebzig mal siebenmal!" Das meint das Gleichnis. Dann machen die Menschen, wenn sie so handeln, sich Freunde mit dem ungerechten Mammon.

Wenn wir eine Schuld des Nächsten, die so offenkundig ist wie etwa ein vorliegender Schuldschein, von uns aus herabsetzen, dann könnte man sagen: es sei Gottes Sache, diese Schuld herabzusetzen, aber nicht unsere Sache. Und es wäre auch verkehrt, wenn wir das etwa als allgemeine moralische Maxime aufstellen wollten; dadurch würden wir ja vielleicht die Menschen erst veranlassen, darauf loszusündigen. Aber im Gleichnis heißt es: „Er bestellte die Schuldner ... einzeln zu sich ..." In der privaten Beziehung ihm gegenüber setzt er ihre Schuld herab. So sollen wir uns zum Mitmenschen stellen! Indem wir seine Schuld, auch wenn wir sie erkennen, ihm nicht nachtragen, ihm nicht auftischen, sondern herabsetzen, ihn tröstend verweisen auf die Barmherzigkeit Gottes, damit erwerben wir uns Freunde. Christus will damit nicht sagen: Tut Gutes, macht eine gute Verwendung vom Geld! Nein, er will sagen: Erwerbt euch Freunde, erweist euch brüderlich, freundschaftlich dem Nächsten gegenüber, indem ihr seine Schuld herabsetzt im Hinblick auf die Barmherzigkeit Gottes! Wir alle bedürfen der Barmherzigkeit Gottes und sollen darum auf die Barmherzigkeit auch den Bruder verweisen, sollen ihm seine Schuld nicht anrechnen. Das ist die Geistigkeit des Reiches Gottes.

Der große Denker Rudolf Steiner sagt: „Begegne ich einem Menschen und tadle ich seine Schwächen, so raube ich mir höhere Erkenntniskraft; suche ich liebevoll mich in seine Vorzüge zu versenken, so sammle ich solche Kraft." Das ist im Grund die gleiche Weisheit; eine Weisheit freilich, die der pharisäische Mensch, der idealistische, der moralische Mensch nicht verstehen kann. Darum rümpfen die Pharisäer die Nase über Christus, und Christus sagt ihnen: „In den Augen der Menschen seid ihr es, die richtig denken und handeln; Gott aber sieht auf euer Herz." Gott sieht auf die Herzensweisheit.

Bis zu Johannes reichen „das Gesetz und die Propheten"; bis zu Johannes reicht die alte idealistische, moralische Weisheit. Aber mit Christus beginnt das Reich Gottes. Nur der kommt in das Reich Gottes, der durchzubrechen versteht durch alle diese Wertungen, der weiß, daß Gott seinen tiefsten Wesen nach über Gut und Böse ist, daß Gott nicht der Gute, sondern der Übergute, der in schöpferischer Liebe Lebende ist. Wer sich in dieser Liebe geborgen weiß und aus dieser Liebe handelnd seinem Mitmenschen begegnet, der darf in das Reich Gottes eintreten.

In der Bergpredigt sagt Christus: „Wenn eure Gerechtigkeit nicht größer ist als die der Pharisäer und Schriftgelehrten, so könnt ihr in das Reich Gottes nicht kommen." Das Reich Gottes setzt die höhere Geisterkenntnis voraus, die höhere Gottes- und Menschenerkenntnis, die Weisheit des Herzens, nicht die Moral. Das tiefste Wesen von Mensch und Gott ist gegründet in der Liebe. Und die Liebe beweist der Mensch im rechten Verhältnis zu Gott, in der Gottesliebe und im rechten Verhältnis zum Mitmenschen, in der Nächstenliebe. Darauf weist der Apostel Paulus im Römerbrief mit folgenden Worten hin:

> „Denn die sich vom Geiste Gottes leiten lassen, die sind Söhne Gottes. — Ihr habt doch nicht den Geist von Sklaven erhalten, daß ihr euch wieder fürchten müßtet, sondern den Geist von anerkannten Söhnen, in welchem wir rufen: Abba, Vater! Er, der Geist, bezeugt es zusammen mit unserem Geiste, daß wir Kinder Gottes sind, und sind wir Kinder Gottes, so sind wir auch Erben: Gottes Erben und Christi Erben — vorausgesetzt, daß wir auch mit ihm leiden, um mit ihm verherrlicht zu werden. Und die Leiden dieser Zeit, denke ich, stehen in keinem Verhältnis zu der Herrlichkeit, die sich an uns offenbaren wird ...
> Ja ich bin gewiß, weder Tod noch Leben, weder Engel noch Gewalten noch Mächte, weder Gegenwärtiges noch Kommendes, weder Hohes noch Tiefes, noch überhaupt etwas in der Welt wird uns zu trennen vermögen von der Liebe Gottes, die da ist in Christus Jesus, unserem Herrn" (8, 14—18; 38—39).

15. Sonntag nach Trinitatis

Lukas 7, 36—50 — Die reuige Sünderin

Einer der Pharisäer lud Jesus ein, bei ihm zu speisen; und er ging in das Haus des Pharisäers und legte sich zu Tische. Nun war in der Stadt eine Sünderin, uns als sie hörte, er sei im Hause des Pharisäers zu Tische, brachte sie ein Alabastergefäß mit Balsam, und während sie weinend von hinten seinen Füßen nahte, begann sie mit ihren Tränen seine Füße zu benetzen und sie mit den Haaren ihres Hauptes zu trocknen. Dann küßte sie ihm die Füße und salbte sie mit dem Balsam.

Als der Pharisäer, der ihn geladen, dies bemerkte, sagte er bei sich selbst: Wenn dieser ein Prophet wäre, so wüßte er, wer sie ist und was für ein Weib ihn anrührt: eine Sünderin!

Da nahm Jesus das Wort und sprach zu ihm: Simon, ich habe dir etwas zu sagen.

Meister, sprich!, sagte jener.

Ein Gläubiger hatte zwei Schuldner; der eine war ihm fünfhundert Denare schuldig, der andere fünfzig; aber da sie nicht zahlen konnten, schenkte er's beiden. Welcher von den beiden wird ihn wohl mehr lieben?

Simon gab zur Antwort: Ich denke, der, dem er das meiste geschenkt hat.

Da sprach Jesus zu ihm: Du hast richtig geurteilt — und sich zu dem Weibe kehrend, sprach er zu Simon: Siehst du diese Frau? Ich kam in dein Haus — du gabst mir kein Wasser für die Füße, sie aber benetzte meine Füße mit ihren Tränen und trocknete sie mit ihren Haaren. Einen Kuß hast du mir nicht gegeben — sie aber hört seit ihrem Kommen nicht auf, meine Füße zu küssen. Mein Haupt mit Öl gesalbt hast du nicht — dafür hat sie meine Füße mit Balsam gesalbt. Darum sage ich dir: ihr sind viele Sünden vergeben, weil sie viel geliebt hat — wem wenig erlassen ist, der liebt auch wenig.

Dann sprach er zu ihr: Deine Sünden sind dir vergeben.

Nun fingen die Tischgenossen an, sich zu fragen: Wer ist dieser, da er auch Sünden vergibt? Er aber sprach zu der Frau: Dein Glaube hat dich gerettet — geh hin im Frieden!

Vor zwei Tagen, am 8. September, feierte die Katholische Kirche das Fest Mariä Geburt. Ein alter Volksspruch sagt: „Mariä Geburt, da fliegen die Schwalben furt." Deutlich spürbar ist in dieser Jahreszeit schon der Herbstbeginn. Vor dreieinhalb Wochen, am 15. August, war Mariä Himmelfahrt. Diese Feste, die aus den antiken Mysterien-Überlieferungen stammen, sind leider in der Evangelischen Kirche völlig vergessen.

Mysterien-Überlieferungen liegen weitgehend dem christlichen Kirchenjahr, dem christlichen Festkreis zugrunde. Das kann man bis in Einzelheiten hinein noch heute zeigen. Die beiden Festtage, Mariä Himmelfahrt und Mariä Geburt, sind als Geburtstag und als Himmelfahrtstag der großen Weltenmutter, der Sternenjungfrau, schon um das Jahr Zweitausend vor Christi Geburt in Babylon festgesetzt und gefeiert worden.

Die Menschen der Urchristenheit, die noch ganz stark in den Mysterientraditionen lebten, dachten, wenn die Sonne das Sternbild der himmlischen Sternenjungfrau durchläuft, dann ist das eine Zeit, die zur Besinnung aufruft, zur Vergegenwärtigung dieser göttlich-reinen Sphäre in sich. Jeder Mensch, so dachten sie, muß jungfräulich, muß Maria, muß Madonna werden, damit in ihm selbst das Christkind geboren werden kann. Das Zeichen der himmlischen Jungfrau, durch das jetzt die Sonne schreitet, ist das in der Nacht vom 24. auf den 25. Dezember, also in der heiligen Weihenacht, um Mitternacht am Ost-Horizont aufsteigende Zeichen. Es ist in der Weihenacht der Aszendent des Sternenkreises. Das ist die kosmische Entsprechung zu dem Glaubensartikel: geboren aus Maria der Jungfrau. Alle diese Zusammenhänge sind leider heute in der christlichen Überlieferung vergessen. Machen wir sie aber wieder lebendig, dann bekommen die christlichen Feste für uns einen viel tieferen Sinn.

In der Herbstzeit feiern wir darum die Feste der Erweckung des Menschen und stellen Bilder aus dem Evangelium vor unser Auge hin, die auf die Erweckung des Geistfunkens, auf die todüberwindende Kraft in uns hindeuten. Vor vierzehn Tagen hörten wir die Geschichte von der Erweckung des Jünglings zu Naim. Christus erweckt da einen Toten, aber diese Totenerweckung, so sahen wir, ist zugleich Bild für die Erweckung der geistigen, todüberwindenden Kraft im Menschen. Und vor acht Tagen hörten wir die Geschichte vom verlorenen Sohn, von dem Sohn, der seinen Vater verläßt, sein Vermögen vergeudet und dann wieder heimkehrt zum Vater. Von ihm heißt es mit Betonung im Evangelium: „Er war verloren und ist wieder gefunden worden; er war gestorben und ist wieder lebendig geworden." Das ist ebenfalls eine Erweckungsgeschichte wie auch die Erzählung vom Pharisäer Simon und von der großen Sünderin, die wir eben gehört haben. Sie deuten in wunderbar tiefer Weise darauf hin, daß Gott die alles umfassende Liebe ist, daß Gott die Kraft jedem Menschen gibt, alles Vergängliche und Ersterbende, alles Niederziehende und Todverwandte zu überwinden.

Uns wird da berichtet, daß der Pharisäer Simon sich für Jesus interessiert. Er hat gespürt, das ist ein besonderer Mensch, er meint, das muß wohl ein Prophet sein. Er möchte ihn näher kennenlernen und ihn prüfen; deshalb lädt er ihn zum Essen zu sich ein. Das ist für einen Pharisäer schon etwas ganz Besonderes, denn im allgemeinen waren die Pharisäer die heftigsten Gegner Jesu Christi. Und wenn ein Pharisäer den Mut hat, den Rabbi von Nazareth, diesen Volksverführer, zu sich zu Tisch einzuladen, so ist er damit in den Augen seiner eigenen Angehörigen und Amtsbrüder schon von vornherein als ein Abtrünniger gebrandmarkt. Aber der Pharisäer Simon nimmt diesen Makel auf sich, er will Christus näher kennenlernen. Allerdings fühlt er sich vorerst ihm überlegen und weiß recht gut, daß es etwas Besonderes ist, was er da tut. Die üblichen Höflichkeitsregeln läßt er jedoch außer acht: Er bietet ihm kein Wasser an, um seine Füße zu waschen, kein Öl, um sein Haupt zu salben, und gibt ihm keinen Empfangskuß, wie es damals allgemein in Palästina gebräuchlich war, wenn ein Gast ins Haus kam. Christus schweigt zu alledem, und nun legen sie sich zu Tisch.

Da kommt eine Frau herein. Simon kennt diese Frau; er weiß, es ist eine stadtbekannte Sünderin. Sie wirft sich Christus weinend zu Füßen, mit ihren Tränen netzt sie seine Füße und trocknet sie mit ihren Haaren. Sie salbt seine Füße mit einem kostbaren Balsam und bedeckt sie dann mit brennenden Küssen. Der Pharisäer Simon, der das alles sieht, ist innerlich entsetzt. Er meint, Jesus wisse nicht, was er für eine Frau an sich herankommen läßt. Es ist doch stadtbekannt, so denkt er, daß diese Frau ihre Lebenskräfte vergeudet und verschwendet in einem niedrig sinnlichen Leben, und von solch einer Dirne läßt Jesus sich küssen. Simon glaubt, Jesus spüre nicht, wer sie ist, er hält ihn für naiv, für weltfremd, sonst würde er diese Frau abwehren. Nein, Jesus kann kein Prophet sein.

Das sind die Gedanken des Pharisäers Simon. Christus spürt, was der Pharisäer denkt und sagt ruhig zu ihm: „Simon, ich habe dir etwas zu sagen." Und dann erzählt er die Geschichte von dem reichen Mann, der dem einen Schuldner fünfhundert Denare und dem anderen Schuldner fünfzig Denare erläßt, und fragt dann Simon: „Welcher von den beiden wird ihn wohl mehr lieben? Der, dem die fünfhundert erlassen wurden oder der, dem die fünfzig erlassen wurden?" Simon antwortet: „Der, dem die fünfhundert Denare, dem die größere Schuld erlassen wurde, wird auch eine größere Liebe haben zu dem Herrn, der ihm diese Schuld erläßt." Der Pharisäer ahnt noch nicht, daß er damit sich selbst bereits sein Urteil gesprochen hat. Und Christus muß diesen in sich selbst befangenen Moralisten nun darauf aufmerksam machen, was aus dieser Geschichte für ihn und für die große Sünderin zu folgern ist. Er weist ihn darauf hin, daß er, der Pharisäer, wohl ein Mann ist, der moralisch völlig intakt ist, der sich wenig zu Schulden hat kommen lassen im Leben, dem nicht viel vergeben zu werden braucht, daß aber jener Frau, die sich viel zu Schulden hat kommen lassen, viel vergeben werden muß. Und wem viel vergeben wird, so lehrt das Gleichnis, der entwickelt dann auch die größeren Liebes- und Dankbarkeitskräfte. Darum wird dieser Frau auch mehr vergeben. „Du gabst mir kein Wasser für die Füße ... Mein Haupt mit Öl gesalbt hast du nicht; du hast mir keinen Empfangskuß gegeben. Aber diese Frau hat mit ihren Tränen meine Füße genetzt, mit ihren Haaren meine Füße getrocknet, mit dem Balsam meine Füße gesalbt und meine Füße mit Küssen bedeckt." Ja, wem viel vergeben wird, der liebt viel. Und als er sich zur Sünderin hinwendet, spricht er im Hinblick auf das, was die Liebe ihr eingab, an ihm zu tun: „Deine Sünden sind dir vergeben." In diesem Sinn kann man den Satz umdrehen und auch sagen: „Und wer viel liebt, dem wird viel vergeben." Die Frau, die so viel gesündigt hat, ist ein Mensch mit einem warmen Herzen. Sie ist in die Sünde geraten gerade deshalb, weil sie eine besonders hingebungsvolle Natur ist. Gewiß, sie ist schuldig geworden, aber sie ist eine Sünderin mit heißem Herzen. Dagegen der Pharisäer ist eine kühle Natur, der nicht viel liebt, der sein Tagewerk schlecht und recht tut und sich daran freut, daß er nicht in Sünde fällt. Er kann das Wort nicht verstehen: „Wer viel liebt, dem wird viel vergeben."

Beides ist wesentlich wichtig: „Wem viel vergeben wird, der liebt viel" als auch „Wer viel liebt, dem wird viel vergeben". Diese beiden Sätze zusammen zeigen uns die ganze umfassende Größe und Tiefe der Christusliebe. In den Augen Christi ist der Sünder nicht minderwertiger als der moralische, der gerechte Mensch. Sünde ist in den Augen Christi kein moralischer Begriff. Sünde kommt von Sonderung und deutet hin auf das, was den Menschen sondert und trennt von Gott. Die Pharisäer hatten keinen Sinn dafür, daß Christus es duldete, daß er von Sündern und Zöllnern und Dirnen begleitet wurde. Sie meinten, ein prophetischer Mensch, ein geistig hochstehender Mensch dürfe sich mit solchen Naturen nicht gemein machen oder dürfe sie höchstens dann an sich herankommen lassen, wenn sie ihre Sünden bereuten. Christus denkt anders. Auch wenn diese unglücklichen, diese gefallenen Menschen noch nicht so weit sind, daß sie ihre Schuld zu bereuen vermögen, läßt er sie trotzdem an sich herankommen, weil er weiß, sie können noch nicht bereuen. Er stellt sich vollkommen über die üblichen moralischen Wertungen.

In seinen Augen ist die sittliche Verdorbenheit, der diese Sünderin anheimgefallen ist, etwas Ähnliches wie etwa die moralische Selbstgerechtigkeit des Pharisäers, nämlich nur verschiedene Arten von Verlorenheiten. Nicht darin besteht das Wesen des Menschen, daß er bestimmte sittliche Leistungen und Taten vollbringt, sondern das eigentlich tiefste Wesen des Menschen beruht in der Liebefähigkeit. Der Pharisäer ist als moralischer Mensch gewiß ein Mensch, der hoch über der Sünderin steht. Aber der Pharisäer ist innerlich liebearm, und darum steht Christus hier der Sünderin näher, weil sie innerlich liebereich ist, auch wenn ihre Hingabe und Liebefähigkeit sie in die sittliche Verdorbenheit hat herabgleiten lassen. Liebe ist das tiefste Wesen Gottes und des Menschen, eine Liebe, die über dem Gegensatz von Gut und Böse, sittlich und unsittlich steht. Liebe macht das Herz des Menschen weich und bildsam, schließt das Herz des Menschen auf für die himmlische Welt, läßt es höhere geistige Intuitionen empfangen.

Der heilige Augustinus sagt: „Auf daß du lebest, liebe! Wenn du liebst, bist du schön." Und ein andermal lesen wir bei ihm: „Es wird etwas nur soweit erkannt, als es geliebt wird." Die Liebe ist die tiefste Wurzel auch der geistigen Erkenntnis. Und weil die Sünderin die größere Liebefähigkeit hat, darum erkennt sie auch das Wesen Christi viel tiefer als der moralisch gerechte Pharisäer. Sie erfaßt das Wesen Christi und erweist ihm jene Ehren, die ihm der Pharisäer versagt hat; sie spürt durch ihr warmes Herz seine göttliche Größe.

Die Liebe aber öffnet zuletzt auch dem Menschen das Herz für die höchste Erkennntis, für die Gotteserkenntnis. Nachdem Christus zu der Sünderin gesagt hat: „Wer viel liebt, dem wird viel vergeben", spricht er noch zu ihr: „Dein Glaube hat dir geholfen. Gehe hin in Frieden!" Auch das ist wieder nicht so zu verstehen, wie die meisten theologischen Kommentatoren dieses Wort auslegen und wie auch die Pharisäer, die mit zu Tische liegen, das Wort deuten. Die Pharisäer sagen nämlich: „Wer ist dieser, da er auch Sünden vergibt." Sünden kann doch nur Gott vergeben. Christus sagt aber nicht: „Ich vergebe dir die Sünden", sondern „Deine Sünden sind dir vergeben. Dein Glaube hat dir geholfen." Weil die Frau nicht nur ein liebender Mensch, weil sie auch ein gläubiger Mensch war, weil sie durch ihre Liebeskräfte die Glaubenseinigung mit Gott erlebte, in jene Sphäre innerlich drang, wo der Gegensatz von Gut und Böse nicht mehr besteht, darum sind ihr ihre Sünden vergeben. Nicht Christus vergibt hier Sünden, ihr sind die Sünden vergeben.

„Wo Glaube, da Liebe,
Wo Liebe, da Friede,
Wo Friede, da Gott,
Wo Gott, keine Not."

In einer anderen Evangelien-Stelle wird erzählt, wie zu Christus ein reicher Jüngling kommt, der alle Moralgebote treu erfüllt hat; und doch hat er das Reich Gottes nicht gefunden. Christus sagt ihm: „Wenn du das Reich Gottes finden willst, dann verkaufe alles, was du hast, und folge mir nach." Und da heißt es: „Der Jüngling wird traurig." Das bringt er nicht über das Herz, weil er an seinem Vermögen hängt. Wer auf sein Geld vertraut, wer das Vertrauen auf die irdischen Dinge setzt, der ist daran gebunden. Jeder Reichtum macht uns leicht besessen, nicht nur etwa der Geldbesitz, sondern auch der Besitz von Wissen, von allem, so weit wir es aus unseren menschlichen Kräften entwickeln; wenn wir darauf beharren, wenn wir uns darauf verlassen, dann sind wir dem Reich Gottes fern.

Die Jünger sind erschrocken, als sie die Worte hören, die er dem reichen Jüngling sagt, und antworten dann: „Herr, wie ist das schwer." Christus hat die Formulierung gewählt: „Leichter geht ein Seil" — oder wie es vielleicht auch heißt — „ein Kamel durch ein Nadelöhr, als daß ein Reicher ins Himmelreich kommt." Und da fragen die Jünger: „Wer kann da gerettet werden?" Christus antwortet: „Bei Gott sind alle Dinge möglich." Also auch ein Reicher, der an seinem Reichtum haftet, soll das heißen, kann selig werden.

In dem Augenblick, wo der Mensch in diese Sphäre durchbricht, in das Reich Gottes, das über Gut und Böse ist, da lebt er in Gemeinschaft mit Gott, da steht er in der Gnade, da ist ihm alle Schuld vergeben, da ist er wirklich ein Mensch, der volles Genügen in Gott hat und dessen irdische Verhältnisse sich dann von selbst in der rechten Weise ordnen werden: „Ich bin gekommen, damit ihr volles Genüge habet", sagt Christus im Johannes-Evangelium. Bei Kierkegaard heißt es: „Ein Mensch fängt dann an, geistig zu werden, wenn er begreift, daß bei Gott alle Dinge möglich sind." Das ist wieder die gleiche Idee. Daß alles möglich ist bei Gott, daß es in Gott keine Gegensätze mehr gibt, das ist es, was der Mensch in sich erfahren muß, und in dem Augenblick, wo er das in sich selbst erfährt, hat er volles Genüge, und da sind ihm auch alle Sünden vergeben.

Der Apostel Johannes schreibt: „Nicht darin besteht das Wesen der Liebe, daß wir Gott geliebt haben, sondern darin daß Gott uns geliebt hat." Und der Apostel Paulus spricht von jenem Glauben, der in der Liebe tätig ist, der in der Liebe sich auswirkt. Glauben und Liebe hängen auf das engste zusammen. Die Liebe Gottes zu uns ist die alles im Leben entscheidende und bestimmende tiefste Wirklichkeit. Weil Gott uns liebt, dürfen wir uns in jeder Situation, in jedem Schicksal, auch in all dem, was uns schuldig werden läßt, geborgen fühlen in Gottes Liebe. Aus ihr können wir niemals herausfallen. In dem Augenblick, wo uns das innerlich aufgeht, da sind wir gläubige Menschen, da leben wir geborgen in dieser Liebe Gottes, da bedrückt uns kein Schicksal und keine Schuld mehr, da hören wir, wie der lebendige Christus zu uns spricht: „Gehe hin in Frieden! Dein Glaube hat dir geholfen.“

16. Sonntag nach Trinitatis

Lukas 17,	1—10	—	Ärgernisse, Versöhnlichkeit, Glaubenskraft, demütige Pflichterfüllung
	11—19	—	Undankbare Geheilte und ein Dankbarer
	20—37	—	Das Gottesreich schon verborgen da und bald offenbar

Wieder sprach Jesus zu seinen Jüngern: Es ist nicht denkbar, daß keine Ärgernisse kämen; aber wehe dem, durch den sie kommen! Es wäre ihm besser, es würde ihm ein Mühlstein um den Hals gehängt und er würde ins Meer geworfen, als daß er auch nur einem von den Kleinen Anlaß zum Bösen würde.

Habet acht auf euch! Wenn dein Bruder sich wider dich verfehlt, so strafe ihn, und wenn es ihm leid tut, so vergib ihm! Und würde er siebenmal des Tages gegen dich fehlen und kehrte siebenmal zu dir um und spräche: Es tut mir leid — so sollst du ihm vergeben.

Die Apostel sagten zum Herrn: Stärke uns den Glauben!

Der Herr sprach: Hättet ihr Glauben auch nur so groß wie ein Senfkorn, so würdet ihr zu diesem Maulbeerbaume sagen: Hebe dich aus den Wurzeln und pflanze dich ins Meer! — er würde euch gehorchen.

Wer von euch, der einen Knecht zum Pflügen oder zum Hüten hat, wird ihm, wenn er vom Felde heimkehrt, sagen: Komm jetzt sogleich und setze dich zu Tische? Wird er nicht eher zu ihm sagen: Richte mir etwas zum Essen her, gürte dich und warte mir auf, daß ich esse und trinke — dann kannst du dich zum Mahle setzen. Und bedankt er sich etwa noch eigens, wenn jener das Angeordnete tut? So saget auch ihr, wenn ihr alles getan, was euch aufgetragen ist: Wir sind unnütze Knechte; wir haben nur getan, was wir schuldig waren.

Eines Tages, während er nach Jerusalem zog — sein Weg ging der Grenze von Samaria und Galiläa entlang —, kamen ihm beim Eingang eines Marktfleckens zehn aussätzige Männer entgegen; die blieben von weitem stehen, erhoben ihre Stimme und riefen: Jesus, Herr, erbarme dich unser!

Bei ihrem Anblick sprach er zu ihnen: Gehet und zeiget euch den Priestern!

Während sie hingingen wurden sie rein.

Einer von ihnen kehrte, als er sich gesund geworden sah, zurück, pries Gott mit lauter Stimme, fiel ihm zu Füßen auf sein Angesicht und dankte ihm. Das war ein Samariter.

Da gab ihm Jesus zur Antwort: Sind nicht zehn rein geworden? Wo sind die übrigen neun? Hat sich sonst keiner gefunden, der zurückkehrte, um Gott die Ehre zu geben, als dieser Fremde? Dann sprach er zu ihm: Steh auf und gehe hin, dein Glaube hat dich gerettet.

Als er von den Pharisäern gefragt wurde, wann das Reich Gottes komme, gab er ihnen zur Antwort: Das Reich Gottes kommt nicht in äußerlich wahrnehmbarer Gestalt. Es wird nicht heißen: Hier oder dort ist es. Denn das Reich Gottes ist inwendig in euch.

Zu den Jüngern sprach er: Es werden Tage kommen, da ihr danach verlangen möchtet, einen einzigen Tag des Menschen Sohn zu sehen, und ihr werdet ihn nicht sehen. Man wird zu euch sagen: Siehe dort — siehe hier! Gehet nicht hin und laufet nicht! Denn gleich wie der Blitz aufflammt und vom einen Ende des Himmels zum andern leuchtet, so wird es mit des Menschen Sohn an seinem Tage sein. Zuerst aber muß er viel leiden und ausgestoßen werden von diesem Geschlechte.

Und gerade wie es in den Tagen Noahs war, so wird es auch in den Tagen des Sohnes des Menschen sein: sie aßen und tranken, gaben zur Ehe und nahmen zur Ehe bis zu dem Tage, da Noah in die Arche ging — und dann kam die Sintflut und raffte alle hinweg. Und geradeso, wie es in den Tagen Lots geschah: sie aßen und tranken, kauften und verkauften, pflanzten und bauten — dann aber, an dem Tage, da Lot aus Sodom auszog, regnete es Feuer und Schwefel vom Himmel und raffte alle hinweg: ebenso wird es sein an dem Tage, an dem sich des Menschen Sohn offenbart.

Wer sich an jenem Tage auf dem Dache befindet, während sein Gepäck für die Reise noch im Hause ist, der steige nicht erst hinab, es zu holen; und wer auf dem Felde ist, kehre ebensowenig zurück. Denket an Lots Weib! Wer sein Leben zu gewinnen strebt, wird es verlieren; und wer es verliert, wird es neu gewinnen.

Ich sage euch, in derselben Nacht werden von zweien, die auf dem gleichen Lager ruhen, der eine aufgenommen, der andere zurückgelassen werden; und von zwei Frauen, die an derselben Mühle mahlen, wird die eine aufgenommen, die andere zurückgelassen werden.

Wo, Herr? fragten sie ihn.

Er erwiderte: Wo der Leichnam liegt, da versammeln sich die Adler.

An den vergangenen Sonntagen hörten wir die Geschichte von der Erweckung des Jünglings zu Naim, die Gleichnisse vom verlorenen Sohn und vom untauglichen Verwalter sowie die Geschichte von der großen Sünderin; sie alle sprechen von physischer und geistiger Totüberwindung und von der Geisterweckung des Menschen. Und das heutige Evangelium, das zeigt uns nun, wie der geistig erweckte Mensch praktisch im Leben steht, wie er nicht nur mit irdischen Augen in das Leben sieht, sondern wie er mit geistigem Blick in die Lebenszusammenhänge und Hintergründe schaut. Der Geistig-Erweckte ist ein Wanderer zwischen zwei Welten. Er sieht nicht nur die Tagseite der Welt, die allen Menschen offenbar ist, er sieht zugleich auch die Nachtseite der Welt, die vielen Menschen verborgen ist. Er sieht, so könnte man sagen, gleichsam auch am hellen Sonnentage die Gestirne der Nacht am Himmel leuchten. Unvereinbare Gegensätze, scheinbare Antinomien weiß er auf höherer geistiger Ebene zu einen.

Das zeigt uns sehr deutlich das heutige Evangelium. Da sagt Christus, Ärgernisse müssen kommen. Das liegt in den Notwendigkeiten dieser gefallenen Welt, aber damit sind die Ärgernisse nicht entschuldbar. Neben dem Wort über die Notwendigkeit der Ärgernisse steht das Wort von der schweren Schuld, die jeder auf sich lädt, der sie veranlaßt.

Dann heißt es, wenn dein Bruder wider dich fehlt, so weise ihn zurecht. Zurechtweisung muß sein, damit der Mensch aufgerüttelt wird und erwacht. Aber gleichzeitig sagt Christus: „Und wenn dein Bruder bereut, so verzeih ihm! Und selbst wenn er siebenmal am Tage fehlte wider dich, und es reut ihn, so sollst du ihm immer wieder vergeben und ihm nicht zürnen."

Zueinander gehören so auch Glaube und Werk. Der Glaube ist die willensstarke und vertrauende Bejahung des Göttlichen in Weltall und Mensch. Mit starkem Willen und herzlichem Vertrauen kann der Mensch auf diesen göttlichen Geistgrund in Welt und Mensch bauen und sich halten an den Gottesfunken, der in jedes Menschen Seele lebt. Aber zu diesem Glauben muß hinzukommen auch das Werk und die Tat; der Glaube soll in der Liebe tätig werden. In täglicher, praktischer Pflichterfüllung muß der Mensch seinen Glauben bewähren. Man kann nicht Glauben gegen Werk stellen oder Werk gegen Glauben, wie das so oft in der Kirchengeschichte geschehen ist; beides gehört unausweichlich zusammen.

Selbstverständlich muß der Mensch das Göttliche im Nebenmenschen anerkennen — vor Gott sind in diesem Sinn alle Menschen gleich. Und doch muß er gleichzeitig auch die Verschiedenheiten der Menschen sehen, das heißt die verschiedenen Begabungen, die verschiedenen sozialen Ordnungen, die verschiedenen Völker und Rassen als Gegebenheiten anerkennen und nicht über diese Gegensätze einfach hinweggehen wollen. Die irdische Welt, die irdischen Bindungen sind als Realitäten unumgänglich, wenn der Mensch auch dahinter immer als tiefstes Sein die Gleichheit aller Menschen vor Gott, den Gottesfunken im Menschen achten muß.

Da spricht der Herr davon, daß es eine Selbstverständlichkeit sei, daß der Diener dem Herrn gegenüber seine Pflicht erfülle. Der Mensch soll dem Menschen dienen. Das kommt aus der Erfahrung, daß alle Menschen vor Gott gleich sind. Aber trotzdem sind im irdischen Bereich die Menschen verschieden hineingestellt in ihre Schicksalszusammenhänge, und es wäre nicht im Sinne Christi, wenn man die äußeren Gegebenheiten negieren wollte. Es gibt ein liebevolles Dienen, und es gibt ein freudiges Annehmen der Dienste, und es gibt eine sachliche und klare Pflichterfüllung. Das sind Gegebenheiten des irdischen Lebens, die man anerkennen muß. Und wenn wir unsere Pflicht getan haben, dann sollen wir nicht deswegen von Gott Dank erwarten, so wie der Herr dem Diener, der ihm dient, nicht besonders zu danken braucht. Nein, wir sollen sagen: wir haben getan, was wir schuldig sind, wir sind unnütze Knechte, wir mußten so handeln, weil das recht war, und erwarten dafür keinen besonderen Dank von Gott. So gehört die Welt des Glaubens und die Welt des Wirkens, des Werkes, zusammen.

Das Evangelium berichtet, wie zehn Aussätzige von Christus geheilt werden. Aber nur einer von ihnen kehrt zurück, um ihm zu danken für die Wohltat, die er ihm erwiesen. Die anderen neun vergessen in dem Augenblick, wo sie sich gesund sehen, in ihrem kleinen Glück den Dank an Gott und Jesus. Der, der dankend zu Christus zurückkommt, ist nun auch noch ein Samariter. Also ein Angehöriger des Volkes, das von den Juden verachtet wurde. Er hat das rechte Empfinden, er ist wirklich würdig, geheilt zu werden.

Damit will uns das Evangelium sagen: Auch die Krankheit hat für den Menschen immer einen positiven Sinn. Und erst, wenn der Mensch den Sinn der Krankheit innerlich begriffen hat, wenn er der Krankheit das Heil abgerungen hat, das sie ihm bringen will, darf man ihm die Krankheit nehmen. Nimmt man einem Menschen vorzeitig seine Krankheit, dann schädigt man ihn an der Seele. Man könnte sich vorstellen: es ist etwa ein Mensch von Natur dazu veranlagt, ein ausschweifendes Leben zu führen, und gleichzeitig ist er nervlich labil. Wollte man solch einem Menschen seine Nervenschwachheit wegheilen, dann würde man ihn gerade dadurch schwer in der Seele schädigen; denn dann entfiele das Hemmnis, das ihn hindert, sich auszuleben, seinen Begierden nachzugehen. Da wäre der Schaden, den der Mensch an der Seele nähme, größer als der Schaden, den ihm die Nervenschwachheit verursacht. Man kann also eine Krankheit auch von zwei Seiten her ansehen.

Und zuletzt spricht Christus in großartigen Bildern von der geistigen Erweckung, von der geistigen Erleuchtung selbst. Das Himmelreich tragen wir in uns, es kommt nicht in äußerlich sichtbarem Geschehen. Der Menschensohn offenbart sich am Geisteshimmel unseres Inneren, nicht am äußeren Sternenhimmel. Der Durchbruch des Menschen in die göttlich-geistige Welt, das Kontakt-Gewinnen des Menschen mit der Ewigkeitswelt Gottes, es vollzieht sich in uns. Das Gottes Reich ist nicht hier und ist nicht da; es ist nicht zu dieser Zeit oder nur zu jener Zeit, es ist überräumlich und überzeitlich, ewig gegenwärtig wirksam in uns. Wie der Blitzstrahl am Himmel aufleuchtet und mit einem Schlag den ganzen Himmel erhellt, so vollzieht sich auch der Durchbruch des Menschen in den Ewigkeitsbereich Gottes, weitet sich sein Bewußtsein in göttlich-himmlische Tiefen von innen her.

Wer in diesem Sinn um die Geistgeburt, die Geisterweckung des Menschen weiß, der bejaht alles Schwere, was ihm das Schicksal bringt, der bejaht auch Leid und Tod. Wer Leid und Tod abwehrt, wer sich gegen das Schwere im Leben sträubt und dagegen ankämpft, der vertritt nur kleine Lebensfreuden, aber nicht das Göttliche. Denn es ist das Schicksal des Göttlichen in dieser Welt, daß es durch Kreuz und Tod hindurch muß. Und jeder einzelne Mensch hat in seinem Lebensgang in diesem Sinn sein Kreuz zu tragen. Wer sein Leben gewinnen will, der wird es verlieren, und wer sein Leben verliert, der wird es gewinnen. Und gerade in schweren Zeiten, in schweren Schicksalsprüfungen offenbart sich am allerstärksten das Göttliche. Denn das niedere Ich in uns allen, es muß ja sterben, muß durch den Tod hindurch, wenn das große Gottes-Ich, der göttliche Geistfunke in uns zur Flamme werden soll. Darum sind in besonderer Weise Untergangszeiten, Katastrophenzeiten, wie wir sie heute erleben, zugleich Offenbarungszeiten des Menschensohnes, Zeiten, in denen die Gegenwart Christi den Menschen ganz besonders hell aufleuchtet.

Aber die meisten Menschen sehen in solchen Epochen nur das Sterbende, das Schwere, den Untergang. Sie klammern sich an das kleine irdische Leben und können nicht loslassen von sich. Sie freien und lassen sich freien, sie pflanzen, bauen und wirtschaften. Aber sie spüren nichts von den Geisthintergründen der Menschenschicksale. So war es zu Zeiten Noahs, so war es zu Zeiten Lots und so ist es auch in unseren Tagen. Wo wir aber wach unsere Zeit durchleben, da spüren wir den lebendigen Christus gegenwärtig gerade in den schweren Zeitereignissen. Erst da, wo der Leichnam liegt, sammeln sich die Adler des Geistes. Mit diesem gewaltigen Worte schließt Christus seine Rede. Erst da, wo es durch den Tod hindurchgeht, wird das Gottes-Ich im Menschen wahrhaft frei. Der Tod ganzer Völker und Kulturen kann eine Notwendigkeit sein für die Wiedergeburt der Menschheit. Das Geisteslicht leuchtet am gewaltigsten auf in der Nacht des Todes.

„Das äußere Sonnenlicht ist da
Und leucht' mir ins Gesicht:
Noch ist Gott mehr dem Geiste nah
Mit seinem Lebenslicht.

Der Adler schauet geradezu
Die Sonne fröhlich an:
Mein Geistesaug' eröffne du,
Daß ich dich schauen kann.

Ach, wohn' in mir, du Gottheits-Sonn',
Mein Geist dein Himmel werd',
Daß ich, o reine Seelenwonn',
Werd ganz in dich verklärt.

So laß mich wandeln, wo ich bin,
Vor deinem Angesicht:
Mein Tun und Lassen immerhin
Sei lauter, rein und licht."

(Gerhard Tersteegen, „Gott als Sonne der Seelen")

17. Sonntag nach Trinitatis

Lukas 10, 17—24 – Rückkehr der Jünger; Jubel des Herrn
25—37 – Das große Gebot; Gleichnis vom barmherzigen Samariter
38—42 – Martha und Maria
11, 1—13 – Jesus lehrt die Jünger beten
34—36 – Gleichnis vom Auge

Die siebzig Jünger kehrten mit Freuden zurück und sagten: Herr, auch die bösen Geister sind uns in deinem Namen untertan!

Da sprach er zu ihnen: Ich sah den Satan wie einen Blitz vom Himmel stürzen. Ich habe euch Vollmacht gegeben, auf Schlangen und Skorpione zu treten, und über jegliche Macht des Feindes, und nichts wird euch schaden. Aber nicht darüber freuet euch, daß euch die Geister untertan sind, sondern freuet euch, daß eure Namen in den Himmeln geschrieben sind!

In jener Stunde jubelte er im Heiligen Geist und sprach: Ich preise dich, Vater, Herr des Himmels und der Erde, daß du dies Weisen und Klugen verborgen, den Unmündigen aber geoffenbart hast. Ja, Vater, denn so war es dir wohlgefällig. Alles ist mir von meinem Vater übergeben; niemand erkennt, wer der Sohn ist, außer der Vater, wer der Vater ist, außer der Sohn, und wem es der Sohn offenbaren will.

Dann wandte er sich an die Jünger allein und sprach: Selig die Augen, die sehen dürfen, was ihr seht! Denn ich sage euch, viele Propheten und Könige wollten sehen, was ihr seht, und sahen es nicht, wollten hören, was ihr hört, und hörten es nicht.

Da erhob sich ein Gesetzeslehrer, um ihn auf die Probe zu stellen, und sagte: Meister, was muß ich tun, um das ewige Leben zu erben?

Er entgegnete ihm: Was steht im Gesetze geschrieben, wie liesest du?

Jener gab zur Antwort: Du sollst den Herrn, deinen Gott, lieben aus deinem ganzen Herzen und mit deiner ganzen Seele, mit deiner ganzen Kraft und mit deinem ganzen Denken — und deinen Nächsten wie dich selbst.

Jesus sprach zu ihm: Du hast recht geantwortet. Tue das, so wirst du leben!

Jener aber wollte sich rechtfertigen und sagte zu Jesus: Und wer ist mein Nächster?

Da nahm Jesus das Wort und sprach: Ein Mann ging von Jerusalem nach Jericho hinab und fiel unter die Räuber. Sie zogen ihn aus, schlugen ihn wund, ließen ihn halbtot liegen und gingen davon. Zufällig zog ein Priester jenen Weg hinab — sah ihn und ging vorüber. Ebenso kam ein Levit an den Ort, sah ihn und ging vorüber. Ein Samariter aber, der des Weges zog, kam hin, und als er ihn sah, hatte er Mitleid mit ihm. Er trat hinzu, verband seine Wunden und goß Öl und Wein darauf; dann hob er ihn auf das eigene Reittier, führte ihn in eine Herberge und kümmerte sich um ihn. Am andern Tage nahm er zwei Denare heraus, gab sie dem Wirt und sprach: Sorge für ihn, und was du darüber aufwendest, will ich bei meinem Wiederkommen bezahlen. — Wer von diesen dreien, dünkt dir, hat sich als Nächster erwiesen für den, der unter die Räuber gefallen war?

Jener sagte: Der ihm Barmherzigkeit erzeigte.

Da sprach Jesus zu ihm: Geh hin und verhalte dich ebenso!

Während sie auf der Wanderung waren, kam er in einen Marktflecken; da war eine Frau namens Martha, die ihn in ihr Haus aufnahm. Sie hatte eine Schwester, Maria mit Namen, die sich dem Herrn zu Füßen setzte, um seinem Worte zu lauschen. Martha aber machte sich mit der Bedienung viel zu schaffen. Sie trat hinzu und sagte: Herr, kümmert es dich nicht, daß meine Schwester mich in der Bedienung allein läßt? Sage ihr doch, sie solle mir zur Hand gehen.

Der Herr gab ihr zur Antwort: Martha, Martha, du machst dir Sorge und Unruhe um viele Dinge — eins nur ist nötig. Maria hat sich den besten Teil erwählt, der ihr nicht wird genommen werden.

Als er an einem Ort im Gebete verweilte und es eben vollendet hatte, sagte einer der Jünger zu ihm: Herr, lehre uns beten, wie auch Johannes seine Jünger beten lehrte!

Er sprach zu ihnen: Wenn ihr betet, so saget:

Vater, geheiliget werde Dein Name,
es komme Dein Heiliger Geist über uns
und läutere uns.
Dein Brot, das kommende, gib uns täglich,
vergib uns unsere Sünden,
wie auch wir vergeben einem jeden unserer Schuldner,
und führe uns nicht in die Drangsal!

Weiter sprach er zu ihnen: Könnt ihr euch denken, wenn einer von euch einen Freund hat, und er ginge um Mitternacht zu ihm und würde ihm sagen: Freund, leihe mit drei Brote, denn einer meiner Freunde ist gerade von einer Reise bei mir eingetroffen, und ich habe nichts, es ihm vorzusetzen —, daß jener drinnen zur Antwort gäbe: Sei mir nicht lästig: die Türe ist schon geschlossen, meine Kinder sind mit mir zu Bett gegangen; ich kann nicht aufstehen, es dir zu geben? Ich sage euch, wenn er schon nicht deshalb aufstünde und es ihm gäbe, weil jener sein Freund ist, so wird er sich doch wegen seines Drängens erheben und ihm geben, so viel er bedarf.

So sage auch ich euch: Bittet, so wird euch gegeben werden; suchet, so werdet ihr finden; klopfet an, so wird man euch auftun! Denn jeder, der bittet, empfängt; und wer sucht, der findet; und wer anklopft, dem wird man auftun.

Oder wem von euch wird sein Vater, wenn der Sohn um ein Stück Brot bittet, einen Stein geben? Oder wenn er um einen Fisch bittet, wird er ihm etwa statt des Fisches eine Schlange reichen? Oder wenn er um ein Ei bittet, wird er ihm einen Skorpion reichen? Wenn also schon ihr, die ihr böse seid, euren Kindern gute Gaben zu geben wißt, wie viel mehr wird der Vater im Himmel den Heiligen Geist denen geben, die ihn darum bitten!

Die Leuchte des Leibes ist dein Auge; wenn dein Auge einfältig ist, dann ist auch dein ganzer Leib licht; ist es aber getrübt, so ist auch dein ganzer Leib finster. Sieh also zu, daß das Licht, das in dir ist, nicht Finsternis werde! Und ist dein ganzer Leib licht und hat nichts Finsteres an sich, so wird er ganz hell sein: wie wenn ein Licht mit hellem Blitz dich erleuchtet.

„In der Frühe, Herr, suchen wir Dein Angesicht.
Wie die ganze Schöpfung
Sich ausstreckt nach dem Lichte,
Zu leben von den Strahlen der irdischen Sonne,
So bringe, Herr, unser Leben ans Licht,
Und besiege durch Dein ewiges Licht
Alle Finsternis unserer Seelen.
Herr, durchleuchte uns mit Deinem Lichte,
Tilge in uns, was dem Dunkel angehört,
Dringe ein bis zum innersten Grunde
Und wandle uns in der Tiefe des Wesens.
Laß uns leben in Deinem Lichte,
Laß uns wandeln, als Kinder des Tags!“

(Berneuchen, „Morgengebet“)

Auch das heutige Evangelium zeigt uns den im Geist erweckten Menschen und deutet zugleich darauf hin, was der Mensch tun muß, wie er leben muß, wenn der Gottesgeist in ihm wach werden soll. Da kommen die siebzig Jünger zu Christus zurück und freuen sich, daß ihnen die bösen Geister untertan sind, daß sie Dämonen haben austreiben können, daß sie Wundertaten vollbringen durften. Christus aber sagt ihnen: „Nicht darüber freuet euch, daß euch die Geister untertan sind, daß ihr aus Geistesvollmacht Wunder vollbringen konntet; nein, freuet euch darüber, daß eure Namen in den Himmeln geschrieben sind.“

Die Himmel sind nicht nur die Sternenwelten über uns, es sind auch die rein geistigen Sphären der Gottheit. Die Himmel, das ist das Ursein, das da war, bevor alles Irdische geschaffen wurde. Im Evangelium wird das Reich der Himmel gleichgesetzt mit dem Reich Gottes. Und vom Reich Gottes sagt Christus, daß es inwendig in uns ist.

Wenn wir in unserem Innersten hinabzudringen versuchen bis zur letzten Wurzel unseres Seins, dann ist dieser Weg nach innen eigentlich zugleich ein Weg nach oben, ein Weg aufwärts durch alle himmlischen Sphären bis in den überkosmischen Ewigkeitsbereich Gottes selber. Da ist unser wahrer Name geschrieben, da wurzelt erst das wahre Wesen des Menschen. Sein innerstes Wesen ist überirdisch, überkosmisch, ist gottebenbildlich und Gott verbunden.

All unser äußeres Denken, Fühlen, Wollen, all unser Streben ist nur ein Zerrbild unseres wahren Wesens. Wir müssen loslassen von unserem eigensüchtigen Denken, Fühlen, Wollen, Streben, wenn das wahre Menschenwesen, der wahre Name des Menschen sich in uns offenbaren soll. Der wahre Name des Menschen ist ein Mysterium, das den Weisen und den Klugen verborgen ist, aber den Unmündigen geoffenbaret ist. Das innerste Wesen, der Gottesfunke im Menschen, ist Teilwesenheit des göttlichen Geistes, ist Teilwesenheit des lebendigen Christus in uns, ein Mysterium, das kein menschlicher Geist zu fassen vermag. Aber erst der Mensch, der sich dieses letzten Grundes im Eigenwesen bewußt wird, fühlt sich innigst verbunden mit Gott selber; er weiß sich als Gottes Kind, als Gottes Sohn, er weiß, daß es auch im Menschen jene Sphäre gibt, wo das Böse seine Gewalt verliert, er sieht mit Christus den Satan wie einen Blitz vom Himmel fallen.

Im menschlich-irdischen Bereich ringt unentwegt das Böse mit dem Guten, und immer wieder unterliegen wir als irdische Menschen der Macht des Bösen. Der Apostel Johannes sagt: „Wer meint, daß er vom Bösen frei sei, der ist nicht in der Wahrheit." Und doch sagt der Apostel Johannes im gleichen Brief auch: „Wer aus Gott geboren ist, der sündigt nicht." Der Gottesfunke in uns, der göttliche Same, der ist frei von Sünde. Den rechten Mut zum Leben aber finden wir nur dann, wenn wir uns dieses letzten Grundes, des Gottesgeistes in uns bewußt sind, wenn wir uns fühlen als in Gott selbst geborgene Menschen. Dann können wir mit Christus sprechen: „Niemand kennt den Vater als der Sohn und niemand den Sohn als der Vater." Dann haben wir jene Freude in uns, von der Christus im Hohenpriesterlichen Gebet sagt: „Meine Freude bleibe in euch, damit eure Freude vollkommen werde." Von dieser höchsten Seligkeit, von diesem Geborgen-Sein in Gott erfährt der Mensch, wenn er im Herzen um die letzten Tiefen des Seins weiß.

Da erhebt sich nun ein Schriftgelehrter und stellt die Frage: „Herr, wie komme ich zu dieser Seligkeit? Wie komme ich zu dieser Geisterweckung?" Und die Antwort Christi lautet: „Liebe Gott, deinen

Herrn, mit deinem ganzen Herzen, mit deinem Denken, deinem Fühlen, deinem Wollen und deinen Nächsten wie dich selbst!" Und als der Schriftgelehrte dann fragt: „Wer ist mein Nächster?" erzählt Christus das Gleichnis vom barmherzigen Samariter.

Der barmherzige Samariter übt helfende Liebe an dem armen, von Räubern ausgeplünderten Menschen. Ein jüdischer Priester und ein Levit, ein Tempeldiener, waren vorübergegangen und hatten ihren Landsmann liegen lassen. Der Samariter aber erbarmt sich des Ausgeraubten, obschon der Jude, der ausgeplündert am Wege liegt, ein Andersgläubiger ist. Juden und Samariter waren sich feindlich gesinnt, standen sich sowohl auf der völkischen als auf der religiösen Ebene feindlich gegenüber. Der Samariter kennt nicht das Gesetz, er handelt rein aus Liebe, aus echter Menschenliebe; er ist eben ein Mensch, der frei ist von seinen irdisch gebundenen Gefühlen, von seinem selbstsüchtigen Denken. Darum kann er seinen Feind so fürsorglich behandeln. In dieser Liebestat offenbart er Selbstlosigkeit. Das ist die Liebe, die wir allen unseren Mitmenschen gegenüber üben sollen, nicht nur unseren Freunden, auch Fremden, ja, sogar unseren Feinden gegenüber. „Was tut ihr schon großes, wenn ihr eure Freunde liebt", sagt Christus an anderer Stelle, „das tun auch die Heiden. Auch eure Feinde sollt ihr lieben!"

Nun darf man nicht glauben, daß mit dem Gleichnis gesagt sein soll, daß der Mensch allen Menschen gegenüber immer nur wohlwollend, liebevoll, barmherzig sein soll. Die wahre Liebe kann man nicht in eine Regel, in ein Gesetz fassen; sie ist immer über dem Gesetz. Und je nach dem, wird sie sich aus der Situation heraus verschieden äußern müssen, da gehören immer Gnade und Fügung dazu. Denn ein Mensch, der einfach nur allen Menschen immer mit Wohlwollen und Barmherzigkeit begegnen wollte, etwa auch dem Verbrecher, der übt nicht die wahre Liebe. Der Apostel Paulus sagt im dreizehnten Kapitel des Korintherbriefes: „Die christliche Agape freut sich der Wahrheit, aber sie freut sich nicht der Ungerechtigkeit." Die wahre Liebe muß auch streng sein können.

Am letzten Sonntag hörten wir, wie Christus im Evangelium sagte: „Wenn dein Bruder sich gegen dich verfehlt, so weise ihn zurecht; und wenn er es bereut, dann vergib ihm." Der Mensch muß aus der wahren Liebe heraus auch zurechtweisen, strafen können. Dem reuigen Sünder wird sich die Liebe immer gern schenken, aber nicht dem verhärteten, dem in seinem eigenen Ich selbstsüchtig befangenen Menschen. Wir sollen aus der Gottesliebe heraus nicht das Irdische am Menschen lieben, sondern sein wahres Wesen, seinen wahren

Wesenskern; wir sollen immer versuchen, durch die Taten, durch die Worte, durch die Gebärden, durch die Gestalt der einzelnen Menschen hindurchzusehen auf ihr wahres Wesen. Was wir den Menschen tun, das soll immer darauf zielen, das wahre Wesen, den Gottesfunken in ihm, zum Durchbruch zu bringen. Und da kann unter Umständen eben auch Strenge und Härte aus wahrer Gottesliebe notwendig sein.

Damit das Gleichnis vom barmherzigen Samariter nicht in diesem äußeren Sinn einer bloßen Caritas mißverstanden wird, folgt im Evangelium auf diese Geschichte die Erzählung von Martha und Maria. Da ist es Martha, die in tätiger, helfender Liebe sich um Christus müht, während Maria still zu seinen Füßen sitzt und auf seine Worte lauscht. Während im Gleichnis vom barmherzigen Samariter die tätig hilfsbereite Aktivität des Samariters gelobt wird, wird hier die tätige Hilfsbereitschaft der Martha getadelt. Christus sagt zu ihr: „Martha, Martha, du machtst dir viel zu schaffen — eins nur ist not. Maria hat den besten Teil erwählt." Sie hat den besten Teil erwählt, weil sie es versteht, auf die Worte des Herrn zu lauschen. Das ist Vorbedingung für rechte äußere tätige Liebe, daß der Mensch es versteht, auf die Stimme der Stille zu lauschen.

Die innere Sammlung und Meditation, das Hören auf das Wort des Herrn, das innere Wort, das ist Vorbedingung für alles echte Tätigsein. Beides gehört zusammen: das Wirken nach außen, das tätige, hilfsbereite Wirken am Nächsten und die innere Sammlung, das Lauschen auf das Wort des Herrn. Der Mensch, der in diesem Sinn geistig hören, das Wort des Herrn in sich vernehmen kann, der kann auch wahrhaft geistig sprechen, mit Gott sprechen, also beten. Die Voraussetzung für ein wahres Gebet ist die meditative Versenkung ins eigene Innere, das Horchen auf das Wort des Herrn. Allzuleicht sind wir geneigt, immer nur von uns aus mit unseren kleinen Wünschen und Sehnsüchten an Gott heranzutreten, unsere Wünsche ihm im Gebet vorzutragen; aber wir hören nicht, was Gott zu uns spricht, was die innere Stimme uns sagt. Erst wenn wir in diesem Sinn geistig hören können, dann können wir auch geistig vollmächtig sprechen und beten. Und darum folgt als Abschluß die Erzählung von dem Gebet.

Es ist das Vaterunser, das Christus die Jünger lehrt. Aber es ist eine andere Fassung, als wir sie aus dem Matthäus-Evangelium* kennen.

---

*Vergleiche: Andacht zum 12. Sonntag nach Trinitatis, Seiten 280—282.

Das Großartige an dieser Fassung des Vaterunsers liegt darin, daß hier vollkommen deutlich ist, daß das ganze Vaterunser eigentlich nur ein Bitten um das Kommen des Gottesreiches, ein Bitten um das Kommen des Heiligen Geistes ist. Es sind hier nicht sieben Bitten genannt wie in der Matthäus-Fassung, sondern nur fünf Bitten. Die Anrede des Gebetes ist die gleiche: „Vater unser"; Gott ist Vater zu uns, unser wahrer Vater, wir sind seine Kinder. Er will uns helfen, er wird uns nähren, uns alles geben, was wir brauchen. Und dann heißt es nicht: „Dein Reich komme zu uns", sondern „Dein Heiliger Geist komme über uns und läutere uns!" Das Kommen des Heiligen Geistes, das ist hier die zentrale Bitte. Und weiter heißt es: „Dein Brot, das kommende, gib uns täglich." Nicht das Erdenbrot ist gemeint, sondern das Himmelsbrot, das Brot der künftigen Welt, der kommenden Welt, die Geistspeise, die den Geistleib, den Unsterblichkeitsleib in uns nährt und speist. Wenn der Heilige Geist über uns kommt, wenn wir mit dem Himmelsbrot gespeist werden wollen, dann müssen wir unseren Mitmenschen ihre Schuld vergeben und dann vergibt auch Gott uns alle unsere Sünden.

Die Sündenvergebung ist eine Zentrallehre der christlichen Botschaft. Die vorchristlichen Völker wußten um die Sündenvergebung noch nichts. Sie kannten nur das Gesetz des Schicksals, das Gesetz von Ursache und Wirkung, das Karmagesetz: „Was der Mensch sät, das wird er ernten." Gewiß bleibt auch für Christen dieses Gesetz gültig. Aber es ist ein Gesetz der bloß kosmischen Sphären. *Über* allen kosmischen Gesetzen waltet die Gnade und Liebe Gottes. Und wo Gott im Menschen lebendig wird, wo der Gottesfunke im Menschen entfacht wird, wo der Heilige Geist über den Menschen kommt und ihn läutert, da ist das kosmische Gesetz, das Karmagesetz überwunden, da ist der Mensch frei von aller Sünde, aller Schuld, da wird ihm vergeben, sofern er selbst seinen Mitmenschen vergibt.

Und wenn es abschließend heißt in dem Gebet: „Führe uns nicht in die Drangsal", so deutet auch das wieder auf das Kommen des Gottesreiches. Wo das Gottesreich zu den Menschen kommt, da muß die Erdenwelt untergehen. Die Wiedergeburt des Menschen, die Wiedergeburt der Welt bringen Geburtswehen mit sich, die den Menschen in schwerste Drangsal führen können. Die letzte Bitte also wendet sich auf diese Drangsal hin. Laß diese nicht zu schwer werden für uns, führe uns nicht in eine katastrophenhafte Drangsal hinein, wenn der Geist über uns kommt, der Geist, der uns und die Welt läutern soll.

Aber der Mensch muß, wenn der Geist kommen soll, in rechter Weise beten können, inständig beten, unablässig beten, so wie etwa der Mann, der nachts seinen Freund um Brot bittet, unablässig bittet und pocht, bis ihm schließlich der Freund das Brot gibt; auch wenn er nicht sein Freund wäre, würde er es ihm wegen seines inständigen Bittens geben: ein wunderbares Bild. So unablässig sollen wir Gott bitten um den Heiligen Geist. „So sage ich euch: bittet, so wird euch gegeben werden! Suchet, so werdet ihr finden! Klopfet an, so wird euch aufgetan! Denn jeder, der bittet, empfängt, und wer sucht, der findet, und wer anklopft, dem wird man auftun." Die Pforte des überkosmischen Himmelreiches, die Pforte des Paradieses soll uns geöffnet werden; jene Welt, in der unser wahrer Name in den Himmeln geschrieben steht, von dem der Apostel Paulus sagt:

> „Die Gott durch sein Denken ins Dasein gerufen hat, die hat Er auch voraus-bestimmt, nach dem Bild seines Sohnes gestaltet zu werden, damit er der Erstgeborene unter vielen Brüdern sei; und die Er vorausbestimmte, die hat Er auch gerufen; die Er gerufen, hat Er gerecht gemacht; und die Er gerecht gemacht, denen hat Er auch die Herrlichkeit geschenkt" (Röm. 8, 29—30).

Von dieser Herrlichkeit, der Verklärung durch den Gottesfunken, der in jedem Menschen als das göttliche Wort sprechen will, handeln jene abschließenden Worte vom Auge, das die Leuchte des Leibes sei, und daß im Auge sich das geistige Wesen des Menschen spiegelt und daß das Licht, das aus dem Auge strahlt als geistiges Erleuchtungslicht den ganzen Menschen bis in den physischen Leib hinein erhellen kann. Dann geht der Friede von den Menschen aus als geistige Kraft, der Friede, der da höher ist als alle Vernunft, der Christus-Friede, der die Welt überwindet.

„Michael, heiliger, großer Antlitz-Engel Gottes,
Der du das Schwert des Lichtes trägst
Und die Waage der Gerechtigkeit,
Zu bekämpfen den Fürsten der Finsternis
Und zu wiegen die Seelen der Menschen,
Gib uns von deiner sonnengleichen Stärke,
Von deinem Mute und von deiner Klarheit,
Daß wir in den Tagen der Entscheidung
Auf die Seite Gottes treten
Und nicht wanken im Ansturm des Bösen!

Am Abend aber, führe uns
Aus dem Gedräng des Kampfes
Auf den Berg der Wolken,
Auf dem der Herr erscheint
In seiner neuen Offenbarung:
Daß Friede werde über allem Streite
Und Liebe strahle über allem Hasse!“

(Arthur Maximilian Miller)

Michaeli

Apokalypse	11, 15—19	—	Himmelsvision
	12, 1— 6	—	Die kosmische Jungfrau und ihr Widersacher
	7—12	—	Michaels Kampf mit dem Drachen
	13—17	—	Die Verfolgung der Himmelsbraut durch den Drachen. Ihre Rettung

Und der siebente Engel stieß in die Posaune. Da erschollen mächtige Stimmen im Himmel: Es ward das Königtum über den Kosmos unserem Herrn und seinem Gesalbten zumal, und König sein wird er von Äonen zu Äonen.

Und die vierundzwanzig Ältesten, die da vor Gott sitzen auf ihren Thronen, fielen auf ihr Angesicht und beteten Gott an und sprachen:

Wir danken dir, Herr und Gott, Allherrscher, der da ist und der da war, daß du an dich genommen hast deine große Gewalt und das Königtum ergriffen hast. Und erzürnen sich darüber die Weltvölker, so kommt auch dein Zorn nun und die Zeit für die Toten, gerichtet zu werden. Und zu geben ihren Lohn den Knechten deiner Huld und den Propheten und den Heiligen und denen, die deinen Namen fürchten, Kleinen wie Großen, und zu verderben die Verderber der Erde.

Und aufgetan ward Gottes Tempel im Himmel, und sichtbar ward die Lade seines Bundes in seinem Tempel, und es kam Blitzstrahl und Stimmengetös und Donnerschall, Erdbeben und großer Hagel.

Und ein großes Geistesbild ward sichtbar im Himmel: Eine Frau, umkleidet mit der Sonne und der Mond unter ihren Füßen und auf ihrem Haupt ein Kranz von zwölf Sternbildern. Und schwangeren Leibes schreit sie in Mutterwehen und der Qual des Gebärens.

Und ein zweites Bild ward sichtbar im Himmel: Siehe, ein großer Drache, feuerrot, der hatte der Häupter sieben und Hörner zehn und auf seinen

Häuptern sieben Diademe, und sein Schweif fegte hinweg das Drittel der Sterne des Himmels und warf sie herab auf die Erde.

Und der Drache stand hoch aufgereckt vor der Frau, die gebären sollte, daß er, wenn sie geboren hätte, ihr Kind verschlänge.

Und sie gebar einen Sohn, den Knaben, der da weiden soll alle Völker mit eisernem Stabe. Und ihr Kind ward entrückt hin zu Gott und zum Throne Gottes hin. Und die Frau entfloh in die Wüste, allwo sie eine Stätte hat, ihr bereitet von Gott, daß sie ernährt würde dort eintausendzweihundertsechzig Tage.

Und Kampf erhob sich im Himmel: Michael und seine Engel, die kämpften wider den Drachen. Und der Drache kämpfte und seine Engel, und er obsiegte nicht. Und es war auch nicht Raum mehr für sie im Himmel. Hinabgeworfen wurde der große Drache, die uralte Schlange, die da heißt Luzifer und Satanas, der verführet den ganzen Weltkreis, hinabgeworfen auf die Erde, und seine Engel wurden mit ihm hinabgeworfen.

Und ich hörte einen lauten Gesang im Himmel: Nun ist der Sieg und die Kraft und die Herrschaft geworden unserem Gott, und seinem Gesalbten die Macht; denn hinabgeworfen ward der Ankläger unserer Brüder, der sie anklagte vor unserem Gott, Tag und Nacht. Und sie obsiegten über ihn durch des Lammes Blut und durch das Wort ihres Zeugnisses, und sie hatten ihr Leben nicht lieb bis in den Tod. Darum frohlocket, ihr Himmel, und ihr, des Himmels Bewohner! Wehe aber der Erde und dem Meer! Denn hinunterstieg der Teufel zu euch, entbrannt in großem Zorn, weil er weiß, daß er nur wenig Zeit hat.

Und als der Drache sah, daß er hinabgeworfen ward auf die Erde, verfolgte er die Frau, die das männliche Kind geboren. Und gegeben wurden der Frau die zwei Schwingen des großen Adlers, daß sie hinflöge in die Wüste an ihre Stätte, wo sie ernährt wird eine Zeit und zwei Zeiten und eine halbe Zeit, fern von dem Angesicht der Schlange.

Und es schleuderte die Schlange aus ihrem Rachen hinter der Frau her Wasser wie einen Strom, daß der Strom sie mit fortrisse, und zuhilfe kam die Erde der Frau, und es öffnete die Erde ihren Mund und trank hinab den Strom, den der Drache schleuderte aus seinem Rachen. Da ergrimmte der Drache über die Frau und ging hin zu kämpfen wider die übrigen ihrer Kinder, die sich an die göttlichen Weltenziele halten und auf dem Zeugnis Jesu bestehen.

Im aufsteigenden Bogen der Sonnenbahn von der Wintersonnenwende bis zur Sommersonnenwende feiern wir die großen Christusfeste: Christi Geburt, Christi Tod und Auferstehung, Christi Himmelfahrt und das Herabsenden des Heiligen Geistes. Das Johannisfest, welches wir zur Zeit der Sommersonnenwende, am 24. Juni, feiern, gehört bereits zum absteigenden Bogen der Sonnenbahn. Wenn wir über den aufsteigenden Sonnenbogen mit seinen Christusfesten die Worte setzen können: „Christus für uns" und „Christus in uns", so dürfen wir über den absteigenden von Johanni bis zu Advent die Worte schreiben: „Christus durch uns". Denn im absteigenden Bogen feiern wir die Feste der Erweckung des Menschen. Die meisten Festtage der Apostel, der durch Christus erweckten Sendboten Gottes, liegen in dieser Jahreshälfte.

Johannes der Täufer, dessen Geburtstag am 24. Juni gefeiert wird, ist der Vorläufer Christi und seiner Apostel. Am gleichen Tag wird auch der Todestag des Evangelisten Johannes begangen, dessen Geburtstag auf den dritten Weihnachtstag fällt. Auf den Johannestag folgen die weiteren Aposteltage: am 29. Juni Peter und Paul; am 25. Juli Jakobus der Ältere; am 24. August Bartholomäus, am 21. September Matthäus, am 18. Oktober Lukas, am 28. Oktober Simon und Judas Thaddäus, 30. November Andreas. Diese Feste deuten hin auf die Geist-Erweckung des Menschen, auf seine Wiedergeburt in Gott.

Hinter Johannes dem Täufer, dem Mahner und Rufer, steht als inspirierender Engel der Sonnenerzengel Michael, der Erwecker und Hüter der gottebenbildlichen Menschen. Ein erster Vorglanz von Michaeli liegt schon über dem Johannesfest der Sommersonnenwende. Michaeli aber, das wir am 29. September feiern, zur Zeit der Herbst-Tagundnachtgleiche, wenn die Sonne in das Sternenzeichen Waage eingetreten ist, ist das große Hauptfest im sinkenden Sonnenbogen, das Fest der Wiedergeburt von Mensch und Kosmos in Gott.

Der gottebenbildliche Mensch der Urschöpfung kannte in seiner innigen Gottverbundenheit weder Sünde noch Tod. Erst durch die Sonderung von Gott verlor er sein göttliches Geistbewußtsein, verfiel er der Schwere der materiellen Welt und brachte durch die Sünde den Tod in die gesamte Schöpfung herein. „Der Tod ist der Sünde Sold" (Röm. 6, 23).

Paulus aber zeigt uns, wie diese Todesbewegung, die in Adam begonnen hat, durch Christus umgewandelt wird in eine Lebensbewegung, die nicht nur den Menschen, sondern den ganzen Kosmos dem Tode entreißen soll (Röm. Kap. 5—8; 8, 19—22). Durch und in Christus-Logos kommt die überkosmische Himmelswelt nahe herbei, die Wiedergeburt von Mensch und Kosmos wird Wirklichkeit.

Das Michaelifest ist der große Augen-blick des Jahres, da wir dieses Mysteriums innewerden, der Geburt des Geistmenschen, der die Vollgewalt des göttlichen Lebens verwirklichen und auch den irdischen Leib dem Tode entreißen wird. Diese geistige Wiedergeburt in kosmischer Größe zeigt uns der Apokalyptiker in den Schaubildern von der himmlischen Sternenjungfrau und von Michaels Kampf mit dem Drachen.

In vielen vorchristlichen Mysterien schaute man die Allmutter als „Jungfrau der Welt“ oder als „kosmische Sternenjungfrau“. Als „Jungfrau der Welt“ gebiert die Allmutter den ganzen Sternenkosmos. Als „kosmische Sternenjungfrau“, die den Fixsternenkosmos repräsentiert, gebiert die Urmutter die Sonne.

So stand nach Proklos unter dem Bilde der Göttin zu Sais: „Das Seiende und das Zukünftige und das Gewordene bin ich. Meinen Schleier hat keiner gehoben. Die Frucht, welche ich gebar, war die Sonne.“ Als „Sonnenjungfrau“ gebiert die Göttin die Planeten und die Erde; als „Mutter Erde“ (De-meter = Ge-meter) wird sie zur Mutter der Erdenmenschheit. Als „Zukunfts-Erde“, in die Christus-Logos sich senkt, wird sie zur Sophia, zur Mutter des Geistmenschen.

Im Alten Testament tritt die Sophia uns entgegen als Fülle der schöpferischen Ideen Gottes, als göttlicher Geist- und Ideenkosmos. In den Sprüchen Salomonis sagt die Sophia: „Der Herr hat mich gehabt im Anfang seiner Wege; ehe er etwas schuf, war ich da. Ich bin eingesetzt von Ewigkeit, von Anfang, vor der Erde“ (8, 22 ff.). Im Buch Jesus Sirach (24, 5 ff.) spricht die Sophia: „Ich allein wandelte allenthalben, soweit der Himmel ist und so tief der Abgrund ist, allenthalben im Meer, allenthalben auf Erden, unter allen Leuten, unter allen Völkern. Bei diesen allen habe ich Wohnung gesucht, daß ich eine Stätte fände. ... Ich habe vor Ihm in der heiligen Hütte gedient und danach zu Zion eine gewisse Stätte gefunden.“

Die fortschreitende Inkarnation der Weisheit kommt hier zum Ausdruck. Sie ist Gottes Weisheit, wird dann kosmische Weisheit und zuletzt Menschenweisheit. Sie inspiriert alle Völker, Religionen und Gottesfreunde. Aber im Fortgang der Geschichte überschattet sie das geistige und irdische Zion, bis zuletzt durch sie das Mysterium der Geburt des Menschensohnes in Maria auf der Erde geschieht.

Der Apokalyptiker Johannes aber sieht ein fernes Zukunftsbild, das beim Schalle der siebenten Posaune am Ende der Tage sich realisieren soll. Nicht die Weltenmutter am Anfang der Schöpfung, auch nicht die irdische Christgeburt ist hier gemeint, sondern eine zukünftige kosmische Christgeburt, durch die auf einer ersten Stufe Christi Vollmacht im Kosmos Wirklichkeit wird.

Johannes schaut die himmlische Jungfrau stehend auf dem Mond, bekleidet mit der Sonne und geschmückt mit dem Kranz der zwölf Sternbilder. Der Weg geht aufwärts von Erde und Mond zur

Sonnen- und Fixsternensphäre. Das Sternenall bildet gleichsam den Leib des geistigen Ideenkosmos, der Sophia Gottes. Isis als kosmische Jungfrau wird in Ägypten oft dargestellt mit dem Mond auf dem Haupt und bekleidet mit einem Sternenmantel, oder sie trägt auf dem Haupt die Isis-Hieroglyphe und kniet mit ausgebreiteten Flügeln auf einer mit neun Tropfen geschmückten Bank, die den ganzen Sternenkosmos mit den neun Sphären symbolisiert. Johannes dagegen schaut die kosmische Jungfrau auf dem Mond stehend und mit dem Kranz der zwölf Sternbilder auf dem Haupt.

Der Mond hat eine Beziehung zum Denken; er stellt im Kosmos den Erkenntnisbaum dar. Nachweislich wirkt der Mond besonders stark auf Großhirn und Nervensystem. Darum trägt die Isis die Mondenscheibe auf dem Kopf. Der Fixsternenhimmel aber bildet gleichsam den Leib, den tragenden Grund des Kosmos. Darum ist der Leib der Isis in den Sternenmantel gehüllt, oder sie kniet auf der Bank mit den neun Tropfen, den neun kosmischen Sphären. Wenn nun in der Apokalypse der Mond zu Füßen der Madonna ruht — manche christlichen Darstellungen zeigen in der Mondsichel sogar noch ein Menschenhaupt —, und die zwölf Sternbilder des Tierkreises ihr Haupt krönen, so will das sagen: In christlicher Zukunft werden die mondenhaften Erkenntniskräfte hineinversenkt in das strömende Leben der Leibestiefen, und die sternenhaften Lebens- und Stoffwechselvorgänge des Leibes werden in das klare Licht der Geisterkenntnis emporgehoben. Unser Erkennen soll lebendig und unser Leben vom Geiste durchlichtet werden. In der Mitte der Madonna aber schaut der Seher die Sonne. So leuchtet im Herzen des durchchristeten Menschen die Zentralkraft der Liebe. Herzwarmes Fühlen bildet die Mitte zwischen Denken und Wollen. Da offenbart die Sophia den Menschen in seiner kosmischen Vollendung und den Kosmos in seiner mensch-göttlichen Verklärung.

Mond, Sonne und Sterne sind Bild des ganzen Kosmos, wie zugleich Bild der Dreifaltigkeit von Geist, Sohn und Vater. Die Sophia als kosmische Jungfrau zeigt uns Gott, sich offenbarend in Mensch und Kosmos, und zeigt uns Mensch und Kosmos, geborgen in Gott.

Nach dieser Schau der kosmischen Jungfrau taucht vor den Augen des Sehers ein zweites Bild auf: der große feuerrote Drache. Er hat sieben Köpfe und zehn Hörner und sieben Diademe auf seinen Köpfen. Er reißt ein Drittel der Sterne vom Himmel und sucht das Kind, das die Frau gebiert, zu verschlingen. Johannes bezeichnet diesen Drachen als „die alte Schlange, die Diabolos (Luzifer) und Satanas (Ahriman) genannt wird, welche die ganze Welt verführt“ (Kap. 12,9).

Damit ist die Drachenschlange als Gottes Widersacher charakterisiert. In vielen alten Mysterien war das Symbol des Drachen oder der Schlange ursprünglich ein Bild für den ganzen Kosmos. Der dem Sonnengott Bel-Marduk heilige Sirrusch, die gehende, noch nicht kriechende Schlange, war ein Mischgebilde aus Drache, Löwe, Adler und Stier und stellte den himmlischen Sternentierkreis dar. Die Farbe des Jahresdrachen war in Babylon rot. Die Worte „Jahr" und „Rot" hatten im Babylonischen und Hebräischen den gleichen Wortstamm. Hebräisch heißt „schana" — Jahr und „schani" — rot. Wir verstehen von da aus, warum der Jahresdrache rot sein muß. Eine babylonische Weltkarte nennt „das Jahr des großen roten Drachen". Der Widersacher Gottes hat also hier die Gestalt des alten kosmischen Jahresdrachen; er hat sieben Köpfe, hinweisend auf die sieben Planeten, und zehn Hörner, hindeutend auf die Zehnteilung des alten Tierkreises. Die sieben Häupter tragen sieben Diademe. Die zehn Hörner sind nicht als Auswüchse der sieben Köpfe zu verstehen, sondern über die ganze Schlangenlänge verteilt zu denken. So stehen sie selbständig neben den Köpfen, wie die Bilder des Fixsternentierkreises selbständig neben den Planeten stehen. Die Beziehung zur Fixsternensphäre wird auch dadurch verdeutlicht, daß der Drache ein Drittel der Sterne vom Himmel herabreißt. Die zerstörende Dämonie des Teufels reicht also bis in die höchsten Fixsternenwelten hinauf.

Beim Drachen mit seinen zehn Hörnern sehen wir die alte zehnteilige Gliederung des Tierkreises, bei der Jungfrau mit den zwölf Sternbildern den neuen Zwölfertierkreis. Drache und Jungfrau verkörpern beide den Kosmos im ganzen. Aber hier in der Apokalypse steht „diese Welt" gegen „jene Welt", der untergehende Äon Luzifers gegen den aufgehenden Äon des Christus.

Die kosmische Jungfrau gebiert einen Sohn, „einen Knaben, der herrschen soll mit ehernem Zepter über alle Völker". Diese Worte sind dem zweiten Psalm entnommen und kennzeichnen das Kind der Jungfrau eindeutig als Messias-Christus. Aber es ist hier nicht die Erdengeburt des Christkindes zu Bethlehem gemeint, sondern eine zukünftige kosmische Christgeburt, das Aufbrechen eines neuen kosmisch-christlichen Bewußtseins in der Menschheit.

Auf die Zeit, in der sich die Erdengeburt des Christus zu Bethlehem vollzog, wies das vierte Sendschreiben hin. Dort kam zum ersten Mal das messianische Wort vom Völkerhirten mit dem eisernen Zepter vor (Kap. 2, 27). Hier dagegen, wo dieses Wort zum zweiten Mal steht, ist das Ereignis der Wiederkunft Christi gemeint. Was bei der irdischen Christgeburt sich im Verborgenen vollzog, wird nun in seinem kosmischen, weltumspannenden Sinn enthüllt. Ein neues kosmisch-christliches Bewußtsein erschließt sich dem Menschen. Zugleich aber wird dadurch der satanisch-luziferische Widerstand des ganzen Kosmos auf den Plan gerufen. Wie einst das eben geborene Christkind vom König Herodes verfolgt und durch den Kindermord zu Bethlehem ums Leben gebracht werden sollte, so wird jetzt der Sohn der Jungfrau vom kosmischen Drachen verfolgt. Wie das Kind von Bethlehem in die Wüste, nach Ägypten, flieht in das heilige Land alter Sonnenmysterien, so wird nun auch das kosmische Christkind entrückt an Gottes Thron, in einen überkosmischen Bereich, welcher der Macht Satans entzogen ist. So ist es auch mit dem Gottes-Ich des Menschen, das selbst Teil Christi ist. Es überschwebt den Menschen gleichsam als hohe Geistgestalt und ist geborgen in Gott. Erst am Weltenende, wenn Christus offenbar wird im Erdensein, kann auch dieses Gottes-Ich im Menschen voll zum Durchbruch kommen. „Es ist noch nicht in Erscheinung getreten, was wir sein werden; wir wissen aber, wenn er in Erscheinung tritt, so werden wir ihm ähnlich sein"(1. Joh. 3, 2).

Am Ende des zwölften Kapitels bezeichnet Johannes jene Menschen, „welche sich an die Weltenziele Gottes halten und das Zeugnis Jesu bewahren" als „die übrigen Kinder" der kosmischen Jungfrau. Damit wird deutlich gesagt: Der aus Gott geborene, der geistig wiedergeborene Mensch (Joh. 1, 13) ist Sohn der kosmischen Jungfrau und Bruder Christi.

Während das Kind in den überkosmischen Bereich, an Gottes Thron, entrückt wird, flieht die Sophia in die Wüste, das heißt, sie steigt vom Himmel herab auf die Erde und macht den Inkarnationsvorgang der Menschheit mit. Aber auch dabei bleibt sie von Gott behütet und rein von Sünde. Sie erhält von Gott das Flügelpaar des großen Adlers, die Geistesschwungkraft, mit der sie sich den Nachstellungen des Drachen entziehen kann.

Der Drache wird mit seinen dämonischen Geistern von Michael und seinen Engeln aus dem Himmel zur Erde herabgestürzt. Da verfolgt er die Sophia auf der Erde. Mit einem Wasserstrom will der Drache die Jungfrau von der Erde wegreißen. Luzifer will mit den Wassern seiner falschen Geistigkeit auflösend und zersetzend wirken. Gottes Weisheit soll nicht festen Fuß fassen können auf der Erde. Da aber Christus im Mysterium von Golgatha selbst die Erde zu seinem Leib gemacht hat, vermag die Erde der Jungfrau zu helfen, indem sie den Wasserstrom des Drachen aufsaugt.

Geschützt vor der Schlange wird die Jungfrau an abgeschiedener Stätte von Gott ernährt dreieinhalb Zeiten oder 1 260 Tage. (3,5 x 360 = 1 260). Dreihundertsechzig ist die Zahl der Grade im Kreis, die Zahl der Tage im altsumerischen Jahr. 1 260 Tage sind also dreieinhalb Jahre oder dreieinhalb Zeiten. Gemeint sind mit diesen Zeiten oder Jahren kosmische Entwicklungsepochen. Dreieinhalb ist die Mitte der Sieben, deutet also auf das Zentrum eines Siebenerrhythmus. Es wurde schon erwähnt, daß das vierte Sendschreiben — Vier ist die mittlere Einheit einer Siebenheit — sich bezieht auf die Erdengeburt des Christkindes. Auch die alte Adams-Ära setzt die Geburt des Christus ins Jahr 4 000 nach der Weltschöpfung. So wie die Erdengeburt Christi die Mitte der geschichtlichen Erdenzeit darstellt, so bildet die kosmische Geburt des Christus, von der das zwölfte Kapitel der Apokalypse kündet, die heilige Mitte des metahistorischen, apokalyptischen Entwicklungsprozesses der Menschheit.

Dreieinhalb Zeiten von diesem metahistorischen Prozeß sind vergangen bis zur Geburt des kosmischen Christus. Weitere dreieinhalb Zeiten hindurch bleibt das Kind an Gottes Thron und die kosmische Jungfrau in der irdischen Abgeschiedenheit. Wenn die Sophia nach dreieinhalb Zeiten abermals hervortritt (19, 7), kommt sie wieder als himmlische Braut ihres inzwischen am Throne Gottes zum Manne herangewachsenen Sohnes, der mit seinen lichten Kämpferscharen als weißer Reiter vom Himmel zur Erde herabstürmt, um nun endgültig die Macht des Satans auch auf der Erde zu überwinden. Hier ertönt dann zum dritten Mal das Wort vom Völkerhirten mit dem ehernen Zepter: „Er wird sie führen mit ehernem Zepter“ (19, 15).

Die Sophia aber, welche jetzt zur Braut ihres Sohnes, des weißen Reiters, wird, erscheint zuletzt als Bildgestalt der heiligen Stadt, des himmlischen Jerusalem (21, 2). Denn sie ist hier am Ende der Apokalypse Symbol des verklärten Kosmos, des erneuerten Paradieses, so wie sie im Beginn der Weltentwicklung als Weltenmutter Symbol des Paradieses, Verkörperung des lichten Urkosmos, der reinen Ideen-Welt Gottes, war.

Wie einst in vorirdischen Äonen Luzifer mit seinen Engeln sich gegen Gott erhob und von Michael, dem Antlitzengel Christi, dem Hüter des göttlichen Lichts in Kosmos und Mensch, gestürzt wurde, so erhebt sich jetzt in der apokalyptischen Endzeit Luzifer mit seinen Engeln wiederum gegen den Äon des Lichtes bei der Geburt des kosmischen Christus. Michael, der Hüter des gottebenbildlichen Geistmenschen, führt die himmlischen Scharen des Lichtäons zum Siege über alle finsteren kosmischen Mächte und verhilft dem neuen kosmisch-christlichen Bewußtsein in der Menschheit zum Durchbruch. Damit werden zunächst die Sternensphären befreit von allen Dämonen.

In allen Planeten- und Sternensphären sind noch heute sowohl lichte als auch dunkle Geister wirksam. Zwar hat Christus bei seiner Auferstehung und Himmelfahrt den Sieg über alle Archonten des Kosmos davongetragen (Kol. 2, 15) und die Menschen prinzipiell von allem unheilvollen Einfluß der Sterndämonen befreit. Aber was Christus prinzipiell den Menschen, die sich mit seiner Geistkraft erfüllen, ermöglicht hat, die Gewinnung des Sieges über alle Sterndämonen und Archonten des Kosmos, das ist heute noch nicht naturhaft äußere Wirklichkeit. Als naturhaftes Wesen untersteht der Mensch auch heute noch den kosmischen Mächten der Astralwelt, wie es jedes Geburtshoroskop erkennen läßt. In den Sternen- und Planetensphären wirken lichte und dunkle Geister weiter, bis dereinst beim Schalle der siebenten Posaune Michael den Drachen stürzen wird. Erst dann beginnt die äußere naturhafte Weltvollendung, die Machtergreifung Christi im Kosmos.

Naturhafte Wirklichkeit wird dann, was bis dahin nur geistige Möglichkeit für den durchchristeten Menschen war. Da jubeln in Freude alle Sphärengeister, alle Bewohner der geistigen Sternenwelten. Nur auf der Erde geht auch dann noch der Kampf mit den Dämonen weiter. „Darum jauchzet ihr Himmel, und die in ihm wohnen! Aber wehe dem Lande und dem Meere! Denn der Teufel ist zu euch niedergefahren in grimmem Zorne. Wisset, daß er nur noch kurze Zeit hat.“

Die Zeit ist kurz überall da, wo sie transparent wird für die Ewigkeit, die den Menschen Vergangenes, Gegenwärtiges und Zukünftiges gleichzeitig erleben läßt. Immer stärker wird im Fortgang der Apokalypse die Zeit transparent für die Ewigkeit. Schon beim Klang der sechsten Posaune hatte Michael verkündet: „Es wird keine Zeit mehr sein!“ (10, 6). Überall da, wo ein Lebensprozeß zu Ende geht, bei jeder Begegnung mit dem Tod, spürt der Mensch den tragenden Ewigkeitsgrund, aus dem alle Zeitenkreise aufsteigen und in den sie bei ihrer Vollendung wieder eingehen.

„O Ewigkeit, du Donnerwort,
O Schwert, das durch die Seele bohrt,
O Anfang sonder Ende!
O Ewigkeit, Zeit ohne Zeit,
Ich weiß vor großer Traurigkeit
Nicht, wo ich mich hinwende.

Mein ganz erschrocknes Herze bebt,
Daß mir die Zung' am Gaumen klebt,
Nimm du mich, wenn es dir gefällt,
Herr Jesu, in dein Freudenzelt."

(Johann Rist)

So spüren wir auch heute, wo ein zweitausendjähriger Äon, das kosmische Zeitalter der Fische, zu Ende geht und das neue Wassermannzeitalter beginnt, besonders stark das Transparentwerden der Zeit für die Ewigkeit, verstehen die Bilder der Apokalypse ganz neu, weil in uns selber ein kosmisch geweitetes Bewußtsein geboren werden will. Die gewaltigen Katastrophen einer untergehenden Kultur bringen heute zahlreiche Menschen an die Schwelle von Tod und Leben heran und machen ihnen die ins Überräumlich-Überzeitliche reichende Entwicklung des Geistes immer stärker bewußt.

„Das Sterbliche erdröhnt in seinen Grundfesten, aber das Unsterbliche fängt heller zu leuchten an und erkennt sich selbst" (Novalis).

18. Sonntag nach Trinitatis — Erntedankfest

Matthäus 22, 1—14 — Gleichnis vom königlichen Hochzeitsmahle

Wiederum nahm Jesus das Wort und sprach in Gleichnissen zu ihnen: Mit dem Himmelreich ist es wie mit einem König, der für seinen Sohn die Hochzeit vorbereitete. Er schickte seine Dienstmannen aus, die Einzuladenden zur Hochzeit zu rufen; aber diese wollten nicht kommen. Da schickte er andere Diener aus und trug ihnen auf: Saget den Geladenen: Mein Festmahl habe ich bereitet, meine Ochsen und Masttiere sind geschlachtet — alles ist bereit, kommet zur Hochzeit!

Aber sie kümmerten sich nicht darum; der eine ging auf sein Landgut, der andere zu seinem Geschäft, die übrigen ergriffen seine Diener, mißhandelten und töteten sie.

Da wurde der König zornig, sandte seine Truppen aus und ließ die Mörder umbringen und ihre Stadt in Flammen setzen. Dann sagte er zu seinen Dienstmannen: Die Hochzeit ist zwar bereitet, aber die Geladenen waren nicht würdig. Darum geht an die Straßenecken und rufet alle, die ihr findet, zur Hochzeit!

So gingen die Diener auf die Straßen und sammelten alle, die sie fanden, Böse und Gute, so daß der Hochzeitssaal sich mit Gästen füllte. Als nun der König eintrat, um sich die Gäste anzuschauen, sah er da einen Menschen, der kein hochzeitliches Kleid trug. Freund, sprach er zu ihm, wie bist du da hereingekommen, ohne ein hochzeitliches Gewand zu tragen?

Jener verstummte.

Da sprach der König zu den Dienern: Bindet ihm Hände und Füße und werft ihn hinaus in die Finsternis draußen! Dort wird Heulen und Zähneknirschen sein. Denn viele sind berufen, aber wenige auserwählt.

An den Sonntagen zwischen der Sommersonnenwende und dem Michaelisfest tönt immer lauter aus den Evangelien die Stimme an unser Ohr, die uns mahnt zum Wach-Werden, zur Wiedergeburt im Geist. Am Michaelisfest selbst stellten wir vor uns hin das große Schaubild aus der Johannes-Apokalypse, das uns zeigte, was die Wiedergeburt im Geist für Mensch und Kosmos bedeutet. Jetzt, im letzten Drittel des sinkenden Sonnenbogens, der von Michaeli bis zu Advent reicht, da zeigen uns die Evangelienbilder, wie die Geisterweckung sich auswirkt im Leben des Menschen. Das Evangelium von der himmlischen Hochzeit, das wir eben gehört haben, macht uns diese Auswirkung auf den Menschen verständlich.

Jetzt, im Herbst, erstirbt das Leben draußen in der Natur. Die Blätter werden gelb und braun und rot und fallen von den Bäumen. Wenn man den Vorgang des Welkens mit geistigem Auge erschauen könnte, dann würde man sehen, wie die Bildekräfte aus der Pflanze sich flammend herauslösen und wie diese Bildekräfte flammend rot und gelb gegen den Himmel aufsteigen, während das physische Laub ebenfalls in Rot und Gelb aufleuchtet. Es ertönt da gleichsam durch die ganze Natur der Ruf des himmlischen Königs: „Löset euch aus den irdischen Bindungen, kehret heim in das Reich des himmlischen Vaters!" Aber im Evangelium wollen die Gäste auf den Ruf des himmlischen Vaters nicht hören, sie wollen sich nicht aus ihren irdischen Bindungen herauslösen; sie bleiben ganz ihren irdischen Geschäften, ihrem irdischen Streben verhaftet.

In den letzten vierhundert Jahren hat die europäische Menschheit sich immer stärker dem Irdischen verbunden, ist in der Menschheit immer mehr das Himmelslicht erloschen; die Menschen haben gestrebt nach irdischer Macht, irdischem Reichtum, sind ganz im Äußeren aufgegangen. Und die Sendboten des himmlischen Königs, Propheten, die in den letzten vierhundert Jahren zur Menschheit gesprochen haben, wurden kaum gehört. Ja, sie wurden sogar verfolgt und umgebracht. Dann hat der himmlische König seine Kriegsheere gesandt über Europa. In den zwei letzten Weltkriegen sind die europäischen Städte im Feuerbrand aufgegangen. Das ist zutiefst die Folge von der Verhaftung der Menschheit im Irdischen. Das schwere Schicksal, das in den letzten Kriegen über sie hereingebrochen ist, soll sie aufwecken; es soll sie nun mit Gewalt lösen aus den irdischen Bindungen, damit sie sich auf das Übersinnliche, auf das Reich des himmlischen Vaters besinnen.

Alle sind gerufen ohne Unterschied des Standes, ohne Unterschied der Begabung, ohne Unterschied der Leistung. Es heißt ausdrücklich im Evangelium: Gute und Böse sind geladen, nicht nur die Guten, alle sind geladen vom himmlischen König. Als er dann in den Hochzeitssaal kommt, da sieht er einen unter den Geladenen, der kein hochzeitliches Kleid anhat; und den weist er hinaus. Was bedeutet das weiße hochzeitliche Kleid, das der Mensch tragen muß, wenn er im Saal des himmlischen Königs bleiben soll?

Der Mensch trägt dann das himmlische Kleid, gleichgültig ob er gut oder böse ist, wenn sein Wesen durchlässig geworden ist für den in ihm glühenden Gottesfunken, für sein göttliches Urbild. In uns allen lebt das Urbild. Wenn der göttliche Geistfunke, den wir alle in uns tragen, unsere irdische Erscheinung durchleuchtet, dann tragen wir das weiße Kleid, dann können wir im himmlischen Hochzeitssaale bleiben, gleichgültig ob wir gut oder böse sind. Wo aber der Mensch sich in sich selbst verschließt, wo er nicht transparent, nicht durchscheinend wird für das göttliche Licht, da wird er ausgestoßen in die Finsternis des äußeren Daseins so lange, bis seine Erscheinung durchleuchtet wird vom Gotteslicht. Denn der Mensch, der sich des göttlichen Funkens nicht bewußt wird, der nur die dunklen, schweren Seiten des Lebens sieht, der nichts weiß von den lichten Hintergründen aller Schicksale, auch der schweren, dem muß sein eigenes Leben und das Leben der ganzen Menschheit sinnlos erscheinen, der lebt in der Qual des äußeren Daseins, der kann nicht geduldet werden im himmlischen Hochzeitssaal.

Eigentlich wirft ihn nicht der König heraus, der Mensch schließt sich selbst aus von diesem Lichtreich, weil er sich ganz im Irdischen verfängt und verhärtet: Er begeht die Sünde wider den Heiligen Geist. Und von der Sünde wider den Heiligen Geist sagt Christus an anderer Stelle im Evangelium, daß sie nicht vergeben werden kann, weder in dieser noch in jener Welt. Ja, sie kann solange nicht vergeben werden, bis der Mensch sich öffnet für das göttliche Licht, bis er transparent wird für den Geistfunken in der eigenen Seele. In dem

Augenblick, wo er sich öffnet, da ist auch die Sünde wider den Geist nicht mehr da, da strahlt der Geist durch ihn hindurch, der Gottesgeist, und da wird ihm alle Schuld vergeben.

„Viele sind berufen, aber wenige auserwählt", heißt es mit Betonung in dem Evangelientext. Wir erinnern uns daran, daß man im Urchristentum die Menschen einteilte in Somatiker (Sarkiker), in Psychiker und Pneumatiker. Unter Somatikern, unter leiblich gebundenen Menschen — „sõma" heißt im Griechischen Leib —, versteht man jene Menschen, die so völlig im Irdisch-Materiellen verfangen sind, daß sie die höhere Welt nicht mehr ahnen, daß sie den Ruf des himmlischen Königs nicht hören und vom Übersinnlichen nichts mehr sehen. Die Somatiker, die leiblich Gebundenen, hören nicht und sehen nicht. Die Psychiker dagegen, die Seelenmenschen, hören und sehen; sie vernehmen den Ruf des himmlischen Königs, sie schauen etwas vom Reich des Übersinnlichen, aber sie folgen nicht, sie verwirklichen im Leben nicht das, was sie hören. Und endlich von den Pneumatikern, der dritten Gruppe, hieß es: Das sind die Menschen, die sehen und hören und der göttlichen Stimme folgen. Ja, viele, alle, könnte man sagen, sind berufen, aber wenige auserwählt. Die Gnade der Auserwählung kann nur denen zuteil werden, die sich dem göttlichen Licht öffnen.

„Nur der kommt zum Gral", heißt es in der Parzival-Sage, „dessen Name am Gral geschrieben steht". Am Gral steht der Name jedes Menschen geschrieben, der sich dem Graleslicht öffnet. Ihn wählt dann der Schöpfer-Logos sich selber zu, ihn zieht er empor in das Lichtreich. Der, in dem das Gottes-Ich, der Gottesfunke, zu leuchten beginnt, kann vom himmlischen Licht des Schöpfer-Logos in die höhere Welt emporgezogen werden; er ist erwählt und begnadet, weil er sich der Gnade und dem Geist öffnet. Wer das nicht tut, der schließt sich selbst vom Lichtreich aus, muß solange in der Finsternis des äußeren Daseins verweilen, bis er durch das Schicksal, das er durchmacht, aufgeschlossen wird für die höhere Welt.

Gerade die schweren Schicksale, die über unsere Gegenwart durch die beiden letzten Weltkriege und deren Folgen gekommen sind, sollen die Menschen aufschließen. Der Ruf Michaels, des Erzengels, der den Gottesfunken im Menschen hütet, tönt geistmächtig an unsere Ohren in diesen schweren Weltenschicksalen. Er ruft gleichsam:

„Wendezeit ist gekommen!
Es beben alle bergenden Hütten und Hüllen,
Und wer nicht wachsen will,

Den zerschmettert der Schicksale Last.
Zu entschreiten dem Schrecknis,
Nur dem Wachen gelingt es,
Der das Kommende mit ganzer Kraft
Und Demut innig empfängt.

Wendezeit ist gekommen!
Wieder rufen die Himmel
Einer großen Menschheitsstunde
Zukunfttragenden Vorübergang.
Es hört es die Erde,
Es brodeln die Wetter.
Werden es auch die Herzen vernehmen?
Werden sie finden die Furt durch das Feuer,
Den fassenden Sinn?

Des Zukunftmenschen Geistesbild,
Die Himmel tragen es heran,
Die Weiten wollen es empfangen;
Die Tiefen der Ichheit allein können es gestalten."*

„Aufrütteln kann dich die Weltenwende,
Weckend ruft dir der Weltenheiland;
Aber erwachen mußt du selbst.
Erstrebe die Ehrfurcht vor allem, was lebt,
Entzünde im Dunkel der Geistgedanken Licht,
Erfühle die Welt vom Geheimnis durchweht.
Bezähme die Wildheit und zeig ihr die Zukunft,
In wachendem Leiden ermiß den Menschen,
Dann wirst du eine Macht sein in Gottes Dom
Und mit Christus lenken die Weltgeschicke,
Den Höhen eingeboren, ewigem Ratschluß gemäß."*

19. Sonntag nach Trinitatis

Apokalypse 1, 9—20 — Eingangsvision: Der himmlische Christus behütet die Kirche

Ich, Johannes, euer Bruder und Schicksalsgefährte im Leiden, im Erleben des Königtums und in der geduldigen Erwartung Jesu Christi, ich war auf der Insel, Patmos genannt, um des Wortes Gottes willen und des Zeugnisses Jesu willen. Da war ich im Geiste am Tage des Herrn, und ich hörte hinter mir eine gewaltige Stimme wie eine Posaune, die sprach:

Was du siehst, schreibe in ein Buch und schicke es den sieben Gemeinden: nach Ephesus und nach Smyrna und nach Pergamon und nach Thyatira und nach Sardes und nach Philadelphia und nach Laodicea!

Ich wandte mich zu sehen die Stimme, die mit mir redete, und als ich mich wandte, sah ich sieben goldene Leuchter und inmitten der Leuchter Einen gleich einem Menschensohn, angetan mit wallendem Gewande und begürtet um die Brust mit goldenem Gürtel. Sein Haupt aber und seine Haare glanzweiß wie weiße Wolle, wie Schnee und seine Augen wie Feuerflammen und seine Füße gleich Messing, im Ofen geglühtem, und seine Stimme wie die Stimme vieler Wasser, und er hielt in seiner rechten Hand der Sterne sieben, und aus seinem Munde ging ein Schwert, ein zweischneidig scharfes, und sein Antlitz wie die Sonne scheint in ihrer Kraft.

Und als ich ihn sah, da fiel ich zu seinen Füßen hin wie tot. Er legte seine Rechte auf mich und sprach: Fürchte dich nicht! Ich bin der Erste und der Letzte — ich bin der Lebendige und ich war tot; und siehe, lebendig bin ich von Äonen zu Äonen und habe die Schlüssel des Todes und des Hades. Schreibe nun, was du sahest: das, was ist, und das, was geschehen soll hernachmals! Das Geheimnis der sieben Sterne, die du sahest auf meiner Rechten, und die sieben Leuchter, die goldenen — die sieben Sterne sind die Engel der sieben Gemeinden; und die Leuchter, die sieben, sind die sieben Gemeinden.

Die Zeit der Tagundnachtgleiche ist vorüber. Deutlich spüren wir bereits, wie die Nächte gelängt haben und die Tage gekürzt. Die Finsternis draußen in der Natur nimmt zu. Wir gehen der dunklen Jahreszeit wieder entgegen. Aber in dieser Zeit der dunklen Nächte wollen wir vor uns hinstellen die Bilder der Johannes-Offenbarung, die den geistigen Sonnenaufgang im Menscheninnern zeigen. Das, was ich eben gelesen habe, ist das erste Schaubild der Johannes-Offenbarung. Johannes weilt verbannt während der domitianischen Christenverfolgung auf der Insel Patmos. An einem Tage des Herrn, das heißt am Sonntag, am Sonnentag, hat er sein erstes großes geistiges Sonnenerlebnis. Er hört eine mächtige Stimme hinter sich wie Posaunenschall. Das wirkt auf ihn wie ein geistiger Erweckungsruf, wie ein geistiger Sonnenaufgang.

Die Alten erlebten bei Aufgang der Sonne nicht nur das Licht, sie hörten auch das Tönen der Sphärenharmonien. Noch Goethe spricht im „Faust“ vom Tönen des Sonnenlichtes:

„Welch Getöse bringt das Licht!
Es trommetet, es posaunet,

Auge blinzt und Ohr erstaunet,
Unerhörtes hört sich nicht."

So vernimmt auch hier Johannes im Trommetenschall der Posaune das Strahlen der Geistessonne, die sich ihm jetzt offenbaren will. Und auf das Tonerlebnis folgt ein Schauerlebnis, als er sich umwendet nach dieser Stimme. Das Sich-Umwenden deutet hin auf ein geistiges Emporsteigen auf höhere Ebene, wobei sich ihm das große Schaubild des Menschensohnes erschließt. „Er sieht eine Gestalt wie eines Menschen Sohn", heißt es in der Apokalypse. Das ist nicht nur die Gestalt Christi, sondern das ist das Urbild, das paradiesische Urbild des Menschen in Gott, das ist der lichte Mensch, wie Gott ihn schaute im Urbeginn der Schöpfung; und der Sohnesgott, das ist das Offenbar-Werden Gottes dem Menschen gegenüber, das ist der Mensch in Gott. Alles, was von dieser Gestalt des Menschensohnes, des Menschen in Gott, gesagt wird, gilt also auch für den wahren, gottebenbildlichen Menschen.

Da heißt es zuerst: Die Gestalt des Menschensohnes wandelt unter sieben Leuchtern. Und von den sieben Leuchtern wird nachher deutend gesagt, daß sie die sieben Gemeinden Kleinasiens seien. Sie deuten aber nicht nur hin auf die sieben Gemeinden Kleinasiens, sie sind zugleich die großen sieben Gemeinden der gesamten Menschheitsentwicklung, stellen dar die sieben großen Weltentage, durch die die Menschheit im Laufe ihrer Geschichte hindurchschreitet. Und wenn es heißt, der Menschensohn wandelt zwischen diesen Leuchtern, so will das sagen: Die Gestalt des gottebenbildlichen Menschen, des Menschen in Gott, schreitet durch alle Epochen, durch alle sieben Tage der Weltentwicklung gegenwärtig seiend hindurch. Und auch wir haben mit unserem innersten Geistkern, mit unserem Gottesfunken, teil an der ganzen Menschheitsgeschichte. „Erst die Menschheit ist der wahre Mensch", sagt darum Goethe.

Wie sieht nun Johannes diese Lichtgestalt des wahren Menschenurbildes: Sie trägt ein leuchtend weißes Gewand, das ihre Glieder umhüllt, hindeutend darauf, daß der gottebenbildliche Mensch bis in seine Willenstiefen durchlichtet und durchstrahlt ist von Gottes Kraft. Die Gestalt ist gegürtet mit einem goldenen Gürtel um die Brust. Man könnte sagen, sie trägt ein goldenes Herz in ihrer Brust. Auch ihr Fühlen ist durchlichtet von Gottes Kraft. Und das Haupthaar der Gestalt ist weiß wie Wolle, leuchtend wie Schnee, hindeutend darauf, daß auch die Gedankenwelt des Menschen weiß und leuchtend strahlt im Licht Gottes. Der ganze Mensch nach Denken,

Fühlen und Wollen ist verklärt in Gottes Licht. So sieht der Seher den Geist Gottes wirksam in dieser Gestalt.

Dann aber heißt es weiter: Die Augen leuchten wie Feuerflammen. Und dieser Feuerstrom der Seelenmacht, die aus den Augen blitzt, durchkraftet die ganze Gestalt bis in die Füße; selbst die Füße leuchten und strahlen wie feuerflüssiges Messing. Aus dem Munde aber tönt geistgewaltig das Wort wie das Strömen gewaltiger Wassermengen. Indem der Seher hier von der Seelenmacht der Gestalt spricht, vom flammenden Feuer-Element, vom strömenden Wasser-Element, nimmt er die Bilder aus der Elementarwelt des Kosmos zu Hilfe.

Als der Seher vom Körper der Gestalt spricht, geht er noch über die kosmischen Elemente hinaus, da spricht er von den Sternenkräften des Weltalls, da sagt er, das Antlitz leuchtet wie die Sonne. In den Händen trägt die Gestalt die sieben Sterne, die sieben Wandelsterne, die zugleich die Engel, die Erzengel dieser Sterne sind und die Hüter der sieben Menschheitsgemeinden. Da sieht er gewissermaßen in der Gestalt den ganzen Sternenkosmos mit Sonne und Wandelsternen leibhaft vor sich. Und endlich sagt er noch, daß wie ein zweischneidiges Schwert das göttliche Wort aus der Gestalt hervordringe. In diesem Zusammenhang von Sonne und Sternen mutet das Wort vom zweischneidigen Schwert an wie ein Komet mit seinem schwertartigen, langen Schweif. Gemeint ist mit dem Wort das Schöpferwort im Urbeginn, aus dem die ganze Welt hervorging. Es ist das gleiche Wort, das am Weltenende richtet und das auch in uns spricht und uns führen will. Das Wort, von dem der Seher hier im Bild des zweischneidigen Schwertes spricht, scheidet Licht und Dunkel, scheidet Gut und Böse; es ist die richtende, die richtungweisende Gotteskraft in Mensch und Kosmos, ist die Kraft, die den Menschen mit der überkosmischen, ewigen Welt Gottes selber verbindet.

Auf das Tonerlebnis des Posaunenschalls, auf das Bilderlebnis der Gestalt des Menschensohnes folgt nun zuletzt noch ein intuitives Einigungserlebnis des Menschen mit Gott. Die Gestalt des Menschensohnes tritt zum Seher Johannes heran und berührt ihn mit der Hand. Berührung ist die innigste Vereinigung, inniger noch als hören und schauen. Unter der Allgewalt der Schau und Geistberührung stürzt der Liebesjünger wie tot zusammen. Das erträgt zunächst der Mensch nicht. Unter dieser Berührung stirbt der Mensch. „Wer Jehova sieht, stirbt", heißt es im alten Testament. Aber es ist hier ein Sterben, das zu einem Auferstehen führt. Und die Gestalt spricht dann auch zu Johannes: „Ich war tot und bin wieder lebendig geworden." Dieses Hindurchgehen durch Tod und Auferstehung erlebt nun der Jünger mit dem Menschensohn. Jetzt ist er emporgehoben durch die Wesenseinigung mit Gott in den überkosmischen Ewigkeitsbereich Gottes, des Gottes, der die Schlüssel des Todes und des Hades trägt, der Herr ist über Leben und Tod, der hindurchschreitet durch alle Äonen, nicht nur der Menschheits-, sondern der gesamten kosmischen Entwicklung. Jetzt ist er eins geworden mit dem lebendigen Gott selber.

Die selige Angela von Voligno sagt: „In einer Finsternis sah ich die Heilige Dreifaltigkeit, und in der Finsternis, in der sich die Heilige Dreifaltigkeit offenbarte, sah ich mich selbst aufrecht in der Mitte." Das wahre Menschenbild lebt in der Herzmitte Gottes. Und Angelus Silesius sagt:

> „Ich selbst muß Sonne sein, ich muß mit meinen Strahlen
> Das farbenlose Meer der ganzen Gottheit malen."

Der Mensch reicht mit seinem tiefsten Wesen in die Herzmitte des ewigen, des lebendigen Gottes hinein.

In dieser ersten Schauung der Offenbarung erlebt der Liebesjünger Johannes zunächst den tönenden Schall der Posaune, dann das imaginative Schaubild des Menschensohnes und zuletzt die Wesenseinung mit Gott selbst. Das ist ein Erlebnis, das viele Christen der Urgemeinden hatten und das ihnen die Kraft gab, die Verfolgungen durchzustehen. Es ist das Erleben, das ihn, Johannes, befähigte, im Leiden Schicksalsgefährte Christi zu sein und zugleich seine Berufung zu empfangen, das Reich des Geistes bis zur Wiederkunft durch die Zeiten zu tragen.

Dieses Erlebnis wollen auch wir in unserer so sehr gefährdeten Zeit, die uns noch durch ernste Katastrophen führen wird, stets vor Augen haben. Es wird uns stärken und trösten, wie auch die Worte des Apostels Paulus:

> „... in Reinheit, Erkenntnis, Langmut und Güte; in heiligem Geist und ungeheuchelter Liebe, in Wahrheitsrede und Gottes Kraft; mit Waffen der Gerechtigkeit zur Rechten und zur Linken; bei Ehre und Schmach, bei Lästerung und Lob; als Verführer verschrien und doch wahrhaft, als Ungekannte und doch wohlbekannt; dem Tod geweiht, und doch leben wir; mit Ruten gezüchtigt und doch nicht zu Tode gepeinigt; betrübt, doch immer fröhlich; arm und doch vielen schenkend — als solche, die nichts haben und doch alles besitzen" (2. Kor. 6, 6—10).

20. Sonntag nach Trinitatis

Apokalypse 3, 1—6 — An die Gemeinde in Sardes

Und dem Engel der Gemeinde zu *Sardes* schreibe:

So spricht, der die sieben Geister Gottes hat und die sieben Sterne: Ich weiß deine Werke. Du hast den Namen, daß du lebst und bist tot. Wache auf und stärke den Rest, der im Sterben liegt, denn ich habe deine Werke nicht für vollwertig erfunden vor meinem Gott. So gedenke denn, wie du es empfangen hast und vernommen hast, und bewahre es und wandle deinen Sinn. Siehe, ich komme wie ein Dieb. Selig, der da wacht und bewahrt seine Gewänder, daß er nicht nackt umhergehe und man sehe seine Blöße. Wofern du nun nicht wachen wirst, komme ich wie ein Dieb. Und nicht wissen sollst du, zu welcher Stunde ich über dich komme.

Jedoch hast du einige Namen in Sardes, die nicht befleckten ihre Gewänder, und sie sollen wandeln mit mir weiß gekleidet, weil sie es wert sind. Wer überwindet, der werde angetan mit weißen Gewändern, und nimmer werde ich löschen seinen Namen aus dem Buche des Lebens und bekennen werde ich seinen Namen im Angesicht meines Vaters und im Angesicht seiner Engel.

Wer Ohren hat, der höre, was der Geist sagt den Gemeinden.

Das ist das fünfte Sendschreiben der Johannes-Apokalypse. Es ist an die fünfte Gemeinde, die Gemeinde zu Sardes, gerichtet. Jede der sieben Gemeinden in der geheimen Offenbarung repräsentiert zugleich einen der sieben großen Tage der Weltentwicklung, eine der großen Kulturepochen der Menschheit. In der Mitte der Weltentwicklung, am vierten Weltentage, ist Christus geboren. Die ersten drei Sendschreiben richten sich an die vorchristliche Menschheit. Das fünfte Sendschreiben ist gerichtet, an unsere Kulturepoche, an die ersten zweitausend Jahre nach der Geburt Christi. Es spricht darum in besonderer Weise von dem Menschheitsschicksal dieser ersten zwei Jahrtausende.

Es heißt, der Menschensohn, der die sieben Geister Gottes in sich hat, das heißt die ganze Fülle der göttlichen Schöpfergeister, die Fülle des Heiligen Geistes, der sich in sieben Gaben der Menschheit offenbart, ist zugleich der Träger der sieben Sterne, der Träger der Schicksalsmächte, die über der Menschheit walten. Der Schöpfer-Logos, der die sieben Geister Gottes in sich trägt, der das Schicksal der Menschheit leitet und lenkt, er spricht zu unserer Zeit: „Du hast den Namen, daß du lebst, aber in Wirklichkeit bist du tot.“ Das fünfte Sendschreiben ist das einzige in der Johannes-Apokalypse, das gleich mit einem Tadel beginnt. Ein schwerer Vorwurf wird vom Welten-Logos diesen ersten zwei Jahrtausenden gemacht: „Du hast den Namen, daß du lebst, aber du bist tot“, und „ich habe deine Werke nicht für vollwertig gefunden im Angesichte Gottes.“

Das fünfte Sendschreiben entspricht dem fünften von den sieben Gleichnissen, die im zweiten Teil des Matthäus-Evangeliums stehen. Das fünfte Gleichnis im Matthäus-Evangelium haben wir an einem der vorangehenden Sonntage gehört. Es ist das Gleichnis von der königlichen Hochzeit, das uns schildert, wie der himmlische König die Menschen zur Hochzeit ruft, wie die Menschen aber dem Ruf des Königs nicht folgen. Diese Menschen sind viel zu erdgebunden, zu sehr verhaftet ihrem irdischen Leben und Treiben, als daß sie sich lösen könnten aus den irdischen Bindungen. Sie horchen nicht hin, sie halten sich am Irdischen fest und kommen nicht in den himmlischen Hochzeitssaal. Als die Boten des Königs dringender mahnen, da ergreifen sie die Sendboten des geistigen Reiches und bringen sie um, so daß dann der König seine Kriegsheere aussenden, die Stadt anzünden muß und schwerste, erschütternde Schicksale über die erdgebundene Menschheit hereinbrechen. Ja, das fünfte Gleichnis im Matthäus-Evangelium meint das gleiche wie hier die Worte im fünften Sendschreiben der Apokalypse. Gleichnis und Sendschreiben sprechen von der ganz erdgebundenen Menschheit, die da den Namen nur hat, daß sie lebt, in Wirklichkeit aber tot ist.

Wir können wohl sagen, wenn wir zurückblicken auf die zwei Jahrtausende, die seit Christi Geburt vergangen sind: Das wahre Christentum hat sich in dieser Zeit nicht verwirklicht. Nur in einer veräußerlichten Form hat das Christentum sich in der Welt durchgesetzt. Angefangen von den frühesten Zeiten der Völkerwanderung, weiterwirkend durch die Zeiten des Mittelalters und der Neuzeit sehen wir die europäischen Völker in Kriegen verflochten, in Stammeskriegen, in Völkerkriegen, in Wirtschaftskriegen. Ob es die Kämpfe der Völkerwanderungszeit waren, oder ob es das Ringen der europäischen Völker im Mittelalter oder in der Neuzeit war, immerzu leben diese Völker im gegenseitigen Kampf und Streit. Und nicht nur auf politischem, auf wirtschaftlichem Gebiet sehen wir das unentwegte Kriegesringen, auch im Geistigen bekämpfen diese Menschengemeinschaften sich. Niemals wohl hat es in einer religiösen Bewegung so viel Streit und Kampf gegeben wie im abendländischen Christentum. Wenn wir auf Indien blicken, so sehen wir, daß es dort Ketzerverfolgungen, Glaubensstreitigkeiten kriegerischer Art so gut wie nie gegeben hat. Welch krasses Gegenbild ist da Europa.

Wahrhaftig, da verstehen wir es, daß der Himmelsherr dieses Europa immer wieder durch neue schwere Schicksale führen muß, um es aufzuwecken, daß der, der da wandelt zwischen den sieben Leuchtern, der da hinwandelt durch die verschiedenen Epochen der Menschheitsgeschichte, zu unserer Zeit das Wort spricht: „Du hast den Namen, daß du lebst, aber du bist tot." Oder erinnern wir uns daran, wieviel unsagbares Elend etwa in die moderne Menschheit hereingekommen ist durch die Erfindung der Maschine, durch die Industrialisierung inmitten unserer abendländischen Kultur, durch unser Großstadtleben oder durch die Verbreitung des Alkohols. Ja, wahrhaftig, wenn wir auf diese Dinge schauen, verstehen wir nur zu gut das Wort: „Du hast den Namen, daß du lebst, aber du bist tot."

Michael Quoist spricht in seinem Buch „Herr, da bin ich" das Gebet:

> „Herr, jetzt hast Du Deine Nacht über die Stadt ausgebreitet,
> Und während sich die Tragödien verflechten und lösen,
> Schlafen die Menschen, die den Alkohol verteidigt haben,
> die ihn erzeugt haben,
> die ihn verkauft haben,
> In derselben Nacht in Frieden ein.
> Ich denke an sie alle, sie tun mir von Herzen leid;
> sie haben Elend erzeugt und verkauft,
> sie haben Sünde erzeugt und verkauft.
> Ich denke an alle anderen, die Menge der anderen, die arbeiten,
> um zu zerstören, und nicht, um aufzubauen,
> um zu beschmutzen, und nicht, um zu adeln,
> um zu verdummen, und nicht, um zu entfalten,
> um zu erniedrigen, und nicht, um zu erhöhen.
> Herr, ich denke besonders an die vielen Menschen, die für den Krieg arbeiten,
> die, um eine Familie ernähren zu können, arbeiten müssen für die Zerstörung anderer Familien,
> die, um zu leben, den Tod bereiten müssen.
> Ich bitte Dich nicht, sie alle von ihrer Arbeit wegzunehmen,
> das ist nicht möglich,
> Aber gib, Herr, daß sie sich Fragen stellen,
> daß sie nicht zu ruhig schlafen,
> daß sie kämpfen in der Welt der Unordnung,
> daß sie Sauerteig seien,
> daß sie Erlöser seien.
> Um derer willen, die verwundet sind an Seele und Leib, der Opfer

der Arbeit ihrer Brüder,
Um all der Toten willen, denen Tausende von Menschen gewissenhaft den Tod bereitet haben,
Um dieses Säufers willen, des grotesken Clowns mitten auf der Straße,
Um der Angst willen und der Schreie seiner Kinder,
Um der Verdemütigung willen und der Tränen seiner Frau,
Hab Erbarmen, Herr, mit mir, der ich allzuoft schläfrig bin,
Hab Erbarmen mit den Unglücklichen, die völlig eingeschlafen und Spießgesellen einer Welt sind, in der Brüder sich gegenseitig umbringen, um ihr tägliches Brot zu verdienen."

Einer solchen Welt gilt der Ruf: „Wachet, werdet wach!" In Untergangszeiten, wie wir sie erleben, ist dieses Erwachen der Menschheit unbedingt notwendig. Im ersten Teil der Evangelien ertönt immer wieder der Ruf: „Habet Glauben an Gott! Glaubet!" Aber im zweiten Teil der Evangelien tritt neben den Aufruf zum Glauben der Aufruf zum Wachen: „Wachet und betet, damit ihr nicht in Versuchung fallet." Da genügt es nicht mehr, nur zu glauben, da muß mit der Wärme des Herzglaubens sich verbinden das Licht der Geisterkenntnis, da muß die Menschheit wach gerüttelt werden, da muß sie die Situation erkennen, in der sie steht.

Wer nicht wacht in der Nacht, der wird vom Dieb überrascht, heißt es weiter im fünften Sendschreiben. Der antike Mensch, an den diese Worte ursprünglich gerichtet sind, schlief ganz unbekleidet. Wenn man ihm die Kleider wegnahm, dann mußte er nackt umherlaufen. Darauf deutet das Gleichnis; es will sagen, wenn ihr nicht wach seid, dann werdet ihr durch das Hereinbrechen der Geistwelt mitten in der Nacht überrascht, so wie der schlafende Mensch überrascht wird vom Dieb, der ihm die Kleider wegnimmt. Wenn ihr wacht, dann können euch die Kleider nicht weggenommen werden, wenn ihr wach seid, dann wißt ihr, was als innerste Kraft, als Gottesfunke, in euch leuchtet. Weckt diesen Funken in euch, damit dieses göttliche Licht, das ihr verborgen in euch tragt, euern ganzen Menschen durchstrahle, dann habt ihr das weiße Kleid an, von dem hier gesprochen wird!

Es kommt nicht so sehr darauf an, inwieweit ein Mensch im Leben etwas leistet. Gott mißt den Menschen nicht nach seiner Leistung. Zur königlichen Hochzeit werden alle Menschen geladen: Reiche und Arme, Begabte und Unbegabte, Sünder und untadelige Menschen. Und der König fragt nicht nach den Leistungen der Menschen; er fragt nicht nach den Sünden der Menschen, er fragt nicht nach den Tugenden der Menschen, sondern er fragt nur nach jenem weißen Kleid. Wer das weiße Kleid nicht anhat, der wird ausgewiesen aus dem Hochzeitssaal, nicht der Sünder. Das will sagen: Nur der Mensch, der wach geworden ist für den Gottesfunken im eigenen Inneren — ob er sonst schuldig oder unschuldig ist, das bleibt dahingestellt —, der darf im Hochzeitssaal bleiben.

Wir leben viel zu vordergründig. Unsere Werke werden nicht für vollwertig angesehen vor Gott, haben keine volle Wirklichkeit vor der göttlichen Welt, denn wir halten allzusehr an unserem Ego fest. Es gibt Menschen, die leben vorwiegend im Denken; sie meinen, mit ihrem Denken das Wesentliche erfassen zu können, und spüren nicht, daß alle Gedanken nur eine Schattenwelt sind, die das wahre Wirkliche, das „óntōs ón", das wahrhaft Seiende, von dem schon Platon spricht, nicht in sich birgt. Und wieder andere leben ganz besonders stark in ihrem Fühlen und meinen, mit ihren Gefühlen die Wirklichkeit zu fassen, ahnen aber nicht, daß auch unsere Gefühlswelt an das wahre Sein nicht heranreicht. Und wieder andere wollen sich vor allem in ihrem Tun und Handeln, in ihrem Wirken, in ihren Taten realisieren und meinen mit diesem Tun, die Wirklichkeit einzufangen. Auch sie gehen am wahren Leben vorbei.

Selbst wenn das Wesen des Menschen so erstarkt, daß er über das irdische Denken, Fühlen und Wollen hinauswächst in eine höhere, in eine astral-kosmische Wirklichkeit, selbst wenn er spürt, daß sein Seelenleben bis in die Sternenwelt emporreicht, selbst wenn er es vermag, mit diesen astralen Kräften magisch zu wirken, dann weiß er noch immer nicht, daß auch diese seine Werke noch keine volle Wirklichkeit vor Gott haben. Darum sagt Christus einmal im Evangelium zu den Jüngern, als sie sich darüber freuen, daß sie magisch wirken können, mit Geistkräften Kranke heilen, Wunder tun können:

> „Freuet euch nicht darüber, daß ihr Wunder tun könnt, freuet euch nicht darüber, daß euch die Geister untertan sind; aber freuet euch darüber, daß eure Namen in den Himmeln geschrieben stehen!"

Mit den Himmeln ist nicht die Sternenwelt, sondern der Ewigkeitsbereich Gottes gemeint. Und der wahre Name des Menschen, der steht im Buch des Lebens geschrieben, der steht in der Gotteswelt, in den Himmeln geschrieben; dessen muß der Mensch sich bewußt werden. Nur dann ist er wahrhaft wach, wenn er diesen Namen im Buch des Lebens zu lesen vermag, wenn er sich bewußt ist seines Eingewurzelt-Seins in der überkosmischen Gotteswelt. Wer wach ist, dessen Name wird nicht getilgt im Buch des Lebens, der hat das weiße Kleid an und darf im Hochzeitssaal des himmlischen Königs verweilen.

Auf das gleiche Mysterium deutet ein anderes Christuswort, das schwer verständlich ist: „Wer da hat, dem wird gegeben; wer da nicht hat, dem wird auch das, was er hat, noch genommen." Derjenige hat, der sich bewußt geworden ist seines Gottesfunkens, der sich geborgen weiß in Gott selber, der im Buch des himmlischen Lebens seinen, den ewigen Namen des Menschen zu lesen vermag, nur dem wird gegeben. Wer das nicht hat, dem wird genommen auch das, was er hat, der wird von dem Dieb in der Nacht überrascht, der ihm seine Gewande wegnimmt. Denn im Hereinbrechen des geistigen Lichtes wird alles Irdische, das ganze Hüllenwesen des Menschen, das ganze niedere Ich, an dem wir allzu kleinlich haften, wesenlos, wird scheinhaft. Wer aber hat, wer den Gottesfunken bewußt in sich erweckt, der wird durchstrahlt bis in seine irdischen Hüllen hinein von dem göttlichen Licht, dem kann nichts genommen werden, auch nicht in den schwersten Katastrophen. Und wenn er sein Leben verliert, er lebt bewußt im Tod weiter, ihm kann der Tod nichts anhaben.

Das ist die große Mahnung des fünften Sendschreibens an unsere Zeit: Wachet, werdet wach, damit ihr nicht überrascht werdet mitten in der Nacht und euch alles genommen wird, was ihr habt! Wachet! dann tragt ihr das weiße Kleid, dann werdet ihr mit mir den Schöpfer-Logos wandeln sehen unter den sieben Leuchtern, dann werden die sieben Sterne euch leuchten, dann werdet ihr erfüllt werden mit den sieben Geistern Gottes, den sieben Gaben des Heiligen Geistes. Endlich, werdet wach! Einen solchen Weckruf richtet unser großer Dichter Novalis auch an unsere Zeit, wenn er das Heer der Toten, der abgeschiedenen Menschen uns das gleiche zurufen läßt wie der Schöpfer-Logos in der Apokalypse:

„Helft uns nur den Erdgeist binden,
Lernt den Sinn des Todes fassen
Und das Wort des Lebens finden;
Einmal kehrt euch um.
Deine Macht muß bald verschwinden,
Dein erborgtes Licht verblassen,
Werde dich in kurzem binden,
Erdgeist, deine Zeit ist um."

(„Das Lied der Toten")

21. Sonntag nach Trinitatis

Apokalypse 3, 7–13 — An die Gemeinde in Philadelphia

Und dem Engel der Gemeinde zu *Philadelphia* schreibe:

So spricht der Heilige, der Wesenswahre, der da hat den Schlüssel Davids, der da öffnet, und niemand vermag zu schließen, der da schließt, und niemand vermag zu öffnen. Ich weiß deine Werke. Siehe, ich habe vor dir geöffnet eine Türe, die niemand verschließen kann. Wohl hast du nur eine kleine Kraft und doch bewahrtest du mein Wort und verleugnetest nicht meinen Namen. Siehe, geben will ich dir manche aus der Synagoge des Satans, aus denen, die sagen, daß sie Juden seien und sind es nicht, sondern lügen. Siehe, machen will ich, daß sie kommen und sich niederwerfen zu deinen Füßen und erkennen, daß ich dich geliebt habe. Weil du das Mahnwort bewahrtest, geduldig zu sein, gleich mir, will auch ich dich bewahren vor der Stunde der Prüfung, die heraufziehen soll über den ganzen Weltkreis, zu prüfen die Bewohner der Erde.

Ich komme bald! – Halte, was du hast, auf daß keiner nehme deine Krone. Wer überwindet, zur Säule will ich ihn machen im Tempel meines Gottes, und nimmermehr soll er herausgehen. Und schreiben will ich auf ihn den Namen meines Gottes und den Namen der Stadt meines Gottes, des neuen Jerusalems, das aus dem Himmel herniedersteigt von meinem Gott, und meinen Namen, den neuen.

Wer ein Ohr hat, höre, was der Geist sagt zu den Gemeinden.

Am vergangenen Sonntag hörten wir das fünfte Sendschreiben aus der Johannes-Offenbarung und heute das sechste. Nach der Anschauung der Urchristenheit verläuft die Weltentwicklung in sieben großen Weltentagen, so wie einst Gott die Welt in sieben Tagen geschaffen hat. Am vierten Weltentag, in der Mitte der Weltentwicklung, wird Christus auf der Erde geboren. Der fünfte Weltentag ist die Zeit nach Christi Geburt. Das sind die ersten zwei Jahrtausende, unser jetzt zu Ende gehendes Zeitalter. Und an die Menschen dieses fünften Weltentages, dieser ersten zweitausend Jahre nach der Geburt Christi, ist das fünfte Sendschreiben gerichtet. Da spricht der Christus-Logos richtende, schwerwiegende Worte zu dieser Menschheit: „Du hast den Namen, daß du lebst, aber du bist tot ..., und deine Werke sind nicht vollwertig gefunden vor Gott."

Die Worte des Logos im sechsten Sendschreiben an die Gemeinde von Philadelphia klingen ganz anders. Es ist gerichtet an die Menschen des kommenden, des schon heute beginnenden Zeitalters, der nächsten zweitausend bis viertausend Jahre. Philadelphia heißt „Bruderliebe". Die Menschen dieser Gemeinde sollen die wahre Bruderliebe, die nur gespeist werden kann aus der wahren Gottesliebe, verwirklichen. Während die Worte Christi an die fünfte Gemeinde streng richtende Worte sind, die die ganze Unzulänglichkeit dieser vergehenden Menschheitsepoche offenbaren, sind die Worte, die er an die Menschen des sechsten Zeitalters richtet, Worte einer dankbar anerkennenden Liebe. Denn in dem jetzt beginnenden sechsten großen Menschheitszeitalter soll die wahre Gottes- und Nächstenliebe in der Menschheit sich in besonders hohem Maße verwirklichen.

Schon einmal in der Geschichte hat eine von echtem christlichen Geist ergriffene Menschengemeinschaft, die Gesellschaft der Freunde, die Gemeinschaft der Quäker, den Namen Philadelphia zu ihrem Symbol erwählt. George Fox und William Penn, die beiden Begründer der Quäker-Gemeinschaft, waren Menschen, die vom lebendigen Gottesgeist ergriffen waren, die das Christentum aus dem Geiste wahrer Freiheit und wahrer Bruderliebe neu gestaltet haben. George Fox pflegte zu sagen: „Nicht der Buchstabe der Schrift, sondern der lebendige Geist, das innere Licht ist es, das den Menschen erleuchtet." Das innere Licht des Heiligen Geistes stellen die Quäker über alle traditionellen Bindungen, auch über das traditionelle Wort der Heiligen Schrift.

Aus diesem inneren Freiheitsimpuls, geführt von dem inneren Licht zog die Quäker-Gemeinde, die Gesellschaft der Freunde, wie sie sich nannte, hinüber nach Amerika und begründete dort ein ganz neuartiges Staatswesen, ein Staatswesen, das nicht gegründet war auf Gewalt und Krieg. Auch den Eingeborenen Amerikas traten diese Europäer, die wahre Christen gewesen sind, als Freunde gegenüber. Sie haben kein Land durch Krieg erobert, sie haben ihre Ländereien den Eingeborenen in friedlichen Verhandlungen abgekauft. Sie nannten die Hauptstadt ihres Landes, die sie im Jahre 1682 gründeten: Philadelphia — Bruderliebe. Dort wurde Urchristentum verwirklicht.

Es ist wohl nicht zufällig, daß im Jahre 1776 in dieser Stadt die Unabhängigkeit, die Freiheit der Vereinigten Staaten von Amerika verkündet wurde und daß man in den Jahren 1790 bis 1800 Philadelphia sogar zur Hauptstadt der Vereinigten Staaten von Amerika erhob. Das geschah ungefähr zur selben Zeit, als die Schriften des ersten großen Künders des kommenden Zeitalters, als die Schriften Jakob Böhmes in der Menschheit bekannt wurden.

Wie spricht Christus hier in der Johannes-Offenbarung zur Gemeinde von Philadelphia von sich? Er bezeichnet sich als den Heiligen, den Wesenswahren, der den Schlüssel Davids trägt. Die Werke der Menschen des fünften Zeitalters waren nicht vollwertig vor Gott. Die Werke der sechsten Gemeinde, die Werke der Gemeinde von Philadelphia hingegen, erweisen sich vor dem Antlitz Gottes als wesenswahr. Das sind Menschen, die die gott-menschlichen Impulse des Logos auf der Erde in echter Gottes- und Nächstenliebe wirksam werden lassen.

Bevor das erste Sendschreiben der Apokalypse beginnt, nennt Christus sich der Träger der Schlüssel des Todes und der Unterwelt. Da bezeichnet er sich als Schwellenhüter, der an der Grenze zwischen Leben und Tod steht und der den Menschen aufschließt das jenseitige Reich der Toten. Er trägt die Schlüssel des Todes und des Hades. Hier aber, bei Beginn des sechsten Sendschreibens, nennt Christus sich der Träger des Schlüssels Davids. Was ist gemeint mit dem Schlüssel Davids? Der Schlüssel Davids ist der Sechsstern. Er wird von zwei gleichseitigen Dreiecken gebildet, die harmonisch ineinander geschoben sind. Dieses Zeichen ist zugleich Bild für Gott selber — als Gotteszeichen steht der Sechsstern noch heute auf allen jüdischen Synagogen — und für den gesamten Kosmos, für den Makrokosmos, sowie auch Bild für den Gottmenschen. Die beiden Dreiecke, das obere und das untere, die in diesem Sechsstern ineinander geschoben sind, weisen darauf hin, daß die göttliche Dreifaltigkeit und die Dreigliederung des Menschenwesens harmonisch ineinander gefügt sind, daß das Menschliche vergöttlicht, das Göttliche vermenschlicht werden soll.

Der Schlüssel Davids schließt eine viel höhere Welt auf als jene Schlüssel des Todes und des Hades; diese schließen nur die Welt des übersinnlichen Lebens auf, in die jeder Mensch nach dem Tod eingeht. Der Schlüssel Davids aber schließt den Ewigkeitsbereich Gottes auf; er öffnet die hohe göttliche Welt dem Menschen, er tut die Tür auf in das überkosmische Licht des Feuerhimmels Gottes. Da durchschreitet der Mensch den Vorhang, der das Heiligtum vom Allerheiligsten trennt. Und den Menschen der Gemeinde zu Philadelphia wird diese Tür durch den Schlüssel Davids vom Welten-Logos selbst geöffnet; sie haben Zugang zu dem Ewigkeitsbereich Gottes in sich und im Kosmos.

In uns lebt dieses ewige Licht der Gottheit in dem Gottesfunken, der tief verborgen in jedes Menschen Herzen glüht. Wo der Gottesfunke entfacht wird zur Flamme durch den Welten-Logos, da öffnet sich die Tür zum Feuerhimmel Gottes, da erschließt der Schlüssel Davids uns den Ewigkeitsbereich Gottes. Und wo diese Tür sich öffnet, da wird der Mensch zum Geliebten Gottes, da spürt der Mensch, daß er geborgen ist in der Liebe Gottes, daß er der Andere, das Du Gottes selber ist; da gibt es nichts mehr, was den Menschen innerlich erschüttern oder überwinden könnte.

Als irdische Menschen haben wir nur eine kleine Kraft, da sind wir schwach, da sind wir bloß Geschöpfe, Kreaturen Gottes. Wo aber die Tür sich vor uns auftut, wo der Gottesfunke unser menschliches Wesen zu durchlichten und zu durchstrahlen beginnt, da wird Gottes Kraft in uns Schwachen mächtig, da werden selbst die Anhänger der Synagoge des Satans, von denen hier das Sendschreiben spricht, die Anhänger des Bösen, überwunden durch die Kraft der göttlichen Liebe im Menschen; da werden selbst die Anhänger der Synagoge des Satans spüren, daß Christus den Menschen geliebt hat.

Der so von der Liebe Gottes ergriffene Mensch überwindet die Gegenmächte der Finsternis. Und die Kraft Gottes offenbart sich in ihm vor allem, wie das Sendschreiben sagt, als Geduld. Der von der göttlichen Liebeskraft durchstrahlte Mensch ist der geduldige Mensch, der Mensch, der eine tiefe Schicksalstragekraft hat, die sich offenbart sowohl gegenüber dem eigenen Schicksal wie dem seiner Mitmenschen; er kann niemals von seinen Feinden gekränkt oder beleidigt werden. Wenn ein Mensch sich gekränkt oder beleidigt fühlt, ist das ein sicheres Zeichen dafür, daß er noch gebunden ist an sein niederes Ich. Wer hingegen von der Kraft des Gottesfunkens, von der göttlichen Liebe durchstrahlt wird, der sieht durch alle Verzerrungen der äußeren Welt, der Menschengestalt, auch durch die Verzerrungen seines leidenschaftlichen Gegners und Feindes hindurch überall das göttliche Ich noch leuchten.

Durch die Kraft der Gottesliebe wird er zum Seelenhirten für seine Mitmenschen. Im Johannes-Evangelium sagt Christus von sich selbst: „Ich bin die Tür" und „Ich bin der gute Hirte". Christus ist die Tür, durch die wir eintreten in den Feuerhimmel Gottes. Und wenn diese Tür uns durch den Schlüssel Davids erschlossen wird, dann werden wir dadurch zu guten Hirten, zu Seelenhirten, die sowohl die eigene Seele als auch die Seelen der Mitmenschen in der rechten Weise geduldig zu hüten und zu tragen wissen.

Dann reift der Mensch auf diese Weise als Seelenhirte zum wahren Priester nach der Ordnung Melchisedeks heran. Melchisedek wird uns geschildert im Alten Testament als ein hoher Sonneneingeweihter, als eine Menschengestalt, durch die hindurch der göttliche Logos selber spricht. Melchisedek war seiner äußeren Erscheinung nach ein Heide, gehörte nicht dem auserwählten Volk an im Gegensatz zu

Abraham, der der Vater des auserwählten Volkes war. Aber Abraham beugte sich vor dem Heiden Melchisedek, weil er spürte, daß durch ihn der lebendige Gott, der „El elion", der Gott der Götter, selber hindurchsprach, und opferte ihm den zehnten Teil seiner ganzen Habe. Melchisedek hat nicht durch äußere Tradition, durch äußere geschichtliche Erwählung die Verbindung mit Gott gewonnen; er hat sie gewonnen durch unmittelbaren Anschluß an den immer gegenwärtigen, in der Menschheit sich allzeit offenbarenden Logos.

Und der Mensch, dem der Logos die Tür auftut zum Feuerhimmel Gottes mit dem Schlüssel Davids, kann dadurch eingeweiht werden in die höchste göttliche Lichtwelt und wird, unabhängig von aller Tradition und Überlieferung, von aller äußeren Priesterweihe, zum Priester nach der Ordnung Melchisedeks.

Wir sahen am vorigen Sonntag, daß das fünfte Sendschreiben dem fünften Gleichnis in der zweiten Hälfte des Matthäus-Evangeliums entspricht. Die sieben Gleichnisse des Matthäus-Evangeliums haben eine genaue Entsprechung zu den sieben Sendschreiben der geheimen Offenbarung. Das sechste Gleichnis des Matthäus-Evangeliums nun, das dem sechsten Sendschreiben entspricht, ist das Gleichnis von den fünf klugen und von den fünf törichten Jungfrauen. Die klugen Jungfrauen haben Öl auf ihren Lampen; sie ziehen mit brennenden, strahlenden, wärmenden Lampen dem Bräutigam in der Mitternacht entgegen und werden von ihm aufgenommen in sein himmlisches Reich. Diese brennende Lampe ist Symbol unseres Herzens, sie ist Symbol der Vereinigung von Wärme und Licht, von Leben und Erkenntnis, von Liebe und Weisheit. Und auf die Vereinigung von Erkenntnis und Leben deuten auch die Worte des sechsten Sendschreibens. Die Menschen des sechsten Sendschreibens tragen, wie der Logos selber sagt, die Krone des Lebens. Mit ihr bewahren sie zugleich den Namen des Logos; sie vereinen den Namen des Logos mit der Krone des Lebens, sie vereinen Erkenntnis und Leben.

In uns sind Erkenntnis und Leben getrennt. Die Lebenskräfte, die aufbauenden, belebenden Kräfte, durchströmen uns am stärksten nachts, wenn wir schlafen. Aber diese belebenden Kräfte werden nicht vom Bewußtsein durchdrungen. Erkennend sind wir im wachen Tagesbewußtsein. Aber unser Erkennen zehrt an unseren Lebenskräften. Erhielte man einen Menschen ständig im Wachbewußtsein, ließe man ihn nicht zum Schlafen kommen, er würde sterben. Aber auch unser Tagesbewußtsein dämmert allzuleicht ab, wird dumpf wie die Lebenskräfte in uns, wird nicht von Erkenntnis durchdrungen.

In den Menschen aber, welche die Impulse des sechsten Zeitalters in sich verwirklichen werden, sollen diese Kräfte geeint sein; der Baum der Erkenntnis wird nicht mehr getrennt sein vom Baum des Lebens, das Erkennen wird lebendig und das Leben durchgeistet, durchlichtet und bewußt durchdrungen sein; da wird dieser Gegensatz nicht mehr bestehen. Das Leben wird strahlend durchlichtet vom Geist und der Geist vom göttlichen Leben erfüllt. Dann wird der Mensch nicht mehr nur mit Gedanken und Begriffen, sondern mit strahlender Lebenskraft die Welt der Ideen, die er in sich trägt, den Mitmenschen vermitteln. Wie Liebende einander ohne Worte verstehen, so wird der künftige Mensch die göttlichen Wahrheiten den Mitmenschen ohne Worte zustrahlen. Und die Lebenskräfte dieses Menschen werden befreit sein von den Todes- und Krankheitskeimen, die von Natur aus allem Leben anhaften. Der Mensch vermag dann mit seinen Lebenskräften durch Handauflegung heilend zu wirken. Ströme lebendigen Wassers werden von seinem Leibe ausgehen, wie wir es bei Christus im Evangelium sehen.

Da soll priesterlich-charismatisches Tun vom Menschen ausgehen. „Ich will ihn machen", sagt Christus, „zu einer Säule im Tempel meines Gottes und niemals soll er herausgehen, schreiben will ich auf ihn den Namen meines Gottes und den Namen der Stadt meines Gottes, des neuen Jerusalem, das aus den Himmeln herniedersteigt von meinem Gott, und meinen Namen, den neuen." Der Name des Vatergottes, der Name des Sohnesgottes und der Name der Stadt Gottes, des himmlischen Jerusalem, die in der Johannes-Offenbarung auch genannt wird: die Braut Gottes, der Name des Heiligen Geistes, er wird auf der Menschensäule stehen, auf der Stirn des Menschen, der da geworden ist zum Priester nach der Ordnung Melchisedeks.

Das Zeitalter der zukünftigen Menschheit, des jetzt beginnenden sechsten großen Menschheitstages, das Zeitalter der Gemeinde von Philadelphia, hat Jakob Böhme vorausverkündet in seinem ersten Buch: „Morgenröthe im Aufgang". Damals im siebzehnten Jahrhundert spürten auserwählte Menschen wie Jakob Böhme schon den Aufgang des neuen Zeitalters, den Beginn des Zeitalters der Gemeinde von Philadelphia. In dem Buch „Morgenröthe im Aufgang" sagt Jakob Böhme:

> „Das Herz Gottes hat an die Kammer des Todes angesetzt und will nahend durchbrechen. Darum werden jetztunter, je länger je mehr, etliche Strahlen des Tages in etlicher Menschen Herzen durchbrechen

und den Tag verkündigen. Wenn aber diese Morgenröthe vom Aufgang zum Niedergang scheinen wird, so ist weiter keine Zeit mehr, sondern die Sonne des Herzens Gottes gehet auf."

22. Sonntag nach Trinitatis

Johannes 2, 13—25 — Tempelreinigung

Das Osterfest der Juden war nahe, und Jesus ging nach Jerusalem hinauf. Im Tempel fand er die Händler, wie sie Ochsen, Schafe und Tauben verkauften, und die Geldwechsler, die dort saßen.

Da machte er eine Geißel aus Stricken und trieb alle, sowohl die Schafe als die Ochsen zum Tempelbereich hinaus; das Geld der Wechsler schüttete er aus und stieß ihre Tische um; zu den Taubenhändlern sprach er: Schaffet das fort! Macht das Haus meines Vaters nicht zu einem Kaufhaus!

Da erinnerten sich seine Jünger, daß geschrieben steht: Der Eifer um Dein Haus verzehrt mich.

Die Judäer aber stellten ihn zur Rede: Was für ein Zeichen kannst du uns aufweisen, daß du dies tun darfst?

Jesus erwiderte ihnen: Löset diesen Tempel auf, und ich werde ihn in drei Tagen wieder erstehen lassen.

Da sagten die Judäer: Sechsundvierzig Jahre lang hat man an diesem Tempel gebaut — und du willst ihn in drei Tagen wieder erstehen lassen?

Er hatte aber vom Tempel seines Leibes gesprochen; als er dann von den Toten auferweckt war, erinnerten sich seine Jünger, daß er dies gesagt hatte, und nun glaubten sie der Schrift und dem Worte, das Jesus gesprochen hatte.

Während er über Ostern in Jerusalem an dem Feste war, begannen viele an seinen Namen zu glauben, da sie die Zeichen sahen, die er tat. Er aber, Jesus, vertraute sich ihnen nicht an, da er alle kannte; denn er hatte es nicht nötig, daß ihn jemand über den Menschen belehre; wußte er doch selbst, was im Menschen war.

Wir stehen am Ende der Michaelis-Zeit. Am Ende der Michaelis-Zeit, am 31. Oktober 1517, hat Martin Luther seine Thesen an die Schloßkirche zu Wittenberg geschlagen. Es war am Tag vor Allerheiligen. Mit diesem Thesenanschlag beginnt die große abendländische Tempelreinigung des Christentums, beginnt die Reformation. Auch Christus beginnt seine öffentliche Tätigkeit mit der Tempelreinigung in Jerusalem. Zu Zeiten der Könige Hiskia (2. Kön. 18) und Josia (2. Kön. 22) hatte man schon einmal den jüdischen Tempel gereinigt von allen fremden Götterbildern. Die Könige Hiskia und Josia galten darum in der jüdischen Überlieferung als Vorläufer des Messias, und die Tempelreinigung war ein Symbol der messianischen Ära in den Augen der Rabbiner.

Darum spricht Christus jetzt das von seiner Umgebung nicht verstandene Wort: „Reißet diesen Tempel ab" – oder wie man eigentlich übersetzen muß, wenn man dem griechischen Wortlaut treu bleibt –, „löset diesen Tempel auf, und ich will ihn in drei Tagen wieder erstehen lassen." Die jüdischen Schriftgelehrten verstehen dieses Wort nicht. Sie beziehen es auf den äußeren Tempel. Sie halten ihm vor: „Sechsundvierzig Jahre lang hat man an diesem Tempel gebaut, und du willst ihn in drei Tagen wieder aufbauen, wenn er niedergerissen wird." Auch die Jünger Jesu verstehen das Wort zunächst nicht, so wie Jesus es meint. Sie beziehen dann später, nach Christi Auferstehung, dieses Wort auf sein Sterben und Auferstehen nach drei Tagen.

So versteht es auch der Evangelist Johannes selbst, und gewiß kann man diese Handlung Jesu so deuten. Sie folgt im Evangelium auf die Hochzeit zu Kana, wo Jesus das Wasser in Wein wandelt. Das war ein Zeichen, das Jesus im Familienkreise gab, nicht vor der großen Öffentlichkeit. Dieses Zeichen sollte die Menschen darauf aufmerksam machen, daß nun die geistige doxa Christi verwandelnd hineinzuwirken begann in das irdische Sein; nicht die äußere Verwandlung von Wasser in Wein war das, was eigentlich wichtig war an dem Geschehen. Am Ende der Erzählung heißt es im Johannes-Evangelium: „Die Jünger schauten seine doxa, seine Gottesglorie, und fingen an, an ihn zu glauben." Der Strahlenglanz, die göttliche Aura Christi wurde da zuerst von den Jüngern erlebt. Sie war es, die aufleuchtete und verklärend hineinwirkte in das Wasser, um es in Wein zu verwandeln. Das Mondenelement Wasser wurde in das Sonnenelement Wein verwandelt. Das Irdische wurde durchstrahlt von der Sonnengeisteskraft Christi und verklärt.

Wie jenes Zeichen auf die Verklärung, die Verwandlung des Irdischen hindeutet, so spricht diese zweite Tat Jesu, die nun zum ersten Mal in die Öffentlichkeit hineinwirkt, nicht nur von Verklärung und Verwandlung des irdischen Seins, sie deutet auch hin auf die Vergeistigung des Physischen, auf die Todüberwindung im Physischen, auf Sterben und Auferstehen.

Das Wort, das Christus bei der Tempelreinigung sprach: „Löset diesen Tempel auf und in drei Tagen will ich ihn wieder erstehen lassen", kann auch in dem Sinn gedeutet werden, daß mit dem Auflösen des Tempels Jesus die Tempelreligion der Juden, die alte Religion, gemeint habe. Er wollte sagen: „Löset sie auf und ich will diese Religion neu erstehen lassen in drei Tagen."

In drei Tagen, das ist eine symbolische Zeit. In den antiken Mysterienstätten wurden die einzuweihenden Priester drei Tage lang in einen todähnlichen Schlaf versenkt und dann, nachdem sie in die übersinnliche Welt geschaut hatten, aus diesem Tiefschlaf wieder auferweckt. Auch der jüdische Prophet Hosea spricht von dieser symbolischen Zeit von drei Tagen, wenn er von der Erneuerung der jüdischen Religion kündet. So sagt Hosea (6, 1—2):

> „Kommt, laßt uns zum Herrn umkehren! denn er hat uns zerrissen und wird uns auch wieder heilen; er hat uns geschlagen und wird uns auch verbinden; schon nach zwei Tagen wird er uns genesen lassen, am dritten Tage uns wieder aufhelfen, daß wir vor seinen Augen neues Leben haben."

In demselben Sinn wie der Prophet Hosea spricht von der Erneuerung der jüdischen Religion nach drei Tagen, so spricht auch Christus hier davon und sagt: „Löset diese alte Religion auf und nach drei Tagen will ich sie wieder neu erstehen lassen." Während seines ganzen Wirkens ging er gegen diese alte Religion, gegen ihren Kultus, gegen ihre Juristen, gegen ihre Theologen an; und zuletzt haben ihn ja auch die Hüter der alten Tempelreligion als Ketzer zum Tode verurteilt.

Erstaunlich ist es nur, daß dann im entstehenden Christentum, in der sich neu bildenden Kirche diese Wesenshaltung Christi so wenig hervortritt. Die urchristliche Gemeinde, die geführt wurde vom Bruder Jesu, von Jakobus, erneuerte — man versteht eigentlich schwer, wie das möglich war — innerhalb ihrer Gemeinschaft wiederum die Gesetze der Synagoge. Und bis heute lebt noch in der christlichen Kirche jenes alte Gesetz. Ja, man könnte fast sagen, es gab Heidentum, es gab Judentum: es gab noch kein Christentum. Christus wollte den alten Tempelkultus überwinden, die alte Priester-Religion ersetzen durch ein unmittelbareres, ein prophetisches, ein mystisches Erleben Gottes. Es war jetzt die Zeit gekommen, wo der Heilige Geist Gottes nicht nur durch Propheten zu den Menschen sprechen sollte, wo Gott nicht durch die Priester den Menschen vermittelt werden sollte, sondern wo unmittelbar der Heilige Geist in jedes Menschen Herz lebendig werden sollte. Das ist die Feuer- und Geisttaufe, von der er sprach, die Feuer- und Geisttaufe, die dann die Jünger am Pfingstfest erfuhren, als sie in ihrem Innersten die Wirklichkeit und Gegenwärtigkeit des göttlichen Geistes erlebten, aus der heraus – könnte man sagen – jeder Mensch zum Propheten werden kann. Das ist die Erneuerung der Religion, von der Christus hier bei Beginn seiner Wirksamkeit spricht.

Wir hören weiter, daß die Menschen tief beeindruckt waren vom Auftreten Christi in Jerusalem. Sie sahen die Zeichen, die er tat. Aber der Evangelist sagt, die Menschen, die ihm wegen dieser Taten folgten, die wollte Christus nicht. Einer Menschengemeinschaft, die ihm durch Autorität anhängt und ihm nur deshalb nachfolgt, weil sie seine Geistesmacht spürt und seine Wunderzeichen sieht, der vertraut er sich nicht an. Einen Glauben, der durch solche äußere Zeichen erweckt wird, lehnt Christus ab. In diesem Sinn wies auch Martin Luther die äußere Autorität des Papstes und der Konzilien, die Autorität der historischen Kirche ab. Luther spricht immer wieder davon, daß der Mensch gerechtfertigt werde nicht von außen her, auch nicht durch sein eigenes Tun, nicht durch seine Werke, sondern allein durch den Glauben. Der lebendige Glaube ist aber kein Autoritätsglaube, sondern ein Ergriffen-Werden des Menschen vom Heiligen Geist Gottes. Aus der inneren Ergriffenheit heraus kommt der Mensch zur Seinserfahrung des Göttlichen.

Im Johannes-Evangelium, im sechsten Kapitel, als Christus das Zeichen der wunderbaren Speisung gewirkt hatte, kommen die Menschen zu ihm und folgen ihm, weil sie beeindruckt sind von diesem Wunderzeichen. Aber auch da sagt er zu ihnen: „Ja, ihr glaubt, ihr folgt mir, weil ihr von den Broten gegessen habt und satt geworden seid; aber das Zeichen, das ich gewirkt habe, versteht ihr nicht." „Semeĩon", Zeichen, wird im Johannes-Evangelium immer das wunderbare Wirken Christi genannt und nicht „téras". Téras heißt im Griechischen Wundertat, Wunderzeichen. Semeĩon aber heißt so viel wie höheres Geistzeichen. Durch die wunderbare Speisung sollten die Menschen die Geistkraft erkennen, die sich da äußerte, und Christus deshalb nicht anhängen, weil er etwas tat, was scheinbar die Naturgesetze durchbrach, daß viele Menschen mit wenig Brot gesättigt wurden. Wenn er das getan oder gemeint hätte, dann hätte er das gleiche getan, was ihm der Teufel angetragen hat bei der Versuchung: „Mache aus diesen Steinen Brot!" Das lehnt Christus in der Versuchungsgeschichte auf das Bestimmteste ab. Diese äußere Wirksamkeit will er nicht.

Wie bei der Hochzeit zu Kana die Gottesglorie, der Strahlenglanz Christi, den Menschen physisch spürbar, sichtbar wird und auch verwandelnd hineinwirkt in die physische Materie, so vollzieht sich das gleiche bei der wunderbaren Speisung. Diese Speisung war ein sakramentales Geschehen. Nicht das war das wichtige, daß die Menschen satt wurden, sondern daß sie beim Essen des Brotes die lebendig strömende Geistkraft Christi spürten, die wie lebendiges Wasser von seinem Leibe ausging. Darum weist Christus auch hier die Menschen in Jerusalem zurück, die sich wegen seiner Wunderzeichen an ihn halten. Er vertraut sich ihnen nicht an, denn er wußte: dieselben Menschen, die jetzt ihm folgen, werden sich später gegen ihn wenden. Alles, was von außen her den Menschen bestimmt, das ist vor Gott dem alten Adam zugehörig und nicht dem himmlischen, dem neuen Menschen, der verborgen in uns lebt.

Bedeutsam heißt es am Ende des Kapitels: „Denn Jesus wußte, was im Menschen war.“ Niemand braucht ihn über den Menschen zu belehren. Jesus liest ihre Gedanken, durchschaut ihre Herzen. Er weiß, was im Menschen ist. Da gibt es eine Lehre, die sagt: Der Mensch ist gut; schlecht wird er nur durch die Verhältnisse, durch die Umgebung. Und eine andere Lehre sagt: Der Mensch ist von Natur schlecht. Er ist eigentlich nur ein gezähmtes, ein gebändigtes Raubtier; im tiefsten Grunde seines Wesens ist der Mensch böse. Christus würde beide Lehren zurückweisen. Es ist falsch zu sagen: Der Mensch ist gut, und es ist ebenso falsch zu sagen: Der Mensch ist böse. In Wirklichkeit steckt in jedem Menschen — das hat auch die neuere Tiefenpsychologie deutlich gezeigt — ein Licht- und ein Dunkelwesen, ein Engel und ein Dämon. Ein Dämon steckt auch noch im größten Heiligen, und ein Lichtwesen, ein Engelwesen, steckt auch noch im größten Verbrecher. Christus weiß, was im Menschen ist. Denn in ihm wirkt jenes göttliche Licht, das über aller Spaltung von Licht und Dunkel, von Gut und Böse kraftet, jenes in die Polaritäten, in die Gegensätze noch nicht gespaltene Geistlicht, das keinen Schatten wirft und sich nicht mit irdischem Licht vergleichen läßt. Das Wirksam-Werden dieses überkosmischen Geistlichtes befreit und erlöst erst den Menschen von aller Spaltung.

Das ist die tiefste Wirklichkeit des Seins, der Gottesfunke, der im Menschen lebt, der über Gut und Böse steht und der alle Spaltung von Gut und Böse in uns überwindet, wenn er stark genug entfacht wird. Wenn Martin Luther davon spricht, daß der Mensch allein durch den Glauben gerechtfertigt werde, und mit dieser Rechtfertigung die Freiheit des Christenmenschen in der modernen Zeit begründet hat, des Menschen, der unmittelbar zu Gott ist, der unabhängig von aller äußeren Priesterautorität in sich selbst die Wirklichkeit des Lichtes ohne Schatten erfährt, dann ist es das Urtümliche,

Gleiche, das ursprünglich Christus bei seinem Auftreten in der Menschheit hat wecken wollen: das Erlebnis des göttlichen Geistfunkens in uns. Tiefbetrüblich ist es, daß immer wieder in der Geschichte die lebendige Religiosität ersetzt wird durch eine falsche äußere Orientierung, etwa die äußere Orientierung am Bibelwort, die dann auch im Fortgang der Reformation die durch Martin Luther bewirkte Erneuerung des Christentums in tragischer Weise zum Erstarren brachte.

Wenn wir heute des Reformationsfestes gedenken, des Beginns der Reformation so wollen wir uns gegenwärtig halten, daß die große Tempelreinigung, die begonnen wurde durch Christus, die fortgesetzt wurde durch alle großen religiösen Propheten, Mystiker und Erneuerer, immer wieder und zu allen Zeiten neu von den Menschen erfahren werden muß. „Und wenn die Welt voll Teufel wär und wollt uns gar verschlingen, so fürchten wir uns nicht so sehr, es soll uns doch gelingen." In diesem Lutherlied lebt auch ganz stark der Impuls des immerwährenden michaelischen Sieges der Lichtwelt über alle Finsternismächte. Und gewiß ist es nicht Zufall, daß der Beginn der Reformation hineinfällt in das Ende der Michaelis-Zeit. In Luthers Kampf gegen die alte Kirche lebt der Impuls des Sonnen-Erzengels Michaels in besonderer Stärke im abendländischen Christentum wieder auf.

„Du mußt es spüren, daß Michael, der Engel,
Lebt und wirklich ist,
Daß er die Wand bewegen kann,
Heraufzuglühen aus dem Hintergrund der Welt
Und mitten unter uns zu treten,
Dem Volk das Banner vorzutragen,
Gleich einer Feuersäule,
Die durch das Meer uns führt!
Wie einen Gluthauch mußt du spüren
Die Wirklichkeit, wenn nur sein Name fällt.
Denn er schlägt immer noch die Schlachten Gottes,
Und ungeheuer ist der Geister Kampf.
So heult kein Sturm, so donnern keine Berge
Um jedes Bild und jeden Namen Gottes.
Doch dieser lebt, in Erz gewandet.
Sein Schwert entscheidet die Empörung,
An seinem Schild zerbricht der Widerspruch,
Sein Name ist das ewige Gericht.
Er steht daneben, wenn uns Gott erscheint."*

EINKEHR
UND AUSKEHR

Allerheiligen

Lukas 16, 19—31 — Gleichnis von dem reichen Prasser und dem armen Lazarus

Es war einmal ein Reicher, der kleidete sich in Purpur und feines Linnen und lebte alle Tage herrlich und in Freuden. Vor seiner Türe aber lag ein Armer namens Lazarus, der ganz von Geschwüren bedeckt war. Gerne hätte er wenigstens die Abfälle vom Tische des Reichen gegessen! Sogar die Hunde kamen und leckten ihm die Geschwüre.

Eines Tages starb der Arme, und er wurde von den Engeln in Abrahams Schoß getragen. Auch der Reiche starb und wurde begraben.

Als er im Reiche der Schatten in seinem qualvollen Zustand die Augen erhob, sah er Abraham von ferne und Lazarus in dessen Schoß. Da rief er laut: Vater Abraham, erbarme dich meiner und sende den Lazarus, er möge wenigstens seine Fingerspitze ins Wasser tauchen und mir die Zunge kühlen; denn in dieser Flammenglut leide ich große Pein.

Abraham aber sprach: Mein Sohn, denke daran, daß du dein Gutes in deinem Leben abbekommen hast, und Lazarus ging es entsprechend übel — nun empfängt er hier seinen Trost, und du leidest Pein. Zu alledem starrt zwischen euch und uns eine tiefe Kluft, so daß diejenigen, die etwa Lust hätten, von hier zu euch hinüberzugehen, es nicht können, und es kann auch niemand von euch zu uns herübergelangen.

So bitte ich dich, Vater, sagte jener, du möchtest ihn in mein Vaterhaus schicken — ich habe nämlich fünf Brüder; denen möge er sichere Kunde bringen, damit nicht auch sie an diesen qualvollen Ort kommen.

Allein Abraham sprach: Sie haben Moses und die Propheten — auf diese sollen sie hören!

Ja gewiß, Vater Abraham, meinte jener, aber wenn einer von den Toten zu ihnen käme, würden sie in sich gehen.

Er aber antwortete ihm: Wenn sie auf Moses und die Propheten nicht hören, so werden sie sich auch nicht bereden lassen, wenn einer von den Toten auferstünde!

„Sterben ist nur eines Tages Enden,
Tod nur Schlaf, der niemals wach gewesen;
Nie entschläft, wer einmal wach gelebt.
Wache Seelen haben Sonnenaugen,
Sonnenaugen blicken in das Ew'ge.
Vor dem Ewigen ist kein Vergangenes,
Alles Gegenwart und ew'ges Heut."

(Ernst von Wildenbruch, „Tod")

Die Sonne ist nun hinübergegangen aus dem Zeichen der himmlischen Waage in das Sternzeichen Skorpion. Auf die Michaelis-Zeit folgt jetzt der Toten-Monat November, in dem das Leben in der Natur draußen hinstirbt, in dem wir darum auch unsere Toten-Gedenktage feiern. Wenn man die Michaelis-Zeit vergleicht mit dieser Toten-Zeit innerhalb des Tagesrhythmus der Sonne, so könnte man sagen: Die Michaelis-Zeit entspricht einem strahlend schönen Sonnenuntergang, wo am Abend noch einmal in leuchtenden Farben die ganze Natur erstrahlt. In der Waage-Zeit leuchtet die Natur in wunderbarer Harmonie auf, wenn die Bäume prangen in den braunen, gelben, roten Farben, wenn Sommerwärme und Winterkühle so wunderbar sich mischen in den strahlend klaren Herbsttagen, wie sie uns in diesem Jahr besonders reichlich geschenkt wurden. Der November aber entspricht im Tagesrhythmus der Zeit nach Sonnenuntergang, wenn die Farben verblassen, wenn die Welt sich in Grau hüllt, wenn die Nebel steigen, der Abendwind weht und an dem grauen Himmel nirgendwo ein Stern zu finden ist.

Die Sonne schreitet in dieser Jahreszeit, so sagten die alten Germanen, durch das Westtor Walhalls. Über dem Westtor dachten die Germanen sich abgebildet einen Wolf und einen Adler. Der Wolf, das wilde Raubtier, entspricht dem gefährlichen Skorpion. Skorpion und Wolf deuten auf das, was in uns sterblich ist. Das Sterbliche wird im Tod vom Wolf verschlungen; es erliegt dem Stachel des Skorpions. Was in uns aber unsterblich, was in uns göttlich ist, das sahen die Germanen abgebildet im Adler über dem Wolf. Die Adlergeistigkeit in uns entringt sich der Macht des Todes.

Wenn wir sterben, dann treten wir zunächst ein in das Zwischenreich, das die Erde von der höheren Geistwelt trennt. Wir gedenken jetzt bei Beginn des November dieser beiden Reiche: des hohen Lichtreiches, der göttlichen Himmelswelt, und zugleich des Zwischenreiches. Die Menschen, die in sich den göttlichen Geistfunken auf der Erde entfacht haben, so daß er in ihnen zur Flamme geworden ist, durchdringen das Zwischenreich schnell und steigen auf in den Ewigkeitsbereich, in den Feuerhimmel Gottes, sie werden in die Geistgemeinschaft der Heiligen aufgenommen. Sie bilden den großen kosmischen Geistleib Gottes, und das Fest Allerheiligen, das wir heute begehen, ist das Fest aller in Gott verklärten Menschen. Keineswegs sollte man an diesem Tage etwa nur an jene Menschen denken, die von der Kirche heiliggesprochen sind; das wäre ein viel zu enger Begriff. Die Gemeinschaft der Heiligen, jene Wolke der Zeugen, der gott-menschlichen Zeugen, die uns überschwebt, ist mit dem Fest Allerheiligen gemeint.

Der morgige Tag heißt Allerseelen und ist ein Gedenktag für alle jene Seelen, die noch im Zwischenreiche weilen, die sogenannten armen Seelen, die noch nicht hindurchgedrungen, noch nicht hineingelangt sind in den Feuerhimmel Gottes, weil in ihnen der göttliche Geistfunke nicht stark genug entfacht ist.

Von den beiden Reichen, vom Zwischenreich und vom Feuerhimmel Gottes, spricht auch das Gleichnis vom reichen Prasser und vom armen Lazarus, das wir eben gehört haben. Menschen, die im Irdischen gebunden waren, in denen das Geistige nicht stark genug war auf der Erde, wissen oft, wenn sie gestorben sind, noch nicht, daß sie gestorben sind. Sie gehen auch als Geistwesen noch ihren irdischen Beschäftigungen nach; sie haften an der Erde, sie können sich vom Irdischen nicht lösen. Und selbst, wenn sie sich dann zu lösen beginnen vom Irdischen, wenn sie anfangen zu begreifen, daß sie keinen Körper mehr haben, daß sie gestorben sind, dann leiden sie noch schwere Qual wie hier der Reiche.

In der Luther-Übersetzung steht irrtümlich an dieser Stelle, der Reiche erhöbe in der Hölle seine Augen zu Abrahams Schoß. Im griechischen Urtext steht das Wort „Hades", und Hades heißt nicht Hölle; Hades heißt Schattenwelt, Zwischenreich. Es ist jene Welt, in die wir alle zunächst eintreten, wenn wir gestorben sind, und von der der griechische Dichter Homer seinen Helden Achilles sagen läßt: „Lieber möchte ich ein Bettler sein auf der Oberwelt als ein König im Reiche der Schatten."

So lange wir in dem Zwischenreich leben, haben wir noch nicht den Blick frei für die höhere, die göttliche Welt und können dort nicht hineingelangen. Die alten heiligen Schriften der Menschheit kennen alle diese Zweiteilung der nachtodlichen Welt, die Scheidung in Zwischenreich und Himmelreich. Hier, im Gleichnis heißt es ja auch: Es trennt diese beiden Reiche eine Kluft, und über diese Kluft kommt niemand so ohne weiteres herüber.

In anderen Schriften des Altertums wird gesprochen von dem Vorhang, der das Zwischenreich der kosmischen Welt, der kosmischen Geister trennt von dem Feuerhimmel Gottes. In Dantes „Göttlicher Komödie" gehört das Zwischenreich, der Läuterungsberg, das Purgatorio, noch als Berg zur Erde, ist gewissermaßen nur die höchste Erhebung des Erdplaneten. Dieses Bild Dantes kann uns auch einen Hinweis dafür geben, daß wir, wenn wir gestorben sind und in das Zwischenreich eintreten, noch nicht das göttliche Jenseits erreicht haben. Das Zwischenreich ist diesseits der Schwelle, die hinüberführt in das göttliche Himmelreich, gehört in gewisser Weise noch zur Erde.

In anderen Schriften wird die Stufung zwischen Zwischenreich und Himmelreich dargestellt durch Bewußtseinsschwund. Unser Bewußtsein reicht nur aus, um die irdische Welt und die Wirklichkeit des Zwischenreiches zu erfassen und zu erleben, in die höhere göttliche che Welt dringt es zunächst nicht vor. Wenn sie an uns herankommt, versiegt unser Bewußtsein, wie es im Evangelium die Jünger erleben, als Christus sich auf dem Berg Tabor in seiner himmlischen Lichtglorie zeigt. Sie können die höhere Lichtwelt nicht in sich aufnehmen.

So geht es uns allen, wenn wir uns nicht zu lösen vermögen von unserem irdischen Wesen, unserem irdischen Körper, unserer irdischen Seele, unserem irdischen Geist. Unsere menschliche Aufgabe hier auf Erden besteht gerade darin, daß wir dieses unser menschliches Leben transparent werden lassen für das höhere, für das göttliche Licht. Nur wenn wir uns in dieser Weise lösen von unseren körperlich, sinnlich und seelisch gebundenen Begierden, werden wir offen und frei für das höhere Licht. Der Reiche, der sich auf Erden alle Wünsche erfüllen konnte, der sich in Purpur und Linnen kleidete, der alles genoß, was er genießen wollte, bleibt durch diese seelisch-körperlichen Begierden der Erde verhaftet und kann darum nach dem Tod nicht aufsteigen in die höhere Lichtwelt. Der Arme dagegen, der alles hat entbehren müssen hier auf der Erde, der seine Armut in der rechten Weise getragen hat, der nicht wie viele Arme im Ressentiment sich auflehnte gegen seine Armut und die Reichen beneidete, er hat ja gesagt zu seinem Armutsschicksal, er hat durch das Schwere, was er auf der Erde durchmachen mußte, sich enthaftet von den irdischen Bindungen und kann darum nach dem Tod die Welt des Zwischenreiches schnell durchdringen. Von den Engeln Gottes, so heißt es im Evangelium, wird er emporgetragen in Abrahams Schoß. Die Engel Gottes sind nicht kosmische Geister, es sind Geister, die dem Feuerhimmel Gottes angehören, sind Boten von Gottes Ewigkeit. Sie können diesen der Erde erstorbenen Menschen unmittelbar emportragen durch die kosmischen Sphären bis in den Feuerhimmel Gottes.

Der Feuerhimmel Gottes wird hier wie in der jüdischen Überlieferung gesehen unter dem Bilde von Abrahams Schoß. Abraham, Isaak, Jakob, die zwölf Söhne Jakobs, sie waren es, die das jüdische Volk begründeten. Abraham galt als der Vater des jüdischen Volkes und ist darum hier im Gleichnis Sinnbild für den heiligen Volksgeist.

Hinter uns Menschen stehen höhere Geister. Wir werden geführt von einem Schutzengel, der auch dem Reich Gottes angehört. Und so steht auch hinter den Völkern, hinter den Kulturen immer ein höherer Geist. Die persönlichen Führerengel der Menschen sind die einfachen Engel, die Volksengel sind die Erzengel. Wir müssen uns vorstellen, daß über den Volksgeistern noch höhere Engelwesenheiten den Feuerhimmel Gottes durchwalten, die Throne, Cherubim und Seraphim, hinauf bis zur höchsten Sphäre des ewigen Gottes selber. Hier im Gleichnis steht das Bild von Abrahams Schoß für den Volksgeist, für den Volksengel, zu dem der Mensch, wenn er hindurchgetragen wird durch die kosmischen Sphären, aufsteigt und in dessen hoher Sphäre er zunächst einmal ruht.

Der Reiche hingegen leidet Feuerqual, und er bittet, man möge doch seine Zunge kühlen mit einem Tropfen Wasser. Wenn der Mensch Durst leidet, wenn er etwa in heißer Wüste kein Wasser findet, dann kann er die heftig in ihn dringende Begierde nicht stillen, weil ihm das Wasser fehlt. So wird es uns ergehen, wenn wir uns von unserem Körper getrennt haben und in unserer Seelenwelt noch den Begierden stark verhaftet sind. Um diese brennenden körperlich-seelischen Begierden in uns zu befriedigen, hätten wir den Körper nötig; wir haben ihn aber nicht mehr und leiden darum Feuerqualen, Durstqualen. Und so lange müssen wir in dem Zwischenreich verweilen, bis dieses Feuer der Begierde, das uns an die Erde fesselt, ausgebrannt ist, bis es in sich selbst verzehrt ist, und dadurch das göttliche Licht in uns frei wird. Dann erst können wir aufsteigen in die höhere Welt.

Die Bitte des Reichen, daß jemand von den Toten geschickt werden soll auf die Erde herab zu seinen Brüdern, damit sie wissen, wie es im nachtodlichen Leben ist, wird hier im Gleichnis ausdrücklich zurückgewiesen. So wenig wie das Irdische in die Wirklichkeit des himmlischen Lichtes empordringen kann, so wenig darf die himmlische Lichtwelt herunter- und herabgezogen werden in das Irdische. Würde wirklich einer von den Toten zu den Menschen auf die Erde herabgesandt, so daß sie mit ihren sinnlichen Augen, ihrem sinnlichen Erkennen, ihrem physisch gebundenen Denken die Geister aus dem Totenreich erhaschen und sehen könnten, daß sie mit ihnen sprechen könnten, dann würden sie dadurch geistig nicht gefördert; denn da dränge von der Welt des nachtodlichen Seins nur sinnlich Greifbares, Faßbares in den irdischen Bereich herab. Die Menschen würden dadurch nicht in sich die Geistkraft erwecken. Auf ihre Entwicklung im irdischen Leben hingegen kommt alles an. Sie schafft die Schwingenkraft, die Adlerkraft, die Adlergeistigkeit, durch das Zwischenreich in höhere Sphären emporzusteigen.

Die Menschen haben Moses und die Propheten, sie mögen auf Moses und die Propheten hören, wenn sie sich recht entwickeln, wenn sie in den Feuerhimmel Gottes gelangen wollen, so heißt es hier im Gleichnis des Evangeliums. An der Begegnung mit den Schriften dieser Geistig-Erweckten, die schon auf der Erde mit schauenden, mit Sonnenaugen das Reich der höheren Welt durchdringen konnten, sollen unsere eigenen Geistaugen und Geistorgane erwachen.

Nicht damit ist es getan, daß man jene Schriften nur liest; man muß sich hineinversenken in das, was in diesen prophetischen, in diesen hellseherisch begabten Menschen offenbar wurde, und muß es im Leben zu verwirklichen suchen. Wir neigen immer wieder dazu, uns bloß an das zu halten, was in uns körperlich-seelische oder mental-geistige Wirklichkeit ist, weil es unser Bewußtsein ganz erfüllt. Das bejahen wir, danach richten, danach werten wir und bleiben dadurch gerade ganz dem Irdischen verhaftet. Denn der Mensch ist mit Leib, Seele und Geist ein gefallenes Wesen, ist in sich selbst nicht offen für die tiefste Schicht des Seins, für das Gottesfeuer. Wenn aber in des Menschen Seele eine andere Kraft lebendig wird, wenn er nicht nur aus seinen Sympathien und Antipathien, aus seinen Gefühlsimpulsen, aus seinem Temperament heraus lebt, sondern wenn in der Seele des Menschen die göttliche Liebe als Herzkraft lebendig wird und alle Sympathie und Antipathie zu durchstrahlen und zu wandeln beginnt, wenn es im Menschen zur Wesenswandlung kommt durch die Kraft der göttlichen Liebe, dann wird er offen für das höhere, das göttliche Licht, dann entwickelt er in sich die Augen des Herzens, die in das Ewige schauen, dann wird in ihm die Adlergeistigkeit stark, die ihn im nachtodlichen Leben durch die Sphären des Zwischenreiches emportragen kann in die himmlische Geistwelt Gottes; dann wächst in ihm auch die Tragekraft gegenüber dem Erdenschicksal, gegenüber allem Schweren im Schicksal, dann sinkt das Traumbild des Lebens allmählich von ihm ab, dann sieht er die göttliche Geistgestalt, das Götterbild des Menschensohnes in den Himmeln und erfährt, wie dieses Menschenbild auch hinter ihm, in ihm selbst lebendig ist, dann beginnt er zu hören auf seinen wahren, seinen ewigen Namen, der in den Himmeln geschrieben steht. Darüber versinkt der irdische Name, das irdische Wesen, das uns hier auf der Erde so stark bindet. Dann erfährt er die Wahrheit jener schönen Schiller-Worte:

„Nur der Körper eignet jenen Mächten,
Die das dunkle Schicksal flechten;
Aber frei von jeder Zeitgewalt,
Die Gespielin seliger Naturen
Wandelt oben in des Lichtes Fluren,
Göttlich unter Göttern, die *Gestalt.*
...
Jugendlich, von allen Erdenmalen
Frei, in der Vollendung Strahlen
Schwebet hier der Menschheit Götterbild,
...
Nehmt die Gottheit auf in euren Willen,
Und sie steigt von ihrem Weltenthron.
...
Bis der Gott, des Irdischen entkleidet,
Flammend sich vom Menschen scheidet
Und des Äthers leichte Lüfte trinkt.
Froh des neuen ungewohnten Schwebens,
Fließt er aufwärts, und des Erdenlebens
Schweres Traumbild sinkt und sinkt und sinkt."

(Aus „Das Ideal und das Leben")

Allerseelen

Gustav Theodor Fechner — Das Büchlein vom Leben nach dem Tode (aus Kapitel 5 und 6).

Der große deutsche Philosoph Gustav Theodor Fechner schreibt in seiner kleinen Schrift „Das Büchlein vom Leben nach dem Tode":

Ein Mittel gibt's bewußtester Begegnung zwischen den Lebenden und Verstorbenen; es ist das Andenken der Lebenden an die Verstorbenen. Unsere Aufmerksamkeit auf die Verstorbenen richten, heißt, ihre Aufmerksamkeit für uns wecken, wie ein Reiz, der einen Lebendigen trifft, seine Aufmerksamkeit gleichsam dahin lockt, wo er ihn trifft. ...

Auch wenn ein Lebender an einen Lebenden denkt, mag's einen Zug auf dessen Bewußtsein geben; doch er wirkt nichts, weil dessen Bewußtsein noch ganz in den Banden seines engen Leibes gefesselt liegt. Das durch den Tod entfesselte Bewußtsein aber sucht seine Stätte und folgt dem Zuge, der darauf geäußert wird, so leichter und so stärker, je öfter und je stärker er zuvor darauf geäußert ward. ...

Einer Geliebten ist der Geliebte, einer Gattin der Gatte, einer Mutter das Kind entrissen worden. Umsonst suchen sie in einem fernen Himmel das von ihnen abgerissene Stück Lebens, strecken umsonst Blick und Hand ins Leere nach dem, was gar nicht wahrhaft von ihnen abgerissen worden ist; nur der Faden äußeren Verständnisses ist abgerissen, weil aus dem durch äußere Sinne vermittelten Verkehr, in dem beide sich verstanden, ein innerer unmittelbarer durch den inneren Sinn geworden ist; indem sie sich noch nicht verstehen gelernt.

Einst sah ich eine Mutter ihr noch lebendiges Kind mit Ängsten in Haus und Garten suchen, das sie auf dem Arme trug. Größer noch der Irrtum jener, die das verstorbene in einer fernen Leere sucht, wonach sie nur ins Innere zu blicken hätte, um es bei sich zu finden. Und findet sie es da nicht ganz, hatte sie es denn ganz, da sie es äußerlich auf dem Arme trug? Die Vorteile des äußeren Verkehrs, das äußere Wort, den äußeren Blick, die äußere Pflege kann sie nicht mehr haben und geben; die Vorteile des inneren erst jetzt haben und geben; sie muß nur wissen, daß es einen inneren Verkehr und Vorteile eines solchen gibt. Man spricht mit dem nicht, reicht die Hand nicht dem, von dem man meint, er sei nicht da. Wißt ihr aber Alles recht, so wird ein neues Leben der Lebendigen mit den Toten beginnen; und mit den Lebendigen die Toten zugleich dabei gewinnen.

Denkt eines Verstorbenen nur recht, und nicht bloß der Gedanke an den Verstorbenen, der Verstorbene selbst ist im Momente da. Ihr könnt ihn innerlich beschwören, er muß kommen, ihn festhalten, er muß bleiben, haltet nur Sinn und Gedanken auf ihm fest. Denkt seiner mit Liebe oder Haß; er wird es spüren; — mit stärkerer Liebe, stärkerem Haß, er wird es stärker spüren. Sonst hattet ihr wohl Erinnerung an die Toten; nun wißt ihr sie zu brauchen; könnt einen Verstorbenen noch wissentlich mit eurem Andenken beglücken oder plagen; euch mit ihm versöhnen oder unversöhnlich streiten, nicht euch bloß, wissentlich auch ihm. Tut's stets im besten Sinne; und sorgt nun aber auch, daß das Andenken, was ihr selber hinterlaßt, euch künftig selber fromme.

Wohl dem, der einen Schatz von Liebe, Achtung, Verehrung, Bewunderung im Andenken der Menschen hinter sich gelassen. Was er für's diesseitige Leben hinter sich gelassen, gewinnt er mit dem Tode, indem er das zusammenfassende Bewußtsein für Alles gewinnt, was die Nachgelassenen von ihm denken; hebt damit den Scheffel, von dem er im Leben bloß einzelne Körner zählte. Das gehört zu den Schätzen, die wir für den Himmel sammeln sollen.

Wehe dem, welchen Verwünschungen, Fluch, ein Andenken voll Schrecken folgen. Die ihm im Diesseits folgten, holen ihn im Tode ein; das gehört zu der Hölle, die seiner wartet. Jedes Wehe, das ihm nachgerufen wird, ist ein ihm nachgesandter Pfeil, der in sein Inneres eindringt. ...

Was immer das Andenken an die Toten weckt, ist ein Mittel, sie herbeizurufen.

An jedem Feste, was wir den Toten geben, steigen sie herauf; um jede Statue schweben sie, die wir ihnen setzen; bei jedem Liede, das ihre Taten singt, hören sie mit zu. Ein Lebenskeim für eine neue Kunst! wie war sie schon gealtert, wie müde, die alten Schauspiele den alten Zuschauern immer von Neuem vorzuführen. Nun öffnet sich auf einmal gleichsam über dem Parterre mit der untern Schicht der alten Zuschauer ein Kreis von Logen, aus dem sie eine höhere Gesellschaft niederschauen sieht; und nicht, wie die unten, sondern wie die oben es haben möchten, zu schaffen, ist fortan ihr höchstes Ziel; die unten aber sollen es haben wollen, wie die es oben möchten ...

Die Sehnsucht, die jedem Menschen inwohnt, denen, die ihm hier am liebsten waren, nach dem Tode wieder zu begegnen, mit ihnen zu verkehren und das frühere Verhältnis zu erneuern, wird in vollkommneren Grade erfüllt werden, als je geahnt und versprochen worden.

Denn nicht bloß begegnen werden sich in jenem Leben die, welche in diesem durch ein gemeinschaftliches geistiges Element verknüpft waren, sondern in eins zusammenwachsen werden sie durch dies Element; es wird ein ihnen gemeinschaftliches Seelenglied werden, das beiden mit gleichem Bewußtsein angehört.

Denn schon jetzt sind ja die Toten mit den Lebenden, wie die Lebenden selbst untereinander, durch unzählige solche gemeinschaftliche Elemente verwachsen; aber erst, wenn der Tod den Knoten löst, den der Körper um die Seele jedes Lebenden zieht, wird zur Verknüpfung des Bewußtseins auch das Bewußtsein der Verknüpfung treten.

Jeder wird im Augenblick des Todes erkennen, daß das, was sein Geist von früher Verstorbenen aufnahm oder mit ihnen gemeinschaftlich hatte, auch diesen Geistern immer noch mit angehört, und so wird er nicht wie ein fremder Gast in die dritte (jenseitige, d. Verf.) Welt eintreten, sondern wie ein längst Erwarteter, dem Alle, mit denen er hier durch eine Gemeinschaft des Glaubens, des Wissens, der Liebe verknüpft war, die Hände entgegenstrecken werden, ihn an sich zu ziehen als ein ihnen zugehöriges Wesen.

In gleich innige Gemeinschaft werden wir auch treten mit jenen großen Toten, die lange vor unserer Zeit die zweite (irdische, d. Verf.) Lebensstufe durchwandert und an deren Beispiel und Lehre sich unser Geist gebildet. So, wer hier ganz in Christo lebte, der wird dort ganz in Christo sein. Aber seine Individualität wird nicht erlöschen in der höhern Individualität, sondern nur Kraft gewinnen in ihr und jene Kraft zugleich verstärken. Denn welche Geister miteinander verwachsen durch ihre gleichen Momente, die gewinnen jeder des andern Kraft zu ihrer eignen und bestimmen sich zugleich durch das damit zusammenhängende Verschiedene.

So werden sich manche Geister gegenseitig verstärken durch große Teile ihres Wesens, andre auch nur verknüpft sein durch einzelne zusammenfallende Momente.

Nicht alle diese Verknüpfungen, die auf die Gemeinschaftlichkeit eines geistigen Moments gegründet sind, werden bleiben; aber die werden bleiben, deren Moment der Wahrheit, Schönheit oder Tugend angehört. ...

Die meisten geistigen Momente, die im jetzigen Leben sich entwickeln und die wir in das folgende mit hinübernehmen, tragen zwar einen Kern des

Wahren, Guten und Schönen in sich, aber eingehüllt durch viel Zusatz des Unwesentlichen, Falschen, Verkehrten und Verderbten. Welche Geister durch solche Momente zusammenhängen, die können verbunden bleiben oder sich trennen; je nachdem sie sich beide vereinigen, das Gute und Beste darin festzuhalten und das Schlechte den bösen Geistern, bei ihrer Scheidung von ihnen, allein zurückzulassen, oder je nachdem der eine das Gute, der andere das Schlechte ergreift.

Welche Geister aber einmal sich einer Form oder Idee des Wahren, Schönen oder Guten in ihrer ewigen Reinheit gemeinschaftlich bemächtigt haben, die bleiben auch durch sie verbunden in alle Ewigkeit, und besitzen sie auf dieselbe Weise als Teil ihrer selbst in ewiger Einigkeit.

Das Erfassen der ewigen Ideen von den höhern Geistern ist daher ein Zusammenwachsen derselben durch diese Ideen zu größern geistigen Organismen. Und wie alle individualen Ideen in allgemeinen und diese in allgemeinern wurzeln, so werden zuletzt alle Geister als Gliedmaßen mit dem größten Geiste, mit Gott, zusammenhängen.

Die Geisterwelt in ihrer Vollendung wird daher nicht einer Versammlung, sondern ein Baume von Geistern sein, dessen Wurzel in dem Irdischen eingewachsen ist und dessen Krone in den Himmel reicht.

Nur die größten und edelsten Geister, Christus, die Genien und Heiligen, vermögen unmittelbar mit ihrem besten Teile bis zur innern Höhe Gottes hinanzuwachsen; die kleineren und geringeren wurzeln in sie wie Zweige in Äste und Äste in Stämme ein, und hängen so mittelbar durch sie mit dem, was in dem Höchsten das Höchste ist, zusammen.

So sind die gestorbenen Genien und Heiligen die wahren Vermittler zwischen Gott und den Menschen; sie sind zugleich der Ideen Gottes teilhaftig, führen sie den Menschen zu, zugleich empfinden sie die Leiden, Freuden und Wünsche der Menschen, und führen sie Gott zu.

Diese schönen Worte Fechners machen uns ganz besonders deutlich den lebendigen Zusammenhang aller irdischen, geistigen und göttlichen Sphären im All. Wir sind in unserem gewöhnlichen Alltagsleben viel zu sehr gebunden an die Ebene des physisch-sinnlichen Daseins. Aber schon eine besinnliche Betrachtung unseres irdischen Menschenbildes zeigt deutlich: Wir tragen in unserem Leib, in unserem Knochenmenschen das Steinreich in uns, in unseren Lebens- und Wachstumskräften, in unserem Drüsensystem die Pflanzenwelt, in unseren seelischen Empfindungen, in unseren Lust- und Schmerzgefühlen, in unseren Sympathie- und Antipathie-Empfindungen die Welt der Tiere, und darüber spüren wir in unserem Wachbewußtsein das menschliche Wesen.

Wenn wir aber still in uns hineinhorchen, dann kann uns aufgehen, wie in das menschliche Bewußtsein höhere Genien und Geistwesen hineinwirken. Was wir an Einfällen haben, fällt gleichsam in uns hinein aus einer höheren Welt; es wird uns eingegeben. Deutlich spüren wir, wenn wir nach innen lauschen, die Gegenwart dieser unkörperlichen Geistwesen, lichter wie dunkler Natur. Und noch tiefer in uns lauschend, spüren wir ganz zuinnerst das göttliche Feuer in uns brennen, das nur allzusehr durch die Schlacke des äußeren Menschen verborgen ist. Ja, wir spüren überall zuletzt, auch in der Natur draußen, die Wirksamkeit dieser Kräfte. Wenn wir hinschauen auf eine Menschengestalt, zeigt sie uns in ihrem Ausdruck, in ihrem Blick, in ihrem Gang ihr seelisches und auch ihr geistiges Wesen. In jedem Schmerz, in jeder Liebe, in allem, was wir erfahren, spüren wir die lebendige Wahrheit, die ganz zutiefst dahinter steht, spüren wir den lebendigen Gott.

Schauen wir eine Pflanze an: Das Physische, das Irdische, offenbart sich am stärksten in der Wurzel. Auch das dunkle Wurzelwerk, das Physisch-Leibliche an ihr, will ganz erfaßt und beachtet sein. Ohne Wurzel kann die Pflanze nicht wachsen. Im Stengel und Blatt, wo die Säfte auf- und niedersteigen, offenbart sich wie ein vermittelndes seelisches Element das lebendige Wesen der Pflanzen und in der Blüte, die sich dem Licht entgegenhebt, der Geist in der Pflanze. Das Physische, das Seelische, das Geistige werden damit in uns lebendig greifbar in jeder Naturgestalt. Und schauen wir hin auf die Welt des Toten, des Mineralischen, da sehen wir das Element der Finsternis wirksam; die Dunkelheit offenbart das Irdische, das Physische. Wir sehen weiter die strahlende Welt des Lichtes, den Gegenpol des Physischen, als Erscheinung des Geistigen. Und in der Mischung von Finsternis und Licht, in der Welt der Farben, offenbart sich uns das Seelische.

Oder schauen wir hin auf die Himmelskörper. Die Erde erscheint uns als der feste Planet, auf dem wir leben, ganz besonders stark als Ausdruck des Physischen im Kosmos; die Planeten, die die Sonne umkreisen, die uns bald näher und bald ferner sind, muten uns an wie Kräfte, die das irdische Sein mit den Höhen der Sonnenwelt verbinden. In ihrem rhythmischen Schwingen, in ihrem Auf- und Niedersteigen sind sie Ausdruck des Seelischen, des zwischen Geist und Physis vermittelnden Elementes. Die Sonne, der einzige Körper in unserem Planetensystem, der selbst Licht erzeugt, lichtschöpferisch tätig ist — alle Planeten haben nur widergestrahltes Licht —, ist Bild für das Geistige im Kosmos. Welche Fülle von Geist tut sich auf, wenn wir abends in die Weiten des Sternenhimmels schauen und in den unzähligen Sternen schöpferische Sonnenlicht-Zentren spüren.

Und das Licht, was ist das Licht? Physisch ist es überhaupt nicht erklärbar. Es ist, wie alle Mystiker sagen: Wirkung der Liebestätigkeit Gottes. Wenn wir mit solchem Auge die Welt anschauen, dann sehen wir sie als einen lebendig großen geistigen Organismus. Alle seine Wesensschichten tragen wir in uns. Der Weg nach oben erschließt sich uns, wenn wir den Weg nach innen gehen. Da bricht die überwältigende Gewißheit auf, daß der Mensch ebensowohl Blume wie Baum und Tier und Stern und Gott ist, die Krone der Schöpfung, die Zusammenfassung des Alls, das wahre Wort des Alls, die Zahl des Alls. Welche ist die letzte Zahl? Es gibt keine letzte Zahl; unendlich ist die Zahlenreihe. Unendlichkeit offenbart zugleich das Wesen des Menschen und des Alls.

Die alten Germanen schauten das Bild des Alls in der Gestalt des Weltenbaums. Dieses Bild vom Weltenbaum, das das ganze All umfaßt als einen großen geistlebendigen Organismus, ist unendlich viel wahrer als das mechanische Bild, das unsere moderne Wissenschaft vom All entwirft. Die Sterne sind wirklich Früchte am großen Weltenbaum, und wir alle sind Glieder dieses großen Weltenbaums.

Ähnlich sieht es auch Fechner in den schönen Bildern, die wir eben hörten. Wir können den Geistern der Toten nicht nur begegnen, wir können mit ihnen verwachsen, Wesenseinigung mit ihnen erfahren. Auch für Fechner ist das ganze All ein großer, ein lebendiger Baum. Doch so großartig dieses Bild vom „Baum von Geistern", vom lebendigen Organismus, der alles Irdische mit allem Geistigen, alle kosmischen Fernen mit allem Menschlich-Irdischen verbindet, sein mag, es entschleiert uns noch nicht die letzte Wahrheit. Die Germanen spürten, daß der Weltenbaum, die Weltesche Yggdrasil, zutiefst gefährdet ist durch den Drachen, der an den Wurzeln des Baumes nagt und der ihn einmal zu Falle bringen wird. In der Götterdämmerung stürzt der Baum, dieses Weltall geht unter, und ein neuer Himmel und eine neue Erde entringen sich dem untergehenden All: das wahre Gottesall.

Das haben alle tiefen Geister gespürt. So großartig der Kosmos auch ist, er ist doch nur das verdorbene Kleid, das verdorbene kosmisch große Kleid des gefallenen Menschen. Und über dem Kosmos, da lebt erst die reine Gotteswelt, die im Menschen zutiefst und innerlichst als Gottesfunke brennt, der einmal freiwerden soll, um wirklich zur Erlösung der Kreatur und des ganzen Alls hinzuführen.

„Es geht ein allgemeines Weinen,
So weit die stillen Sterne scheinen
Durch alle Adern der Natur",

sagt einer unserer romantischen Dichter. Selbst der heidnische Dichter Vergil weiß um dieses Mysterium, wenn er sagt: „Sunt lacrimae rerum." „Die Natur weint." Das, was dann befreiend und erlösend Mensch und Kosmos einmal durchdringen wird, ist die Liebestätigkeit Gottes, die alles Licht im Menschen und im All erzeugt. Und wenn wir diese Liebeskraft in uns stark werden lassen, wenn die Liebeskraft, das Geistesherz unseres menschlichen Seelenwesens, unser Seelenleben durchdringt und wandelt zur Geistseele, dann wird der Mensch erlöst, dann gehen ihm jene Lichtaugen, jene Sonnenaugen auf, mit denen er überall in der Welt, in jeder Kreatur, im Nächsten wie im Fernsten die lebendige Wahrheit Gottes, das göttliche Licht, das Licht des Ewigkeitsbereiches Gottes schaut. Dann ist alle Furcht vor Vergänglichkeit und Tod im Menschen überwunden, dann weiß er:

„Die Toten starben nicht. Es starb ihr Kleid.
Ihr Leib zerfiel, es lebt ihr Geist und Wille.
Vereinigt sind sie dir zu jeder Zeit
In deiner Seele tiefer Tempelstille.

In dir und ihnen ruht ein einiges Reich,
Wo Tod und Leben Wechselworte tauschen.
In ihm kannst du, dem eigenen Denken gleich,
Den stillen Stimmen deiner Toten lauschen.

Und reden kannst du, wie du einst getan,
Zu deinen Toten lautlos deine Worte.
Unwandelbar ist unsres Geistes Bahn
Und ewig offen steht des Todes Pforte.

Schlagt Brücken in euch zu der Toten Land,
Die Toten bau'n mit euch am Bau der Erde.
Geht wissend mit den Toten Hand in Hand,
Auf daß die ganze Welt vergeistigt werden."

(Manfred Kyber, „Die Toten", 1918)

23. Sonntag nach Trinitatis

Apokalypse 14, 1—5 — Das Gefolge des Lammes
6—7 — Ankündigung des Gerichtes über die
13 — antichristliche Welt

Und ich sah und siehe, da stand das Lamm auf dem Berge Zion und bei ihm Hundertvierundvierzigtausend, die seinen Namen und seines Vaters Namen geschrieben tragen auf ihren Stirnen. Und ich hörte eine Stimme aus dem Himmel wie viele Wasser. Und eine Stimme starken Donners. Und die Stimme, die ich hörte, war, wie wenn Harfner singen und zum Gesang die Harfe schlagen. Sie singen ein neues Lied vor dem Throne. Und vor den vier Tiergestalten und den Ältesten. Und niemand konnte das Lied lernen als nur die Hundertvierundvierzigtausend, die von der Erdgebundenheit losgekauft sind. Die sind es, die sich mit dem Babel-Weibe nicht befleckt haben, denn sie sind jungfräulich. Diese, die dem Lamme folgen, wohin es auch geht, diese werden aus der Erden-Menschheit herausgelöst als neuer Urbeginn vor Gott und dem Lamme. In ihrem Munde ward keine Lüge gefunden und ohne Makel sind sie.

Und ich sah einen anderen Engel fliegen durch die Himmelsmitte, der hatte ein ewiges Evangelium zu verkünden über die Erdbewohner und über alle Nationen und Stämme, Sprachen und Völker. Und er rief mit gewaltiger Stimme: Fürchtet Gott und bringt ihm Lobpreisung, denn gekommen ist die Stunde seines Gerichtes, ihn betet an, der gemacht hat den Himmel und die Erde, Meere und Wasserquellen!

Und ich hörte eine Stimme aus dem Himmel, die sprach: Schreibe: Selig die Toten, die im Herrn sterben von nun an!

Ja, spricht der Geist, sie sollen ausruhen von ihren Mühen und Plagen, denn ihre Werke folgen ihnen nach.

„Gott ist gegenwärtig.
Lasset uns anbeten
Und in Ehrfurcht vor ihn treten.
Gott ist in der Mitten.
Alles in uns schweige
Und sich innigst vor ihm beuge.
Wer ihn kennt,
Wer ihn nennt,
Schlag die Augen nieder;
Kommt, ergebt euch wieder.
...

Majestätisch Wesen,
Möcht ich recht dich preisen
Und im Geist dir Dienst erweisen!
Möcht ich wie die Engel
Immer vor dir stehen
Und dich gegenwärtig sehen!
Laß mich dir
Für und für
Trachten zu gefallen,
Liebster Gott, in allem.

Luft, die alles füllet,
Drin wir immer schweben,
Aller Dinge Grund und Leben,
Meer ohn' Grund und Ende,
Wunder aller Wunder,
Ich senk' mich in dich hinunter.
Ich in dir, du in mir,
Laß mich ganz verschwinden,
Dich nur sehn und finden.

Du durchdringest alles;
Laß dein schönstes Lichte,
Herr, berühren mein Gesichte
Wie die zarten Blumen
Willig sich entfalten
Und der Sonne stille halten,
Laß mich so
Still und froh
Deine Strahlen fassen
Und dich wirken lassen.

Mache mich einfältig,
Innig, abgeschieden,
Sanft und still in deinem Frieden;
Mach mich reines Herzens,
Daß ich deine Klarheit
Schauen mag in Geist und Wahrheit;
Laß mein Herz
Überwärts
Wie ein Adler schweben
Und in dir nur leben."

(Gerhard Tersteegen)

Auf die Zeit der Tagundnachtgleiche folgt jetzt die Zeit der längsten Nächte im Jahr in den Monaten November und Dezember. Zur Tagundnachtgleiche haben wir das Michaelis-Fest gefeiert. Es liegt im Jahreskreis dem Osterfest gegenüber. Ostern ist das Fest der Auferstehung Christi; Michaelis ist das Fest der Auferweckung des Menschen. Dieses Mysterium verheißt ein großes kosmisch geweitetes, überkosmisches Bewußtsein und mit ihm die Überwindung aller Todesfurcht, die Kraft, das Sterben mit wachem Geistbewußtsein zu durchstehen.

Draußen, in der Natur ist das Leben erstorben. Aber verheißungsvoll wird die erstorbene Erde umkleidet mit einem weißen Schneekleid. Die Schneeflocken bestehen aus lauter lichten Sechssternen und erinnern uns an unsere Sternenheimat, aus der wir stammen. Im Märchen wird der Schnee gesendet von Frau Holle, von Frau Hela. Sie war die Himmelsherrin und die Mutter der Toten. In dieser Jahreszeit steigen am Abendhimmel die hellsten Sternbilder des Fixsternhimmels auf: Orion und der Große Hund mit Sirius und all die anderen lichten Sterne dieser Region. Da spüren wir, wenn wir jetzt abends zum Himmel aufschauen, besonders stark die tröstende Macht der himmlischen Sternensphären.

„Daß die Sterne so unsagbar trösten,
Läßt uns ahnen, daß wir ihren klaren
Lichtesreichen, ehe wir uns lösten,
Angehörten, den unwandelbaren.

Götterliebe und der Sterne Glänzen
Sind dem Herzen darum ewig teuer,
Gleich dem Heiligtum voll Scheu umkränzen
Wir in Demut ihre Leuchte-Feuer."

(Alfred Schütze)

In dem eben gelesenen Text aus der Johannes-Apokalypse hebt der Seher Johannes auch seine Augen zum Himmel empor, und er sieht durch die Sternensphären in den überkosmischen Raum von Gottes Feuerhimmel. Vorangegangen ist in der Johannes-Offenbarung die Schilderung des Kampfes Michaels mit dem Drachen. Michael hat den Drachen aus den Himmeln zur Erde gestürzt, und auf der Erde tobt und wütet nun der Drache weiter, so wie draußen in der Natur jetzt die vernichtenden Mächte des Todes sich austoben. Da sollen wir, wie der Seher Johannes, in dieser Zeit des Sterbens unsere Augen zum Himmel emporheben. Da finden wir den rechten Trost. Was sieht der Seher Johannes? Er sieht auf dem Berg Zion das Lamm stehen und den Thron des Welten-Logos. Der thronende Logos, er ist Bild der Allmacht, der Schöpfer-Allmacht Gottes. Und das Lamm, es ist Bild der Liebe Gottes, des Gottes, der sich hinopfert für die gefallene Welt, um Mensch und Welt zu erlösen.

Umgeben ist der Thron des Logos und das Lamm auf dem Berg Zion von den höchsten Hierarchien, von den vier Tierwesen, die dargestellt werden durch die vier Sternbilder: Stier, Löwe, Adler-Skorpion und Wassermann-Engelmensch. Die vier Sternbilder, die die höchsten Hierarchien sinnbildlich darstellen, deuten zugleich auf die vier Raumesrichtungen, auf die Raumesweiten hin. Und in weiterem Kreis ist der Thron des Welten-Logos und des Lammes umgeben von den vierundzwanzig Ältesten, den vierundzwanzig Zeitenführern, die ihr irdisches Abbild haben in den vierundzwanzig Stunden des Tages. Wie die vier Sternbilder auf die Raumesweiten hinweisen, so deuten die vierundzwanzig Ältesten auf die Zeitenkreise der Weltentwicklung. Über Raum und Zeit aber schaut der Seher den Ewigkeitsbereich Gottes, der den Quellgrund darstellt, aus dem sowohl die Zeit wie der Raum hervorgegangen sind. Im Feuerhimmel sind wir im überkosmischen Bereich, im überräumlichen, überzeitlichen Ewigkeitsbereich des lebendigen Gottes.

An diesen Bereich herantreten dürfen nur diejenigen, die den Namen des Lammes und den Namen des Vatergottes auf ihrer Stirn tragen. Das sind diejenigen, die sich rein bewahrt haben, die jungfräulichen Menschen, die in sich das Geistige nicht befleckt haben durch das Ausleben eines bloß seelischen Wesens, die in sich das Seelische durchgeistet und das Geistige durchseelt haben, diejenigen, in denen das ganze Menschenwesen, das mann-weibliche, androgyne Menschenwesen, der gott-ebenbildliche Mensch Wirklichkeit geworden ist auf der Erde. Das sind die jungfräulichen, gott-ebenbildlichen Menschen. Sie sind herausgelöst aus der Erdgebundenheit, und ihre Zahl ist hundertvierundvierzigtausend. Das ist zwölf mal zwölf mal tausend. Zwölf ist die Zahl der Sternbilder der Sonnenbahn, die Zahl der göttlichen Urbilder im Kosmos. Und zwölf mal zwölf ist die Vollendung der kosmischen Urbilder in der Gotteswelt. Tausend aber ist die Zahl der Zeitvollendung, die Zahl der Weltvollendung. Zwölf mal zwölf mal tausend: hundertvierundvierzigtausend, das ist die Symbolzahl der Vollendung von Mensch und Kosmos in Gott. Diese Zahl deutet hin auf den Urbeginn einer neuen himmlischen Menschheit und eines neuen himmlischen Kosmos. Die Hundertvierundvierzigtausend singen ein neues Lied, das sie von den höchsten Hierarchien gelernt haben. Es ist das Lied des göttlich durchstrahlten Menschen-Ich.

Dann heißt es in der Johannes-Offenbarung weiter: In der Himmelsmitte erscheint ein Engel, der verkündet allen Völkern, allen Rassen, der ganzen Menschheit ein ewiges Evangelium. Das irdische Evangelium ist nur ein Abbild des himmlischen Evangeliums, das in den Blättern der Sternbilder eingeschrieben steht in den Weiten des Kosmos. Und der Engel, der das ewige, das himmlische, das Sternen-Evangelium der ganzen Menschheit verkündet, er ruft: „Fürchtet Gott!“ Mit der Gottesfurcht beginnt der Weg der Gotteinigung. Nur der Mensch, der die unausdenkbare Größe des Schöpfer-Gottes, die unnahbare Majestät des ewigen, des lebendigen Gottes in sich erfährt und sie ehrfürchtig verehrt, kann den Weg der Gott-Einigung beschreiten, und es erschließt sich ihm die Tiefe der göttlichen Liebe. Ohne Gottesfurcht gibt es keine wahre Gottesliebe, wie es ohne Sterben kein Auferstehen, kein ewiges Leben gibt. Die Gottesfurcht ist der Anfang der Weisheit und der Liebe Gottes.

Und dann tönt eine Stimme vom Himmel: „Selig sind die Toten von nun an, die im Herrn sterben.“ Der Geist spricht: „Sie sollen ruhen von ihren Mühsalen, und ihre Werke folgen ihnen nach.“ Im Ewigkeitsbereich Gottes ist der Gegensatz von Ruhen und Wirken ebenso überwunden wie die Aufspaltung der Zeit in Vergangenheit, Gegenwart und Zukunft. In der Gotteswelt herrscht ewige Gleichzeitigkeit und harmonische Einung von Ruhen und Wirken. Da ist der Mensch hineingehoben in das innertrinitarische Leben Gottes; da wird im Menschen Gott offenbar und Gott im Menschen, da sind Tod und Leben eines geworden.

24. Sonntag nach Trinitatis

Matthäus 18, 12—14 — Dem verlorenen Schäflein nach
25, 31—46 — Das Jüngste Gericht

Was dünkt euch, wenn einem hundert Schafe gehören, von denen sich eines verirrt, wird er dann nicht die neunundneunzig auf den Bergen lassen und hingehen, das verlorene zu suchen? Und wenn er es gefunden hat, wahrlich, ich sage euch, er freut sich mehr über dieses eine als über die neunundneunzig, die sich nicht verirrt hatten. So ist es der Liebeswille eures Vaters im Himmel, daß auch nicht eines von den Kleinen verlorengehe.

Wenn des Menschen Sohn in Begleitung aller Engel in seiner Herrlichkeit kommt, so wird er sich auf den Thron seiner Majestät setzen.

Da werden sich alle Völker vor ihm versammeln, und er wird sie voneinander scheiden, wie der Hirt die Schafe von den ... Böcken scheidet; die Schafe wird er zu seiner Rechten, die Böcke zu seiner Linken stellen. Zu denen auf seiner Rechten wird dann der König sagen: Kommt, ihr Gesegneten meines Vaters! Nehmt in Besitz das Reich, das euch seit Anbeginn der Welt bereitet ist! Denn ich war hungrig, und ihr habt mir zu essen gegeben; ich war durstig, und ihr habt mir zu trinken gereicht; ich war fremd, und ihr habt mich beherbergt; nackend war ich, und ihr habt mich bekleidet; krank, und ihr habt mich besucht; im Gefängnis, und ihr seid zu mir gekommen.

Da werden ihm die Gerechten erwidern: Herr, wann haben wir dich hungrig gesehen und dir zu essen gegeben, oder durstig und dir zu trinken gereicht? Wann haben wir dich fremd gesehen und dich beherbergt, oder nackt gesehen und dich bekleidet? Wann haben wir dich krank oder im Gefängnis gesehen und sind zu dir gekommen?

Der König wird ihnen zur Antwort geben: Wahrlich, ich sage euch: sofern ihr es auch nur einem von meinen geringsten Brüdern getan habt, habt ihr es mir getan.

Dann wird er fortfahren zu denen auf seiner Linken: Weichet von mir, ihr Verfluchten, in das Feuer, in dem der Zeitenkreis verbrennt, das dem Teufel und seinen Engeln bereitet ist! Denn ich war hungrig, und ihr habt mir nichts zu essen gegeben; ich war durstig, und ihr habt mir nichts zu trinken gereicht; ich war fremd, und ihr habt mich nicht beherbergt; nackt, und ihr habt mich nicht bekleidet; krank und im Gefängnis, und ihr habt mich nicht besucht.

Da werden auch sie erwidern: Herr, wann haben wir dich hungrig oder durstig, fremd oder nackt, krank oder im Gefängnis gesehen und haben dir nicht unseren Dienst geleistet?

Er aber wird ihnen zur Antwort geben: Wahrlich, ich sage euch: sofern ihr es auch nur einem von den Geringsten nicht getan habt, habt ihr es mir nicht getan.

Und diese werden dem Äon der Qual verfallen. Die Gerechten aber werden den Äon des Lebens finden.

Scheinbar besteht ein unüberbrückbarer Gegensatz zwischen dem liebevoll das verlorene Schaf suchenden Hirten und dem strengen, königlichen Hirten, der als Weltenrichter erscheint. Doch dieser Gegensatz zwischen dem liebevollen Hirten und dem gerichtgerechtrichtenden Hirten als Weltenrichter besteht nur in unserem Oberflächenbewußtsein. Einem tieferen Erleben eint sich beides. Liebe und

Gerechtigkeit gehören auf das engste zusammen wie Tag und Nacht, wie Zeit und Ewigkeit, wie bewußtes menschliches Empfinden, bewußtes menschliches Streben und überbewußtes göttliches Licht und göttliche Führung. Am Tage wirken wir nach außen, in der Nacht können wir nicht nach außen wirken, da verinnerlichen wir in uns das am Tag Erlebte. Dieses Leben, das nach außen und nach innen geht, das sich veräußerlicht und sich nach innen hin vertieft, ist in Wahrheit nur ein einziges Leben. Liebe ohne Gerechtigkeit wird leicht zur Weichheit, und Gerechtigkeit ohne Liebe wird leicht zur Härte. Wir spüren, daß es in uns eine Wesensschicht gibt, ganz tief innen, in der Liebe und Gerechtigkeit keine Gegensätze mehr sind, wo Liebe höchste Gerechtigkeit und Gerechtigkeit höchste Liebe ist.

Es ist dies auch im Leben so, das erfahren wir immer wieder: Wir werden nicht nur verantwortlich gemacht für das, was wir bewußt verfehlen, wir werden nicht nur verantwortlich gemacht, da, wo wir bewußt schuldig werden; nein, das Leben macht uns auch verantwortlich für Dinge, die wir unbewußt verfehlen. Der göttliche Vater bringt uns immer wieder in Lebenssituationen, die uns vielleicht schwer bedrücken, die uns aber gerade unsere menschlichen Schwächen deutlich machen, damit wir sie überwinden. Das Zornfeuer Gottes, das uns vielleicht erschüttert, wenn es über uns hereinbricht, ist in Wirklichkeit das gleiche wie das Liebesfeuer Gottes.

Unser wahres, innerstes menschliches Wesen, unser höheres Selbst ist viel weiter und umfassender als das, was wir von uns im Bewußtsein tragen. Schiller sagt: „Jeder individuelle Mensch ... trägt, der Anlage und Bestimmung nach, einen reinen, idealischen Menschen in sich, mit dessen unveränderlicher Einheit in allen seinen Abwechselungen übereinzustimmen die große Aufgabe seines Daseins ist." Damit deutet Schiller auf diese Tiefenschicht, auf das göttliche Licht, auf den Gottesfunken hin, der uns zugleich liebevoll führt und streng richtet. Das göttliche Selbst, das göttliche Urbild des Menschen geht niemals vollkommen ein in unser zeitlich gebundenes Bewußtsein. Wir können es mit unserem Erkennen nicht fassen, es ragt über unser nur zeitlich gebundenes Empfinden heraus. Wir spüren es deutlich, die Zeit ist für uns immer aufgespalten in Vergangenheit, Gegenwart und Zukunft. Jetzt, wenn ich spreche, da ist Gegenwart, und im nächsten Augenblick ist die Gegenwart schon Vergangenheit geworden. Ich kann die Gegenwart nicht fassen und festhalten, und die Vergangenheit kann ich erst recht nicht mehr greifen. Sie ist wie ein verblaßter Schatten. Und die Zukunft, sie liegt vor mir; wir gehen der Zukunft entgegen. Auch sie können wir nicht greifen.

All unser Erleben, so empfinden wir, wenn wir uns so innerlich besinnen, ist schattenhaft unwirklich, und doch spüren wir: Vergangenheit, Gegenwart und Zukunft hängen zutiefst zusammen, sind miteinander verbunden. Den tragenden Grund der Zeit, der Vergangenheit, Gegenwart und Zukunft eint, nennen wir Ewigkeit. Das ist etwas anderes als eine unendlich lange Zeit; das Ewigkeitserleben ist ein völlig anderes Erleben als das Zeiterleben; es ist eine Art gleichzeitiger Gegenwärtigkeit von Vergangenheit, Gegenwart und Zukunft. Das Erleben dieser Wirklichkeit können wir wohl in uns spüren, aber niemals uns voll bewußt machen. Erst im Tod, wenn wir sterben, wenn wir in die höhere Welt hinübergehen, wenn die irdischen Bindungen immer mehr von uns abfallen, dann wandelt sich auch unser Zeiterleben, dann bricht das qualitativ andere Erleben einer gleichzeitigen Gegenwärtigkeit von Vergangenheit, Gegenwart und Zukunft immer stärker in uns auf, nicht nur im Zeitlichen, sondern auch in unserem persönlichen Erleben.

Doch hier, im irdischen Bereich, stehen wir in ganz bestimmten Bindungen, gibt es die verschiedensten Begabungen. Der eine kann besonders gut und klar denken, der andere hat ein ausgeprägtes tiefes und feines Gefühl und wieder ein anderer hat einen kräftigen und starken Willen. Die Menschen sind verschieden; verschieden sind die Berufe, die Stände. Und doch ist das alles eigentlich nur das Vordergründige, man möchte fast sagen: das Maskenhafte am Menschen.

Hier im Evangelium hören wir: Der Weltenrichter versammelt die Völker vor seinem Thron. Aber die Völker werden nicht als Völker gerichtet, sie werden aufgelöst. Er wendet sich an die Einzelnen, die Einzelnen werden gerichtet nach ihren Taten. Und was gilt vor dem Thron des Weltenrichters? Sein Blick dringt durch alle Masken, durch alle äußeren Schichten bis in den innersten Wesenskern des Menschen. Vor ihm gelten nicht die Großtaten, die einer ausgeführt hat, vielleicht im Staat, in der Wirtschaft, in der Technik, in der Kunst, in der Wissenschaft. Nach all diesen Taten, die uns auf der Erde hier vielleicht bedeutend erscheinen, fragt der Weltenrichter nicht, sondern er sagt nur: „Was ihr den Geringsten meiner Brüder getan habt, das habt ihr mir getan." Das heißt, in jedem Menschen, auch in dem geringsten, lebt das gott-menschliche Urbild, lebt der Gottesfunke. Die Menschen werden von ihm gerichtet werden danach, inwieweit sie durch ihre Taten diesen Gottesfunken im anderen geachtet oder belebt haben. Es kann einer bedeutende Taten im äußeren Leben verrichtet haben, doch wenn das, was er getan hat, nichts dazu beigetragen hat, den Gottesfunken im Menschen zu erwecken, dann zählen alle diese Großtaten nicht. Es zählt nur das, was den Gottesfunken, das Gotteslicht im Menschen geweckt hat. Wenn wir in dem geringsten Seiner Brüder, wenn wir in einem Menschen, der äußerlich vielleicht nicht angesehen ist, das Gotteslicht geachtet, den Gottesfunken geweckt haben, dann zählt das in den Augen des Weltenrichtes.

Besonders schön kommt dieser Gedanke in der Martinslegende zum Ausdruck. Dort gibt der Ritter Martin vor den Toren Amiens einem armen Bettler die Hälfte seines Mantels ab. In der Nacht darauf sieht er in einem Wahrtraum Christus, bekleidet mit dem Mantel, den er dem Bettler gegeben hat, und Christus spricht zu ihm die Worte, die er als Weltenrichter zu den Menschen sagt: „Was ihr dem geringsten meiner Brüder getan habt, das habt ihr mir getan."

Der Ritter Martin hat in dem armen Bettler den Gottesfunken geweckt und gestärkt. Das kann auf ganz verschiedene Weise geschehen; es wäre falsch etwa zu denken, es geschähe von selbst schon dadurch, daß wir dem Mitmenschen helfen und ihm etwas schenken. Das kann sein, aber das ist nicht das Wichtige. Es kommt darauf an, daß unsere Gabe, unser Geschenk den Gottesfunken in ihm weckt. Vielleicht muß man sogar in einem anderen Fall gegen einen Menschen, der bettelt, sehr streng sein und ihn abweisen, weil man spürt, nur durch diese Strenge kann ihm geholfen, kann das Göttliche in ihm belebt werden. Nicht das Irdische an uns, sondern der Gottesfunke in uns macht uns erst zu wirklichen Brüdern, zu Gotteskindern. Wir sind deshalb Brüder, weil in allen Menschen das Gotteslicht, der Gottesfunke, ein Teil der Gottheit glüht. Wenn wir einmal im Tode eingehen werden in die höhere Welt, dann wird unsere Innenwelt, was wir in uns tragen, Außenwelt sein. Und alles, was in uns den Gottesfunken gedämpft, gedrückt, zu löschen versucht hat, wird dann zu einer Welt der Qual; was in uns den Gottesfunken entfacht und entflammt hat, wird eine Welt des Lebens sein. Innenwelt wird Außenwelt im Tod, und Bestand hat nur, was das innerste Wesen des Menschen, den Gottesfunken, das göttliche Licht in uns entfacht und entflammt hatte.

„Das ist das Gericht, daß das Licht in die Welt gekommen ist", sagt Christus im Johannes-Evangelium. Es ist das Gericht, daß das Licht, das Gotteslicht in uns aufgeleuchtet ist, und darum sollen wir unsere Mitmenschen, gleichgültig wie begabt sie sind, gleichgültig welchem Stand sie angehören, zutiefst achten und ehren, wie es der Ritter Martin getan hat in der Legende, dessen Namenstag wir gestern, am

11. November, gefeiert haben. Für den Dichter Friedrich Hebbel ist die Achtung vor dem Menschenbild „Höchstes Gebot“.

„Hab Achtung vor dem Menschenbild
Und denke, daß, wie auch verborgen,
Darin für irgendeinen Morgen
Der Keim zu allem Höchsten schwillt!

Hab Achtung vor dem Menschenbild
Und denke, daß, wie tief er stecke,
Ein Hauch des Lebens, der ihn wecke,
Vielleicht aus deiner Seele quillt!

Hab Achtung vor dem Menschenbild!
Die Ewigkeit hat eine Stunde,
Wo jegliches dir eine Wunde,
Und wenn nicht die, ein Sehnen stillt.“

25. Sonntag nach Trinitatis

Matthäus 24,	1— 4	—	Veranlassung
	5—14	—	Wehen in naher und fernerer Zukunft
	15—22	—	Gericht über Jerusalem
	23—28	—	Die fernere Zukunft der Welt: antichristliche Täuschungen und Massenabfall
	29—31	—	Dem Endgericht entgegen
	32—33	—	Naturbild als Gleichnis: Mahnung zur Wachsamkeit
	34—36	—	Bemerkungen über Beginn und Ende der „Endzeit“
	37—42	—	Seid immer bereit!

Darauf verließ Jesus den Tempel und ging hinaus. Da traten seine Jünger zu ihm und wiesen ihn auf das Bauwerk des Tempels hin. Er gab ihnen zur Antwort: Seht ihr nicht dies alles? Wahrlich, ich sage euch: Kein Stein wird hier auf dem andern bleiben: sie werden alle in Trümmer gehen!

Wie er dann auf dem Ölberg saß, kamen seine Jünger und sprachen, als sie allein mit ihm waren: Sage uns, wann wird dies geschehen, und welches wird das Zeichen deines Hervortretens und der Vollendung des Äons sein?

Jesus antwortete ihnen:
Sehet zu, daß niemand euch irreführe! Viele werden kommen und unter meinem Namen sagen: Ich bin Christus und werden viele irreführen. Ihr werdet von Kriegen und Kriegsgerüchten hören — sehet zu, laßt euch nicht schrecken! Denn all das muß so kommen, aber es ist noch nicht das Ende. Es wird sich ein Volk gegen das andere, ein Reich gegen das andere erheben; da und dort wird es zu Hungersnöten und Erdbeben kommen; aber all das ist nur der Anfang der Wehen. Danach wird man euch der Trübsal überliefern und euch töten, und ihr werdet um meines Namens willen allen Völkern verhaßt sein.

Dann werden viele Ärgernis nehmen und werden sich gegenseitig verraten und einander hassen. Viele falschen Propheten werden aufstehen und werden viele verführen; und weil die Gottlosigkeit zum Vollmaß steigt, wird die Liebe vieler erkalten.

Aber wer bis zur Weihevollendung ausharrt, der wird die Heilkraft empfangen. Und diese Frohbotschaft vom Reiche soll verkündet werden auf der ganzen Welt zum Zeugnis für alle Völker — erst dann wird die Weihevollendung kommen.

Wenn ihr also den Greuel der Ich-Vergottung, von welchem der Prophet Daniel spricht, an heiliger Stätte seht — der Leser merke auf! —, dann sollen, die sich im Judenlande befinden, in die Berge fliehen; wer auf dem Dache ist, soll nicht noch hinuntersteigen, um etwas aus seinem Hause mitzunehmen, und wer auf dem Felde ist, soll nicht noch umkehren, um seinen Mantel zu holen. Wehe den Schwangeren und Wöchnerinnen in jenen Tagen! Betet, daß eure Flucht nicht in den Winter noch auf den Sabbat falle! Denn es wird in jenen Tagen eine große Trübsal sein, wie sie von Anfang bis heute nicht war, noch fernerhin sein wird. Und würden jene Tage nicht verkürzt, so würde kein Sterblicher heil davonkommen; aber um der Auserwählten willen werden jene Tage abgekürzt werden.

Sodann — wenn euch jemand sagt: Hier ist Christus, oder dort ist er! — glaubet es nicht! Denn es werden solche aufstehen, die sich fälschlich Christus nennen, falsche Propheten, und werden große Zeichen und Wunder tun, so groß, daß sie, wenn möglich, die Auserwählten irreführten. Aber ich habe es euch vorausgesagt.

Wenn man euch also sagt: Er ist in der Wüste!, gehet nicht hinaus! — er ist in den Kammern!, glaubet es nicht! Denn gleichwie der Blitz vom Aufgang ausgeht und bis zum Niedergange leuchtet, so wird es mit der Ankunft des Menschensohnes sein. Erst wo der Leichnam liegt, da werden sich die Adler sammeln.

Sogleich nach der Trübsal jener Tage wird sich die Sonne verfinstern und der Mond seinen Schein nicht geben; die Sterne werden vom Himmel fallen und die Himmelskräfte erschüttert werden. Dann wird das Zeichen des Menschensohnes am Himmel erscheinen.

Da werden wehklagen alle Völkerstämme der Erde und des Menschen Sohn auf den Wolken des Himmels kommen sehen mit großer Macht und Herrlichkeit. Er wird seine Engel mit lautem Posaunenschall aussenden, und sie werden seine Auserwählten von den vier Winden her, vom einen Ende des Himmels bis zum andern sammeln.

Vom Feigenbaume lernt das Gleichnis: wenn sein Gezweige saftig wird und die Blätter sprießen, so erkennt ihr, daß der Sommer nahe ist. So erkennet auch, wenn ihr dies alles seht, daß Er nahe vor der Türe ist!

Wahrlich, ich sage euch, dieses Geschlecht wird nicht vergehen, bis all dies geschieht. Himmel und Erde werden vergehen, aber meine Worte werden nicht vergehen.

Über Jenen Tag aber und Jene Stunde weiß niemand etwas, weder die Engel der Himmel noch der Sohn, sondern allein der Vater.

Mit der Ankunft des Menschensohnes aber wird es sein wie in den Tagen Noahs: Denn wie sie es damals vor den Tagen der Sintflut hielten: sie aßen und tranken, gaben zur Ehe und nahmen zur Ehe bis zu dem Tage, da Noah in die Arche ging, und ahnten nichts, bis die Sintflut kam und alle hinwegraffte: so wird es auch mit der Ankunft des Sohn des Menschen sein. Da werden von zweien, die auf dem Felde sind, der eine aufgenommen, der andere zurückgelassen; und von zwei Frauen, die an der Mühle mahlen, wird eine aufgenommen, die andere zurückgelassen. Darum wachet, da ihr nicht wisset, an welchem Tage euer Herr kommt!

„Wesen reiht sich an Wesen in Raumesweiten,
Wesen folgt auf Wesen in Zeitenläufen.
Verbleibst du in Raumesweiten, im Zeitenlaufe,
So bist du, o Mensch, im Reiche der Vergänglichkeiten.
Über sie aber erhebt deine Seele sich gewaltiglich,
Wenn sie ahnend oder wissend schaut das Unvergängliche,
Jenseits der Raumesweiten, jenseits der Zeitenläufe."

(Rudolf Steiner)

Das Christus-Jahr geht seinem Ende entgegen. Da hörten wir die eindrucksvollen Worte, welche Christus auf dem Ölberg über die Endzeit spricht im Hinblick auf Jerusalem und den Tempel. Die Ölberg-Rede Christi ist von ganz besonderer Bedeutung. Wenn wir sie verstehen wollen, dann müssen wir uns geistig erheben aus den Niederungen des Alltags zur Höhe der Bergwelt. In der Höhenluft der Berge sind wir dem Himmel näher als in der Ebene. Auf der Bergeshöhe des Geistes verstehen wir erst diese Worte recht. Das, was uns im Alltag wichtig scheint, schrumpft zusammen, es ordnet sich ein in neue, große Zusammenhänge und weite Fernsichten, es wird alles klein vor unserem Auge, was der Ebene der Alltäglichkeit angehört.

Wir steigen mit Christus auf den Ölberg. Mit Öl pflegte man im Altertum, Sterbende, Priester und Könige zu weihen. Wir empfangen gleichsam in den Worten der Ölberg-Rede das Sakrament der letzten Ölung, das Sakrament der Weihevollendung von Mensch, Menschheit und Erde. Mit Christus und den Jüngern schauen wir herab vom Ölberg auf Jerusalem und den Tempel. Christus spricht vom Untergang Jerusalems, von der Zerstörung des Tempels. Aber nicht das ist der eigentliche, wesentliche Sinn der Ölberg-Rede. Zu Christi Zeiten war es nicht schwer, den kommenden Krieg zwischen Juden und Römern und die Zerstörung Jerusalems und des Tempels vorauszusehen. Wenn die Worte Christi nur hindeuten würden auf die Ereignisse der Jahre Siebzig und Einundsiebzig nach Christi Geburt, dann hätten sie für uns kein besonderes Interesse. In Wirklichkeit gestaltet Christus seine Prophezeiung über den Untergang Jerusalems und über die Zerstörung des Tempels zu einer großartigen Zukunftsschau von der Entwicklung der ganzen Menschheit, vom Durchbruch des göttlichen Wesenskernes im Menschen. Was da gesagt wird über Jerusalem, über die von den Römern belagerte und zerstörte Stadt, das gilt ebenso für Berlin im zweiten Weltkrieg, das gilt für jede von Feinden belagerte oder zerstörte Stadt, das gilt vor allen Dingen auch für das Zentrum unseres innerlichen Menschen, der von Dämonen stets umkämpft und bedroht wird.

Was meinen die Worte Christi über den Untergang des Tempels? Der Tempel ist hier Symbol für die Welt der alten Religion. Die alte Welt, der Alte Bund, geht zu Ende, und ein neuer Bund will entstehen in der Menschheit, jener neue Bund, in dem das göttliche Menschen-Ich, der Gottesfunke in jedem einzelnen erst voll zum Durchbruch kommt. Die ganze alte Welt muß untergehen, löst sich einmal auf. „Das alles muß so kommen", sagt Christus, damit der freie, der wahre, der gott-ebenbildliche Mensch in uns zum Vorschein komme.

So sah es auch der Apostel Johannes, als er in seinem ersten Brief schrieb: „Geliebte, jetzt sind wir Kinder Gottes. Es ist noch nicht in Erscheinung getreten, was wir sein werden; wir wissen aber, wenn er in Erscheinung tritt, so werden wir ihm gleich sein." Auch der Apostel Paulus rief den Ephesern zu, daß die Menschen erwählt sind „zum Aufbau des Leibes Christi — bis wir alle zur Einheit des Glaubens und der Erkenntnis des Sohnes Gottes, zum vollkommenen

Manne, zur Altersreife des Pleroma, nämlich der Fülle Christi gelangen", damit wir nicht mehr nur Unmündige seien. Erst der nach Geist, Seele und Leib verklärte, durchgeistigte Mensch ist der wahre Mensch.

Schon bei Beginn seiner Tätigkeit hatte Christus den Hütern des Tempels gesagt: „Löset diesen Tempel auf, und in drei Tagen will ich ihn wieder aufrichten." Damals wurde er weder von den Juden noch von seinen Jüngern verstanden. Und jetzt am Ende seiner Wirksamkeit spricht Christus wiederum von der Zerstörung des Tempels und von dem Wiederaufbau eines neuen Menschheitstempels. „In drei Tagen", hatte Christus gesagt, „will ich den zerstörten Tempel wieder aufbauen." Christus erschien in der Menschheit am vierten großen Weltentag, in der Mitte der sieben Weltentage. In den folgenden drei großen Weltentagen will er den Menschen nach Geist, Seele und Leib göttlich durchstrahlen; da will er in der Menschheit das wahre gott-ebenbildliche Wesen Wirklichkeit werden lassen, will in jedem Menschen den Menschensohn offenbar machen.

Auch die altgermanische Seherin der „Edda" weiß um dieses Geheimnis. Sie kündet von der Götterdämmerung, vom Untergang aller alten Religionen, vom Tod der alten Götter. Sie sieht den Weltenbaum, die Weltesche Yggdrasil, den Sternenbaum des Kosmos, zusammenstürzen im Flammenfeuer der äonischen Glut. Ebenso sprach man in der griechisch-römischen Antike davon, daß beim Untergang des Serapis-Tempels zu Alexandria die Sterne vom Himmel fallen würden. So sagt auch Christus hier, wenn der Tempel zerstört wird, dann fallen die Sterne vom Himmel, dann verlieren Sonne und Mond ihren Schein, dann geht die Welt unter. Diese Worte müssen verstanden werden als ein Wort der antiken Mysterien. So drückte man sich aus, wenn man vom Untergang der alten Welt und vom Weiheziel der Menschheitsvollendung sprach. Denn der Tempel war im Altertum ein Abbild des Sternenkosmos und zugleich ein Abbild des Menschen.

Jede Kultur hat zur Grundlage immer echte Religion. Wer am Tempel rüttelt, der wirkt kulturzerstörend, der läßt die Sterne, die geistigen Werte, vom Himmel fallen. Der Mensch wurde in der Antike als Mikrokosmos erlebt, als eine kleine Welt, die Abbild war des Makrokosmos, der großen Welt. Sternverbunden lebte der Mensch in allen großen Kulturzeiten. Da erfüllte sich auf der Erde das Wort: „Wie im Himmel, so auf Erden." Aber die alten Menschheitskulturen, die an die Natur gebunden, stammesgebunden, völkisch gebunden waren, müssen einmal zu Ende gehen. Der Mensch muß sich herauslösen aus seinen naturhaften, geschichtlichen, rassischen, völkischen Bindungen, damit er zur wahren persönlichen Freiheit kommen kann. Da wird er zunächst zum Rebell, zum Revolutionär, zum Menschen, der seinem kleinen persönlichen Ich verhaftet ist. Dieser ich-verhaftete Mensch vernichtet die kulturellen Werte; er reißt die Sterne vom Himmel.

Aus dem Altertum wird uns berichtet, daß der große Tempel der Weltenmutter, der Diana-Artemis zu Ephesus, in der Nacht, als Alexander der Große geboren wurde, von Herostratos in Brand gesteckt wurde, weil, so erklärte Herostratos, er weltberühmt werden wollte. Das ist so recht ein Symbol für den niederen Ich-Menschen, der selber Sonne sein will. Das tritt immer wieder auf, im Verlauf jeder Kultur-Entwicklung kommt es zu Niedergangszeiten. Da fallen wirklich die Sterne vom Himmel, die Menschheit wird erschüttert von Kriegen und Kriegsgeschrei; die Ich-Verhaftung wird immer stärker, sie sprengt die Bande der Natur, der Völker und der Familie.

Einer steht dann in seiner Selbstsucht gegen den anderen. Da reißen thyrannische Gewalthaber die Macht an sich, die Vermassung der Menschheit nimmt ein erschreckendes Ausmaß an, falsche Propheten, falsche Christusse werfen sich zu Führern der Menschheit auf. Und immer weiter dringt die Zerstörung. Der Greuel der Ich-Verhaftung, von dem hier Christus spricht, wird zum allgemeinen Götzen der ganzen Menschheit. Nicht nur Kriege und Seuchen, nicht nur Krankheiten und Vergiftung der Nahrungsmittel bedrohen sie, sondern das Unheil wirkt ins Kosmische hinein. Erdbeben erschüttern den Planeten. Sie sind ein Sinnbild dafür, daß der Mensch den festen Boden des Geistes unter den Füßen verloren hat. Die Atmosphäre wird vergiftet. Unordnung entsteht selbst in den Räumen der himmlischen Sphären durch erdgebundenes, selbstsüchtiges Verhalten. Aus Mikrochaos wird Makrochaos. Und nun könnte man sagen: wie auf Erden, so auch im Himmel!

All das haben die Menschen zu Christi Zeiten im Untergang der Antike wirklich erlebt. Aber erlebt haben sie auch das Kommen des Menschensohnes, so wie Paulus ihn sah auf den Wolken des Himmels, wie er ihn schaute vor Damaskus, wie ihn viele Christen erfahren haben in geistigen Erweckungserlebnissen, im Durchbruch des Gottesfunkens in ihren Seelen. Darum sagt Christus: „Wahrlich, wahrlich, ich sage euch, dieses Geschlecht wird nicht vergehen, bis sich all dies erfüllt."

Aber auch wir erleben das heute alles wieder. Denn wir stehen mitten im Untergang des Abendlandes. Und der Untergang einer jeden

Kultur ist ein Abbild des großen künftigen Weltunterganges. Auch wir erfahren diese Schrecken der Ich-Verhaftung, alle diese kultur-, ja weltzerstörenden Mächte. Aber auch wir können heute das Kommen Christi auf den Wolken des Himmels, den Durchbruch zum wahrhaften, göttlichen Menschenwesen in uns selbst erleben. In solchen Zeiten, sagt Christus, dürfen die Menschen nicht haften am Irdischen, am Besitz; sie dürfen nicht ihre alten Güter und Besitztümer zu halten suchen, sondern sie müssen sich lösen aus allen irdischen Bindungen. Die Menschen sind in solchen Zeiten besonders schwer belastet, denn sie verlieren ihren Halt, den Schutz der Vergangenheit und können den neuen Schutz, den neuen Halt der Zukunft noch nicht finden. Da hilft nur die Flucht auf die Berge, die Flucht auf die Höhen des Geistes.

Wir sollen bitten, daß diese Zuflucht nicht „am Sabbat oder im Winter" geschehe, das heißt zu den Zeiten, die vom Planeten Saturn beherrscht sind; denn da werden die Drangsale ganz besonders groß werden. Wenn aber der Druchbruch des neuen kosmisch geweiteten Bewußtseins in der Menschheit sich vollzieht, dann wird die ganze irdisch-physische Welt für uns transparent für das Geistige, dann bricht die Flammenglut des göttlichen Geistes in unserem inneren Menschheitskern auf und läßt uns das wahre Menschen-Urbild verwirklichen.

Wann wird das sein? Das wird sein in allen Zeiten, die dem Untergang verfallen, das wird sein, wenn das große Sterben über die Menschheit kommt, wenn die Leiden, die Drangsale sich häufen werden in Kriegen, Revolutionen, bei Epidemien, Erdbeben und Wasserkatastrophen. „Erst wo der Leichnam liegt, sammeln sich die Adler des Geistes." Und doch weiß niemand Zeit und Stunde für das Kommen des Menschensohnes.

Wo wird das sein? Nicht an einem bestimmten irdischen Ort, weder hier noch dort, weder in der Wüste noch in den Kammern. „Denn gleich wie der Blitz vom Aufgang ausgeht und bis zum Niedergange leuchtet, so wird es mit der Ankunft des Menschensohnes sein." Sie ist nicht an den Ort, an hier und dort, nicht an die Zeit, an Tag und Stunde gebunden. Aber dennoch ist sie schon heute, ist ein ewiges Jetzt, ein nunc aeternum.

Alle Drangsale des Untergangs aber sind zugleich die Wehen der Neugeburt, der geistigen Wiedergeburt von Mensch und Menschheit. Am Kommen der Trübsale können wir das Nahen des Menschensohnes ablesen, so wie wir am Sprossen der Blätter des Feigenbaumes das Nahen des Sommers erkennen. Der Überraum und die

Überzeit der kommenden Welt, das Gottes-Ich im Menschen bleiben unwirklich für alle, die der Ewigkeit gegenüber blind und taub sind, „die da essen und trinken, sich freien und sich freien lassen wie zu Tagen des Noah“. Nur mit klaren Geistesaugen und mit offenen Geistesohren sind wir dem großen Erlebnis gewachsen, vermögen wir das Zeichen des Menschensohnes am Himmel zu erkennen, die strahlende Glorie der universalen Idee des wahren Menschen. „Wer Augen hat zu sehen, der sehe, wer Ohren hat zu hören, der höre!“ — „Darum wachet, da ihr nicht wisset, an welchem Tage euer Herr kommt!“

„Und wieder ersäuft sich in Tränen und Blut
Die Menschheit in der eigenen Flut.
Und wieder treibt sie der Hochmut zu Hauf
Und sie richten den Turm zu Babel auf.
Sie schleppen Stein um Stein heran
Und beten wie einst zu Ahriman.
Und Tausende taumeln und Schuld und Schmach,
Verblendete, den Verblendern nach.
Die Menschheit geht wieder der Finsternis Pfad,
Wie immer, bevor sich ein Gott ihr genaht.

Die Steine wanken, der Turmbau fällt ...
Hüte dich, du ahrimanische Welt!
Die Welt droht dunkel — im Osten ist's hell —
Es steht wieder ein Stern über Israel.
Ihr Wenigen, brennt die Lampen und wacht,
Er wird kommen wie ein Dieb in der Nacht.

Ihr Wenigen, die ihr Wege weist,
Bereitet die Bahn dem kommenden Geist.
Die Welt droht dunkel — im Osten ist's hell —
Es steht ein Stern über Israel.
Nun schwinge dein Schwert, Sankt Michael!“

(Manfred Kyber, „Sankt Michael“, 1918)

Buß- und Bettag

Apokalypse 19, 6—10 — Himmlische Jubellieder
11—16 — Vision vom siegreichen Christus

Wieder hörte ich etwas wie den Klang eines mächtigen Chores, wie das Rauschen vieler Wasser und wie das Dröhnen von starkem Donner:

Alleluja! Seine Königsherrschaft hat angetreten der Herr, unser Gott, der Allherrscher. Laßt uns frohlocken und jubeln und ihm die Ehre geben: denn gekommen ist die Hochzeit des Lammes; die Braut steht bereit: es ward ihr gegeben, in weißes Linnen, strahlend rein, sich zu kleiden; das weiße Gewand ist das höhere Wesen, das in denen leuchtet, die dem Geist ergeben sind.

Und weiter sprach die Stimme des Engels zu mir: Schreibe! Selig, die zum Hochzeitsmahle des Lammes geladen sind! Und zu mir sagte er: Diese Worte sind die wahrhaftigen Worte Gottes.

Da fiel ich ihm zu Füßen, ihm zu huldigen. Er aber sprach zu mir: Nicht so! Auch ich bin Knecht mir dir und deinen Brüdern, die das Zeugnis Jesu haben. Gott bete an! Denn das Zeugnis Jesu ist der Geist der Weissagung.

Da sah ich den Himmel offen, und siehe, ein weißes Pferd; der auf ihm reitet, heißt Träger des Glaubens und der Wahrheit. Mit Gerechtigkeit richtet und kämpft er. Seine Augen sind ein Feuerbrand, auf seinem Haupte sind viele Diademe, einen Namen trägt er geschrieben, den niemand kennt als er selbst; er ist gekleidet mit einem Gewande, das mit Blut besprengt ist, und sein Name heißt das WORT Gottes. Ihm folgen die Heerscharen des Himmels, auf weißen Pferden, gekleidet in Linnen, strahlend rein. Von seinem Munde fährt aus ein scharfes Schwert, um mit ihm die Völker zu schlagen: er wird sie führen mit ehernem Zepter. Er tritt die Kelter, aus der der Wein des göttlichen Seelenwillens als Zorn des Weltherrschers hervorfließt. Auf seinem Gewande, an seiner Hüfte trägt er den Namen geschrieben: König der Könige und Herr der Herren.

„Ich bin ein Gast auf Erden
Und hab' hier keinen Stand;
Der Himmel soll mir werden,
Da ist mein Vaterland.
Hier reis' ich hin zum Grabe,
Dort in der ewgen Ruh
Ist Gottes Gnadengabe,
Die schleußt all Arbeit zu.
...

Du aber, meine Freude,
Du meines Lebens Licht,
Du ziehst mich, wenn ich scheide,
Hin vor dein Angesicht
Ins Haus der ewgen Wonne,
Da ich stets freudenvoll
Gleich als die helle Sonne
Nebst andern leuchten soll.

Da will ich immer wohnen
Und nicht nur als ein Gast
Bei denen, die mit Kronen
Du ausgeschmücket hast;
Da will ich herrlich singen
Von deinem großen Tun
Und frei von schnöden Dingen
In meinem Erbteil ruhn."

(Paul Gerhardt)

Der kommende Sonntag ist der Totensonntag, der letzte Sonntag im Christus-Jahr. Am Mittwoch vor dem Totensonntag feiern wir den Buß- und Bettag. Das Wort „Buße" heißt im Griechischen „metanoeĩn" und bedeutet richtiger übersetzt so viel wie Umdenken, Sinneswandlung. Mit dem Wort „Tut Buße!" wird im Evangelium die frohe Botschaft: „Das Reich Gottes ist nahe herbeigekommen" verbunden. So lautet der Beginn des christlichen Evangeliums. Also, wandelt euren Sinn! damit ihr für das nahe herbeigekommene Reich der Himmel offen seid und es aufnehmen könnt.

Jetzt, in der Sterbezeit der Natur, in den letzten Wochen des Christus-Jahres, sprechen die Bilder der Apokalypse, die wir vor uns hingestellt haben, in immer wieder anderer Gestalt von dem nun in ganzer Fülle nahe herbeigekommenen Reich der Himmel. Wenn das Irdische in der Natur stirbt, wenn der Mensch sich bewußt wird, daß er als Erdenwesen dem Tod verfallen ist, dann leuchtet um so stärker vor seinem geistigen Auge das Unsterbliche, das Reich der Himmel auf. Ein altes Wahrheitswort sagt: „Wer nicht stirbt, bevor er stirbt, der verdirbt, wenn er stirbt." Nur durch das Sterben des irdischen niederen Ich in uns kann das große Ich, das Gotteslicht, in uns aufleuchten. Und der Tag, den wir heute feiern, der Buß- und Bettag, soll uns darauf hinweisen, daß wir uns nach innen wenden, daß wir Einkehr halten, unseren Sinn wandeln und im Gebete uns einen sollen mit Gott, damit das Himmelreich wirklich für uns offen wird.

In der Michaelis-Zeit hörten wir das Gleichnis, das uns mahnen wollte, zur himmlischen Hochzeit des großen Weltenherrn zu kommen. Die himmlische Hochzeit im Matthäus-Evangelium stellt die Wesenseinigung des einzelnen Menschen mit Gott dar, zu der jeder Mensch berufen ist. Johannes spricht in seiner Offenbarung ebenfalls von einer himmlischen Hochzeit; sie hält das Lamm — der weiße Reiter — mit der Braut, die gekleidet ist in weiße Gewande.

Das weiße Gewand kam auch in dem Gleichnis von der himmlischen Hochzeit vor. Nur Menschen, die das weiße Gewand tragen, sind dazu eingeladen. Wer das weiße Gewand nicht trägt, wird vom König aus dem Hochzeitssaal gewiesen. Auch in dem fünften Sendschreiben der Apokalypse an die Gemeinde von Sardes, die unsere heutige Weltzeit symbolisiert — wir hörten es vor wenigen Wochen —, wird von Menschen gesprochen, die, weil sie wach sind, das weiße Kleid tragen und an der Todüberwindung teilhaben. Das weiße Gewand ist in der Bildsprache des Evangeliums Sinnbild für den Menschen, der durchscheinend geworden ist für den Gottesfunken, den jeder in sich trägt. Nur dieser verklärte, lichtdurchstrahlte Mensch, in dem der Gottesfunke leuchtend und brennend geworden ist, kann sich vereinigen mit dem himmlischen König; nur er darf im Saal des himmlischen Hochzeitsmahles weilen.

So spricht auch das heutige Bild aus der Johannes-Apokalypse davon, daß die Braut des Lammes oder des weißen Reiters das weiße Gewand trägt, daß der Reiter selbst in ein leuchtend weißes Gewand gekleidet ist. Aber das Bild von der großen himmlischen Hochzeit aus der Johannes-Offenbarung meint nicht nur die Vereinigung des einzelnen Menschen mit Gott; es meint die Vereinigung aller Menschen, die Vereinigung der ganzen Erde, des ganzen Kosmos mit Gott. Denn die Braut, die hier in weiße Gewande gekleidet ist, ist die Weltenjungfrau, die Sternenjungfrau, die den Kosmos darstellt. Das ist die größte himmlische Hochzeit, die einmal gefeiert werden soll mit der Menschheit, der Erde, dem Kosmos und mit Gott selber.

Christus erscheint hier in diesem Bild der Apokalypse einmal als das Lamm und dann als der weiße Reiter, der als der Weltenrichter zur Erde kommt. Das Lamm ist Sinnbild der Reinheit, der Opferkraft, der hingebenden Liebe. Der weiße Reiter, der als der Richter vom Himmel zur Erde stürmt, ist Sinnbild der göttlichen Gerechtigkeit. In uns besteht immer ein Zwiespalt zwischen der Kraft der Liebe und der Kraft der Gerechtigkeit. Wenn wir uns ganz der Liebe hingeben, dann kommt in uns nur allzuleicht die Gerechtigkeit zu kurz, und wenn wir wahrhaft gerecht sein wollen, dann mangelt es nur allzuleicht an Liebe. In Gott aber ist beides harmonisch geeint: Liebe und Gerechtigkeit.

Dieselbe Gestalt, die hier gegen Ende der Apokalypse erscheint als der Weltenrichter, als der weiße Reiter, tritt zum ersten Mal im zwölften Kapitel der Apokalypse auf in jener Botschaft, die wir am Michaelis-Tag gehört haben. Da wird von der himmlischen Sternenjungfrau gesprochen, die ein Kind gebiert, das der Welten-Drache verschlingen will, das aber von Gott gerettet, an seinen Thron entrückt wird. Mit diesem Kind, das in der Mitte der Zeit, in der Mitte der sieben Weltentage, dreieinhalb Zeiten vor dem Welten-Ende von der himmlischen Sternenjungfrau geboren wird, ist die gleiche Gestalt gemeint, die jetzt nach Ablauf der dreieinhalb Zeiten, also am Ende des siebenten Tages, am Ende der Weltentwicklung, als der weiße Ritter vom Himmel auf die Erde niederstürmt. Und die Sternenjungfrau, die das Kind gebar, erscheint jetzt nicht als seine Mutter, sondern als seine Braut, als die himmlisch-göttliche Sophia, als die Braut des Logos; sie ist hier nicht mehr Verkörperung der Welten-Mütterlichkeit, sondern die Verkörperung der verklärten Erde, des verklärten Kosmos am Ende der Tage.

Dem weißen Reiter folgen viele lichte, weiße Reiter; sie stürmen mit ihm vom Himmel zur Erde herab. Es sind die unzähligen Geist-Iche der Menschen, es sind die Gottesfunken in den einzelnen Menschen, die nun auch nicht mehr nur Funken, sondern, zu hellen Flammen entfacht, selbst weiße Reiter sind. So meint es auch der Apostel Paulus, wenn er im Kolosser-Brief schreibt:

> „Ihr seid gestorben und euer Leben ist verborgen mit Christus in Gott. Wenn aber Christus, euer Leben, sich offenbaren wird, dann werdet ihr auch offenbar werden mit ihm in der Herrlichkeit" (Kap. 3, 3—4).

Von dem weißen Reiter heißt es weiter in der Offenbarung, daß er auf seinem Haupt die Diademe aller Sphären trägt. Die Weisheit der Sphären leuchtet aus seinem Haupt. Seine Augen strahlen im Feuer göttlicher Begeisterung, und angetan ist er mit dem weißen Gewand. Aber dieses weiße Gewand ist mit Blut besprengt. Weiß und Rot, die Farben von Geist und Seele verschmelzen ineinander: Des weißen Reiters Seele ist ganz durchgeistigt, und sein Geist ist ganz durchseelt. Aus seinem Mund geht hervor ein scharfes Schwert, in seiner Hand trägt er einen ehernen Stab, mit dem er die Völker weiden wird.

Eisen ist das Metall, das den Menschen ins Irdische herabzieht. Wenn in unserem Blut das Eisen fehlt, können wir keine roten Blutkörperchen bilden, wir werden bleichsüchtig und welken hin. Auch die Pflanzen können kein Chlorophyll bilden, können nicht grün werden, wenn sie kein Eisen in sich aufnehmen. Eisen bindet an die Erde. Aber hier beim weißen Reiter ist diese Erdenkraft, die auf das Physische, das Willenswesen des Menschen hinweist, ganz durchlichtet. In ihm sind Weisheit und Liebe und Willenskraft eines. Sein Denken, sein Fühlen, sein Wollen, sein Geist, seine Seele, sein Körper sind göttlich durchstrahlt. Er ist das Bild des vollkommenen Menschen.

Auf diese Vergöttlichung des Menschenwesens weisen auch die vier Namen hin, die der weiße Reiter trägt. Einmal heißt es: „Er ist der Träger des Glaubens und der Wahrheit." Wahrheit gehört zum Bereich der Erkenntis. Glaube ist in uns jene Kraft, mit der wir intuitiv Wahrheiten erfassen, die wir mit unserem Denken zunächst nicht verstehen können. Der Glaube greift tiefer als das Erkennen. Glaube hängt zusammen mit dem mittelhochdeutschen Wort „geloben", das auf die Verinnerlichung von Leben und Lieben deutet, das auch zugleich darauf hinweist, daß wir uns durch den Glauben Gott angeloben, uns wesenhaft mit Gott verbinden. Aber in uns bleibt stets zwischen Erkennen und Glaube ein Zwiespalt, so wie in uns zwiespältig bleiben Gerechtigkeit und Liebe. In Gott aber sind Wahrheit und Glaube völlige Einheit.

Der zweite Name, den der weiße Reiter trägt, ist der Name, den niemand weiß, nur er allein. Es ist der Name „Ich". Ich sagen kann jeder nur von sich selbst. Auch Gott nennt Moses im brennenden Dornbusch als seinen Namen das Wort: „Ich bin, der ich bin". Im tiefsten und umfassendsten Sinn kann eigentlich nur Gott von sich „Ich" sagen. Hiervon ist unser menschliches Ich-Sagen nur ein schwaches Schattenbild. Aber im Ich lebt auch die tiefste Wesenskraft des Menschen, der Gottesfunke. Er ist als das wahre Ich in der innersten, stillsten Kammer unseres Herzens lebendig.

Der dritte Name des weißen Reiters ist: das „göttliche Wort", der „Welten-Logos". Das Ich äußert sich im Menschen durch das Wort, es ertönt in seiner Stimme. So wie im Herzen still verborgen das Ich als Gottes-Ich ruht, so tönt es im Wort nach außen. Das Wort, der Logos, ist die sich offenbarende Ich-Kraft Gottes.

Und endlich der vierte Name des weißen Reiters heißt: „Ein Herr aller Herren, ein König aller Könige". Das deutet auf die königliche, schöpferische Willensfreiheit des Menschen hin.

Diese vier Namen offenbaren ihn ebenso wie seine Gestalt als den wahrhaft göttlich vollendeten Menschen. Glaube und Wahrheit deuten hin auf die Durchlichtung und Vergöttlichung des Denkens im Menschen. Der Name, den niemand weiß, nur er selbst, das „Ich bin“ und das Wort, der Welten-Logos, sie deuten hin auf die Herzkräfte des Menschen; und mit dem Namen „Herr aller Herren, König aller Könige“ sind die durchlichteten Willenskräfte des Menschen gemeint. So zeigt uns diese Schau des Apokalyptikers sowohl in der Gestalt des weißen Reiters als auch in seinen vier Namen das Urbild und Ziel des Menschen: den nach Geist, Seele und Leib, nach Hauptes-, Herzens- und Willenskräften volldurchlichteten göttlichen Menschen.

„In des Hauptes Sternenhöhen-Licht,
In des Herzens Sonnenatems-Weiten,
In der Hände tiefen Wandlungskräfte
Waltet des Gottes-Menschen
Weltschaffendes Wesen.

Was strahlet Leuchteschein
In thronende Himmelshöhen,
Was webet Wesensliebe
In tönende Weltenweiten,
Was bildet Tugendmächte
In sterbende Erdentiefen?
O Sternenmensch, erwache,
O Sonnenmensch, erglühe,
O Erdenmensch, erstehe!“*

Totensonntag

Apokalypse 21, 1– 7 — Der neue Äon
9–27 — Das himmlische Jerusalem
22, 1– 5 — Paradies und Weihevollendung in Gott

Da sah ich den neuen Himmel und die neue Erde: der erste Himmel und die erste Erde sind vergangen, das Meer ist nicht mehr da.

Und ich sah die heilige Stadt von Gott als neues Jerusalem aus den Himmeln niederschweben, ausgestattet wie eine Braut, für den Gemahl geschmückt.

Eine laute Stimme vom Throne hörte ich rufen: Siehe, das Zelt Gottes unter den Menschen: er wird unter ihnen wohnen. Sie werden sein Volk sein, und Er wird ihr Gott ... sein. Er wird jede Träne von ihrem Auge trocknen, und der Tod wird nicht mehr sein, noch Leid, noch Jammer, noch Mühsal: denn das erste ist vergangen.

Der auf dem Throne sitzt, sprach: Ich mache alles neu — und weiter: Schreibe! Denn diese Worte sind zuverlässig und wahr. Und zu mir sprach Er: Es ist vollbracht. Ich bin das Alpha und das Omega, der Anfang und das Ende. Dem Durstigen will ich aus Gnaden geben vom Quell des Lebenswassers. Der Sieger wird dies erben: ich will ihm Gott sein, und er soll mir Sohn sein.

Nun kam einer von den sieben Engeln, welche die sieben Schalen, angefüllt mit den sieben letzten Plagen, trugen, und sprach zu mir: Komm, ich will dir die Braut des Lammes zeigen, die erhabene Frau.

Er entrückte mich im Geiste auf einen großen, hohen Berg und zeigte mir die heilige Stadt Jerusalem, die vom Himmel niederschwebte, von Gott, im Glanz der Herrlichkeit Gottes. Im Glanze glich sie einem überaus herrlichen Steine, einem kristallenen Jaspis; ihre Mauer ist stark und hoch und hat zwölf Tore, und an den Toren zwölf Engel, und Namen sind darauf geschrieben, nämlich die Namen der zwölf Stämme Israels. Gegen Osten sind es drei Tore, gegen Norden drei Tore, gegen Süden drei Tore, gegen Westen drei Tore. Zwölf Grundsteine hat die Mauer, darauf zwölf Namen stehen: die Namen der zwölf Apostel des Lammes.

Der mit mir redete, trug einen Meßstab, ein goldenes Rohr, um Stadt und Tore und Mauer zu messen. Als Vierkant liegt sie da, die Stadt; ihre Länge ist gleich der Breite. Er maß sie mit dem Meßstab: zwölftausend Stadien, ihre Länge, Breite und Höhe sind gleich — und maß ihre Mauer: hundertvierundvierzig Ellen, nach dem Maße des Menschen, das auch das Maß des Engels ist. Das Gefüge ihrer Mauer ist Jaspisstein, die Stadt selbst ist von lauter Gold, so rein wie Glas. Die Fundamente der Stadtmauern prangen von allerlei Edelgestein: der erste Grundstein ist ein Jaspis, der zweite ein Saphir, der dritte ein Chalzedon, der vierte ein Smaragd, der fünfte ein Sardonyx, der sechste ein Karneol, der siebte ein Chrysolith, der achte ein Beryll, der neunte ein Topas, der zehnte ein Chrysopras, der elfte ein Hyazinth, der zwölfte ein Amethyst. Die zwölf Tore sind zwölf Perlen. Jedes von ihnen besteht aus einer einzigen Perle. Die Straße der Stadt ist lauter Gold, durchscheinend wie Glas.

Einen Tempel sah ich nicht in ihr: Gott, der Herr, der Allherrscher, und das Lamm ist ihr Tempel. Die Stadt bedarf nicht der Sonne noch des Mondes, daß sie ihr leuchten; denn die Herrlichkeit Gottes leuchtet in ihr, das Lamm ist ihr Licht. Die Völker werden in ihrem Lichte wandeln, die Könige der Erde ihren Glanz zu ihr tragen. An keinem Tag werden ihre Tore sich schließen, denn Nacht wird es dort nicht geben. Die stolze Pracht der Völker wird hineingetragen werden, aber nichts Unreines wird in sie eingehen, niemand, der Greuel und Lüge verübt — nur wer im Lebensbuche des Lammes geschrieben steht.

Dann zeigte er mir den Strom mit dem Wasser des Lebens, der glitzerte wie Kristall, hervorquellend vom Throne Gottes und des Lammes. In der Mitte zwischen der Straße und dem Strome stehen überall Lebensbäume; die tragen zwölfmal Frucht, von Mond zu Mond spenden sie ihre Frucht, und die Blätter der Bäume dienen zur Gesundung der Völker. Keinerlei von Gott Gebanntes wird es mehr geben. Gottes und des Lammes Thron wird in ihr sein, und seine Knechte werden ihm voll Ehrfurcht dienen. Sie werden sein Antlitz schauen, und sein Name wird auf ihrer Stirne stehen. Nacht wird es nicht mehr geben, und sie werden nicht mehr eines Lichtes, sei es der Fackel oder der Sonne, bedürfen: denn Gott der Herr wird über ihnen leuchten, und sie werden Könige seines Reiches sein von Äon zu Äonen.

„Sterben ist nur eines Tages Enden,
Tod nur Schlaf, der niemals wach gewesen;
Nie entschläft, wer einmal wach gelebt.
Wache Seelen haben Sonnenaugen.
Sonnenaugen blicken in das Ew'ge.
Vor dem Ewigen ist kein Vergangenes,
Alles Gegenwart und ew'ges Heut."

(Ernst von Wildenbruch, „Tod")

Heute ist der letzte Sonntag im Christusjahr, der Totensonntag. Im Monat November, von Allerheiligen und Allerseelen angefangen, haben wir uns immer wieder erinnert an die Notwendigkeit des Sterbens. Die Totenfeste liegen alle im November. Zum Abschluß der Totenzeit, wollen wir an das Weiheziel der Vollendung denken, zu dem die Menschheit nur vordringen kann durch Leid und Todüberwindung. Draußen, in der Natur, herrscht jetzt die Ruhe des Gestorbenseins. Der Todeskampf ist vorüber, es ist der Friede des nachtodlichen Lebens. Die Sonne geht aus dem Todeszeichen Skorpion in das vorweihnachtliche Zeichen des himmlischen Schützen, das die Adventszeit, den Beginn des neuen Christusjahres einleitet. Schon hat der erste Schnee mit einem lichten Weiß die Erde eingehüllt.

Als Christus auf dem Ölberg den Jüngern vom kommenden Weltuntergang sprach, da sprach er zugleich vom Untergang Jerusalems. Das irdische Jerusalem wurde ihm zum Sinnbild für die sterbende, die vergehende Erde. Der Seher Johannes aber schaut hier das himmlische Jerusalem als Bild für die vom Gotteslicht durchdrungene und verklärte Erde. Es umschließt Kosmos und Erde, die zur Braut Gottes werden. Gott ist der Vater, der ganze Kosmos. Das himmlische Jerusalem ist die Braut, ist die Mutter und der Mensch ist der Sohn, der Sohn Gottes. So erlebt es der Seher in seiner großen Vision. Da leuchtet im Bilde des himmlischen Jerusalem, der verwandelten, verklärten Welt, die lichte Urschöpfung wieder auf. Die Welt der Materie, die mater, die dunkle Mutter, wird zur Lichtesmutter, zur mater gloriosa, zur verklärten Mutter der Menschheit. Alles Leid und alle Not sind nicht mehr. Der Tod und mit ihm die Vergänglichkeit sind überwunden.

Das himmlische Jerusalem offenbart sich als wunderbare Stadt aus lauter lichten Edelsteinen und Metallen gebaut. Sie hat zwölf Tore, wie der Sternenkreis des Himmels zwölf Sternbilder hat. Die zwölf Tore, an denen zwölf hütende Engel stehen, weisen auf die urbildlichen zwölf Gemeinschaften der Menschheit; und wie die einzelnen Menschen nach der Zwölfzahl des Sternenkreises gegliedert sind, so werden die Grundsteine dieser Stadt gebildet von den zwölf Aposteln Christi. Nicht Gemeinschaften sind die Grundsteine der Stadt, sondern einzelne Menschen, die vom Christusgeist erfüllt sind.

Den zwölf Aposteln werden zwölf Edelsteine zugeordnet, anfangend mit dem Jaspis — das war im Altertum ein Name für den Bergkristall — und endend mit dem Amethyst. Es sind die Edelsteine, die im Altertum in den zwölf Sternbildern ihre Entsprechung fanden. Die zwölf Tore werden gebildet von zwölf Perlen. Nur durch diese Perlentore kann man in die Stadt eintreten. Die Perle entsteht, wenn in die Schalen der Muschel ein Sandkörnchen eindringt und die zarte Schleimhaut der Muschel verletzt. Diesen Schmerz überwindet die Muschel, indem sie einen Saft ausscheidet, der das Sandkörnchen einhüllt; und dieses Sandkörnchen wird zur Perle. Darum ist die Perle Sinnbild für durchlittenen Schmerz. Nur durch verwandelten Schmerz, durch überwundenes Leid geht man ein in die Himmelsstadt.

Wie schaut der Seher die Stadt selbst? Er schaut sie als einen Vierkant, als einen Würfel, der eben so hoch ist wie lang und breit. Der aufgeklappte Würfel, sein Grundriß, bildet ein Kreuz. Wenn man aus diesem Grundriß einen Würfel faltet, also von der zweiten Dimension (Länge und Breite) in die dritte übergeht, dann entsteht aus dem Kreuz in der Fläche der Würfel im Raum. Dieses Bild kann Brücke sein zu einer weiteren Ausfaltung, bei der sich unsere dreidimensionale Raumeswelt einer höheren Dimension öffnet, einem überräumlichen Sein, das keine Entfernungen im Sinne unserer dreidimensionalen Welt mehr kennt. Das Maß des Würfels ist, wie hier in der Apokalypse gesagt wird, zwölftausend Ellen; Zwölf ist die Zahl des himmlischen Sternentierkreises. Tausend ist die Zahl der Vollendung und Zwölftausend der Sternentierkreis in himmlischer

Vollendung. Die Mauer der Stadt ist hundertvierundvierzigtausend Ellen lang. Hundertvierundvierzig ist zwölf mal zwölf, also wieder die Zahl in der Vollendung. Das Maß des Engels und das Maß des Menschen ist das gleiche, das heißt, der Mensch hat jetzt in seiner Entwicklung die Seinsstufe des Engels erreicht. Und wie der Raum überhöht wird durch einen Überraum, so wird auch die Zeit überhöht durch eine Überzeit. Es wird nicht mehr geben den Wechsel von Tag und Nacht.

Die Bausteine der Stadt sind lichtdurchlässig, sind leuchtende Edelsteine. Der Gegensatz von Licht und Dunkel ist aufgehoben. Weder ein irdisches Licht noch ein kosmisches Licht leuchtet in dieser Stadt: Gott leuchtet selbst als Licht in Weltall und Mensch. Ein Licht, das nicht der Spaltung in hell und dunkel unterlag, erfüllt alles Sein und den Menschen.

In der Stadt steht der Baum des Lebens, der einst im Paradies stand; auch das Wasser des Lebens fließt dort, das einst im Paradies strömte. Im Beginn der Bibel wird die geistige Wirklichkeit geschaut im Bild des Paradiesgartens, aus dem die Menschen durch den Sündenfall vertrieben wurden. Als später für Kain, nachdem er seinen Bruder Abel erschlagen hat, der Acker unfruchtbar wird, und er unstet und flüchtig auf der Erde umherirrt, wird Kain zum ersten Städtebauer.

In der geschichtlichen Entwicklung der Menschheit werden aus Naturvölkern allmählich Kulturvölker, die Zivilisationstädte an den Endepochen der großen geschichtlichen Kulturen stellen gewissermaßen die Verhärtung des menschlichen Entwicklungsganges dar. Die Stadt steht am Ende, könnte man sagen, am Anfang der Garten. Auch hier in der Johannes-Offenbarung steht die Stadt am Ende. Aber es ist eine Stadt, die ganz lichtdurchlässig geworden ist, deren Mauern aus Edelsteinen und lauterem Gold gebaut sind, das durchsichtig ist wie Kristall. Damit will uns der Seher sagen: Der Weg der Menschheit führt aus dem Himmelsgarten in die irdische Stadt. Aber diese wird durchstrahlt vom himmlischen Licht. Gott eint sich im Entwicklungsgang der Menschheit mit den Menschen; durch die Menschen, die das Gotteslicht aufnehmen, wird dann fortschreitend von Stufe zu Stufe die irdische Stadt lichtdurchlässiger, sie wird durchstrahlt und endlich zur Gottesstadt. Nicht ein Garten steht am Ende der Menschheitsentwicklung, sondern eine Stadt, in die Gottes Licht eingegangen ist. Wie der Kosmos in Gott geeint, zur Braut Gottes geworden ist, so offenbart sich Gott als Bräutigam des Kosmos. Die Sternenlichter des Geisthimmels haben sich der Erde verbunden. Die ganze Erde ist zum Himmel geworden.

„Getrost, das Leben schreitet
Zum ewgen Leben hin;
Von innrer Glut geweitet,
Verklärt sich unser Sinn.
Die Sternwelt wird zerfließen
Zum goldnen Lebenswein,
Wir werden sie genießen
Und lichte Sterne sein."

(Novalis)

ANHANG

Epiphaniastag

Johannes 1, 29—34 — Zeugnis Johannes des Täufers
2, 1—11 — Eröffnung des messianischen Wirkens bei der Hochzeit von Kana

Des andern Tages sah er Jesus auf sich zukommen und sprach: Das ist das Lamm Gottes, das die Sünde der Welt trägt! Er ist es, von dem ich sagte: Nach mir kommt einer, der vor mir gewesen ist; denn er war eher als ich. Ich kannte ihn nicht, aber damit er Israel kundwerde, kam ich und taufte mit Wasser.

Auch legte Johannes folgendes Zeugnis ab: Ich schaute den Geist wie eine Taube vom Himmel herniederkommen, und er ruhte auf ihm. Ich kannte ihn nicht; aber der mich mit Wasser zu taufen sandte, hatte mir gesagt: Derjenige, auf den du den Geist herabkommen und auf ihm ruhen siehst, der ist es, der mit Heiligem Geiste tauft. Ich habe es gesehen und bin Zeuge, daß dieser Gottes Sohn ist.

Am dritten Tage ward eine Hochzeit gehalten zu Kana in Galiläa. Die Mutter Jesu war dort, aber auch Jesus und seine Jünger waren zur Hochzeit geladen. Als der Wein ausging, sagte die Mutter Jesu zu ihm: Sie haben keinen Wein! Jesus sprach zu ihr: Was strömt da zwischen mir und dir, Frau? Meine Stunde ist noch nicht gekommen. Da sprach seine Mutter zu den Dienern: Tut, was er euch sagt! Nun standen da sechs steinerne Wasserkrüge für die bei den Juden gebräuchliche Reinigung, jeder faßte zwei bis drei Maß. Jesus sagte zu ihnen: Füllet die Krüge mit Wasser! — und sie füllten sie bis zum Rande. Dann sprach er zu ihnen: Schöpft jetzt und bringet es dem Speisemeister! Sie taten es. Als der Speisemeister das zu Wein gewordene Wasser kostete — er wußte nicht, woher es kam, die Diener jedoch, die das Wasser geschöpft hatten, wußten es —, rief der Speisemeister den Bräutigam und sagte zu ihm: Jedermann stellt zuerst den guten Wein auf und erst, wenn sie trunken sind, den geringeren — du hast den guten Wein bis jetzt aufgehoben! Es war dies der Urbeginn der Zeichen, den Jesus wirkte zu Kana in Galiläa; er offenbarte damit seine Gottesglorie, und seine Jünger glaubten an ihn.

Die Sonne ist aus dem wintersonnwendlichen Zeichen Steinbock in das Sternzeichen Wassermann hinübergeschritten. Die heilige Nacht wandelt sich zum heiligen Tage. Im Dunkel der heiligen Nacht, in verborgener Höhle ist Christus in Bethlehem geboren. Am Epiphaniastag vollzieht sich am hellen Tag, vor voller Öffentlichkeit die Taufe Christi im Jordan durch Johannes. Wie ein Kristall

---

*Variante zur Andacht auf Seite 57.

in dunkler Höhle, im Verborgenen, sich bildet und dann herausgehoben wird ins volle Sonnenlicht und in sieben Farben strahlt, so wird der im Verborgenen geborene Christus der Welt offenbar. Auf einer ersten Stufe geschah dies, wie wir heute gehört haben, bei der Erscheinung der drei Weisen aus dem Morgenlande. Hier war gleichsam der Beginn der Epiphanie Christi, ein zartes Aufleuchten des göttlichen Lichtes. Bei der Jordan-Taufe wird nun der Strahlenglanz Christi vor den Menschen enthüllt. Der Erste, der ihn jetzt erkennt, ist Johannes der Täufer, den man im Altertum, weil er Christus taufte, auch den Wassermann oder den Engelmenschen nannte.

Er ist der Engel, der vor Christus einhergesandt ist. Christus nennt ihn den Größten aller, die vom Weibe geboren sind, und sagt zugleich: Er ist der wiedergekommene Prophet Elias, der größte der alttestamentlichen Propheten. Und doch sagt Christus später von Johannes: Er ist kleiner als der Geringste im neuen Himmelreich, das durch Christus verkündet wird.

Johannes neigt sich demütig vor Christus. Er sagt von sich: „Ich muß abnehmen, er muß zunehmen." Die Haltung des Johannes ist gleichsam symbolisch für die Haltung, die der Mensch Christus gegenüber stets einnehmen muß. Nur wenn wir loslassen von unserem kleinen menschlichen Ich, kann das Christus-Licht in unserer Seele aufleuchten.

„Lange habe ich mich gesträubt,
Endlich gab ich nach;
Wenn der alte Mensch zerstäubt,
Wird der neue wach."

(Goethe)

In der ersten Selig-Preisung der Bergpredigt preist Christus alle, die sich als Bettler vor dem Geist fühlen. Nur wenn der Mensch sich als bettelhaft gering empfindet vor dem göttlichen Geist, kann der Gottesgeist in ihn einströmen. Wo leere Gefäße sind, da fließt das Gnadenlicht der Gottheit ein. Wer in der rechten Demut losläßt von sich, in dem kann das Göttliche geboren werden: „Mein Geist ist in den Schwachen mächtig", heißt es bei Paulus.

Wie der Mensch Christus nur dann in sich aufnehmen kann, wie im Menschen das große Ich, das Gottes-Ich, nur dann lebendig werden kann, wenn er sein niederes triebgebundenes Wesen verwandelt, so hat Christus, der Gottesgeist, sich selbst entäußert, als er Mensch wurde. Er hat sein ewiges göttliches Wesen hineingeopfert in die

Niedrigkeit der Erdenwelt. Johannes sagt von ihm: „Siehe da, das Lamm Gottes, das die Sünde der Welt trägt!" Diese Entäußerung Christi soll uns Vorbild sein. So müssen auch wir loslassen von unserem menschlichen Wesen, damit das Göttliche in uns lebendig wird. Christus entäußerte sich seines göttlichen Wesens, damit er Mensch wurde. Im Gott-Menschen, in der Vereinigung von Mensch und Gott, da kommt erst das wahre, das göttliche Urbild des Menschen zu seiner Vollendung.

„Geboren bist du,
Wie der Kristall geboren ist,
Im Dunkel der Höhle.
Und siehe, es kommt der Tag,
Da der Kristall dem Lichte sich erschließt
Und seine Weiße strahlt in sieben Farben.
In sieben Strahlen ging dein Licht vor uns auf.
Einen Bogen schlug es
Von deinem Aufgang bis zu deinem Untergang.
Denn du gingest ein in die Welt und stießest nicht an,
Du drangest hindurch und vermischtest dich nicht,
Du senktest die Ewigkeit in die Zeit und schwächtest sie nicht,
Du nahmst die Zeit in die Ewigkeit auf und verzehrtest sie nicht,
Mensch wurdest du und bliebest ganz in deiner Gottheit."

(Arthur Maximilian Miller)

Die alten Römer haben den ersten Monat des Jahres Januarius genannt nach dem Gott Janus. Er war der doppelgesichtige Gott, der Gott der Türen und Schwellen, der mit beiden Gesichtern gleichzeitig schauen konnte in die Vergangenheit und in die Zukunft, in das alte Jahr und in das neue Jahr, in den Tag und in die Nacht. Aber Janus schaute mit seinen doppelten Gesichtern nicht nur Vergangenheit und Zukunft zugleich, sondern auch die Seelentiefen in uns und die sinnlich äußere Welt außerhalb von uns. Er schaute gleichzeitig ins Jenseits und ins Diesseits und ist darum auch ein Symbol für den Menschen, in dem die Himmelswelt, die übersinnliche Welt, und die Erdenwelt, die sinnliche Welt, sich einen. Nur wenn in dieser Weise der himmlische Wassermann oder Engelmensch in uns das doppelte Gesicht erweckt, vermögen wir wirklich unser Leben zu verstehen.

Solange wir mit unserem Tagesbewußtsein, mit unserem Denken allein uns orientieren und uns nur stützen wollen auf das, was sich denkerisch erfassen und beweisen läßt, solange haben wir eine einseitige Orientierung. Wie zum Tage die Nacht gehört, erst dadurch die vierundzwanzig Stunden voll werden, so gehört zum Wachbewußtsein die Erweckung des Nachtbewußtseins, damit wir die Ganzheit des Lebens verstehen können. Nur wenn wir innerlich auf die Sprache unseres Engels lauschen neben der Sprache der Menschen, nur wenn das übersinnliche Schauen von uns erfaßt wird neben dem sinnlich Wahrgenommenen, dann verstehen wir unser Schicksal und zugleich das Schicksal der Menschheit und des Kosmos. Aus den Kräften des doppelgesichtigen Janus, aus den Kräften des Wassermanns oder Engelmenschen heraus erst wird dieses Schicksals-Verständnis geboren, wird die Himmelsleiter neu errichtet, auf der wir von der Erde zum Himmel emporsteigen. Es sind die Segensströme der Gottesglorie Christi, die hierzu Kraft schenken.

Die Menschen, die zuallererst von diesem Charisma ergriffen wurden, das von der Erscheinung Christi ausging, waren die einfältigen Hirten und die weisen Könige. Die drei Priesterkönige, die gleichsam als Vertreter der vorchristlichen Mysterien aus dem Fernen Osten nach Bethlehem kamen, offenbarten im Bild ihrer Gaben Christus als Herrn der Menschheit. Und so wie dann später bei der Jordantaufe seine Erscheinung den Menschen der Welt offenbar wird, so beginnt die allverwandelnde Kraft, die von ihm ausgeht im Geschehnis der Hochzeit von Kana erstmals wirksam zu werden.

Die Wasser-Wein-Wandlung, die hier geschieht, offenbart Christus als den Herrn der Natur und des Kosmos, der bis in die chemischen Elemente hinein die Natur durchdringt. Christus als der wahre Geistmensch vollzieht die Wandlung der Elemente aus der Kraft seiner göttlichen Epiphanie. Er verwandelt himmlisches Wasser in irdischen Wein; er sagt damit Ja zur irdischen Materie, zum irdischen Leib, zur Stoffeswelt als Ganzes. Er will nicht, daß die Menschen sich lösen aus der irdischen Stoffeswelt. Die Menschen sollen auch die Erdenstofflichkeit, den irdischen Leib ernstnehmen und ihn bejahen. Dafür ist dies ein Symbol, daß himmlisch reines Wasser in Erden-Wein gewandelt wird. Aber dabei soll der Mensch dann nicht stehenbleiben. Der irdische Wein muß zum himmlischen, zum Grales-Wein werden. Dafür ist das Wein-Wunder im Johannes Evangelium ein Symbol. Der Mensch, der zunächst hineingegangen ist in die irdische Stoffeswelt, soll sie dann aus der Kraft des Geistes wandeln, verklären und durchlichten.

Durch diese Haltung unterscheidet sich das Christentum von allen vorchristlichen Religionen, die den Menschen gleich aus der irdischen Stofflichkeit zu lösen suchten. Sie wiesen ihm einen Weg asketischer Reinigung. So ist es zum Beispiel bezeichnend, daß das letzte

Wunder, das Buddha wirkte, die Verwandlung von schmutzigem Erdenwasser, das er in einer Furche einer Straße fand, in klares, reines Wasser war. Buddha verwandelte nicht Wasser in Wein, er wollte das schmutzig gewordene Erdenwasser gleich wieder in klares Himmelswasser wandeln. Buddha wies die Menschen den östlichen Weg der Askese. Der Mensch mußte sich, wenn er den buddhistischen Pfad ging, aus allen irdischen Bindungen herauslösen, damit in ihm der Paradieses-Rest, das Tiefste der menschlichen Seele, das göttliche Licht, frei werde. Christus geht diesen weltverneinenden Weg nicht, er geht einen weltbejahenden Weg.

Christus beginnt seine Wirksamkeit auf einer Hochzeit, einer Freuden-Hochzeit. Er wandelt das Wasser in den Krügen der Reinigung in den Brautwein der Freude. Das ist wirklich ein tiefes Symbol für das Wesen des Christentums, das die Welt nicht verneint, sondern bejaht, aber aus der Kraft des Geistes heraus. An die Stelle weltverneinender Reinigung tritt die weltbejahende, hochzeitliche Lebensfreude.

ARTHUR SCHULT

Menschenleben und Johannes-Evangelium
im Lichte der Wandelsterne
216 Seiten

Maria – Sophia
Das Ewig-Weibliche in Gott, Mensch und Kosmos
Turm-Bücherei 2/3, 84 Seiten

Das Johannes-Evangelium als Offenbarung
des kosmischen Christus
520 Seiten

Das Damaskuserlebnis des Paulus
und die Gegenwart Christi
Turm-Bücherei 4/5, 90 Seiten

Pfingstgeist und Christentum
Turm-Bücherei 6/7, 98 Seiten

Die Weisheit der Veden und Upanishaden
im Lichte des West-Ost-Problems
Turm-Bücherei 8/9, 122 Seiten

Vom übersinnlichen Wesen des Menschen
Turm-Bücherei 15/16, 128 Seiten